W0388299

M. BASILEA SCHLINK: HEILIGES LAND – HEUTE

M. BASILEA SCHLINK

HEILIGES LAND - HEUTE

STÄTTEN DES LEBENS UND LEIDENS JESU

Evangelische Marienschwesternschaft
Darmstadt - Eberstadt

ISBN 3 87209 265 0

1. Auflage 1962
4., neu bearbeitete Auflage 1983
17.–19. Tausend

© Verlag Evang. Marienschwesternschaft,
Darmstadt-Eberstadt, 1962
Alle Rechte vorbehalten
Übersetzt ins Englische und Norwegische
Umschlagfoto: Jerusalem, Blick auf den Ölberg vom Zionsberg
Herstellung: Druckhaus West GmbH, Stuttgart

INHALTSVERZEICHNIS

VORWORT

Das vorliegende Buch ist ein Reiseführer und zugleich in gewissem Sinn ein Reisebericht – aber einmal ganz anders als gewohnt. Alles, was es bringt, ist der Niederschlag mehrfacher Besuche an den Stätten des Lebens und Leidens Jesu im Heiligen Land. Solches Erleben weckte den Wunsch, auch für andere das Bild Jesu Christi in Seinem Handeln und Reden, Lieben und Leiden zu malen, wie es auf dem geschichtlichen Hintergrund vieler Orte des Evangeliums in seiner Gegenwärtigkeit uns heute aufleuchtet. Das will dieses Buch tun, wenn es uns auf einer Reise ins Heilige Land begleitet. Doch nicht minder hilft es, die Wege Jesu im Geist nachzugehen, falls wir keine Möglichkeit zu solcher Reise haben. Abschnitte der Evangelien bringen die biblischen Tatsachen an jeder Stätte in Erinnerung. *) Ein Wort zur geistlichen Bedeutung der Stätte schlägt die Brücke von der Vergangenheit in die Gegenwart und soll zum Ruf werden, der uns heute gilt. Durch Gebete und Lieder, die zum Teil an den jeweiligen Orten entstanden, und anderen Meditationsstoff sind verschiedene Wege gegeben, auf diesen Ruf einzugehen und sich ganz in das Geschehen der Evangelien mithineinnehmen zu lassen.

* zum Teil nach Übersetzungen von Menge und Bruns wiedergegeben

Die Angaben über Geschichte und Örtlichkeit der einzelnen Stätten, an deren Zusammenstellung einige Marienschwestern mitarbeiteten, die auch selbst die Stätten aufsuchten, sind nur Mittel, dies besser vollziehen zu können. Rein historische und kunstgeschichtliche Gesichtspunkte sind dabei nicht berücksichtigt. Die geschichtlichen Hinweise sind mit Hilfe verschiedener wissenschaftlich fundierter Berichte zusammengestellt. Sie suchen die wesentlichsten Tatsachen über die geschichtliche Entwicklung der einzelnen Orte zu vermitteln und kurz einzuführen in die Fragen nach der Sicherheit oder Ungewißheit einzelner Überlieferungen. Dabei wurde verschiedenen Ansichten Rechnung getragen.
Die örtlichen Angaben wollen helfen, sich an den Stätten weitgehend ohne Führer selbst zurechtzufinden. Einzelheiten auf den Reisewegen sind jedoch nicht ausführlich erwähnt. Alttestamentliche Stätten finden nur Beachtung, soweit sie zum Geschehen des Evangeliums am gleichen Ort in Beziehung stehen.

Besucher des Heiligen Landes, Einzelgäste und Gruppen, sind herzlich eingeladen zum Tagesbesuch – für Übernachtung leider keine Möglichkeit – im Haus der Evang. Marienschwestern auf dem Ölberg. Um Anmeldung wird gebeten:
P. O. Box 19518, Jerusalem 91194, Tel. 284719

UND DAS WORT WARD FLEISCH

UND WOHNTE UNTER UNS,

UND WIR SAHEN

SEINE HERRLICHKEIT,

EINE HERRLICHKEIT ALS DES

EINGEBORENEN SOHNES

VOM VATER,

VOLLER GNADE UND WAHRHEIT.

JOHANNES 1,14

Heilges Land, da Gott ge- woh - net,
der auf höchstem Throne thronet, / sei gegrüsst,
du liebstes Land, / da ich Gottes Spu-ren
fand, / sei ge - grüsst, sei ge - grüsst.

Heilges Land, hier darf ich finden / Seine Stätten, die mir künden: / Gott ward Mensch, Er kam vom Thron, / ward mein Bruder, Menschensohn. / Sei gegrüßt.

Heilges Land, hier will ich preisen, / an den Stätten Ehr erweisen / Jesus, der hier zu uns kam, / unser Fleisch und Blut annahm. / Sei gegrüßt.

Heilges Land, hier will ich singen, / jauchzend soll Anbetung klingen, / wenn die Wunder ich seh an, / die Er hier im Land getan. / Sei gegrüßt.

Heilges Land, hier will ich klagen / und an Seinen Stätten sagen, / daß Er litt um meine Sünd, / auf daß ich Erlösung find. / Sei gegrüßt.

Heilges Land, hier will ich lieben, / Jesus – und Ihn nicht betrüben, / der hier litt aus Lieb zu mir. / Nun sei Ihm der Dank dafür. / Sei gegrüßt.

Heilges Land, dich darf ich sehen, / darf auf Jesu Wegen gehen! / Hier Er sich auf jedem Schritt / selbst mir kündet, nimmt mich mit. / Sei gegrüßt.

Heilges Land, dem will ich leben, / der Sein Leben mir gegeben, / will im Leid Ihm sein zur Seiten, / Seine Stätten zu bereiten, / bis Er kommt.

WARUM BESUCHEN WIR DIE HEILIGEN STÄTTEN?

„Ziehe deine Schuhe aus, denn die Stätte, darauf du deine Füße setzen wirst, ist heilig." Das ist das Wort, das der Herr uns zuruft, wenn wir das Heilige Land betreten dürfen. Dies Wort rief einst Gott Mose zu, als Er ihm in Seiner Heiligkeit im feurigen Busch erschien (2. Mose 3,5), und ebenso der Engel Gottes Josua beim Eingang ins Land Kanaan (Jos. 5,15). Wieviel mehr gilt dies Wort: „Ziehe deine Schuhe aus" nun für die heiligen Stätten, an denen Gott sich nicht nur durch ein Zeichen kundtat oder ein Engel Gottes erschien, sondern wo der allmächtige Gott, die zweite Person des Dreieinigen Gottes, Gottes Sohn als Menschensohn, Seine Füße hier auf dieses Land gesetzt hat. Dies Land mit Seinen Stätten ist darum wahrlich Heiliges Land.

Gott ist Fleisch geworden. Gerade das beten wir an im Gegensatz zu denen, die Jesus nur als Propheten ansehen, die Ihn nur als edlen Menschen, als einen Großen Seines Volkes anerkennen. Jesus aber ist so sehr als Gott Mensch geworden, daß Seine Füße tatsächlich die Erde berührten, dieselben Wege beschritten wie Seine sündigen Menschenkinder, und zwar hier im Heiligen Land. Er ist tatsächlich durch Galiläa gewandert, hat in den Herbergen mit anderen

Menschen Obdach gesucht und aus dem gleichen Quell getrunken wie andere Wanderer. Er hat dort mitten unter dem Volk gestanden, gepredigt und die Kranken geheilt. Und Er ist tatsächlich über die Straßen Jerusalems gegangen und hat Sein Kreuz getragen. Ja, Er hat tatsächlich wie ein Mensch gezagt dort in Gethsemane und geweint am Abhang des Ölbergs, wo Er im Anblick Seiner Stadt in Tränen ausbrach.

Diesen Jesus, der als Gottes Sohn Mensch wurde, unter einem bestimmten Volk, in einem bestimmten Land geboren, und der so in die Geschichte einging, bekennen allein wir Christen als unseren Herrn. Andere Religionen haben diese Tatsache nicht als Glaubensbekenntnis. Und dennoch ist es an den Stätten, wo Er gelebt hat, oft so, daß Andersgläubige voll Ehrfurcht kommen und hören, was hier geschehen ist, uns aber diese Ehrfurcht fehlt. Ist dies nicht unnatürlich? Denn unsere Ehrfurcht und Anbetung an den heiligen Stätten Jesu sollten doch zum Zeugnis vor aller Welt, gerade auch der nichtchristlichen, kundtun: Das Wort ward Fleisch, Gott nahm unser Fleisch und Blut an und wurde Mensch, uns Menschen zugute. Unsere Anbetung hier an den heiligen Stätten wäre also für alle ein Zeugnis, daß Jesus wirklich Mensch geworden, hier gelebt und gelitten hat, gestorben und auferstanden ist und daß Ihm darum Ehre und alle Liebe gegeben werden muß.

Nur wer dies Land und die heiligen Stätten in solcher Haltung tiefster Ehrfurcht betritt, kann

erleben, daß sich ihm Jesus hier heute offenbart. Wer das nicht tut, wie sollte der einen Segen bekommen? Gott naht sich nur einem demütigen Herzen, dort wohnt Er, so sagt es uns der Prophet Jesaja (Kap. 57,15). Und nirgends ist Demut so am Platz, wie wenn wir das Land betreten, das auch Gottes Fuß betreten hat, wo Er sich herabneigte und unter Sündern über diese Erde wandelte.
Heilige Stätten im Heiligen Lande, die Jesu Füße betreten haben, die Jesu gewaltige Worte vernommen und Seine Wunder und Taten, Sein Leiden und Sterben und Auferstehen gesehen haben – wer vermag auszusagen, was es bedeutet, wenn wir heute unseren Fuß dorthin setzen? Und wer sollte nicht die Sehnsucht im Herzen tragen, dorthin zu fahren? Reisen wir nicht oft, um einem großen Menschen näherzukommen, in sein Land und scheuen weder Mühe noch Kosten, dort alles zu studieren und sein Wesen dadurch besser zu erfassen? Sollten wir darum nicht erst recht Geld und Zeit und Unannehmlichkeiten einer Reise daransetzen, in das Land unseres Herrn Jesus zu kommen, in dem Er geboren und aufgewachsen ist, in dem Er nicht nur gewirkt, sondern für uns gelitten hat und gestorben ist?
Wohin wir unsern Blick in diesem Land nur lenken, wohin wir unsern Fuß nur setzen – alles redet von Ihm, wie es wahrlich nirgends in unserem Heimatland der Fall ist. Wer kann sich rühmen, daß er überall im Geist bei Jesus ist und

Sein Leben und Leiden und alle Seine Worte ihm so gegenwärtig und verständlich sind, daß er nicht mehr dessen bedürfe, im Anschauen Seines Landes und der Verhältnisse dort dies besser verstehen zu lernen? Oft ist uns das Wort Gottes zu selbstverständlich geworden, oder wir verstehen es zu abstrakt; da bietet uns das Aufsuchen der heiligen Stätten eine Hilfe, dem Wirken und Leiden Jesu näherzukommen. Haben wir es darum nicht nötig, durch das Nachgehen der Wege Jesu anders und tiefer zu begreifen, was dort für uns geschehen ist?

So zieht es jeden, der Jesus liebt und den es verlangt, Ihn besser in Seinem Wirken und Leiden verstehen zu lernen, mit seinem Herzen dahin. Auch möchte er dort dem Herrn noch einmal ganz besonders danken für Sein Leben und Sterben für uns, und er hat das Bedürfnis, seine Knie an dem Ort zu beugen, wo das Kreuz stand. Weiter drängt es ihn, die Stätte aufzusuchen, an der unser Herr Jesus Blut, Schweiß und Tränen für uns geopfert hat: Gethsemane. Denn wie kaum sonstwo kommt uns dort das Leiden und Ringen unseres Herrn nahe.

Oder es verlangt den, der Jesus liebt, auf dem Ölberg zu stehen, wo Er gen Himmel gefahren ist, um dort zu jauchzen und anzubeten, daß wir einen Herrn haben, der sich von diesem Berg triumphierend aufgeschwungen hat, um als Sieger heimzukehren zum Vater, und der nun zur Rechten Gottes sitzt. Wem würde dort auf dem Ölberg nicht auch der wiederkommende Herr neu lebendig im Gedanken an die Weissagung, daß der Herr bei Seiner Wiederkunft Seine Füße auf diesen gleichen Berg setzen wird, von dem Er aufgefahren ist (Sach. 14,4)? Da wird uns alles wirklich, was die Schrift sagt, auch von den endgeschichtlichen Ereignissen, denen wir entgegengehen.

Doch gerade, wenn uns die Liebe zu den heiligen Stätten zieht, wird es manchmal so sein, daß diese uns enttäuschen, weil sie völlig überbaut sind und ihr Aussehen nicht unserem Geschmack und unserer Vorstellung entspricht. Werden wir nicht hier oder da von der Art, wie die einzelnen Orte verwaltet werden, schmerzlich berührt sein? Und wird uns nicht bei manchen heiligen Stätten die Frage kommen, ob sie historisch echt sind? Ja, solche Fragen und Erlebnisse werden uns nicht erspart werden, und es ist gut, wenn wir vorher diesen Nöten klar ins Auge sehen und uns bereiten, ihnen recht zu begegnen.

Viele Örtlichkeiten wie der See Genezareth, der Ölberg, das Kidrontal, der Tempelplatz, der Jakobsbrunnen und andere sind augenscheinlich noch als die alten biblischen Stätten zu erkennen. So sind manche Orte heiliger Stätten historisch ziemlich sicher – andere jedoch nicht festzulegen. Da die Ausgrabungen an vielen Stätten noch nicht abgeschlossen sind und ständig mit neuen Ergebnissen zu rechnen ist, kann man das allerdings nie endgültig sagen. Selbst wenn aber der Ort historisch nicht ganz sicher ist,

bieten uns etwa Kirchen, die dort errichtet sind, Möglichkeit, an ein bestimmtes biblisches Geschehen betend zu denken – mag das Ereignis auch einige Kilometer entfernt stattgefunden haben.
Und für die Not, die uns das störende Äußere an heiligen Stätten macht, gilt: Der große Gott verschmähte es nicht, als Mensch in unsere irdische, so unzulängliche Welt zu kommen und sich in eine Krippe zu legen, und verhüllte Seine Heiligkeit. Wiederum zeigen Ihn die Stätten auch heute in solcher Verhüllung, die Menschen Ihm anlegten. Doch wer Jesus selbst liebend sucht, findet Ihn auch unter diesen menschlichen Hüllen. Sie gehören zu uns Menschen zu unserer armseligen, sündigen Art – sie sind also etwas von unserem Fleisch und Blut.
Sollten wir darum – und gerade, wenn wir uns Stätten Jesu nahen, der liebend und erbarmend zu uns Sündern trat – nicht mit Augen der Liebe das Tun derer ansehen, die oft unter großen Opfern diese Stätten uns allen erhalten wollten, auch wenn uns ihre Art fremd ist? Wir wissen oft nicht, wieviel wir den Hütern der heiligen Stätten, meist Franziskanern, zu verdanken haben. Sie sind es gewesen, die durch Jahrhunderte vielfach sogar ihr Leben einsetzten, um die Stätten zu bewahren, und viele Märtyrer gingen aus ihren Reihen hervor.
So wartet Jesus wohl darauf, daß wir statt mit überheblichen mit dankbaren, segnenden Gedanken den Stätten und ihren Hütern nahen.

Dann wird es uns leichter werden, Störendes dort zu überwinden. Und wenn heilige Stätten hier oder da nicht heilig verwaltet werden, wenn wir von Streit und Uneinigkeit hören oder sie selbst sehen, dann erwartet Jesus um so mehr, daß wir uns unter diese Not mit beugen, weil wir Christen ohne Ausnahme selbst immer wieder Jesus mit unserem unheiligen Wesen verdunkeln. Für solche Stätten sollten wir besonders beten.
Ja, bei allen Stätten Jesu sind wir aufgerufen, durch unser Beten und Lieben mitzuhelfen, daß sie wirklich heilige Stätten seien. Denn die heiligen Stätten können nicht ohne weiteres Gott verkündigen, wenn ihre Botschaft nicht dort gelebt wird. Es ist vielmehr eine Tatsache, daß Heiliges Land, wo sich Gott einmal offenbarte, nicht immer Heiliges Land bleiben muß. Insofern haben die recht, die fragen: Gibt es heute wirklich noch heilige Stätten? Wohl steht nach der Schrift fest, daß es heilige Stätten gibt und daß Gott eine Stadt die „heilige Stadt" (Jes. 52,1) nennt und den Tempel „Sein Heiligtum" (Hes. 22,26). Doch wir wissen, wie es zum Beispiel der Stadt Jerusalem mit dem Tempel gegangen ist. Die Menschen verunehrten den Tempel, gaben Gott nicht die Ehre, lebten dort nicht nach Seinen Geboten, sondern trieben Geschäfte. So machten sie das Gotteshaus zur Mördergrube. Darum wurde dieser Ort hernach gerichtet und verheert. Und so erging es manchen heiligen Orten. Das bedeutete größte Schmerzen für Gott.

Und immer neu ist es ein Schmerz für Gott, wenn wir Stätten, an denen Er sich herabgelassen hat, um sich zu offenbaren, verunehren durch Streiten, Neiden, Unehrerbietigkeit und Gleichgültigkeit.
So rufen uns die heiligen Stätten auf, daß wir sie durch unsere Reue und Liebe zu Jesus, durch unsere Anbetung neu lebendig werden lassen, indem das Bild unseres Herrn dort aufleuchtet und Er vor vielen bezeugt wird. Das können wir nicht, wenn wir sie wie Museums-Sehenswürdigkeiten betrachten, in Hast und Eile möglichst viel ansehen wollen, um nur einen flüchtigen Eindruck mitzunehmen. Vielmehr warten die heiligen Stätten darauf, daß wir bei unserem Besuch dort betend verweilen, um Jesus zu begegnen. Wir müssen uns darum lange vorher innerlich auf solch eine Fahrt bereiten – ob nun als einzelne oder in Gruppen –, um die heiligen Stätten wirklich in rechter Weise zu besuchen.
Welche Möglichkeit hat Gott uns mit dem Besuch der heiligen Stätten gegeben! Damit hat Er uns nicht nur eine Gabe geschenkt, die uns innerlich reich macht – geschweige, daß es nur ein interessantes Studium oder gar nur ein Genuß sei –, sondern Gott stellt uns damit in einen Auftrag, eine Aufgabe hinein. So mögen unsere Herzen brennen in dem Verlangen, nicht nur dort überall mit geistlichem Segen beschenkt zu werden, sondern Ihm Dank zu sagen. Weil Jesus an diesen Stätten als Gott in Menschengestalt gelebt und für uns Sünder gelitten hat, warten

die heiligen Stätten, daß wir Ihm nun Geschenke unserer Liebe bringen. Was haben wir aber an Geschenken zu bringen?
Möchten es doch viele Gebete des Dankes und der Liebe zu Jesus sein! Überall müßten wir Ihm die Antwort auf Sein Tun geben: auf Seine Botschaft, die Er hier verkündigte, unsere Hingabe, – auf Sein Leiden unsere Reue und das Mitgehen Seines Kreuzesweges in unserem Alltag. Möchten wir dort viel zusammen singen, damit die heiligen Stätten von einem Chor der Lobsänger erfüllt werden! Und ein Chor derer, die ihre Sünde beklagen, sollte hier den anbeten, der diese Sünde auf sich genommen hat. Wenn viele das hören, werden sie fragen: Wer wird hier so benedeit? Wer wird hier so geliebt?
So wartet Jesus auf Menschen, die, Ihn liebend, zu Seinen Stätten kommen, denn Liebe läßt den Geliebten vor anderen lebendig und liebenswert erscheinen. Liebe hilft auch mit, daß Seine Stätten, an denen Er weilte, heute von Seinem Leben erfüllt werden. Liebe wird helfen, Jesus, unseren Herrn, an den heiligen Stätten vor aller Welt aufstrahlen zu lassen, einmal als den, der damals dort gelebt und gelitten, gekreuzigt, auferstanden und gen Himmel gefahren ist, den Herrn von gestern – aber auch als den Herrn von heute, der da lebt und unter uns ist, dem Liebe und Hingabe, Ehre, Lob und Preis von Ewigkeit zu Ewigkeit gebührt.
Welch ein Vorrecht, Sein Land besuchen zu dürfen, um Ihm hier nachgehen zu können auf Sei-

nen Wegen und Ihm den Dank der Liebe zu bringen! Und nicht nur das – hier dürfen wir Ihm zujauchzen im Gedanken an jenen Tag, an dem Er wiederkommt auf diese Erde zu Seiner Stadt, begrüßt mit dem Freudenruf: „Gelobt sei, der da kommt im Namen des Herrn!" (Matth. 23,39) – ja noch mehr – im Gedanken an jenen Tag, an dem das himmlische Jerusalem herniederkommen und die Hütte Gottes bei den Menschen sein wird (Offb. 21).

GEBET ZUM BEGINN EINER FAHRT INS HEILIGE LAND

Herr Jesus,
wir danken Dir von Herzen für das Geschenk, daß wir das Vorrecht vor vielen haben, in das Land zu fahren, wo Du gelebt und gelitten hast. So bitten wir Dich, brenne uns ins Herz, daß wir Heiliges Land betreten und darum im Geist unsere Schuhe ausziehen müssen. Voller Scham und Schmerz denken wir daran, wie unsere Vorfahren hier einzogen – unter dem Zeichen des Kreuzes – und doch ein Blutbad unter Juden und Muhammedanern anrichteten. Gib uns eine tiefe Reue darüber ins Herz, daß wir Dir als Christenheit damals und immer wieder Schande gemacht haben, auch an Deinen heiligen Stätten. Eingedenk aller unsrer Schuld laß uns nun demütigen Herzens Dein Land und die darin wohnen besuchen. Und schenke uns die Gnade, auf dieser Fahrt ein wenig von der großen Schuld gutzumachen.
Laß uns mit gottesfürchtigem Herzen Dein Land betreten und keine unbereinigte Schuld mithineinnehmen. Und hilf uns, in diesen Wochen

nicht die kleinste Sünde zu dulden, auch keine Unstimmigkeiten, die in unserer Gruppe die Liebeseinheit gefährden. Bereite uns, daß wir mit bußfertigem Herzen die Stätten Deiner Leiden betreten und sie so heiligen, auch vor den Augen der Menschen.

Entzünde uns dort zu neuer Liebe zu Dir, auf daß Dich diese Liebe an den heiligen Stätten erfreue. Gib uns den Geist des Gebets, des Beklagens Deiner Leiden, der Anbetung und des Jauchzens, damit wir die Stätten Deines Erdenweges damit erfüllen. Ja, Dich laß uns finden, Jesus, wenn wir in Deinem Land an Deinen Stätten Dir danken, Dir singen, Dich erfreuen wollen. Und schenke, daß wir Dich dann auch andern dort kundmachen dürfen. Gib, daß wir als solche, die Dir im Geist und in der Wahrheit in Deinem Lande begegnet sind, reich gesegnet nach Hause zurückkehren und vielen den Segen mitbringen dürfen.

Deine Engel seien Schutz und Schirm auf unserer Reise, und Deine gütigen Vaterhände mögen uns behüten, auf daß wir in allen Gefahren und Schwierigkeiten unterwegs und dort im Heiligen Land geleitet werden und wohlbehalten heimkehren. Amen.

Heil - ge Stät - ten rau - nen lei - se,
dass des Kö - nigs An - kunft naht,
rüs - ten sich nach ih - rer Wei - se,
sehnend, dass der Tag bald tagt.

Und die Heilgen, die Ihn lieben, / ahnen, daß der König naht, / ihr Herz wird zu Ihm getrieben / in der Freud auf diesen Tag.

Vater hält die Arme offen, / daß Sein liebes Volk kehrt heim, / und jahrtausendlanges Hoffen / endlich soll erfüllet sein.

Jesu Tränen, die geweinet / auf dem Ölberg voller Schmerz, / Jesu Leid Sein Volk Ihm einet, / Seine Liebe schmilzt das Herz.

Stadt des großen Herrn und König, / mach, Jerusalem, dich auf, / alle Ehren sind zu wenig, / triumphierend nimm Ihn auf!

Gottes Volk, dich nun bereite, / denn des Königs Ankunft naht, / daß du Ihm darfst stehn zur Seite, / wenn Sein Tag aus Nächten tagt!

Auch nach Melodie EKG 429: Früh am Morgen Jesus gehet

+

TEMPELPLATZ

Wir möchten gern den Tempelplatz besuchen, den Berg Morija oder »Haram esch-scharif«, wie die Moslems ihn nennen. Vom ersten Anblick Jerusalems an – wenn wir von Süden, Osten oder Norden kommen – hat er unser Auge auf sich gelenkt durch die mächtige goldglänzende Kuppel des Felsendoms. Das Tempelgelände mit seinen weiten Ausmaßen nimmt etwa ein Sechstel der Gesamtfläche von Jerusalems Altstadt ein. Neun Tore führen in den Tempelbezirk, sechs davon an der Westseite und drei an der Nordseite.
Aber wir wollen zuerst zur Westmauer (Kotel Ha Ma aravi) gehen, auch bekannt als Klagemauer, die an der äußeren Westseite des Tempels liegt. Der meistbegangene Weg zur Westmauer ist die Straße El-Wad (Talstraße bzw. Haggaistraße), die am Damaskustor beginnt und quer durch die Altstadt führt. An ihrem Ende kommen wir durch einen Tunnel, und dann liegt der weite Platz mit diesem Ort jüdischer Tradition vor uns.

Wir können dorthin auch auf der Straße außerhalb der östlichen Stadtmauer kommen, zunächst vorbei am Goldenen Tor und der Tempelzinne, weiter am großen Ausgrabungsfeld an der südlichen Stadtmauer entlang bis zum Misttor, dem der Westmauer nächstgelegenen Stadttor. Zu Jesu Zeiten waren die beiden Haupteingänge zum Tempelplatz an dieser Südmauer, und man erkennt dort noch deutlich die Bogen des Tripeltores und einen Bogen des Doppeltores (direkt neben der El-Aksa-Moschee), zu dem breite Stufen hinaufführten, die heute wieder ausgegraben und zum Teil renoviert wurden.

Außerdem ist es ein beliebter Weg – wenn man von Westen (Jaffator) oder von Süden (Zionstor) kommt –, durch das wiedererbaute jüdische Viertel über viele Treppenstufen hinunter zur Westmauer zu gelangen. Mit ihren 26 Reihen von massiven, gehauenen Steinblöcken aus der Zeit des Herodes des Großen ist diese Mauer der eindrücklichste Überrest des Tempels, wie Jesus ihn kannte. Die Fundamente und ersten Steinreihen über dem Felsengrund des Tyropöontales stammen noch aus der Zeit des salomonischen Tempels.

Wann immer wir zur Westmauer kommen, werden wir betende Menschen hier finden. Während der hohen israelischen Feiertage im Frühjahr und Herbst strömen viele Tausende hierher und ist der Platz oft überfüllt. Nach jüdischer Tradition hat sich bei der Zerstörung des Tempels die Gegenwart Gottes in diese Mauer zurückgezogen. Durch die Jahrhunderte kamen Juden hierher, um die Zerstörung des Tempels und ihr bitteres Schicksal zu beweinen. Doch seit der Wiedervereinigung Jerusalems 1967 steigen hier auch Gebete des Dankes und der Freude auf.

Ein Fußweg führt uns nun hinauf ans Mograbi-Tor, den Eingang zum Tempelplatz. Am islamischen Museum rechter Hand vorbei gehen wir zunächst zu einem kleinen Gebäude, wo wir Eintrittskarten für die El-Aksa-Moschee und den Felsendom kaufen können. Die El-Aksa-Moschee, an der wir zuerst vorbeikommen, ist ein großes siebenschiffiges Gebäude, heute das drittgrößte Heiligtum der Moslems nach Mekka und Medina. Im 6. Jahrhundert stand hier eine große Marienkirche, in Kreuzform erbaut, deren Steine die Moslems später zum Bau der heutigen Moschee verwendeten. Sie behielten auch die Grundstruktur der ehemaligen Kirche bei. Aus der Zeit der Kreuzfahrer, die hier ihr Hauptquartier hatten, sind noch Überreste in der Frauenmoschee im westlichen Teil sichtbar.

Doch nun wenden wir unseren Blick auf den großen, achteckigen Felsendom etwa in der Mitte des Platzes. Er ist auf einer erhöhten, terrassenähnlichen Fläche erbaut, mit Säulenbogen umgeben, und von allen Seiten führen Treppenstufen zu ihm hinauf. Rings um diese erhöhte Fläche ist eine Vielfalt von kleinen und kleinsten Gebäuden zu sehen, die die Weite des Platzes ausfüllen: Tempelchen, Gebetsnischen, Brunnenanlagen und Waschbecken der Moslems erinnern daran, daß dieser Platz, der einmal der geistliche Mittelpunkt der alttestamentlichen Gottesgemeinde war, nicht von christlicher, sondern inzwischen von vielhundertjähriger islamischer Geschichte geprägt ist. Nach der byzantinischen Zeit mit dem Kirchenbau an der Stelle der El-Aksa-Moschee wurde dann nur noch in der kurzen Zeit der Kreuzritterherrschaft der Felsendom in eine christliche Kirche verwandelt und »Tempel des Herrn« genannt.

Weil wir aber hier den Tempelplatz suchen, der uns

von vielen biblischen Ereignissen her vertraut ist, zieht es uns vor allem zu dem Ort hin, der noch am meisten daran erinnert. Es ist das Gebiet der früheren »Halle Salomos« an der Ostseite des Tempelplatzes. Wir denken daran, daß sich in dieser Lehrhalle soviel Entscheidendes in Jesu Leben abspielte vom Gespräch des Zwölfjährigen mit den Schriftgelehrten bis zu Seinen Tempelreden am Ende Seiner Wirksamkeit. Dort finden wir auch in der Stadtmauer, über die der Blick zum gegenüberliegenden Ölberg geht, das Goldene Tor, dessen zugemauerte Außenseite uns schon vom Ölberg her auffiel. Nach innen zu hat es zwei Torhallen, die aus byzantinischer Zeit stammen. Viele Treppenstufen führen ungefähr 10 m hinab zum ursprünglichen Grund aus Jesu Zeiten, während das übrige Gelände durch den Schutt der Jahrhunderte zumeist noch aufgeschüttet liegt. Beim Goldenen Tor gedenken wir des Einzugs Jesu am Palmsonntag auf dem Rücken der Eselin und daß Er wohl durch dieses Tor als der wahre König Israels einziehen wird in Herrlichkeit, wenn Er wiederkommen und »mit den Füßen auf den Ölberg treten« wird (Sach. 14, 4).

Doch der zweite Anziehungspunkt auf dem Tempelplatz ist nun der Felsendom, der ungefähr an der Stelle des einstigen Tempels steht. Mitten unter der Kuppel dieses prächtigen Gebäudes liegt der gewachsene Fels, der wohl den Brandopferaltar des Tempels trug. Der Felsen – Fels Morija genannt – hat für uns unerwartete Ausmaße: Etwa 17 m lang und 13 m breit, ragt er bis zu 2 m aus dem Boden hervor. Angesichts der mit diesem Felsen verbundenen Geschichte – von der Opferung Isaaks bis zur zeichenhaften Opferung Jesu bei seiner Darstellung im Tempel – kann der christliche Besucher nur tief bewegt schweigen.

Unter dem Felsen liegt heute noch eine Höhle – wohl die des Jebusiters Aravna, dessen Tenne David einst erwarb, um hier einen Altar zu errichten (2. Sam. 24, 18). Sie ist ein besonderer Gebetsplatz der Moslems, denn nach deren Tradition soll außer Abraham, David, Salomo und Elia auch Mohammed hier gebetet haben.

Der Tempelplatz ist täglich außer freitags geöffnet von 8 bis 17.30 Uhr. Die Moscheen sind geschlossen von 11.30 bis 12.20 Uhr und von 15 bis 16 Uhr.

GESCHICHTLICHES

Die Geschichte des Tempels hängt unmittelbar mit der Jerusalems zusammen; denn der Tempel war seit der Zeit Salomos der bedeutsamste Ort in der inneren und äußeren Entwicklung der Stadt. Die älteste Siedlung Jerusalems lag am südlichen Ausläufer des Hügels, dessen nördliche Verlängerung später den Tempelplatz trug und der im Westen vom Tyropöontal, im Osten vom Kidrontal eingeschlossen wurde. Der Ausgangspunkt der Siedlung war wohl die Gihonquelle, am östlichen Fuß des Hügels im Kidrontal gelegen. Ausgrabungen bezeugen, daß diese Siedlung seit 3000 v. Chr. bewohnt wurde. Heute liegt dieser Hügel – Ophel genannt – mit dem gleichnamigen Dorf am Hang zum Kidrontal hin außerhalb der Südmauer der Altstadt.

In der Heiligen Schrift wird Jerusalem zum ersten Mal erwähnt bei der Begegnung Abrahams mit Melchisedek, dem »König von Salem« (1. Mose 14, 18), etwa um 2000 v. Chr. Ebenso kann man den Anfang der bi-

blischen Geschichte des Tempels bei Abraham annehmen, denn nach jüdischer Überlieferung war jener Berg Morija, zu dem er zur Opferung Isaaks ging, der gleiche Hügel, auf dem später der Tempel errichtet wurde (1. Mose 22, 1–19).
Bei der israelischen Landnahme unter Josua wurde Jerusalem noch nicht von den Israeliten eingenommen, sondern bestand damals noch weiter als kanaanäischer Stadtstaat unter den Jebusitern, die während der ganzen Richterzeit (1300–1050 v. Chr.) dort herrschten. Erst David eroberte die Stadt um 1000 v. Chr. und baute sie zum Mittelpunkt seines Reiches aus. Die »Stadt Davids« befand sich noch auf dem Platz der ältesten Siedlung Ophel auf dem südlichen Ausläufer des Tempelberges. Bedeutsamer aber als der Ausbau seines Königssitzes war, daß David die Stadt zugleich zum Zentrum des gottesdienstlichen Lebens machte, indem er die Bundeslade dorthin bringen ließ und sich mit dem Plan trug, dafür einen Tempel zu bauen (2. Sam. 6 u. 7). Zunächst jedoch bekam er nur den Befehl Gottes, Ihm einen Altar zu errichten auf der »Tenne des Aravna, des Jebusiters«, die nördlich seines Königspalastes lag (2. Sam. 24, 18). Er tat das zur Sühne für seine gegen Gottes Gebot durchgeführte Volkszählung, die Gott damit beantwortet hatte, daß Er Sein Volk mit Pest schlug. Auf dieser »Tenne Aravnas« erhob sich als Mittelpunkt der Morijafels, auf dem der Altar des Herrn erbaut wurde. Davids Plan war, hier dann den Tempel zu erbauen. Doch der Herr verwehrte ihm, es selbst zu tun (1. Chron. 22, 1, 8–10).
Sein Sohn Salomo aber konnte zur Ehre des Namens Gottes (2. Chron. 3, 1) dort einen Tempel errichten (ca. 955 v. Chr.) und schloß ihn mit seinen Palastbauten zu einem eingefriedeten Bezirk zusammen. Dieser

erste Tempel Salomos entsprach in seiner Anlage den Vorschriften, die Mose im Gesetz für die Stiftshütte gegeben waren. Die späteren Bauten folgten im großen seinem Vorbild. Als ein rechteckiges Gebäude – von Osten nach Westen gerichtet – enthielt dieser Tempel Heiligtum und Allerheiligstes mit der Bundeslade. Im inneren Vorhof der Priester stand der Brandopferaltar wohl auf jenem Felsen, auf dem David schon den Altar errichtet hatte.

Die Eroberung durch die Babylonier unter Nebukadnezar brachte 587 v. Chr. die Zerstörung des Tempels. Als die gefangenen Juden 538 v. Chr. unter Kyros zurückkehren durften, errichteten sie unter Serubabel auf den Grundlinien des ersten Tempels den zweiten, der 516 beendet wurde. Allerdings war im Allerheiligsten nicht mehr die Bundeslade, die seit der Wegführung verschollen blieb. Dieser zweite Tempel war nicht so prächtig wie der Salomos, wurde aber mehr und mehr das »Herz« Jerusalems.

168 v. Chr. wurde der Tempel von dem Griechenkönig Antiochus Epiphanes geplündert und entweiht, der jüdische Gottesdienst verboten. 165 v. Chr. reinigte ihn Judas Makkabäus nach seinem Sieg wieder. Als 63 v. Chr. der römische Feldherr Pompejus die Herrschaft über das Land antrat, ließ er den Tempel mit seinen Gottesdiensten unangetastet. 20 v. Chr. begann Herodes der Große als von Rom eingesetzter König mit dem Umbau des Tempelgebäudes, und es erstand in sehr prächtiger Gestalt.

Inzwischen hatte sich das ursprüngliche Jerusalem vom Osthügel, dem Berg Ophel, her nach Westen und Nordwesten zu ausgedehnt. Jenseits des Tyropöontales, im Süden begrenzt vom Ben-Hinnomtal, war auf einem zweiten Hügel die sogenannte Oberstadt ent-

standen und nördlich davon eine Vorstadt. So war der Tempelplatz auf seiner Westseite ganz vom Stadtgebiet eingeschlossen. Herodes erweiterte nun den Tempelplatz nach Süden zu um das Doppelte. Dazu mußte der abfallende Hang des Tempelberges durch Unterbauten erhöht werden. Dadurch entstanden die unterirdischen »Ställe Salomos« im Süden des Tempelplatzes an der Stelle des früheren Königspalastes Salomos. Nordwestlich vom Tempel errichtete Herodes auf einer felsigen Erhöhung die Burg Antonia, von der aus Stufen auf den Tempelplatz führten und von wo aus man den ganzen Bezirk überwachen konnte.
Der Tempelplatz war mit Mauern umgeben, durch die damals acht Tore ins Innere des Tempelbezirkes führten. Im nördlichen Teil der Ostmauer lag das Susan-Tor. Auf seinen Fundamenten wurde in byzantinischer Zeit (692 n. Chr.) wieder ein Doppeltor aufgebaut, wie es zur Zeit Jesu war. In der irrigen Annahme, daß hier einst die »Schöne Pforte« gestanden habe, bei der Petrus und Johannes nach Pfingsten einen Lahmen heilten im Namen Jesu, nannte Kaiser Heraklius das Tor »Goldenes Tor«. Nach der Überlieferung ist Jesus durch dies Tor am Palmsonntag eingezogen, und deshalb zog seit der Kreuzfahrerzeit die Prozession an jedem Palmsonntag hindurch, bis das Tor im 16. Jahrhundert von den Moslems zugemauert wurde. Manche verbinden dieses Schließen des Tores mit Hesekiel 44, 1–3.
Auf der Innenseite der Mauern liefen an den vier Seiten Säulenhallen entlang. Am bekanntesten ist davon die »Halle Salomos« an der Ostseite des Platzes zum Kidrontal hin. Hier fanden zur Zeit Jesu wohl die Gespräche der Gesetzeslehrer statt. So wird auch Jesus als Zwölfjähriger hier gesessen haben (Luk. 2, 46). Und

hier ging Er nach Johannes 10, 22 ff. umher, als Er am Fest der Tempelweihe Seine Rede vom Guten Hirten hielt. Auch andere Tempelreden Jesu haben wir uns an dieser Stelle zu denken (Matth. 21, 23 bis 24, 1). Hier hielt auch Petrus nach Apostelgeschichte 3, 11 ff. seine Predigt an das Volk. Und in den gleichen Hallen versammelten sich die ersten Christen (Apg. 5, 12). In der südlichen Halle, der »königlichen Halle«, dagegen waren wohl die Tische der Wechsler und die Stände der Verkäufer von Opfertieren, die Jesus heraustrieb (Joh. 2, 13–16; Matth. 21, 12–13).

Innerhalb der von Hallen umsäumten Mauern dehnte sich der weite Vorhof der Heiden aus. Das eigentliche Tempelgebäude lag auf Terrassen erhöht und streng abgesperrt. Es war umgeben vom Vorhof der Priester, dem nach Osten zu der Vorhof der Männer vorgelagert war und dann einige Stufen abwärts der Frauenvorhof. Diesen betrat man vom Vorhof der Heiden durch das »Schöne Tor«, wo nach Apostelgeschichte 3, 2 die Heilung des Lahmen geschah. Hierher in den Frauenvorhof brachte wohl Maria ihr Kind bei der Darstellung Jesu. Und hier spielte sich die Begebenheit um das Scherflein der Witwe ab (Mark. 12, 41–44). Hier führte man die Ehebrecherin zu Jesus, denn auch der jüdische Gerichtshof hatte am Tempelplatz seinen Sitz (Joh. 8, 2–11). Und in diesem Frauenvorhof wurden während des Laubhüttenfestes große Leuchter entzündet, weshalb Jesus wohl hier das Zeugnis ablegte: »Ich bin das Licht der Welt« (Joh. 8, 12 u. 20).

Im Vorhof der Priester stand der Brandopferaltar und das Waschbecken. Am letzten Tag des Laubhüttenfestes wurde vor dem Morgenopfer Wasser vom Siloahteich am Fuß des Brandopferaltars als Trankopfer ausgeschüttet. Nur bei dieser Prozession durften Männer, die nicht Priester waren, diesen Bezirk betreten. Da wird Jesus ausgerufen haben: »Wen da dürstet, der komme zu mir und trinke...« (Joh. 7, 37 u. 38). Innerhalb des Priestervorhofes lag, etliche Stufen erhöht, das eigentliche Tempelgebäude, ein verhältnismäßig kleiner Bau. Im vorderen Teil, dem Heiligtum, erschien der Engel dem Zacharias und kündigte die Geburt Johannes des Täufers an (Luk. 1, 11–22). Dahinter war das Allerheiligste, durch den Vorhang abgetrennt, der beim Tode Jesu mitten entzwei riß (Matth. 27, 51).

Als biblisch bedeutsame Stätte des Tempelplatzes sah die frühchristliche Überlieferung noch die Südostecke der Tempelmauer an, die sogenannte Tempelzinne, von der bei der zweiten Versuchung Jesu die Rede ist. Von dieser gleichen Zinne soll Jakobus, der Bruder des Herrn und erste Bischof von Jerusalem, herabgestürzt worden sein.

Dieser Herodianische Tempel wurde nur wenige Jahre nach seiner endgültigen Fertigstellung völlig zerstört, und zwar am 10. August (9. Tag des Monats Aw) 70 n. Chr. bei der Eroberung Jerusalems durch den römischen Feldherrn Titus. Es war der gleiche Tag, an dem 587 v. Chr. auch der erste Tempel durch die Babylonier zerstört wurde, und bis heute halten die Juden an diesem Tag einen besonderen Fast- und Trauertag. Inmitten der Ruinen ließ Kaiser Hadrian, der Jerusalem in die römische Stadt Aelia Capitolina verwandelte, 135 n. Chr. einen Jupitertempel errichten und sein eigenes Standbild aufstellen. Zur Zeit Konstantins (335 n. Chr.) verschwand dieser Tempel. Später wollte Kaiser Julian, der dem Christentum abtrünnig geworden war, den jüdischen Opferkult wieder aufleben lassen und ermunterte 363 die Juden zum Versuch, ihren

Tempel wieder aufzubauen. Ein Erdbeben mit Feuersbrunst verhinderte die Ausführung. So blieb der Tempelbezirk verödet liegen; nur am Südende des Platzes, an der Stelle der heutigen El-Aksa-Moschee, stand im 6. Jahrhundert die schon erwähnte Marienkirche, die aber 614 mit den übrigen Kirchen Jerusalems zerstört wurde.

Als die Araber 637 Jerusalem erobert hatten, ließ Kalif Omar auf den Ruinen des Tempels eine Moschee erbauen. Doch erst fünfzig Jahre später wurde unter dem Kalifen Abd el Malik der prächtige Kuppelbau, der heute über dem Morijafelsen steht, durch byzantinische Baumeister errichtet. Als Vorbild für den achtekkigen Bau nahm man die Himmelfahrtskirche, die jetzige Himmelfahrtsmoschee auf dem Ölberg. Der Felsendom wurde nun mit der El-Aksa-Moschee zum bedeutendsten islamischen Heiligtum nach Mekka und Medina. In der Zeit der Kreuzfahrerherrschaft (1099–1187), als ein christliches Königreich von Jerusalem ausgerufen worden war unter Gottfried von Boullion, war der Felsendom kurze Zeit Kirche und Mittelpunkt des Templerordens, doch danach wurde er wieder Gebetsstätte der Moslems. 1517 eroberten die Türken Jerusalem und herrschten dort bis zur Aufrichtung des britischen Mandats 1917, das 1948 endete. In den Jahren seit etwa 1959 wurden umfangreiche Erneuerungsarbeiten am Felsendom unternommen und die große Kuppel vergoldet mit einer Legierung von Aluminium-Bronze.

AUS DER HEILIGEN SCHRIFT

Gott sprach zu Abraham: Nimm Isaak, deinen einzigen Sohn, den du liebhast, und gehe hin in das Land Morija und opfere ihn daselbst zum Brandopfer auf einem Berg, den ich dir sagen werde. 1. Mose 22,2

Und Salomo fing an zu bauen das Haus des Herrn zu Jerusalem auf dem Berg Morija, der David, seinem Vater, gezeigt war, welchen David zubereitet hatte zum Raum auf der Tenne Aravnas, des Jebusiters. 2. Chronika 3,1

Jesu Eltern pflegten aber alle Jahre zum Passahfest nach Jerusalem zu wandern. Als Jesus nun zwölf Jahre alt geworden war und sie wie gewöhnlich zur Festzeit hinaufgezogen waren, blieb der Knabe Jesus in Jerusalem zurück, ohne daß seine Eltern es bemerkten. Nach drei Tagen fanden sie ihn, wie er im Tempel mitten unter den Lehrern saß und ihnen zuhörte und auch Fragen an sie richtete ... Und er antwortete den Eltern: Wie habt ihr mich suchen können? Wußtet ihr nicht, daß ich im Hause meines Vaters sein muß? Aus Lukas 2,41-49

Jesus ging im Tempel in der Halle Salomos auf und ab. Da umringten ihn die Juden und sagten zu ihm: Wie lange läßt du uns noch in Ungewißheit schweben? Bist du Christus, so sage es uns frei heraus. Jesus antwortete ihnen: Meine Schafe hören auf meine Stimme und ich kenne sie, und sie folgen mir nach und ich gebe ihnen ewiges Leben. Mein Vater, der sie mir gegeben hat, ist größer als alle, und niemand vermag sie der Hand meines Vaters zu entreißen. Ich und der Vater sind eins. Da holten die Juden wieder Steine herbei, um ihn zu steinigen. Sie suchten ihn abermals zu greifen, doch er entkam aus ihren Händen. Aus Johannes 10,23 - 39

Als Jesus sich in den Tempel begeben hatte, machte er sich daran, die Verkäufer hinauszutreiben, indem er ihnen zurief: Es steht geschrieben: Mein Haus soll ein Bethaus sein. Ihr aber habt es zu einem Kaufhaus und zu einer Mördergrube gemacht! Da dachten seine Jünger an das Schriftwort: Der Eifer um dein Haus wird mich verzehren. Er lehrte dann täglich im Tempel. Die Hohenpriester aber und die Schriftgelehrten samt den Obersten des Volkes trachteten ihm nach dem Leben, fanden jedoch keine Möglichkeit, ihre Absicht gegen ihn auszuführen, denn das gesamte Volk hing ihm an.

Aus Lukas 19,45 - 48 und Johannes 2,16 u. 17

Jerusalem, Jerusalem, die du tötest die Propheten und steinigst, die zu dir gesandt werden, wie oft habe ich deine Kinder versammeln wollen, wie eine Henne versammelt ihre Küchlein unter ihre Flügel; und ihr habt nicht gewollt! Siehe, euer Haus soll euch wüst gelassen werden. Denn ich sage euch: Ihr werdet mich von jetzt an nicht sehen, bis ihr sprecht: Gelobet sei, der da kommt im Namen des Herrn! Matthäus 23,37 - 39

DER TEMPELPLATZ – EIN RUF AN UNS

Welche Erinnerungen werden in uns wach, wenn wir den Tempelplatz in Jerusalem, auf dem heute die Felsenmoschee steht, überschreiten! Dieser Tempel war das Heiligtum Gottes im Alten Bund, der Ort, den Er sich zum Zeichen Seiner Wohnung unter Israel erwählt hatte, – und darum auch der Ort, der für Jesus, den Sohn Gottes, große Bedeutung in Seinem Erdenleben hatte. Wir hören, wie es Jesus als Zwölfjährigen zum Tempel zog. Seine ergreifenden Worte dort: „Muß ich denn nicht sein in dem, was meines Vaters ist?" lassen etwas ahnen davon, wie sehr Jesus darunter litt, vom Vater getrennt, fern vom Himmel hier auf Erden sein zu müssen. Und sie sagen davon, wie Er sich darnach sehnte, im Tempel nur etwas von dem Saum Seines Vaters zu ergreifen, der nach Seinem Wort daselbst wohnte (2. Mose 25,8).
Doch hier auf dem Tempelplatz mußte Jesus wohl im besonderen Seinen Weg der Entäußerung und Demütigung auskosten. Denn der eigentliche Ort der Gegenwart Gottes war ja nach der Offenbarung des Alten Bundes das Allerheiligste des Tempels, wo früher die Bundeslade stand. Hätte dazu nicht der Sohn Gottes vor allen Priestern Zutritt haben müssen? Er durfte aber als Laie noch nicht einmal das Heiligtum, erst

recht nicht das Allerheiligste des Tempels betreten: Dies Vorrecht hatten nur die Priester, beziehungsweise der Hohepriester. Jesus mußte im Vorhof bleiben. Diese Tatsache war für Ihn nicht nur ein tiefer Schmerz, sondern auch große Demütigung.

So blieb Jesus kein anderer Raum zum Wirken in „Seines Vaters Haus" als die Hallen am Rande des Platzes. Hier in der Halle Salomos ging Jesus dann mit Seinen Jüngern auf und ab. Hier saß Er, umringt von großen Scharen der Juden, an den Festtagen, um Seine gewaltigen Reden zu halten. So gewaltig waren Seine Worte, daß die Diener, die am Laubhüttenfest von den Pharisäern ausgesandt waren, Ihn zu greifen, zurückkamen mit den Worten, sie könnten Ihn nicht fassen, „weil er redet, wie nie ein Mensch geredet hat" (Joh. 7,46). Ja, gerade der Tempelplatz mußte miterleben, wie man immer wieder versuchte, Jesus zu greifen. Als Er hier Seine Rede vom Guten Hirten hielt, die von der großen Liebe zu Seinem Volke, zu Seiner Herde, sagte, wurde sie damit beantwortet, daß man Steine aufhob, um Ihn zu steinigen (Joh. 10,31).

So wurde der Tempelplatz, das Heiligtum Jerusalems, wie die Stadt Jerusalem selber für Jesus zum Ort größter Leiden. Hier erlebte Jesus nicht nur, daß man Ihn ablehnte und der Haß der Pharisäer, die hier ihre Hochburg hatten, Ihn am meisten traf, sondern daß man Ihn an heiligstem Ort immer wieder zu töten suchte. Hier mußte Jesus, der Sohn Gottes, auskosten, daß das Heiligtum Seines Vaters, darin Er „Lust hatte zu wohnen" (Psalm 132,13), zu einer „Mördergrube" gemacht wurde. Hier mußte Er darum in heilig schmerzvollem Eifer die Wechsler und Krämer hinaustreiben. Hier hielt Er den Pharisäern die Wehe-Rede aus hochbetrübtem Herzen, weil sie mit ihrem Scheinwesen und Hochmut das Heiligtum Gottes noch mehr entweihten als die Wechsler (Matth. 23). Wenn Er täglich mitansah, wie hier die Opfer in äußerer Betriebsamkeit gebracht wurden, dann mußte es Ihn zutiefst schmerzen, weil Er wußte, welch halbe und unechte Opfer es waren und wie das eigentliche Opfer der Herzen fehlte. So wird der Morijafelsen, auf dem die Opfertiere geschlachtet wurden, Ihm immer neu vor Augen gestellt haben, daß Er um all dieser Sünde willen das eine wahre Opfer bringen und das „Lamm Gottes" werden müsse (Joh. 1,29).

Der Tempelplatz führt uns also die erschütternde Tatsache vor Augen, daß Gott an den Orten, die Seine Gegenwart ausstrahlen müßten, weil Er sie sich erwählt hat als Stätten Seiner Offenbarung, oft am wenigsten Raum findet. Und warum? Weil dort die sogenannten Frommen leben, die so fromm sind, daß sie, anstatt Gott zu ehren, ihre Frömmigkeit vergöttern. Was die letzte Folge solcher Haltung ist, wie der heilige Gott darauf mit Seinem Gericht antwortet, das zeigt uns die Geschichte des Tempels, der nach Jesu Wort

Matthäus 23,38 nun zerstört ist, bis daß Sein Volk sagen wird: „Hochgelobt sei, der da kommt im Namen des Herrn.“ Darum ruft uns der Tempelplatz eines zu: Ihr Frommen, die ihr an heiligen Orten weilt, die ihr an heiligen Stätten, in Kirchen und an sonstigen Gottesorten Dienst tut, habt acht, wie ihr mit Heiligstem umgeht! Habt acht, daß ihr nicht den lebendigen Herrn, ohne es zu merken, betrübt, von heiligen Orten vertreibt und neu tötet, weil ihr eure Frömmigkeit, euren Kirchgang, euer Beten und Gott-Dienen vergötzt und darin sicher und satt geworden seid. Der Tempelplatz ruft der Christenheit zu: Wachet auf und sehet zu, daß nicht eure Heiligtümer zu einem „Kaufhaus“ und schließlich zu einer „Mördergrube“ werden, weil ihr vergeßt, daß Gott bei uns das zerbrochene Herz sucht, das in der Liebe zu Gott und in der Barmherzigkeit zu den Menschen steht.
Jesus lebt heute. Und heute können wir Ihn und den Heiligen Geist ebenso betrüben, wie Ihn einst Pharisäer und Volk auf dem Tempelplatz betrübten, indem wir wie sie unsere eigene Ehre bei frommem Dienst suchen und in unserem Hochmut letzten Endes doch uns selbst leben und nicht Gott und Menschen in Wahrheit dienen durch Aufgeben unseres „Ich“. Sollte Jesus nach so unendlich vielem Leiden Seines Erdendaseins heute nicht von uns erfreut werden, indem Er nun Menschen findet, die Ihm in Wahrheit die Ehre geben, weil sie selbst nicht mehr

nach eigener Ehre und Anerkennung streben? Sollte Sein Opfer nun nicht die Antwort des wahren Opfers bei uns bekommen, indem wir unser „Ich" in den Tod geben? Nur so werden wir Jesus echte Liebe und Anbetung an Seinen heiligen Stätten bringen und verhüten, daß sie zu einer „Mördergrube" werden, wodurch Jesu Herz zutiefst betrübt würde. Er wartet, daß wir durch unsere Demut und Liebe mithelfen, daß die Stätten Jesu in Wahrheit heilige Stätten seien.

GEBET AM TEMPELPLATZ

Herr, an diesem Ort, an dem Du so viel gelitten hast, laß mich meiner Sünden gedenken. Ich beuge mich unter alles, wo ich mit Heiligem nicht heilig umging, sei es mit dem Gebet, dem Gottesdienst, der Feier des heiligen Abendmahls. Wie oft liebte und ehrte ich letztlich nicht Dich, sondern mich selbst, weil ich in meiner Frömmigkeit, meinem Beten, meiner treuen Teilnahme am kirchlichen Leben sicher, hoch und satt wurde und dies vergötzte.
Herr, Du zeigst mir auf diesem Platz des zerstörten Tempels, wie Du solch unechte Frömmigkeit

richtest. Stelle mich hier ins Licht Deiner Wahrheit, damit ich mit Deinen Augen alles Unechte in meinem scheinbar christlichen Tun und Leben erkenne und davon umkehre, so daß ich Dich nicht mehr dadurch betrübe und erzürne. Schenke mir, daß ich nicht nur den Schein eines gottseligen Lebens habe, sondern daß seine Kraft in mir wohne: die Kraft der Liebe und wahre Vollmacht, die aus der Demut kommt. Gib mir ein allezeit gedemütigtes Herz, weil allein aus solcher Wurzel mein Beten und Tun Frucht bringen kann für Dich. Amen.

O Jesu, Dein Herz voller Leiden brennt,
weil niemand, Sohn Gottes, Dich recht erkennt.
Kaum einer Dich ehrt in des Tempels Haus,
man läßt Dich allein, ja, man treibt Dich hinaus.

Du bist oft in Kirchen auch heut allein,
Du klagest, doch niemand hört Deine Pein!
Du streckest den Arm Deiner Liebe weit aus,
doch wer läßt sich rufen, kehrt selig nach Haus?

So rufet ihr Steine, da alles schweigt,
bis endlich zu Ihm das Geschöpf sich neigt,
zu Ihm, Seinem Herren, Ihn demütig liebt,
Sein Herze nicht weiter so sehr werd betrübt.

TEICH BETHESDA

Von der Straße nach Jericho zweigen wir ab in eine schmale Straße, steil aufwärts führend zur östlichen Stadtmauer hin, und kommen durch das Löwentor (Stephanstor) in die Altstadt. Auf der Suche nach der Stätte des Teiches Bethesda, jenes Wunderteiches von Gottes Barmherzigkeit, werden wir zum dritten Eingang rechts gewiesen und treten in einen geräumigen Hof ein, der zum Gelände der »Weißen Väter« gehört. Der breite Weg führt an einem liebevoll angelegten Garten mit subtropischen Gewächsen vorbei zur rechts liegenden St.-Anna-Kirche, einer der schönsten Kreuzfahrerkirchen des Heiligen Landes. Die Krypta der Kirche bewahrt das Gedächtnis an den Geburtsort Marias, der Mutter Jesu. Links hinter der Kirche beginnt das Gelände der Ausgrabungen des Teiches Bethesda. Der Blick in die Tiefe macht die Lage Jerusalems zur Zeit Jesu deutlich. Etwa 20 m hohe Aufschüttungen durch Zerstörungen halten uns eine Geschichtsstunde ohne Worte über die oft heimgesuchte Stadt unseres Gottes. Die Anlage des früheren Doppelteiches ist in den Hauptlinien zu erkennen. Teilweise sind die Ruinen der Beckenwände freigelegt,

ebenso die Ruinen der Kirchen, die später auf der Trennmauer der beiden Becken standen.
Diese alten Mauerreste, nach fast 1900 Jahren wieder ans Licht gebracht, helfen unseren sinnenden Gedanken, den Weg zurückzuwandern zum Teich Bethesda des Johannesevangeliums.

Eine Rufertafel ist an der Mauer hinter den Treppen, die zu den Ausgrabungen hinunterführen.

Öffnungszeiten: 8–12 Uhr, 14–18 Uhr (im Winter bis 17 Uhr), sonntags geschlossen

GESCHICHTLICHES

Nur im Johannesevangelium Kapitel 5 wird der Teich Bethesda genannt. Die späteren Quellen geben den Namen des Teiches zum Teil auch als Teich Bethzatha wieder nach der gleichnamigen Vorstadt Bethzatha im Norden des Tempels, in der er lag. Doch zumeist setzte sich der Name Bethesda durch, den man als »Haus der Barmherzigkeit« verstand. Wo das »Schaftor« war, bei dem nach Johannes der Teich lag – ob an der Nordseite des Tempelplatzes oder in der Gegend des heutigen Stephanstores –, ist nicht mehr eindeutig festzustellen.
Die fünf Säulenhallen, die Johannes beschreibt, waren wohl von Herodes dem Großen erbaut worden. Sie umgaben von vier Seiten den Teich, die fünfte stand auf der Trennmauer, die den Teich in zwei Becken teilte. In diesen Hallen hielten sich die Kranken auf, die die Heilkraft des Teiches in Anspruch nahmen, wenn sich das Wasser bewegte.

Das Gedächtnis an den Teich und das Wunder Jesu dort hat sich weiter erhalten. So schilderte der Geschichtsschreiber Eusebius um 300 die fünf Säulenhallen und die zwei Becken, ebenso der Pilger von Bordeaux um 333 in dem ersten erhaltenen Pilgerbericht. Doch nach diesen Berichten geschahen damals keine Heilungen mehr durch aufwirbelnde Wasser wie zur Zeit Jesu. In der Folgezeit verfielen die Hallen mehr und mehr, und der Teich wurde zugeschüttet. Um 450 wird zum ersten Mal eine »Kirche des Gelähmten« an dieser Stelle erwähnt. Doch schon im 5. Jahrhundert trat eine Kirche zum Gedächtnis Marias – ganz in der Nähe des Teiches Bethesda gelegen – in den Vordergrund. Sie war über einer Grotte erbaut, die als Geburtsort Marias angesehen wurde. Nach der Zerstörung durch die Perser um 614 blieb die Kirche am Teich in Ruinen liegen, während die Marienkirche wieder erbaut wurde.

Die Kreuzfahrer errichteten dann um 1100 am Teich Bethesda eine Kapelle und bauten die Marienkirche zu einer große Kirche »zu Ehren der heiligen Anna« aus. Nach der Niederlage der Kreuzfahrer 1187 wurde die Kapelle am Teich wohl bald zerstört, der Teich verschwand unter den Trümmern, so daß er ganz in Vergessenheit geriet.

Am Ende des Krim-Krieges 1856 erhielt Napoleon III. als Belohnung für die Hilfe Frankreichs vom türkischen Sultan das ganze Gelände. 1873 wurden wieder Spuren der alten Teichanlage dort gefunden. 1878 erwarben die »Weißen Väter« (griechisch-katholischer Missionsorden) das Gelände und legten durch Ausgrabungen immer mehr davon frei. Diese Ausgrabungen bezeugen, daß hier die Stätte des Wunders von Johannes 5 ist.

AUS DER HEILIGEN SCHRIFT

Hierauf fand ein Fest der Juden statt, und Jesus zog nach Jerusalem hinauf. Nun liegt in Jerusalem am Schaftor ein Teich, der auf hebräisch Bethesda heißt und fünf Hallen hat. In diesen lagen Kranke in großer Zahl, Blinde, Lahme und Schwindsüchtige, die auf die Bewegung des Wassers warteten. Ein Engel des Herrn stieg nämlich von Zeit zu Zeit in den Teich hinab und setzte das Wasser in Bewegung. Wer dann nach der Bewegung des Wassers zuerst hineinstieg, der wurde gesund, gleichviel mit welchem Leiden er behaftet war. Nun lag dort ein Mann, der schon achtunddreißig Jahre an seiner Krankheit gelitten hatte. Als Jesus diesen daliegen sah und erfuhr, daß er schon so lange Zeit als Kranker dort zugebracht hatte, fragte er ihn: Willst du gesund werden? Der Kranke antwortete ihm: Ach, Herr, ich habe keinen Menschen, der mich in den Teich schafft, wenn das Wasser in Bewegung gerät; während ich aber hingehe, steigt immer schon ein anderer vor mir hinab. Jesus sagte zu ihm: Steh auf, nimm dein Bett auf dich und bewege dich frei! Da wurde der Mann sogleich gesund, nahm sein Bett auf sich und ging umher. Es war aber Sabbat an jenem Tage. Daher sagten die Juden zu dem Geheilten: Heute ist Sabbat; da darfst du das Bett nicht tragen! Doch er antwortete ihnen: Der

Mann, der mich gesundgemacht hat, der hat zu mir gesagt: Nimm dein Bett auf dich und bewege dich frei! Sie fragten ihn: Wer ist dieser Mann? Der Geheilte wußte aber nicht, wer es war. Später traf Jesus ihn im Tempel wieder und sagte zu ihm: Du bist gesund geworden; sündige fortan nicht mehr, damit dir nicht noch Schlimmeres widerfährt!

Aus Johannes 5, 1 - 14

TEICH BETHESDA – EIN RUF AN UNS

Jesus war wieder einmal – wohl anläßlich des Purim-Festes – in Jerusalem. Wohin zog es Ihn? Dorthin, wo die vielen Kranken, Blinden, Krüppel und Lahmen lagen, Menschen, die auf der Schattenseite des Lebens waren, voller Gebrechen und darum voller Leiden. Jesu Herz der Liebe trieb es zu diesen Allerärmsten, denn Er ist ein Heiland Seiner Menschenkinder. Und deshalb trat Er zu dem Kranken unter ihnen, der wohl das schwerste Los hatte, weil er schon achtunddreißig Jahre lang hier siech lag, ohne Hilfe empfangen zu haben.

Warum hatte gerade dieser Kranke keinen Menschen, der ihn ins Wasser trug, obwohl andere immer wieder jemand fanden, der ihnen diesen Hilfsdienst tat? Jesu Wort an ihn: „Sündige hinfort nicht mehr!", nachdem Er ihn gesundgemacht hatte, deutet vielleicht darauf hin, daß seine Krankheit mit seiner Sünde in Zusammenhang stand. Und so mochte die weitere Not, daß sich kein Mensch seiner annahm, auch damit und mit seinem vielleicht wenig angenehmen Wesen zusammenhängen. Anscheinend wollte keiner etwas von ihm wissen, man gab ihn seinem Elend preis, weil man von ihm sagte: „Er hat es so verdient!"

Doch nun geht Jesus gerade zu diesem Menschen. Sein Arm greift in die tiefste Tiefe, wo ein Mensch in Sünden und im Elend sitzt. Er verstößt keinen, obwohl Er Gott ist, der das Recht dazu hat, Sünder zu verstoßen. Unsere menschliche Liebe hat schnell eine Grenze, sie hört auf, wenn andere sich häßlich und böse benehmen, wenn sie unserer Liebe nicht wert zu sein scheinen. Doch Jesu Liebe setzt keine Grenzen. Sie hört nimmer auf, weil Er selber die Liebe ist, die das göttliche Wesensmerkmal an sich trägt, daß sie ohne Maß und Schranken ist. So treibt ihn Seine Heilandsliebe, sich dieses Menschen anzunehmen, ihm in seiner schweren leiblichen Not und damit auch in seiner größten inneren Not, der Sündennot, zurechtzuhelfen. Er tritt zu ihm hin und spricht zunächst das gewaltige, schier unfaßbare Wort: „Nimm dein Bett!" – denn wie soll dieser hoffnungslos Kranke sein Bett nehmen? – „und gehe hin." Und zur Verwunderung aller geschieht es also.

Die Pharisäer schelten den Kranken mit dem Wort: „Es geziemt dir nicht, am Sabbat dein Bett zu tragen." Da wird wieder das menschliche Wesen in seiner begrenzten Liebe offenbar. Denn man stellt die Ordnungen über die Liebe und weist an falscher Stelle diesen Kranken zurecht, als täte er etwas Böses, wenn er, glücklich darüber, sich nach achtunddreißigjähriger Krankheit wieder richtig bewegen zu können, sein Bett nach Hause trägt. Und doch können diese Menschen bei aller Kritik dem Geheilten nicht die Kritik geben, die notwendig wäre, können ihm nicht die Wahrheit über seine Sünde sagen, wie es Jesus tut. Die Vollmacht der Liebe fehlt ihnen, die Sündern durch solch ein Wort der Wahrheit zur Umkehr helfen kann.

Wie anders als die Pharisäer redet Jesus zu sündigen Menschen, zu Armen und Kranken, wie anders handelt Er an ihnen. Wahrlich, wie Himmel und Erde voneinander geschieden sind, so ist Sein Urteilen über uns, Sein Reden zu uns und Sein Helfen verschieden von dem, wie wir es untereinander tun. So sagt Er zu dem Gesundgewordenen das gewaltige Wort, das jedem, der es hört, heute noch durch und durch geht: „Sündige hinfort nicht mehr, daß dir nicht etwas Ärgeres widerfährt!"

Jesu Heilandsliebe hat also zuerst diesem Menschen, der achtunddreißig Jahre lang gezüchtigt war, geholfen, indem Er ihn gesundmachte. Denn Sein Heilandsherz litt mit ihm die unendliche Not, die er all die Jahre durchkostet hatte. Aber die wahre Liebe sieht noch tiefer. Sie sieht, daß der eigentliche Schaden in seinem Leben nicht die Krankheit mit allen Nöten und Schmerzen, sondern sein böses, sündiges Herz ist, das ihm Qualen bis in die Ewigkeiten bringen wird. Darum packt Jesus an dieser Stelle an, auf daß der Kranke in Wahrheit ein Genesener wird, einer, der von Sünden erlöst ist und als neue Kreatur in alle Ewigkeit in Gottes Reich leben darf. Gottes Güte, die ihm Hilfe in seiner Krankheitsnot brachte, soll ihn zur Buße leiten. Und darum ist die Güte Gottes und Jesu liebevolles Tun an dem Kranken mit Worten der Wahrheit gepaart. Das steht hinter Jesu Wort: „Sündige hinfort nicht mehr, auf daß dir nicht noch Ärgeres widerfahre."

So hilft Jesus dem Elenden, aber dann, als er von seiner Not frei geworden ist, mahnt Er ihn. Denn Seine Liebe möchte nicht noch härter züchtigen, was dem Menschen geschehen müßte, wenn er, nachdem ihm geholfen ist, die Güte Gottes mit Füßen tritt und um so mehr daraufl ossündigt. Nein, Jesus in Seiner Liebe will, daß dieser Mensch ohne weitere schwere Züchtigung nun ein neues Leben führt und so wahrhaft gesund und glücklich wird.

Diese helfende Liebe Jesu stand nicht nur damals über dem Kranken, sie steht auch noch heute über uns. So ist es, wenn wir die Ruinen des Teiches Bethesda besuchen, als ob Jesus heute dort als der Liebende, als Heiland auf uns wartet, um auch uns wohlzutun an Leib und Seele. In unsere Not und unser Elend hinein, in denen uns kein Mensch helfen kann, sagt Er Sein Heilandswort: Bei Mir ist die Macht zu helfen. Begeben wir uns in Seine Hand, so stehen wir damit unter der wahren Liebe, die nicht nur unseren Leib heilen, sondern auch unsere Seele zurechtbringen will. Darum ruft Jesus auch uns zu: Habe acht, daß du als Antwort auf Meine Güte und Hilfe, die Ich dir in Nöten erwiesen habe, dich von der Sünde scheidest und nun ein Leben des Dankens und der Hingabe an Mich führst. Fange heute damit an, auf daß Ich dich nicht noch anders und mehr züchtigen muß, weil Meine Liebe dir helfen will, daß du für alle Ewigkeit genesen kannst.

GEBET AM TEICH BETHESDA

Lieber Herr Jesus,
ich danke Dir, daß Dein Name „Heiland" heißt und Du gekommen bist, unsere Gebrechen zu heilen. Ich danke Dir, daß es Dir aber nicht nur daran gelegen ist, mir in Leibesnöten zu helfen; denn Du hast mich nach Leib, Seele und Geist geschaffen. Darum siehst Du Leib, Seele und Geist als ein Ganzes bei mir an und willst mir in Deiner Liebe auf allen Gebieten helfen.
Ich bete Dich an in Deinem Heilandswesen, darin Deine ganze Liebe zu uns Menschenkindern offenbar wird. Und ich bringe Dir meine Gebrechen des Leibes, aber auch der Seele, auf daß Du mir helfen möchtest, wie Du einst dem Mann am Teich Bethesda geholfen hast. Ich vertraue Dir, daß Du als mein Heiland auch bei mir alles zurechtbringst, was krank und sündig ist.
An diesem Orte möchte ich Dir dafür danken, wo Du mir je bei Krankheiten des Leibes geholfen, mir nach einer Todeskrankheit noch einmal das Leben geschenkt hast. Doch hier will ich auch Dein mahnendes Wort, das Du heute mir zurufst, bewegen und mich fragen, ob ich nicht trotz Deiner Güte weitergesündigt habe, so daß Du mich noch mehr züchtigen mußt.
Mein Herr Jesus Christus, heute sage ich im Glauben an die Kraft Deiner Erlösung jeder Sünde ab, die Du mir gezeigt oder auf die Menschen mich hingewiesen haben. Damit will ich

Dir, meinem Heiland, danken für alles, womit Deine Liebe mich beschenkt, mir geholfen und mich zurechtgebracht hat. Amen.

Wo gibt es eine solche Heilandsliebe wie die Liebe Jesu, die zu den Elendsten hinstrebt und sie aus der tiefsten Tiefe herausholt,

eine Liebe, die so erbarmend jene umfängt, die auf der Schattenseite des Lebens sitzen,
eine Liebe, die so umfassend ist, daß sie nicht nur den Leib, sondern auch die Seele zurechtbringen will,
eine Liebe, die die Sünde nicht übersieht, sondern sie mit Namen nennt und auffordert, davon abzulassen, weil sie uns zu neuen Kreaturen machen will, die in das Himmelreich passen und ewig glückselig leben dürfen,
eine Liebe, die darum selber die Erlösung von jeder Sünde für uns erworben hat und sie uns anbietet?

Ja, wo ist solch eine Liebe zu finden? Nirgendwo sonst – nur bei dem Einen – dem Heiland Jesus Christus, der alle heilt, aber selbst in Leiden und Tod ging um unsretwillen.

Je-su Nam, du Heilandsnam, / der da hei-let
all Ge-brechen, / Je-sus, der als Heiland kam, /
um die Krankheitsmacht zu brechen, / Je-su Nam, in
dir ist Kraft, / du bist's, der Gesundung schafft.

Jesu Nam, du leuchtest, brennst,
du bist voller Glut und Leben,
wer dich anruft, wer dich nennt,
der darf Rettung, Heil erleben.
Dein Nam ist ein Gottesmacht,
durch den Sieg um Sieg wird bracht.

Jesu Nam, Erlöser mein,
der Du sprengest alle Ketten,
in der Kraft des Namens Dein
springen Felsen, Du kannst retten,
Jesu Nam allmächtig ist,
er zerbricht des Satans List.

Rühmet, preiset, benedeit
diesen heilgen Jesusnamen!
Stimmet ein, ihr Himmel weit!
Durch ihn alle Siege kamen.
Dein Nam allgewaltig ist,
Heiland, Löser, Jesus Christ.

Auch nach Melodie EKG 436: Großer Gott, wir loben Dich

ÖLBERG

Wenn wir zu Fuß auf den Ölberg gehen wollen, ist es der kürzeste Weg, die Altstadt durch das Löwentor (Stephanstor) zu verlassen. Aber bevor wir die Kidronbrücke überqueren, laßt uns einen kurzen Abstecher nach rechts machen. Nun sind wir auf der Straße, die zum Misttor führt. Zwischen dem Goldenen Tor und der Tempelzinne halten wir eine kleine Besinnungspause; denn hier haben wir einen wunderbaren Ausblick. Vor uns liegt der gesamte Ölberg mit seinen drei Kuppen und den sanften Senkungen ausgebreitet wie ein Wall zwischen der Stadt und der Wüste Juda. Im Februar ist er mit zartem Grün zwischen dem hellen Gestein so schön wie sonst nie im Jahr. Zu unseren Füßen überschauen wir das jähabfallende, tiefeingeschnittene Kidrontal. Der gegenüberliegende Hang ist nach Südwesten hin weit mit Grabsteinen übersät bis zum Dorf Silwan, am südlichen Ölberghügel gelegen, den man nach 1. Könige 11, 7 auch »Berg des Ärgernisses« nennt. Die nördliche Ölbergkuppe ist gekennzeichnet durch »Viri Galilaei«, den Besitz des griechisch-orthodoxen Patriarchats. Und der mittlere Hügel? – Um den geht es uns besonders.

Am Fuß dieses Hügels liegt von Ölbäumen umgeben die Basilika der Todesangst. Sie ist von ihren terrassenartig abfallenden Ölbaumgärten durch die breite Autostraße nach Jericho getrennt und die Stille Gethsemanes von dieser Straße schmerzlich betroffen. Weiter bergauf stechen aus dem Grün der mächtigen Zypressen und Föhren die Zwiebeltürme der Magdalenenkirche vom russisch-orthodoxen Gethsemanekloster hervor – und rechts davon, etwas höher, die tränenförmig erbaute Kapelle »Dominus flevit« zum Gedächtnis an das Weinen Jesu über Jerusalem. Fast auf der Höhe dieser Kuppe entdecken wir den Turm der Paternoster-Kirche, weiter links ragt als der höchste Turm des Heiligen Landes der Himmelfahrtsturm auf, der zum Ölbergkloster der russisch-orthodoxen Schwestern gehört, in der Nähe dann ein Minarett neben der Himmelfahrtsmoschee.

Während die meisten Stätten des Lebens Jesu in Jerusalem infolge von Zerstörungen, Aufschüttungen und neuen Bauten ihren ursprünglichen Zustand kaum mehr erkennen lassen, ist die Gestalt des Ölbergs nahezu so wie vor 2000 Jahren. Wohl werden zur Zeit Jesu noch mehr Ölbäume die Westhänge des Berges bedeckt haben, doch ist anzunehmen, daß die drei Ölbergpfade in ihrem Verlauf gemäß der Bodengestaltung heute so liegen wie damals, als Jesus sie mit Seinen Jüngern ungezählte Male gegangen ist. Alle drei führen, von Gethsemane sich fächerförmig ausbreitend, hinauf zur Höhe (siehe nachfolgende Skizze).

Nachdem wir von der Straße zum Misttor aus den ganzen Ölberg überblicken konnten, brechen wir nun auf, um die einzelnen Stätten dort zu erleben. Wir kehren zurück zur Jerichostraße und gehen über die Brücke, die das Kidrontal an der gleichen Stelle überquert, wo schon zur Zeit Jesu eine Brücke war. Über diese Brücke ist der Herr wohl oft gegangen, wenn Er von Jericho nach Jerusalem kam oder die Stadt zum Ölberg und nach Bethanien hin verließ. Nach der Brücke führt links ein Weg mit vielen Stufen zum Vorhof des Ma-

riengrabes hinunter und von diesem tiefgelegenen Hof aus rechts ein schmaler Gang zur Verratsgrotte (auch Gethsemanegrotte oder Grotte des Apostelschlafs genannt, siehe Kapitel Verratsgrotte). Schräg gegenüber liegt das Tor zum Garten Gethsemane mit der Kirche der Todesangst, auch Kirche der Nationen genannt, wo wir längere Zeit bleiben möchten (siehe Kapitel Gethsemane).
Später aber zieht es uns doch hinauf zur Höhe. So gehen wir hinter der Gethsemanekirche den südlichen, das heißt den Weg rechts zwischen zwei hohen Mauern bergauf, anfänglich ohne Sicht auf die Stadt. Doch dann erschließen sich immer schönere Ausblicke. Schon bald – in der Nähe des Grundstücks von Dominus flevit, links am Weg liegend (siehe dieses Kapitel) – übersieht man die Altstadt.
Weiter geht es steil bergan. Schon fast auf der Höhe, lassen wir rechter Hand ein eingemauertes Gelände mit den sogenannten Prophetengräbern liegen (wo die Propheten Haggai, Maleachi und Sacharja mit ihren Prophetenschülern begraben sein sollen) und steigen noch ein Stück die Treppenstufen hinauf bis zum ersten Absatz. Von hier aus haben wir nun den weiten Blick aufs Kidrontal, auf den Tempelplatz und die Altstadt Jerusalems, auch auf den Zionsberg. Die Stufen enden an der Autostraße, die, von Et-Tur kommend, zum Interkontinentalhotel führt. Ihr folgen wir nach Norden, an dem linker Hand liegenden Benediktinerinnenkloster vorbei. Hier trifft der mittlere Ölbergweg, der kürzeste und steilste, auf die Straße. An der Kreuzung liegt rechts das Gelände der Karmelitinnen, zu deren Kloster die Paternoster-Kirche und die Ruinen der alten Kirche Eleona gehören (siehe folgendes Kapitel). Vom Kreuzgang der Paternoster-Kirche

führt eine Treppe hinunter in die Krypta und zur anschließenden Felsenhöhle, in der wir verweilen wollen. Ist es doch eine der bedeutsamsten Stätten unseres Herrn Jesus mit ihrem Ruf an uns.
Später gehen wir zurück zur Autostraße. Auf dem Weg nach Norden kommen wir in die arabische Siedlung Et-Tur und nach etwa 70 m an der achteckigen Himmelfahrtsmoschee vorbei. Beim weiteren Gang durch das Dorf stoßen wir schließlich 50 m rechts vom Ölberghotel auf eine schmale Zufahrt zum Gelände des russisch-orthodoxen Frauenklosters mit dem hohen Himmelfahrtsturm.

Öffnungszeiten der einzelnen Stätten*

Verratsgrotte (franziskan.)	8.30–11.30 Uhr 15.00–17.00 Uhr
Gethsemane-Basilika (franziskan.)	8.30–12.00 Uhr 14.00–17.00 Uhr im Winter 15.00–18.00 Uhr im Sommer
St. Maria-Magdalenen-Kirche (russ. orth.)	9.00–12.00 Uhr nur Dienstag u. 14.00–17.00 Uhr Samstag
Dominus flevit (franziskan.)	8.30–11.45 Uhr 15.00–17.00 Uhr
Paternoster-Kirche mit Eleona-Ruinen (röm. kath.)	8.30–12.00 Uhr 14.00–17.00 Uhr

Die Himmelfahrtsmoschee wird von einem arabischen Wächter gehütet, Eintrittsgeld ist zu entrichten.
Vom alten arabischen Omnibusbahnhof außerhalb des Damaskustores ist der Ölberg mit ununterbrochen verkehrenden Omnibussen (Nr. 75) zu erreichen, von morgens 6 Uhr bis abends 19 Uhr.

* Für alle Angaben dieser Art gilt, daß die Zeiten öfters geändert werden.

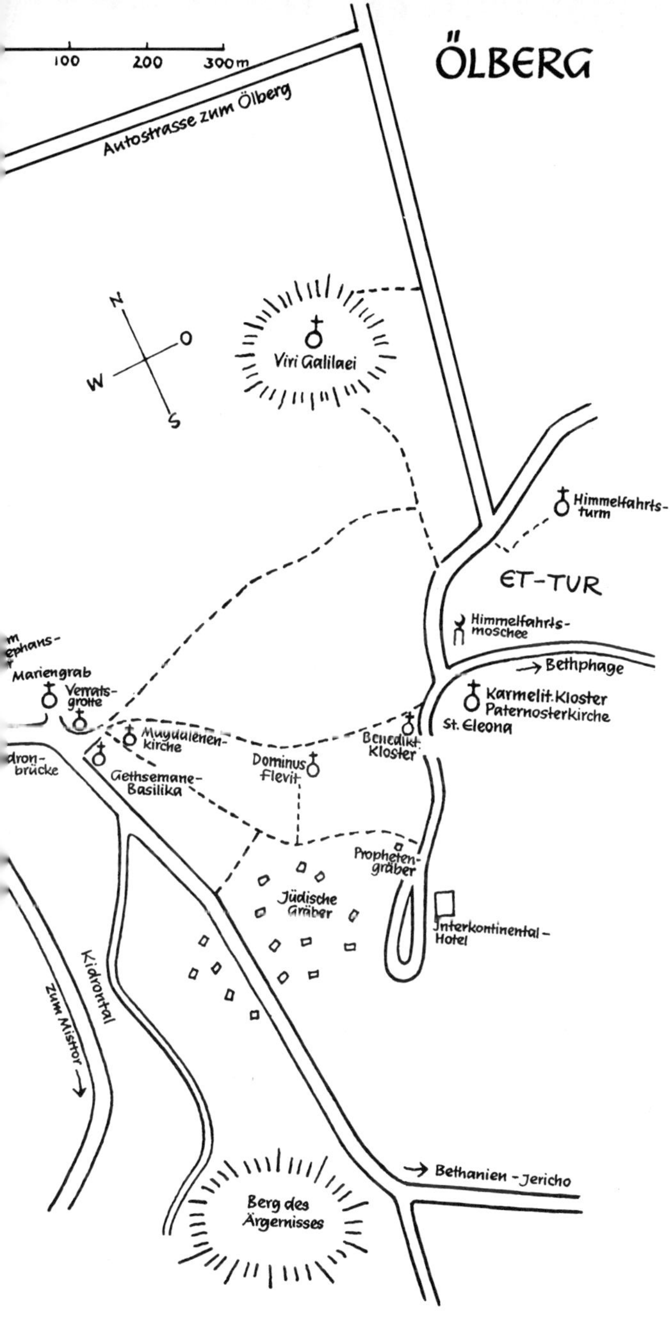
ÖLBERG
100
200
300 m
Autostrasse zum Ölberg
N
O
W
S
Viri Galilaei
Himmelfahrtsturm
ET-TUR
Himmelfahrtsmoschee
→ Bethphage
Karmelit. Kloster
Paternosterkirche
St. Eleona
Mariengrab
Verratsgrotte
Magdalenenkirche
Gethsemane-Basilika
Dominus Flevit
Benedikt-Kloster
Prophetengräber
Jüdische Gräber
Interkontinental-Hotel
Kidrontal
Zum Misttor →
→ Bethanien – Jericho
Berg des Ärgernisses

STÄTTE DER WIEDERKUNFTSREDEN UND DER HIMMELFAHRT JESU

GESCHICHTLICHES

Als Stätte der Himmelfahrt wurde in frühester Zeit die Grotte bezeugt, über der die Kirche Eleona erbaut ist. Der Geschichtsschreiber Eusebius berichtet um 330, wie Kaiser Konstantin außer dem Grab Jesu noch zwei andere »mystische Höhlen« auswählte, um auch sie durch prachtvolle Bauwerke zu ehren, die Geburtsgrotte in Bethlehem und diese Grotte auf dem Ölberg. Zum Andenken an die Himmelfahrt ließ er durch seine Mutter Helena eine »heilige Kirche« darüber errichten. Denn – so schreibt Eusebius –, »die Füße des Herrn und Erlösers... standen auf dem Ölberg an der Höhle, die man dort zeigt, von wo Er, als Er gebetet und Seinen Jüngern die Geheimnisse des Weltendes offenbart hatte, in den Himmel auffuhr«.
Doch die Stätte erinnert außerdem noch an ein zweites Geschehen, das vor der Himmelfahrt liegt. In dieser Höhle weilte nach dem Bericht des Eusebius Jesus öfters und »weihte seine Jünger in die verborgenen Geheimnisse ein«. Hier habe Jesus die erschütternden Worte vom Ende der Welt gesagt, von Seiner Wiederkunft (Matth. 24, 3), als er auf dem Ölberg saß, dem Tempel gegenüber (Mark. 13, 3). So stand diese Höhle bei den ersten Christen in gleicher Verehrung wie die Geburtsgrotte und das Grab Jesu. Konstantin fand sie als allgemein anerkannte Gedenkstätte vor und ließ deshalb eine Kirche darüber erbauen. Während die Geburts- und Grabeskirche aber ihre geistlichen Bedeutungen durch die Jahrhunderte behielten, verloren

sich bei der Basilika Eleona die Überlieferungen. Schon wenige Jahrzehnte nach ihrem Bau schwand das Gedächtnis an die Himmelfahrt Jesu hier, und man gedachte nur noch der Belehrung der Jünger und Seiner eschatologischen Reden.

Im Jahr 614 zerstörten die Perser die Kirche Eleona wie auch die Kirche der Todesangst in Gethsemane, die ebenfalls im 4. Jahrhundert errichtet worden war. Weil die Eleona aber in ihrer inneren Verarmung nicht mehr das Gedenken an die Himmelfahrt umschloß, baute man sie nach ihrem äußeren Zerfall nie wieder auf, wie es mit der Gethsemane-Basilika geschah. Die Kreuzfahrer errichteten auf ihren Überresten nur eine bescheidene Gebetsstätte, denn inzwischen war auch die Erinnerung an die Wiederkunftsreden Jesu nicht mehr lebendig. Daraus hatte sich vielmehr nur die Überlieferung entwickelt, daß Jesus hier die Jünger das Vaterunser lehrte.

Nach Matthäus 6 lehrte Jesus seine Jünger das Vaterunser im Zusammenhang mit der Bergpredigt, also am See Genezareth. Aber nach Lukas 11, 1–4 war es im Anschluß an Jesu Besuch in Bethanien, was mit dieser Tradition übereinstimmen würde, da die »Grotte der Belehrung« direkt am Fußweg nach Bethanien liegt. Es ist gut denkbar, daß Jesus dies wichtige Gebet mehrmals – im Norden und auch in der Gegend von Jerusalem – gelehrt und darüber gesprochen hat.

Die genaue Lage der Kirche Konstantins wurde schließlich ganz vergessen. 1876 bauten die französischen Karmelitinnen ihr Kloster mit Kirche neben den Ruinen der Basilika Eleona, ohne zu wissen, daß diese hier waren. Sie nannten ihre Kirche Paternoster-Kirche, und in ihrem Kreuzgang ist das Vaterunser in mehr als 60 Sprachen auf Marmorplatten angebracht.

Die Überreste der Eleona entdeckte man erst 1910 durch Ausgrabungen, und die Forschung griff die älteste Tradition auf, daß dies der Ort der Himmelfahrt sei.
Daß die Eleona – wie schon gesagt – so früh die Überlieferung der Himmelfahrt verloren hat, geschah wohl, weil der überbaute Grottenraum es schwer machte, sich die Auffahrt vorzustellen. So verlegte man schon am Ende des 4. Jahrhunderts das Gedenken an die Himmelfahrt auf die 70 m nördlich von der Basilika liegende Höhe der mittleren Ölbergkuppe. Um 378 wurde dort eine »Kirche der Heiligen Himmelfahrt« gebaut, auch »Imbomon« genannt (das griechische Wort für »auf der Höhe«). Später wurde daneben ein Kloster gegründet. In der achteckigen Kirche, deren Kuppel nach oben offen war, zeigte man auch einen Stein, der die Fußspuren des auffahrenden Herrn tragen sollte. Die Kirche muß ein Muster der Baukunst gewesen sein, weshalb die Araber ihr im 7. Jahrhundert den großen Felsendom nachbildeten. Im Gegensatz zur Eleona ist sie nach der Perserzerstörung und dann noch einmal nach dem Kreuzfahrereinzug wieder aufgebaut worden. Doch wurde sie im 12. Jahrhundert in eine Moschee umgewandelt.
Im wesentlichen hat sich der Bau bis in die Gegenwart hinein in seiner Gestalt erhalten. Aber die Arkadenhallen des äußeren Achtecks sind verschwunden, und die kleine, achteckige Moschee in der Mitte des Hofes hat durch die Moslems eine geschlossene Kuppel erhalten. Nur am Fest der Himmelfahrt dürfen Gruppen verschiedener christlicher Konfessionen dort Gottesdienst feiern, während die eigentliche Stätte der Himmelfahrt Jesu in den Ruinen der Eleona der Christenheit bis heute bewahrt ist.

Die griechisch-orthodoxe Kirche sieht die nördliche Ölbergkuppe, die sie nach Apostelgeschichte 1, 11 »Viri galilaei« nennt, als Stätte der Himmelfahrt an.

AUS DER HEILIGEN SCHRIFT

Tagsüber war Jesus im Tempel, wo er lehrte; an jedem Abend aber ging er hinaus und übernachtete am Ölberg. Lukas 21,37

Und als er auf dem Ölberg saß, traten zu ihm seine Jünger besonders und sprachen: Sage uns, wann wird das geschehen? Und welches wird das Zeichen sein deiner Zukunft und des Endes der Welt? Matthäus 24,3

Jesus aber antwortete und sprach zu ihnen: Dann wird das Himmelreich gleich sein zehn Jungfrauen, die ihre Lampen nahmen und gingen aus, dem Bräutigam entgegen. Matthäus 25,1

Und es begab sich, daß er war an einem Ort und betete. Und da er aufgehört hatte, sprach seiner Jünger einer zu ihm: Herr, lehre uns beten, wie auch Johannes seine Jünger lehrte. Er aber sprach zu ihnen: Wenn ihr betet, so sprecht: Unser Vater im Himmel. Lukas 11,1 u. 2

Jesus aber führte seine Jünger hinaus bis in die Nähe von Bethanien. Und es geschah, da er sie segnete, schied er von ihnen und fuhr auf gen Himmel. Lukas 24,50 u. 51

ÖLBERG – EIN RUF AN UNS

Warum erwählte wohl Jesus den Ölberg als den Ort, wo Er Seinen Jüngern die entscheidenden Reden über die letzten Dinge hielt? Warum erwählte Er sich dann nach Seiner Auferstehung gerade diesen Berg als den Ort Seiner Himmelfahrt und triumphalen Heimkehr zum Vater? Der Ölberg war im besonderen der Berg Jesu, denn wenn Er in „Seiner Stadt" keine Bleibe mehr hatte vor den Nachstellungen Seiner Widersacher, dann ging Er nachts hinaus an den Ölberg (Luk. 21,37). Und wenn Er im Tempel, im „Haus Seines Vaters", das zur „Mördergrube" geworden war, nur erlebte, wie man Ihn ablehnte, dann ging Er an den Ölberg in Seine Gebetshöhle, um mit dem Vater zu reden.

Hier am Abhang des Ölbergs hatte Jesus dann auch bei Seinem Einzug in Jerusalem Tränen über Seine Stadt geweint, die Ihn nicht gewollt hatte. Hier am Fuße des Ölbergs in Gethsemane hatte Jesus schließlich die Stunde tiefster Seelennot und Qual erlebt. Ja, hier hatte Er Seinen bittren Todeskampf mit den Mächten der Finsternis durchstanden. Sollte aus diesem Leid nicht die triumphale Himmelfahrt erfolgen? Sollte dieser Berg, der Jesus in Seiner großen Erniedrigung gesehen, da Er schwach war und zitterte wie ein Mensch, Ihn nun nicht sehen, wie Er als Sieger über alle irdischen Gesetze und Mächte gen Himmel fuhr?

Vom Ölberg fuhr Jesus also auf zum Vater, um sich zur Rechten Gottes zu setzen als König aller Könige. Dabei werden Ihn wohl die Huldigungschöre aller Engelheere begleitet und Ihm einen triumphalen Empfang bereitet haben. Doch wie anders fuhr Jesus auf gen Himmel, als Er ihn einst verlassen hatte! – Wohl zur Verwunderung aller Engelheere, die in Ihm ihren Schöpfer anbeten, kehrte Er heim mit Wundmalen, die kündeten, welch einen bitteren Kampf es Jesus auf Erden gekostet hatte, Seine Menschenkinder zu erlösen. Fortan aber erstrahlen die Wundmale des gen Himmel gefahrenen Herrn, des Lammes Gottes auf allerhöchstem Thron, als Zeichen Seines Sieges wie Rubinen durch den ganzen Himmel. Sie sind Seine höchste Würde und bestätigen Ihn als den Herren, der nach blutigem Kampf mit dem Satan als Sieger in den Himmel einging.

Und doch wird Jesus, der Herr, nicht immerdar im Himmel bleiben, Seine Liebe treibt Ihn am Ende der Zeiten wieder zu uns, wie geschrieben steht: „So, wie ihr den Herrn habt gen Himmel fahren sehen, so wird er wiederkommen" (Apg. 1,11). Und zwar kommt Er nicht nur in den Wolken des Himmels, um die Seinen zu sich zu entrücken (1.Thess. 4,16 u. 17), sondern Er kommt auch zum Ölberg zu Seinem Volk. Denn der Prophet Sacharja verheißt, daß der Herr in letzter Zeit Seinen Fuß auf den Ölberg setzen und dieser sich spalten und Seinem Volk eine Zuflucht bieten wird (Sach. 14,4). So wundert es uns nicht, daß Jesus Seine Wiederkunftsreden für die Jünger und Seine spätere Gemeinde hier auf dem Ölberg hielt.

Heute nun, da wir in das Atomzeitalter eingetreten sind, sind diese Wiederkunftsreden Jesu über die letzten Dinge ganz aktuell geworden. Denn nun hat die Endzeit, von der Jesus damals am Ölberg sprach, begonnen. Physiker führen nüchtern und klar die Tatsachen an, daß wir in einer „Zeit wie nie" stehen, da die Voraussetzungen gegeben sind, daß Katastrophen, durch Menschenhand herbeigeführt, den gesamten Erdkreis einbeziehen und vernichtend treffen können. Jetzt ist der Zeitpunkt nahegekommen, für den zutrifft, was Jesus von der letzten Zeit sagt, daß dann „Dinge über den ganzen Erdkreis kommen werden, die die Menschen verschmachten lassen vor Furcht" (Luk. 21,26).

Auch die anderen Zeichen, die Jesus nannte, als Er auf dem Ölberg von Seiner Wiederkunft sprach, erfüllen sich sichtbar in unserer Zeit, vor allem die Zusammenballung der antichristlichen Mächte (Matth. 24,9-12) und die Verkündigung des Evangeliums über die ganze Erde (Matth. 24,14).

Noch nie waren darum Jesu Worte, die Er für die letzte Zeit hier auf dem Ölberg zu Seinen Jüngern gesprochen hat, so entscheidend für uns wie heute. Denn Endzeit ist Scheidungszeit und darum Entscheidungszeit für uns. Da wird sich Jesu Wort erfüllen, das Er hier sprach: „Zwei

werden mahlen auf der Mühle, eine wird angenommen, die andere wird zurückgelassen werden (Matth. 24,41). Oder wie Jesus in dem Gleichnis von den zehn Jungfrauen sagt: Alle zehn gehen aus, dem Bräutigam entgegen, und doch geht die Scheidung durch diese zehn, die alle gläubig sind, mitten hindurch. Nur fünf werden angenommen. Zu den anderen spricht Jesus: „Ich kenne euch nicht!"
So gibt es heute in dieser letzten Zeit keine Mitte mehr, in der man sich halten könnte, in der man von der billigen Gnade leben und ein bürgerlich-sattes Christentum führen könnte. Denn letzte Zeit gleicht, wie Jesus sagt, der Zeit Noahs, der Zeit vor der Sintflut (Matth. 24,37-39). In solcher Zeit, vor einem den Erdkreis bedrohenden Verderben, kann man nicht wie in anderen, normalen Zeiten leben. Wie in der Zeit vor der Sintflut wird in unserer Zeit vor dem Atomkrieg das zur Sünde, was vorher nicht Sünde war. Es genügt, daß man nur so lebt, als stünde das Verderben nicht vor der Tür. Das brachte nach dem Wort Jesu den Menschen damals in der Sintflut Gottes Gericht, den Untergang.
Doch Jesus sagt weiter, daß es uns heute ebenso gehen wird, wenn wir uns in solcher Zeit wie der unseren, einer Zeit vor dem großen Verderben, nicht von jeder irdischen Bindung lösen, uns nicht allein an Jesus binden, Ihm unser Leben hingeben – wenn wir nicht in den vollen Gehorsam gegen Gottes Gebote, gegen Sein Wort und

Seinen Willen eingehen. Ja, wenn wir heute nicht nach Jesu Aufforderung tun, nicht unser Leben, das, was uns „Leben" bedeutet und uns für unser Leben wichtig ist, verlieren wollen, dann wird es uns ebenso ergehen wie Lots Weib – so sagt Jesus (Luk. 17,32 u. 33) –, und wir werden umkommen. Denn wer heute mit der Nachfolge Jesu nicht ganz ernst macht, der mißachtet die Wahrheit, daß Gott uns im atomaren Zeitalter leben läßt, in dem Gottes Gerichte plötzlich hereinbrechen können und das Verderben uns schnell übereilen wird.

Jetzt – vor Ausbruch eines drohenden Atomkrieges – fällt darum bei uns die Entscheidung, wie wir einmal die Zeit des Verderbens durchleben werden. Jetzt entscheidet sich, ob wir zu denen gehören, die der wiederkommende Herr aus dem Verderben dieser Zeit zu sich holen wird in Seine Herrlichkeit beim Schall der letzten Posaune, wie in 1. Korinther 15,51 und 52 geschrieben steht.

Der Ölberg mit dem Gedenkort der Wiederkunftsreden Jesu ruft uns darum heute gleich einer Posaune die Worte zu: „Siehe, der Bräutigam kommt, macht euch bereit!" Denn nur solche, die sich züchtigen lassen und sich bereiten durch tägliche Reue und Buße, durch viel Gebet und viel Lieben, sind „würdig geworden, zu entfliehen diesem allen, was geschehen soll, und zu stehen vor des Menschen Sohn" (Luk. 21,36). Nur jene, die so in Liebe auf das Kommen Jesu als ihres Bräutigams zuleben, können darum in den Ängsten vor und in dem beginnenden Grauen das tun, was Jesus für diese Zeit den Seinen sagt: „Wenn das alles beginnt zu geschehen, so erhebt eure Häupter, darum, daß sich eure Errettung naht" (Luk. 21,28).

GEBET AM ÖLBERG

Lieber Herr Jesus,
ich danke Dir, daß Du kommst, wenn es hier auf Erden am dunkelsten wird. Ich danke Dir, daß ich darum weiß, je mehr wir der dunkelsten Weltzeitstunde entgegengehen, desto näher rückt die Stunde Deines Kommens.
Richte nun meinen Blick fest auf Deine Wiederkunft, den Tag größter Freude, auf daß die Verheißung Deines nahen Kommens in dieser letzten Zeit wie ein helles Licht in meinem Herzen leuchte. Ich bitte Dich, laß mich nicht von dem kommenden Verderben oder den Alltagsaufgaben eingenommen sein, sondern von der einzig wichtigen Tatsache, daß Du bald kommst und ich dann bereitet sein muß, gelöst von allem Irdischen, gereinigt und verklärt in Dein Bild.
Hilf mir, zielklar auf die Stunde Deines Kommens zuzuleben, aber auch nüchtern zu sein in dem Wissen, daß dieser Stunde Krieg, Verderben und Not vorangehen, wie sie bisher noch nicht

über den Erdkreis gegangen sind. Darum gebe ich mich Dir jetzt hin, ganz in Dir und für Dich zu leben, damit Du mir dann im Grauen und Dunkel des drohenden Atomkrieges Sonne, Trost und Freude sein kannst und ich in Dir geborgen bin wie in einer Burg.

Du hast weiter gesagt: Wir sollen wachen und beten, auf daß wir würdig werden, diesem allem zu entfliehen und zu stehen vor des Menschen Sohn. Hilf mir, nach diesem Wort zu tun, auf daß ich die Erfüllung Deiner Verheißung erlebe und dem Furchtbaren, das geschehen soll, entfliehen kann als eine von dieser Erde gelöste Seele, die allein an Dich gebunden ist. Meine ganze Liebe soll Dir gehören, so daß ich bei Deinem Kommen von Dir wie von einem Magneten angezogen werde. Ja, bereite mich, daß ich Dich schauen darf, wenn Du als Bräutigam erscheinst in Herrlichkeit, weil Du mich dann aus dem Verderben zu Dir entrückst.

Amen.

+

Den Posaunenruf in der Mitternachtsstunde hören nur die, deren Herzen auf diesen Klang eingestellt sind. Das sind die Jesus Liebenden, die auf Ihn warten, deren Herz immer bei Ihm und deren Leben Ihm hingegeben ist. Sie werden zu Ihm geholt, wenn Er erscheint als der Bräutigam.

ÖLBERG

Je-sus, Kö - nig vol - ler Pracht!
Dir wird Ruhm und Ehr ge — bracht.
Him-mels - heer um - jauch - zet laut
Dich, den es als Kö - nig schaut.

Heimgekehrt mit Wunden rot,
auferstanden aus dem Tod,
heimgebracht die große Beut –
o wie strahlt die Gottesfreud!

Siegesfürst der ganzen Welt,
der den stärksten Feind gefällt,
triumphierend Lamm voll Macht –
Ehre wird Dir nun gebracht.

Wunderbarer, starker Held,
alles vor Dir niederfällt,
Engelheer voll Schönheit groß
bringt Dich heim in Vaters Schoß.

Nun bist Du Ihm ganz vereint,
Gottesherrlichkeit bescheint
Vater, Sohn auf höchstem Thron –
nun den Leiden wird der Lohn.

Königsmacht und Herrlichkeit
überstrahlt die Himmel weit.
Du regierst mit großer Macht –
Jesus, König voller Pracht.

Auch nach Melodie EKG 11: Gott sei Dank durch alle Welt

Der Kö - nig kommt, der Kö - nig kommt,
ihr Bräu - te auf, tut, was euch frommt,
dem Kö - nig nun ent - ge - gen - geht,
dem Bräu - ti - gam ent - ge - gen - seht.
Ho - si - an - na ruft dem Bräu - ti - gam,
ho - si - an - na, Je - su, Got - tes - lamm,
ho - si - an - na in der Hö - he!

Kommt, ziehet an das weiße Kleid
und steht in Seiner Gerechtigkeit!
Kommt, leget an den Demutssinn
und kleidet euch mit reiner Minn!
Hosianna . . .

Der König ziehet bei uns ein,
sollt das nicht größte Freude sein?
Kommt, breitet Ihm die Kleider hin
mit demutsvollem Mägdesinn!
Hosianna . . .

Er kam, ritt auf der Eselin
demütig hier am Ölberg hin.
Er kommt, reitend auf weißem Roß,
vereint mit Seinem heilgen Troß.
Hosianna . . .

Kommt, nehmt die Siegspalm in die Hand,
das Siegsgeschrei erfüll das Land!
Er kommt, Er kommt, der Bräutigam –
Hosianna Jesus, Gottes Lamm!
Hosianna . . .

DOMINUS FLEVIT

GESCHICHTLICHES

Schon in byzantinischer Zeit, im 6. Jahrhundert, stand hier am Ölberghang in der Gegend der heutigen Kapelle »Dominus flevit« (der Herr weinte) eine kleine Kirche mit Kloster, wie Ausgrabungen ergaben; um 400 zählte man insgesamt 24 Klöster auf dem Ölberg. Doch erst nach der Kreuzfahrerzeit wird die Überlieferung bezeugt, daß dies der Ort der Tränen Jesu sei. Die von den Kreuzfahrern erbaute Kirche fiel aber nach ihrem Abzug in Trümmer. 1519 wird von einer Moschee an dieser Stelle berichtet – wahrscheinlich durch die Türken gebaut. Die Ruine dieses Gebäudes ist noch zu sehen außerhalb des franziskanischen Grundstücks am mittleren Heilandsweg. Der Felsen gegenüber der Eingangstür zum franziskanischen Grundstück wurde immer als der Platz betrachtet, wo Jesus saß und weinte. Da es den Franziskanern nicht

gelang, diese Ruine zu erwerben, kauften sie ein kleines Grundstück an der Südseite dieses mittleren Heilandsweges und bauten dort 1891 eine kleine Kirche. Bei Ausgrabungen 1953–55 fanden sie dann die Reste eines byzantinischen Klosters, wovon noch sehr gut erhaltene Mosaikböden zu sehen sind, und bauten 1955 an dieser Stelle eine Kapelle in Tränenform auf. Ein großes Fenster im Altarraum richtet den Blick auf Jerusalem. Bei diesen Ausgrabungen wurden in der Nähe auch viele alte Gräber, ja mehrere in Felsen gehauene Grabanlagen gefunden, aus der Zeit von 135 v. Chr. bis 300 n. Chr. stammend.
Zwar wird diese Stelle als der Ort der Tränen Jesu beim Einzug in Jerusalem von manchen Seiten als etwas fraglich angesehen wegen des steilen Bergabhanges, der ungünstig für solch einen Zug sein mußte. Doch fehlt jede Überlieferung für einen anderen Platz dieses Gedächtnisses. Und gerade zum Gedenken an das Weinen Jesu über Jerusalem ist wohl nicht der genau festgelegte Ort entscheidend, sondern einfach der Blick vom Westabhang des Ölbergs auf Seine Stadt. Dieser Blick ist uns in Dominus flevit in einzigartiger Weise gegeben.

Eine Rufertafel finden wir an der Mauer gegenüber dem Eingang der Kapelle.

AUS DER HEILIGEN SCHRIFT

Als Jesus beim Abstieg vom Ölberg die Stadt erblickte, weinte er über sie und sprach: Wenn doch auch du an diesem Tag erkenntest, was zu deinem Frieden dient! Es werden Tage über dich kommen, da werden deine Feinde dich belagern und an allen Orten ängsten. Sie werden dich dem Erdboden gleichmachen und keinen Stein auf dem anderen lassen, darum daß du die Zeit deiner Heimsuchung nicht erkannt hast.

Lukas 19, 41-44

O Jerusalem, Jerusalem, die du tötest die Propheten und steinigst, die zu dir gesandt sind! Wie oft habe ich deine Kinder um mich versammeln wollen, wie eine Henne ihre Küchlein unter ihre Flügel sammelt: Doch ihr habt nicht gewollt!

Lukas 13,34

DOMINUS FLEVIT – EIN RUF AN UNS

Dominus flevit liegt am Westabhang des Ölberges, des Berges, der so viele Tränen unseres Herrn Jesus Christus gesehen hat. Am Fuße des Ölbergs in Gethsemane hat Er mit „Tränen und starkem Geschrei" zu Seinem Vater gerufen, der Ihm „von dem Tode aushelfen konnte", als die Mächte der Finsternis Ihn so hart bedrängten (Hebr. 5,7). Und nur einige Tage vorher, beim Einzug in Jerusalem, vergoß Jesus hier am Ölberg – wenig oberhalb Gethsemanes – auch Tränen. Er weinte über Jerusalem, die Stadt Gottes, die Stadt des großen Königs, „Seine Stadt" genannt, die Ihn dennoch nicht aufnehmen, sondern Ihn wenige Tage später zu ihren Mauern hinausstoßen würde, um Ihn grausam zu kreuzigen.
Ja, Jesus klagte und weinte über Jerusalem als der Stadt, die nach ihrer Erwählung und Bestimmung der Glanz aller Städte, aller Völker sein, sie überstrahlen sollte – und nun dem Untergang entgegenging. In dieser Stadt sollte Gottes Wesen aufleuchten, weil ein heiliges Volk dort wohnte (Jes. 62,12). An ihm sollte die ganze Welt genesen, weil es zum Segensvolk für alle bestimmt war. Über diese Stadt Jerusalem hatte Gott wunderbare Verheißungen ausgesagt, wie von ihr das Gesetz über die Erde ausgehen (Jes. 2,3) und sie gleich einer Fackel entbrennen sollte für alle Welt (Jes. 62,1).

Und nun mußte Jesus über Jerusalem und seine Einwohner weinen. Denn statt daß es zu einem Licht aller Nationen wurde, war es in Finsternis gehüllt. Statt daß Liebe dort aufleuchtete, war Streit, Haß und geistlicher Tod sein Wesen, das es ausstrahlte, und böse das Tun, das man in seinen Mauern fand. Hatte man doch einige Tage vorher Hände aufgehoben, um Jesus im heiligsten Bezirk dieser Stadt, im Tempelhof, zu steinigen (Joh. 10,31)! „O Jerusalem, die du steinigst die Propheten und die, die Gott zu dir gesandt hat!", das war Jesu Klageruf. Ach, Jesus mag es kaum gefaßt haben – wie eine Mutter es bei ihrem Lieblingskind nicht faßt, wenn es auf böse Wege gekommen ist –, was aus dieser Stadt, der die ganze Liebe ihres Gottes gehörte, geworden war. Hier hatte Gott sich selber niedergelassen und im Tempel offenbart – und was hatte man aus dieser Stätte gemacht: eine Mördergrube!

Klagen und weinen um eine Stadt, die man untergehen sieht, kann nur der, der sie mit ihren Einwohnern liebt. Jesus klagte und weinte im Angesicht Seiner Stadt Jerusalem, weil sie Seine ganze Liebe war. Ja, dem Volk, das darinnen wohnte und anstatt aus „eitel Gerechten" (Jes. 60,21) aus Sündern bestand, die den Gottessohn haßten und ablehnten, galt dennoch Seine Liebe, Seine große Liebe.

Wer hat damals mit Jesus geweint? Wohl kaum einer! Jesu Tränen und Klagen über Seine Menschenkinder sind aber eine Aufforderung an uns und warten auf eine Antwort. Denn wie kann Gott der Herr weinen und klagen und die Seinen stimmen nicht mit ein in diese Klage? Hätten wir doch als erstes zu weinen und zu klagen über unsere Bosheit und das Gericht, das deswegen über uns kommen muß.

Darum wartet Dominus flevit bei allen, die es betreten, auf eine Antwort, es wartet auf meine Reuetränen. Denn Jesus hat auch über mich und meine Sünden, über all mein Nichtwollen geweint. Hat Er nicht auch über mich geweint, als ich nicht erkannte, „was zu meinem Frieden dient", wenn Er mich rief und lockte oder durch ein Eingreifen in mein Leben heimsuchte? Wie oft ließen wir uns nicht heimsuchen zu Ihm, sondern beharrten in unserem Willen, im Aufbegehren, im Trotzen und Klagen über Seine Führungen. Wir antworteten nicht auf Sein Rufen und folgten Ihm nicht nach wie damals Sein Volk und verschmähten Seinen Weg der Niedrigkeit und des Gehorsams.

Doch Dominus flevit sagt uns nicht nur von den Tränen des Herrn einst bei Seinem ersten Kommen, als Er nicht aufgenommen wurde, sondern von Tränen, die bei Seiner Wiederkunft vergossen werden, dann aber nicht mehr von Ihm. Wenn Jesus am Ende der Zeit in Herrlichkeit erscheinen wird – hier auf dem Ölberg, der sich auftut, um Sein Volk zu bergen (Sach. 14,4), dann wird es in die große Klage einstimmen über dem, was es Ihm angetan. Dann wird Jesu Weinen die

Antwort finden in Klagen und Tränen, wie sie die Welt noch nie gesehen hat. Aus dem Klagen wird aber bald Jubel und Freude werden, wenn man Ihm als dem König huldigt. Dann werden als Frucht der Tränen Jesu alle Verheißungen wahr werden, die über Seine Stadt gesagt sind, und das Gesetz wird wirklich von Jerusalem ausgehen in alle Welt.
Doch dieser Tag muß vorbereitet werden. Diesem Wiederkommen muß wie Seinem ersten Kommen Bahn gemacht werden durch Wegbereiter. Und wer sollte Ihm den Weg bereiten, wenn nicht wir, die wir Ihn jetzt schon kennen und Seinen Namen anrufen? Darum wartet Er jetzt auf unsere Reue und Buße, auf die große Klage über all unser Widerstreben und Beharren in Sünden als Antwort auf Seine Tränen über uns. Dann wird Sein Herz im Gedanken an jenen Tag, an dem das ganze Volk Gottes zur Buße kommen wird, erfreut und getröstet werden.

GEBET IN DOMINUS FLEVIT

Unser lieber Herr Jesus,
wir beugen uns, daß Du um uns hartnäckige Sünder hier geweint hast und immer wieder weinen mußt, weil wir trotz Deines liebevollen Hirtenrufes und all Deines Lockens uns nicht von der Sünde scheiden und nicht im Alltag Deinem Weg folgen wollen.
Laß Deine Tränen durch das Wirken des Heiligen Geistes mir tief ins Herz gehen, daß sie mir Tränen der Reue entlocken über jede Stunde, in der ich Dich durch Widerstreben und Ungehorsam betrübte. Es ist mein ganzes Sehnen, daß Du, Herr Jesus, der Du uns soviel Liebe schenkst, nun nicht mehr um uns leiden mußt, sondern erfreut wirst. So nimm mich hin, daß ich Dir zur Freude werde und Dich so in Deinen Schmerzen, die Du heute noch um Deine Menschen leidest, tröste.
Nimm meinen Willen hin, fortan Deinem Ruf zu folgen auf Deinem Weg der Niedrigkeit, Entäußerung und des Gehorsams, den Du uns vorangegangen bist. Ich will auf jedes Mahnen des Geistes eingehen im Glauben an die Kraft Deiner Erlösung, auf daß ich durch Reue und Hingabe Wegbereiter für Dein Kommen werden kann. Amen.

Es weint der Herr in bittrem Schmerz,/es klaget
laut Sein liebend Herz,/die grosse Öl-berg-kla-ge:/
„Jch rief euch heim auf Meinen Weg,/doch ihr er-
wähltet euren Steg/und wolltet Mir nicht fol-gen!"

Es weint der Herr in bittrem Schmerz, / es klaget laut Sein liebend Herz / die große Ölbergklage: „Ich wollt euch bringen Seligkeit, / so ihr zur Umkehr seid bereit, / doch ihr wollt das Gerichte!"

Es weint der Herr in bittrem Schmerz, / es klaget laut Sein liebend Herz / die große Ölbergklage: „Ich sucht euch heim zum Vaterschoß, / hab euch bereit ein selig Los, / doch ihr laßt euch nicht ziehen."

Es weint der Herr in bittrem Schmerz, / es klaget laut Sein liebend Herz / die große Ölbergklage: „Die Meinen, sie sind taub und blind / und nennen sich doch Gottes Kind, / sie sehen nicht Mein Leiden."

Es weint der Herr in bittrem Schmerz, / es rufet laut Sein liebend Herz / die große Ölbergklage: „O kommet heim, kommt her zu Mir! / Ich warte auf euch voll Begier, / Mein Herze steht euch offen!"

Auch nach Melodie EKG 245 Kommt her zu Mir

DOMINUS FLEVIT

Kommt herbei, kommt herbei,
hört die Stimme, die euch ruft,
ruft in Liebe für und für:
„Meine Kinder, kommt zu Mir,
kommt zu Mir, Ich wart auf euch!"

Sammelt euch, sammelt euch
um des Guten Hirten Stab,
legt euch alle Ihm zu Fuß!
Kommt herbei in Reu und Buß
zu dem Hirten, der euch liebt!

Hört den Ruf, hört den Ruf
aus des Guten Hirten Mund:
„Kindlein kommt, ach kommt zu Mir,
hier nur ist die offne Tür,
da ihr Weide finden könnt.

Kommt nach Haus, kommt nach Haus,
Vaters Türe steht weit auf.
Ewig hat Er euch erwählt
und sich selbst euch zugezählt.
Kommt nach Haus, ach kommt nach Haus!"

Seht, Sein Herz weint im Schmerz
dort am Ölberg heut wie einst.
Kehrt zu Ihm, denn es ist Zeit,
die ihr so geliebet seid –
daß getröstet wird Sein Herz!

Dominus flevit 29. 10. 1959

GETHSEMANE

GESCHICHTLICHES

Johannes erwähnt in seinem Bericht über das Geschehen der Nacht vor dem Karfreitag, daß Jesus nach dem Abendmahl mit Seinen Jüngern über den Kidron in einen Garten ging. Die anderen Evangelisten sagen davon, daß Jesus »nach seiner Gewohnheit hinaus an den Ölberg ging zu einem Landgut, das Gethsemane hieß«. Diese Ortsangaben weisen auf die Lage der heutigen Gethsemanekirche hin, denn der Weg, der das Kidrontal überquert, stößt dort auf den Ölberg. So kann man wohl mit großer Wahrscheinlichkeit annehmen, daß dies tatsächlich die Stätte ist, wo Jesus Seinen Todeskampf ausfocht, zumal dieser Ort auch eine alte Tradition hat.

Das »Landgut Gethsemane«, von dem Matthäus (Kap. 26,36) und Markus (Kap. 14, 32) sprechen, war nach dem Zeugnis des Geschichtsschreibers Eusebius um 330 den Christen Jerusalems als der Ort der Todesangst und des Verrats Jesu noch sehr lebendig. Eusebius beschreibt, daß es am Ölberg liegt. Nach verschiedenen alten Quellen bezeichnete man im Volk bis gegen Ende des 4. Jahrhunderts mit Gethsemane jedoch nur ein eingefriedetes Stück des Landgutes, in dem die Grotte des Apostelschlafs und Verrats lag

(siehe Kapitel Verratsgrotte). Daß vor dieser Grotte die Gefangennahme Jesu stattfand, war von den ersten Christen her feste Überlieferung. Deshalb prägte sich dieser Ort tief ins Volksgedächtnis ein, und man gedachte wohl auch der Todesangst Jesu hier.
Um 400 greift der Kirchenvater Hieronymus den Bericht des Eusebius auf, schreibt aber genauer, daß das Landgut Gethsemane »am Fuße des Ölbergs« liegt. Er fügt noch hinzu: »Jetzt ist eine Kirche darüber erbaut.« So erweitert er den Namen Gethsemane auf das ganze Gelände, einschließlich jener erwähnten Kirche. Und in dieser Kirche – durch einen Weg von der Grotte getrennt – gedachte man nach dem Bericht der Nonne Aetheria (385), die sie »Ecclesia elegans« (prächtige Kirche) nennt, nun im besonderen der Todesangst Jesu. Man verehrte hier die Stätte, wo Jesus »einen Steinwurf weit« vom Ort der schlafenden Apostel und des Verrats Sein Todesringen durchstand. Die von Hieronymus erwähnte Kirche ist wohl ein Beweis für die Echtheit dieses Ortes, da dies Heiligtum bereits im 4. Jahrhundert über dem Ort der Todesangst Jesu erbaut wurde. Jene prachtvolle Kirche wurde wie viele andere 614 durch die Perser zerstört. Eine kleine Kirche, an der gleichen Stelle im 8. Jahrhundert errichtet, und eine größere aus der Kreuzfahrerzeit wurden ebenfalls so zerstört, daß man seit der Mitte des 14. Jahrhunderts keine Spur mehr davon sah.

Doch fanden die Angaben über die älteste Kirche und damit über die Gewißheit dieses Ortes Bestätigung, als die Franziskaner 1909 bei Ausgrabungen auf die Fundamente nicht nur der mittelalterlichen Kirche, sondern auch jener Kirche aus dem 4. Jahrhundert stießen. Bei dem Bau dieser ersten Kirche hatte man offenbar

die Decke und die Seitenwände der Gebetshöhle Jesu abgebrochen, so daß nur noch die Rückwand der Höhle blieb und der Boden, auf dem Jesus gekniet hatte. An dieser Höhlenwand wurde der Hochaltar errichtet mit dem Felsen der Todesangst sichtbar davor. In der jetzigen Basilika, die die Franziskaner aus den Opfern der Katholiken aller Nationen von 1919 bis 1924 auf dem Grundriß der alten Kirche aus dem 4. Jahrhundert erbauten, ist das beibehalten. So liegt vor dem Hochaltar – von einem Gitter umgeben – der helle Kalksteinfelsen offen, auf den wohl unseres Herrn Jesu Blut und Schweiß geflossen ist. Hinter der Kirche ist noch ein Stück des ursprünglichen Felsengeländes, wie es wohl zu Jesu Zeiten war, erhalten.
In dem kleinen, mit Blumen bepflanzten Garten vor der Gethsemanekirche, den die Franziskaner schon 1666 erwarben und mit Liebe pflegen, stehen acht uralte Ölbäume, die wie ein Zeichen aus den Tagen Jesu sind. Nach neuesten Forschungen israelischer Botaniker können sie sogar bis zu 3000 Jahren alt sein. Überdies stirbt die Olive nicht, sie pflanzt sich durch Sprößlinge fort. Und so ist es durchaus möglich, daß der Baum, den man als Baum der Todesangst bezeichnet, noch aus jener Zeit stammt, in der Jesus hier seine Gebetskämpfe führte.

Rufertafeln:
im Gethsemanegarten an einem großen Stein unter einem der alten Ölbäume –
am Weg nach Dominus flevit an der Mauer hinter den Felsen des Gethsemanegartens neben einer alten Säule –
und im Gelände der St. Maria-Magdalenen-Kirche an einem Baum gegenüber dem Eingang

AUS DER HEILIGEN SCHRIFT

Der Herr verließ die Stadt und ging nach seiner Gewohnheit an den Ölberg. Die Jünger begleiteten ihn. Kaum waren sie dort angekommen, sagte er zu ihnen: Betet, daß euch nicht die Versuchung überwältige. Dann ging er einen Steinwurf von ihnen weg, warf sich auf die Erde nieder mit seinem Angesicht und betete: Abba, Vater! Alles ist dir möglich. Laß diesen Kelch an mir vorübergehen. Aber nicht mein, sondern dein Wille geschehe! Ein Engel vom Himmel kam und stärkte ihn. Er kam in ein schweres Todesringen hinein. Da betete er noch heftiger: Mein Vater, wenn dieser Kelch nicht an mir vorübergehen kann, ich trinke ihn denn, so geschehe dein Wille. Dabei fiel sein Schweiß wie Blutstropfen auf die Erde. Dann stand er vom Gebet auf, kam zu den Jüngern und fand sie von Traurigkeit überwältigt eingeschlafen und sagte zu ihnen: Jetzt könnt ihr schlafen? Stehet auf und betet, auf daß ihr nicht in Anfechtung fallet.

Lukas 22,39-46 und Matthäus 26,42

GETHSEMANE – EIN RUF AN UNS

Oft war Jesus in den Garten Gethsemane, dessen Name Ölkelter bedeutet, am Fuße des Ölberges gegangen. So steht geschrieben: „Er ging nach seiner Gewohnheit" dorthin (Luk. 22,39). Viel hat Er in diesem Garten gebetet, in einsamer Nacht Gespräche mit Seinem Vater geführt. Und gewiß sind hier die Engel vom Himmel immer wieder herniedergekommen auf des Menschen Sohn, davon Er Seinen Jüngern schon sagte: „Ihr werdet sehen die Engel vom Himmel auf des Menschen Sohn herauf- und herabsteigen" (Joh. 1,51).

Gethsemane war für Jesus wohl eine Oase. Nach allem, was der Tag Ihm brachte – den Andrang des Volkes und die vielen Streitgespräche mit den Pharisäern, ihre Nachstellungen –, fand Er hier am Abend unter den Ölbäumen einen Ort der Stille. Ja, Gethsemane war Sein Ort. Hier war Er mit Seinem himmlischen Vater ganz allein. Er hielt sich dann wohl in einer der Höhlen auf, deren es am Ölberg viele gab und die zu der Zeit immer wieder als Stätten des Gebets gebraucht wurden.

So ging Jesus wohl am Gründonnerstag in Seine bestimmte, Ihm vertraute Höhle. Doch als Er diesmal zu beten anfing, wartete nicht der Vater auf Ihn und nicht Legionen von Engeln und ein geöffneter Himmel. Nein, diesmal war die Hölle

angetreten, und der Fürst der Hölle, der Tod, wartete schon auf Ihn, um mit Ihm, dem Menschen- und Gottessohn, in einen Kampf zu treten, der Ihn blutigen Schweiß kosten sollte.
Diesmal sollte Gethsemane Ihm zu einem wahren Gethsemane werden, das seinen Namen „Ölkelter" mit Recht trägt. Gott ist es selber, der hier durch Sein Werkzeug die Kelter tritt. Er schlägt nun Seinen eingeborenen Sohn, und Er tut es um unsretwillen, die wir als die sündigen Kinder von Ihm als unserem Vater erzogen, gezüchtigt und geschlagen werden müßten. Er schlägt Seinen Sohn durch ein Werkzeug, wie wir uns wohl kein grauenhafteres denken können: durch Satan selber mitsamt seinen Legionen von höllischen Geistern. Ja, Er gibt Jesus in Satans Gewalt, der hier in seiner furchtbarsten und mächtigsten Gestalt auftritt: als Todesfürst, der „des Todes Gewalt hat" (Hebr. 2,14).
Und nun beginnt an diesem Ort der grauenhafteste, aber auch entscheidendste Kampf, den je die Erde gesehen hat. Eine ähnliche Lage war nur im Paradies gewesen, als Satan auch zum Kampf antrat, um mit den beiden ersten Menschenkindern zu ringen. Doch damals brauchte er sich nicht anzustrengen. Obwohl es um Leben und Tod für das ganze Menschengeschlecht ging, geschah das Unfaßbare: Adam und Eva setzten sich kaum zur Wehr. So brauchten sie auch kein Blut zu schwitzen. Weil sie aber nicht bereit waren zu kämpfen, konnte es bei diesem

Angriff des Feindes nur ein tödliches Unterliegen geben. Von da an herrschte der Tod bei den Menschen, und keiner konnte sie mehr aus seiner Gewalt retten.
Nun aber war die Stunde gekommen, daß Jesus als der Eine, der das Leben selber ist, dem Todesfürsten gegenübertreten mußte, der mit der ganzen Macht seines Reiches, mit dem Heer aller finsteren Geister antrat. Würde Jesus in dieser Stunde, schwach wie ein Mensch, auch das Kämpfen aufgeben wie einst Adam und Eva und vor diesem mächtigen Andrang der höllischen Feinde kapitulieren? Durch drei gewaltige Angriffe versuchte Satan den Gottessohn zur Aufgabe des Kampfes zu bringen und Ihn so zu überwinden.
Doch Jesus stellte sich Satan. Er ging in diesen furchtbaren Kampf gegen Hölle, Tod und Sünde ein. Er rang mit Satan in Todesangst dort am „Felsen der Agonie", nach dem die Gethsemanekirche ihren Namen trägt. Er kämpfte für uns bis zum Letzten – bis Er Blut schwitzte. Er kämpfte für die, die einst den Kampf nicht aufnehmen wollten gegen den Feind, weil sie die Sünde so wenig ernst nahmen.
Und worum ging der furchtbare Kampf zwischen Himmel und Hölle? Satan wollte erreichen, daß aus Jesu Mund ein Wort kam, wie es damals aus Adams und Evas Mund gekommen war – ein Wort des Mißtrauens, des Zweifels an der Liebe Gottes und des Aufbegehrens gegen Seinen

Willen. Doch auf jeden Angriff des Feindes kam aus Jesu Mund gerade das entgegengesetzte Wort – das eine Wort: „Mein Vater." – „Mein Vater, ist's nicht möglich, daß dieser Kelch von mir gehe, ich trinke ihn denn, so geschehe dein Wille."

„Mein Vater", sagte Jesus in der Stunde, als Sein Herz Gott nicht mehr verstehen konnte und Er an Ihm hätte irre werden können. Was wird Ihm Satan nicht alles vorgehalten haben, ähnlich wie er den ersten Menschen damals sagte: „Sollte Gott gesagt haben ..." Schien nicht Jesu ganzes Erlösungswerk zunichte gemacht, wenn jetzt schon des Todes Hand nach Ihm griff und damit die Erlösung am Kreuz nicht mehr vollbracht werden konnte? Doch Jesus setzte dem Feind in diesem gewaltigen Kampf das eine Wort entgegen, das Satan völlig aus dem Felde schlug, – das Wort des Vertrauens auf die Liebe Gottes, gesprochen mitten in größter Qual und Anfechtung: „Mein Vater!" Und dies Wort galt und war der mächtige Schwerthieb, durch den Satan überwunden wurde.

Wie mag dies Wort „Mein Vater" durch alle Höllenregionen gedrungen sein und die höllischen Geister zum Erzittern gebracht haben, denn es sagte ihnen von ihrer Niederlage. Und wie mag dieses Wort gleich einem tausendfachen Echo durch alle Himmel geklungen sein und die Engel zur Anbetung getrieben und des Vaters Herz erquickt haben, daß Er wohl von neuem

sagen mußte: „Du bist mein lieber Sohn, an dem ich Wohlgefallen habe!" Ja, Jesus hat in dieser furchtbaren Stunde des feindlichen Andrangs nicht nur bis aufs Blut gekämpft, sondern Er hat auch mit der rechten Waffe gekämpft: dem liebenden Vertrauen auf Gottes Liebe.
Wahrlich, Gott trat die Kelter in Gethsemane nicht umsonst. Er schlug den Sohn durch vielerlei Werkzeuge, bis Seine Seele und Sein Geist, auch Sein Leib gemartert und todwund am Boden lagen. Nun konnte der Saft der Frucht ausgepreßt werden. Ströme des Segens flossen daraus, die über alle Welt gingen und heute noch immerdar fließen. Schwache, sündige Menschen werden durch sie zu Überwindern in ihren Anfechtungen und Kämpfen mit Satan, indem sie Jesus nachfolgen und nach Seinem Vorbild gegen Satans Anläufe kämpfen bis aufs Blut. Dabei dürfen sie Jesus in ihren dunklen Kampfesstunden nachsprechen: „Mein Vater, Dein Wille geschehe!", ja, „mein Vater, ich verstehe Dich nicht, aber ich vertraue Dir."
Auf solche Nachfolger und Kämpfer wartet Jesus heute als Frucht Seines Kampfes und Seiner Leiden in Gethsemane. Denn wenn wir so in Stunden der Anfechtung kämpfen, werden wir als Sieger daraus hervorgehen, Ihm zur Ehre.

GEBET IN DER KIRCHE DER TODESANGST JESU

Lieber Herr Jesus,
ich danke Dir, daß Du in solche grauenhafte Nacht der Anfechtung und in solch ein Todesringen mit Höllenmächten hineingegangen bist, das Dich Blut, Schweiß und Tränen kostete, nur aus Liebe zu uns. Ich danke Dir, daß Du in diesen Anfechtungen durch Dein „Ja-Vater"-sagen überwunden hast. Du hast Dich, als Du Gott wohl nicht mehr verstehen konntest, dennoch in tiefster Nacht unter Seinen Willen gebeugt. Das bete ich an.
So nimm mich hier an der heiligen Stätte Deiner Todesangst aus Dank für Dein abgrundtiefes Leiden zu einem ständigen „Ja-Vater"-sagen hin. Ich will mich unter die gewaltige Hand Gottes beugen, wenn sie mich schlägt, und Gott in Seiner Vaterliebe vertrauen, wenn ich Ihn nicht mehr verstehe. Laß mich so zum Überwinder in meinen Nöten und Anfechtungen werden. Und gib, daß ich Dir zur Freude und zum Lohn Deiner Schmerzen in Gethsemane einst als Sieger gekrönt werde, weil ich als Dein wahrer Nachfolger auch bis aufs Blut kämpfte gegen den Feind und die Sünde. Amen.

DER WEG ZUM SIEG IN ANFECHTUNGEN HEISST:

Keine Anfechtung beachten.

Gottes Liebe vertrauen, ohne Gott zu verstehen.

Sich demütigen unter Gottes unverständliche Führung.

Zugeben, daß Gottes Gedanken höher sind als unsere.

Gott nicht durch unsere gefallene Vernunft begreifen wollen.

Gottes Befehle in Ehren und Seinen Willen heilig halten.

Absoluter Gehorsam – nichts anderes wollen, als was Gott will.

An der Verheißung festhalten.

Glauben, daß Gott Ja und Amen ist.

Im Dennoch des Glaubens leben und durchhalten bis ans Ende.

Warten können auf Gottes Stunde.

Glauben, daß Gottes Ratschlüsse wunderbar sind.

Daran festhalten: Gott ist Liebe und hat das Beste über Sein Kind beschlossen.

Damit rechnen: Anfechtung bringt Herrlichkeit.

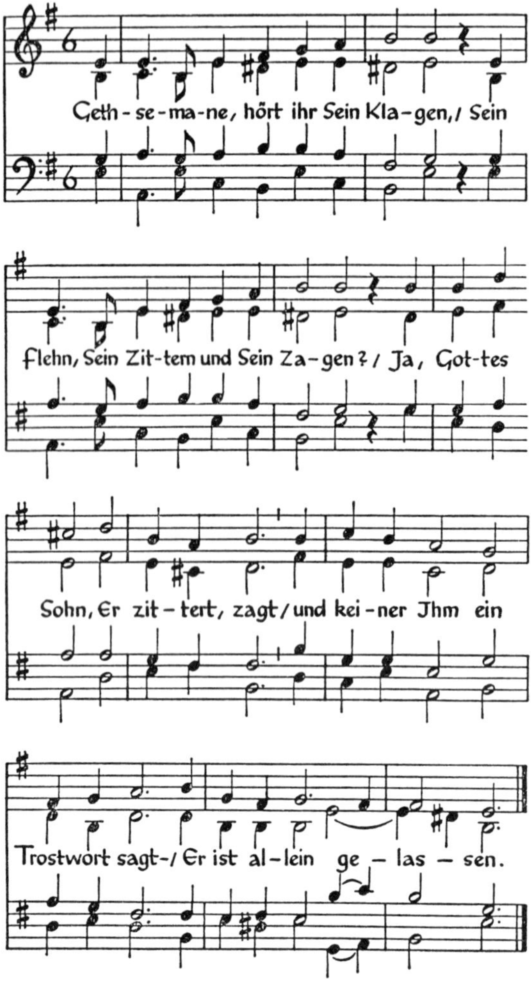
Geth - se - ma - ne, hört ihr Sein Kla - gen, / Sein
flehn, Sein Zit - tern und Sein Za - gen? / Ja, Got - tes
Sohn, Er zit - tert, zagt / und kei - ner Jhm ein
Trostwort sagt - / Er ist al - lein ge - las - sen.

GETHSEMANE

Gethsemane – hört ihr Sein Flehen,
seht ihr Ihn zu den Jüngern gehen,
daß Er von Seinem Leiden künd,
bei ihnen Trost und Hilfe find?
Doch Seine Jünger schlafen.

Gethsemane – seht ihr Ihn ringen
und Todesmächte auf Ihn dringen,
die quälen Ihn mit großer Macht?
In Seiner Seel wird's finstre Nacht –
von Gott und Mensch verlassen!

Gethsemane – o Ort der Qualen.
Ich preis die Lieb zu tausend Malen,
für mich mein Jesus litt die Not,
hat mich erlöst aus Höll und Tod –
wie soll ich's Ihm je danken?

+

Mein Jesus, hier will ich mich zu Dir knien
auf diesen Felsen Deiner Todesangst und Qual,
aus Liebe will beharren ich bei Dir,
wenn Du mich führen wirst durchs dunkle Tal.
Ich bleib bei Dir, ich harre bei Dir aus,
in aller Finsternis zum Kampf bereit,
bis Du mich führest selig einst nach Haus,
wo ich bei Dir darf sein in Herrlichkeit.

Jesus, hoch bist Du zu preisen
und zu rühmen in viel Weisen,
daß Dein Mund „Ja, Vater!" sprach.
Ob Du mit dem Kelch getränket,
ob Dich Schmach und Hohn gekränket –
Du sprachst: „Ja, Gott, schenk mir ein!"

Jesus, hier muß ich Dich preisen
und Dir höchste Ehr erweisen,
mich Dir legen ganz zu Fuß.
Sollt ich Sünder mich nicht beugen,
mit dem Willen mein mich neigen,
hingegeben Deinem Willn?

†

Das „JA-VATER" völliger Willenshingabe hat Jesus durch die tiefste Nacht der Anfechtung zum Sieg geführt. Damit ist auch uns im Ja des Gehorsams der Weg durch jede Nacht zum Sieg gezeigt.

VERRATSGROTTE

(auch Grotte von Gethsemane genannt)

Alte Berichte sagen schon von dieser bedeutsamen Stätte des Passionsweges Jesu. Vom Geschichtsschreiber Eusebius erfahren wir, daß um 330 der Ort des Verrats und der Todesangst Jesu am Ölberg im Bewußtsein der Bevölkerung Jerusalems noch gegenwärtig war. Und der Pilger von Bordeaux, der den ältesten Pilgerbericht um 333 gibt, fand nach seiner Beschreibung die Verratsstätte an derselben Grotte, die heute noch hier am Abhang des Ölbergs liegt. Damals gebrauchte man den Namen Gethsemane nur für diese Grotte, gedachte hier auch der Todesangst Jesu. Doch um 385 wurde südlich davon eine prächtige Kirche zum Gedächtnis der Todesangst Jesu errichtet. Die

Grotte blieb Gedenkort des Verrats und der Gefangennahme, übernahm nur später, als die Todesangstkirche zerstört war, zeitweise wieder deren Rolle. Wie lebhaft die Bevölkerung Jerusalems das Gedächtnis der Gefangennahme Jesu hier bewegte, zeigt der Bericht der Nonne Aetheria um 385. Wenn bei der Gründonnerstagsprozession an diesem Ort das entsprechende Evangelium verlesen wurde, brach man in lautes Schreien und Weinen aus, das bis in die Stadt zu hören war.

Die Überlieferung, daß Jesus vor der Verratsgrotte in die Hände der Häscher fiel, setzte sich ohne Unterbrechung fort, so daß die Kreuzfahrer sie unangezweifelt übernahmen. Jedoch die Annahme, daß die gleiche Grotte auch der Ort des Apostelschlafes sei, hat nicht solche alte Überlieferung. Vor den Kreuzfahrern wurde kein Ort dafür festgelegt. Der englische Pilger Saewulf berichtet dann 1102, daß »hier in Gethsemane eine Gebetsstätte ist, wo der Herr den Petrus, Jakobus und Johannes zurückließ«. So galt die Grotte zu seiner Zeit als Schlafort der drei – später aber auch der anderen acht Apostel, so daß keine genauen Stellen für den Ort des Apostelschlafes festzulegen sind. Wohl fälschlicherweise verlegte die Überlieferung auch eine Zeitlang das letzte Abendmahl in diese Höhle, in der Steintische und Bänke zu sehen waren. Unklar ist, ob vielleicht früher über der Grotte eine Kirche errichtet war, worauf manche alten Berichte schließen lassen.

Jetzt ist die Grotte in eine Kapelle verwandelt. Die Decke der Grotte ist nicht abgetragen wie bei der Höhle der Todesangst Jesu in der Gethsemane-Basilika, sondern das natürliche Gestein formt noch heute das Dach der Kapelle, die von Franziskanern gehütet wird.

Das Mariengrab, von dessen Vorhof aus man die Verratsgrotte erreicht, ist ein altes Heiligtum, wo seit dem 5. Jahrhundert der Begräbnisort Marias verehrt wird. Die darüber erbaute Kirche ist mehrfach zerstört worden und heute nur noch die Krypta erhalten, die eine Grabkapelle Marias umschließt (griechisch-orthodox, alle Kirchen mit orthodoxem Ritus haben Rechte).

Rufertafel gegenüber dem Eingang zum Gethsemanegarten

AUS DER HEILIGEN SCHRIFT

Und Jesus kam zum drittenmal zu seinen Jüngern und sprach: Ach, wollt ihr nun schlafen und ruhn? Es ist genug so: Die Stunde ist gekommen! Sehet, der Menschensohn wird den Sündern in die Hände geliefert. Steht auf, laßt uns gehen! Seht, der mich verrät, ist nahe!
Judas aber, der ihn verriet, wußte den Ort: denn Jesus versammelte sich oft daselbst mit seinen Jüngern. Nachdem er nun die Abteilung Soldaten und von den Pharisäern und Hohenpriestern Diener erhalten hatte, kam er mit Fackeln, Laternen und Waffen dorthin, – trat sogleich auf Jesus zu und sagte: Rabbi! und küßte ihn. Da legten sie Hand an Jesus und nahmen ihn fest. – Und die Jünger verließen ihn alle und flohen.

Aus Markus 14 und Johannes 18

DIE VERRATSGROTTE – EIN RUF AN UNS

Daß die Grotte des Verrats, des Apostelschlafs und der Gefangennahme diese drei Namen trägt, hat eine tiefe Bedeutung. Denn verschiedene Ereignisse greifen hier ineinander und geben diesem Geschehen sein eigentliches Schwergewicht. Und ohne das eine Ereignis wäre jedesmal das andere nicht denkbar. So konnte Jesus nur gefangengenommen werden, weil sich in Judas ein Verräter aus Seinem eigenen Jüngerkreis fand. Und wiederum wäre bei der Gefangennahme der Schmerz Jesu nicht so groß gewesen, wenn Seine Jünger Ihn nicht so bitter enttäuscht und während Seines schwersten Kampfes nicht geschlafen hätten.
Hier hätten sie einmal ihrem Herrn einen Dienst tun können. Doch ausgerechnet von denen, die Jesus in Seiner tiefsten Not zur Seite stehen sollten, die Ihn in schwerster Stunde durch ihr Mitbeten, ihre Bereitschaft, für Ihn dazusein und mit Ihm zu wachen, hätten erquicken können, wurde Er alleingelassen.
Die Unfähigkeit und das Versagen, mit Jesus in dieser Stunde zu leiden und Ihm zur Seite zu stehen, hatte eine bestimmte Ursache. Die Jünger hatten vorher von Kreuzes- und Leidenswegen nichts wissen wollen, so daß Petrus, als er davon hörte, ausrief: „Das widerfahre dir nur nicht!" (Matth. 16,22). Darum hatten sie vorher auch

nicht in Jesus das Lamm Gottes erkennen können, obwohl Johannes der Täufer Ihn so nannte. Sie hatten nicht sehen wollen, daß Sein Weg um unserer Sünde willen in den Tod gehen mußte und darum ein Lammesweg, ein Opfer- und Leidensweg sein würde, der zuerst einmal im Niedergang und nicht im Sieg endete. So verstanden sie Ihn nicht, als Er sich in Gethsemane schwach und angefochten zeigte. Sie wurden an Ihm irre, wie Jesus es ihnen vorausgesagt hatte, weil sie Ihn nur als den über alle Mächte sieghaften Messias sehen wollten, der das Reich Gottes hier auf Erden aufrichten und ihnen damit Ehren sichern sollte.

Ihr Wunsch und Wille hieß statt Leiden und Erniedrigung: Erhöhung, Ehre. Statt sich willig zum Leiden hinzugeben und ihr Leben mit allem, was es ausmachte, zu verlieren, wollten sie es erhalten. Dieses Begehren war so stark in ihnen, daß Jesu Wort: „Wer mir nachfolgen will, der nehme sein Kreuz auf sich", nicht in ihr Herz drang. Sie nahmen es nicht auf, weil ihnen solch ein Weg zu schwer und darum unmöglich dünkte.

Nur so konnte es dazu kommen, daß sie in dieser Stunde des Leidens für Jesus stumpf und teilnahmslos waren und schliefen. Und die Folge davon mußte dann sein, daß sie in dem Augenblick, als man Jesus gefangennahm und ihnen selbst Kreuz winkte, in alle Richtungen flohen. Dadurch machten sie die Gefangennahme für

Jesus noch unehrenhafter. Denn als Seine Jünger sich nicht mehr zu Ihm bekannten, stand Er völlig alleingelassen vor Seinen Häschern und den Pharisäern als der, der es nicht wert schien, daß man Ihm die Treue hielt. Welch ein Leiden brachte Jesus die Kreuzesscheu Seiner Jünger!

So zeigt die Grotte des Apostelschlafes, des Verrats und der Gefangennahme Jesu erschütternd, wohin unsere Kreuzesscheu führt. Sie zeigt uns, wie wir an Jesus nur recht glauben, wenn wir Ihn als den Leidenden in unser Herz aufnehmen und uns zu Seinem Weg mit unserem Leben bekennen. Ja, dieser Ort sagt davon, wie wir Jesus dann nur recht lieben, wenn wir Sein Wort: „Wer nicht sein Kreuz auf sich nimmt und mir nachfolgt, kann nicht mein Jünger sein", verpflichtend für unser Leben nehmen.

Wie entscheidend ist es darum, ob wir uns in unserem Alltagsleben üben, unser Kreuz, – sei es Demütigung, Kränkungen, Unrechtleiden, Verachtung, Enttäuschung, Verlust an irdischen Gütern –, aus Gottes Hand zu nehmen und uns darunter zu bücken in dem Wissen, daß dann das Kreuz seinen Segen über uns ausströmen wird. Denn bei Judas sehen wir, wohin es in der letzten Konsequenz führt, wenn wir unter frommem Schein doch nach Ehre und Reichtum gieren und nicht ja sagen zu dem Weg Jesu, dem Weg der Armut und Niedrigkeit. Das hat ihn schließlich zum Verräter gemacht. Und solche

Haltung läßt auch uns an Tagen schwerer Prüfung einen großen Fall tun, Jesus verlassen oder verraten.
Damals in der Gethsemanestunde hatten die Jünger Jesus noch nicht als den erlebt, der siegreich aus Seinem Grab erstand. Doch wir kennen Ihn als den Auferstandenen. Wir wissen, wie aus Leiden Herrlichkeit, aus Erniedrigung Erhöhung kommt, aus Weinen das Lachen, und wie tatsächlich der, der sein Leben für Jesus „verliert", Größtes gewinnt schon hier auf Erden. Darum wartet Jesus heute mit Recht, daß wir Ihm Jünger seien, die Ihn nicht enttäuschten, Ihm nicht Schmerz um Schmerz zufügen, indem sie Ihn allein lassen, sondern die Ihm auf dem Kreuzesweg nachfolgen und „ihr Leben verlieren" Tag für Tag. Das heißt aber, Ihm gerade da zu folgen, wo es dem eigenen Wünschen und Wollen zuwider ist. Dann werden wir uns auch in Stunden der Bewährung als Seine wahren Jünger zeigen, die zu Ihm stehen, koste es, was es wolle, ja, die bereit sind, wo es nötig ist, auch mit Ihm in Gefangenschaft und Tod zu gehen.

+

Wer täglich in der Hingabe steht, „sein Leben zu verlieren", wird Jesus in der Stunde der Bewährung treu bleiben und sein Leben für Ihn einsetzen können.

Ver-raten steht Je-sus al-lein,/ und kei-ner will
bei Jhm sein,// ge-fan-gen Sein Strasse Er zieht./
Gebun-den nun ist Er geschmäht,// bald zu den Ver-
brechern gezählt,// der Herr der Menschen und Welten.

O klaget, was hier ist geschehn,
was dieser Ort hat gesehn!
Verraten, verlassen der Herr.
Die Jüngerschar, die Er geliebt,
verläßt Ihn, zutiefst Ihn betrübt, –
wer ist's, der mit Ihm geht heute?

Verratsgrotte 15. 2. 61

+

Judas erklärte Jesus nur dreißig Silberlinge wert, und allen andern Jüngern war Er so wenig wert, daß sie Ihn verließen, als Er gefangen wurde. Heute wartet Jesus auf Jünger, denen Er so viel wert ist, daß sie sich die Nachfolge etwas kosten lassen.

+

Hier wardst Du gefangen,
o liebster Herr,
mit Stricken gefesselt,
man nahm Dir die Ehr.
Hier ließt Du Dich binden,
Du König und Gott,
gabst hin Deine Freiheit,
ließt führn Dich zum Tod.
Hier laßt uns anbeten den Herren der Welt,
für Seine Geschöpfe die Fesseln Er wählt,
erkauft ihnen dadurch die Freiheit.

Verratsgrotte 6. 2. 61

GEBET IN DER VERRATSGROTTE

Lieber Herr Jesus!
Wir beugen uns vor Dir, daß es Deine Jünger waren, die Dich in der Stunde der Gefangennahme verrieten und verließen und die Dir dadurch Deinen schweren Passionsweg noch schwerer machten. Auch wir, die wir heute Deine Jünger sein wollen, fügen Dir als Antwort auf Dein liebendes Werben, mit Dir den Kreuzesweg zu gehen, immer wieder Gleiches zu. Vergib uns unsere Kreuzesscheu, die Dir so unendliches Leid bereitet – heute wie einst – und die uns Dich in Prüfungsstunden so oft verlassen und verraten läßt.
Jesus, ich möchte nun bei Dir ausharren und mit Dir gehen, Dich nie mehr allein lassen. So gebe ich mich Dir hin, willig meine kleinen Leiden und Kreuze, die Du mir im Alltag gibst, auf mich zu nehmen. Laß mich in der täglichen Hingabe zum Leiden geübt und dadurch stark werden, in der Stunde der Bewährung als Dein echter Jünger Dir treu zu sein und auch in Not, Gefangenschaft und Tod an Deiner Seite erfunden zu werden.

Amen.

Jesu Jünger verschlafen aus Kreuzesscheu die heiligste Stunde, in der Gottes Sohn ihnen Sein Herz in tiefstem Schmerz und Seelenkampf offenbaren wollte. Jesu Herz erfaßt nur der, der sich dem Leiden öffnet.

KIDRONTAL

Mit dem Besuch des Ölbergs haben wir schon den Bereich der Passion Jesu betreten. Gehen wir nun den Spuren unseres verratenen und gefangenen Herrn nach, wie sie uns aus der Nacht vor Seinem Tode überliefert sind, und wenden uns dem Kidrontal zu, durch das Er wohl von den Scharen der Häscher und Pharisäer zum Palast des Hannas und Kaiphas geführt wurde. Wir verlassen die Verratsgrotte und gehen ein Stück auf der breiten Autostraße in Richtung Jericho. Nach etwa 100 m zweigt rechts die steile Straße hinunter ins Kidrontal ab, die aber nur noch für Fußgänger zu benutzen ist (siehe nachfolgende Skizze).
Dies beginnt schon nördlich der Altstadt Jerusalems und verläuft zuerst nach Südosten und dann, nach ei-

ner Biegung, entlang der östlichen Stadtmauer nach Süden. Da keine Quelle das Tal bewässert, liegt es die meiste Zeit des Jahres trocken und führt nur in der Regenzeit wenige Stunden das von den Berghängen strömende Wasser durch die Wüste Juda dem Toten Meer zu. Das heutige Kidronbett ist durch den Schutt der mehrmals zerstörten Tempelmauer viele Meter höher als das zu Jesu Zeiten. Die schmalen, steinigen Pfade des Tales erinnern uns dennoch an den Weg, den Jesus hier als Gefangener ging.

Hier, wo das Kidrontal die Stadt vom Ölberg trennt, nennt man es seit dem 4. Jahrhundert auch Tal Josaphat im Gedanken an das Wort Joel 4, 2. Damit hat dies Tal der Leiden Jesu, das Ihn in Seiner größten Erniedrigung gesehen, zugleich eine Bedeutung für Sein Wiederkommen als Weltenrichter. Denn nach dieser Joel-Stelle soll der Herr hier zum Gericht über die antichristliche Welt erscheinen. Die Überlieferung legt die Stelle so aus, daß hier im Tale Josaphat das Jüngste Gericht stattfinden werde. Darum haben sich im Lauf der Zeit viele Juden, auch Christen und Moslems, zu beiden Seiten des Tales begraben lassen, um bei den Posaunen der Engel schon zur Stelle zu sein, und zwar die Juden am Westhang des Ölbergs, die Moslems am gegenüberliegenden Abhang des Tempelplatzes. Vor allem sind viele Juden aus Osteuropa oft noch im hohen Alter nach Jerusalem gezogen, um hier begraben zu sein, weil sie glaubten, wer hier »den Namen des Herrn anruft, der wird errettet werden« (Joel 3, 5). So führt unser Weg am Abhang des Ölbergs entlang, der mit Zehntausenden von jüdischen Gräbern übersät ist – heute wieder vielbesucht – bis hinunter in die Talsohle und bis hin zum Dorf Silwan. Bei diesem auf die Zukunft des Herrn hinweisenden Anblick des Gräbermeeres empfinden wir eine ungewöhnliche Atmosphäre, als läge über dem ganzen Tal ein Warten auf die Zukunft – eine eigentümliche Tiefendimension, auch im Blick auf die heilsgeschichtlichen Ereignisse, die sich hier noch abspielen werden.

Der steilen Südostecke der Stadtmauer, Tempelzinne genannt, gegenüber liegt links am Weg das Monument Absaloms (2. Sam. 18, 18), am spitz auslaufenden Kegel zu erkennen. Unmittelbar links davon ist der Eingang zu dem dahinterliegenden Josaphatgrab. Kurz danach sind die aus dem gewachsenen Fels gehauenen sogenannten Grabmäler des Jakobus und Zacharias zu sehen, die aus dem 1. oder 2. Jahrhundert v. Chr. stammen und schon zur Zeit Jesu den Weg säumten. So waren sie wohl auch Zeugen Seines Leidensweges hier in der Nacht Seiner Gefangennahme. Die Abhänge links und rechts sind voller Geröll und Steine. Unser Blick fällt auf das Dorf Silwan am Hang vom Berg des Ärgernisses (1. Kön. 11, 7) – und nach einer Biegung der Straße sehen wir rechts des Tales auf dem Ausläufer des Tempelberges das Dorf Ophel liegen. Hoch über den Häusern ragt die Kirche vom Hahnenschrei (St. Peter in Gallicantu) am Osthang des Zionsberges auf.

Die Straße erreicht die Talsohle. Rechts liegen zwei Schulgebäude. Dahinter steigen wir Stufen hinab zur Gihonquelle, auch Marienquelle genannt, der einzigen Quelle Jerusalems im Altertum. Da werden uns manche Stellen des Alten Testaments lebendig. Von hier aus nahm David Jerusalem ein, hier drang sein Feldhauptmann Joab durch den unterirdischen Gang, der »Sinnor« (Rohr) hieß, in die Stadt ein (2. Sam. 5, 8 Dachrinne übersetzt), und hier wurde Salomo zum König gesalbt (1. Kön. 1, 38 u. 39). Von der Straße

aus öffnet sich hier der Blick nach Süden, und vor uns liegt der »Berg des bösen Rates« mit seiner baumreichen Kuppe. Diesen Namen erhielt er durch die Überlieferung, daß Kaiphas dort in einem Landhaus den Rat gegeben haben soll, Jesus zu töten (Joh. 11, 47). Heute haben die Vereinten Nationen dort ihren Sitz.
Im Talgrund leuchtet links des Weges saftigdunkles Grün auf. Es sind die sogenannten Gärten der Könige, die vom Siloahteich bewässert werden. Dicht bei dicht stehen Feigenbäume zwischen üppigem Gras und Gemüse, und bald kommen wir auch an sprudelndem Wasser vorbei, das sich vom rechts der Straße liegenden Siloahteich her ergießt. Wir folgen dem Kidrontal noch ein Stück weiter nach Süden, weil man uns dort auf einen Ort hinwies, der uns auch aus der Passionsgeschichte bekannt ist. Da mündet eine von steil aufragenden Felsen gebildete Schlucht von Westen her auf das Kidrontal. Es ist der Anfang des Ben-Hinnomtales. Darüber liegt am Abhang Hakeldama, der »Blutacker« (Matth. 27, 7 u. 8; Apg. 1, 18 u. 19), eine alte Begräbnisstätte der Pilger. Unweit davor erhebt sich ein orthodoxes Kloster. Ein wenig weiter entdecken wir links abseits vom Weg inmitten von Häusern den Rogelbrunnen, wohin Adonia, der Davidssohn, das Volk rief, um den Thron an sich zu reißen (1. Kön. 1, 9).
Doch uns geht es vor allem um den Weg des gefangenen Jesus. Und wenn wir annehmen, daß der Palast des Hohenpriesters am heutigen Zionsberg lag, dann wird wohl die Kohorte mit dem Gefangenen, von Gethsemane kommend, schon vorher das Kidrontal verlassen haben. So biegen auch wir am Ausfluß des Siloahteiches in einen Fußweg ein und kommen zunächst zum Teichbecken inmitten eines baumbestandenen Grund-

stückes. Heute noch ist der Siloahteich wie zu Hiskias Zeiten (2. Kön. 20, 20) durch einen unterirdischen Kanal, den man durchgehen kann, mit der Gihonquelle verbunden. Uns ist sein Name vertraut durch die Geschichte der Blindenheilung Jesu, der den Blinden hierher schickte, um sich zu waschen (Joh. 9, 7). Das Gedenken an diese Heilung ließ den Ort wohl früh zu einer Gebetsstätte werden. Um die Mitte des 5. Jahrhunderts wird zum ersten Mal eine Basilika dort erwähnt, die dann durch die Perser 614 zerstört wurde. Auf den Ruinen der byzantinischen Kirche steht heute ein Minarett.

Die Kirche vom Hahnenschrei, der Gedenkort der Reue Petri am Abhang des Zionsberges, ist unser nächstes Ziel. Der Fußweg vom Siloahteich her mündet in eine Fahrstraße zur Altstadt hin, der wir ein ganz kurzes Stück folgen. Dann steigen wir eine links abzweigende schmale Straße hinauf, die an den Häusern von Ophel vorbeiführt. In etwa zehn Minuten erreichen wir die Autostraße, die, vom Misttor herkommend, zum Kloster oberhalb der Kirche vom Hahnenschrei führt. Dieses liegt in einem parkähnlichen Gelände, dem Anwesen der Assumptionisten, welche die Kirche, auch genannt St. Peter in Gallicantu, betreuen.

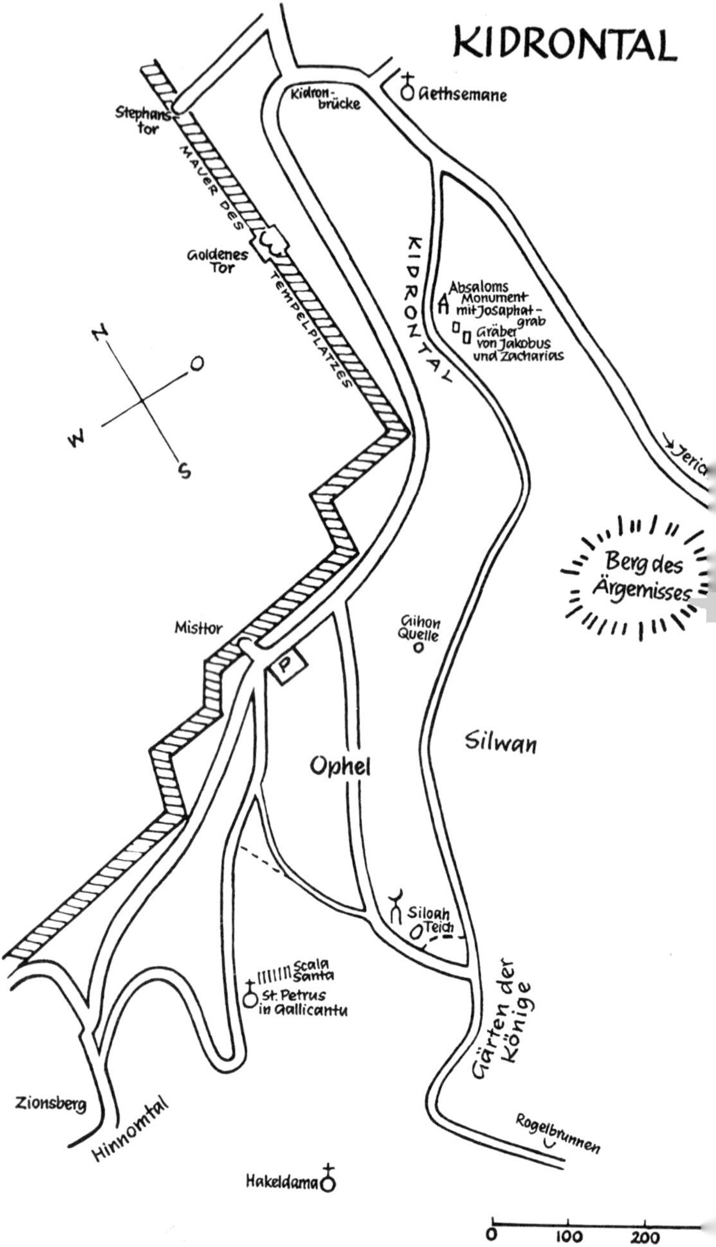

KIDRONTAL
Gethsemane
Kidron-
brücke
Stephans-
tor
MAUER DES
TEMPELPLATZES
Goldenes
Tor
KIDRONTAL
Absaloms
Monument
mit Josaphat-
grab
Gräber
von Jakobus
und Zacharias
N
O
W
S
Jeric
Berg des
Ärgernisses
Misttor
P
Gihon
Quelle
Silwan
Ophel
Siloah
Teich
Scala
Santa
St. Petrus
in Gallicantu
Gärten der
Könige
Zionsberg
Hinnomtal
Rogelbrunnen
Hakeldama
0
100
200

AUS DER HEILIGEN SCHRIFT

Der König ging über den Bach Kidron, und das ganze Land weinte mit lauter Stimme, und alles Volk zog hinüber auf dem Weg, der zur Wüste Juda führt.
2. Samuel 15,23

In jener Stunde sprach Jesus zu den Scharen: Wie gegen einen Mörder seid ihr mit Schwertern und Knütteln ausgezogen, um mich gefangenzunehmen. Täglich habe ich im Tempel gesessen und gelehrt, und ihr habt mich nicht festgenommen. Dies alles ist aber geschehen, damit die Schriften der Propheten erfüllt werden.
Hierauf verließen ihn die Jünger alle und ergriffen die Flucht.
Die Schar aber und der Oberhauptmann und die Diener der Juden nahmen Jesus fest, fesselten ihn und führten ihn ab.
Aus Matthäus 26 und Johannes 18

Mein Heiland geht in Leiden,
das liebste Gotteslamm,
ach, laß mich Dich begleiten
auf Deiner Schmerzensbahn.
Laß mich um Sünden weinen,
die Dir solch Qual gebracht,
voll Reu mich Dir vereinen
in Deiner Leidensnacht.

KIDRONTAL – EIN RUF AN UNS

Kidrontal – Tal der Tränen, da ein König David weinend über den Kidron zog, als Vorbild für den einen wahren König Jesus Christus, der durch dieses Tal den Weg Seiner Leiden gehen würde.

Doch mit dem König David zog damals ein weinendes Volk, das ihn durch sein Mitleiden tröstete und stärkte. Als aber Jesus, unser aller Herr, Heiland und König, diesen Weg durchs Kidrontal in schwerster Stunde ging, mußte Er ihn allein gehen. Keiner Seiner Jünger war mehr zu sehen. Ihn umgaben nur die Häscher, die hohnblickenden Augen der Pharisäer und Schriftgelehrten. Der König David ging diesen Weg, als er vor seinem Sohn Absalom fliehen mußte. Der Gottessohn ging ihn, verfolgt von Seinem eigenen Menschengeschlecht, von Seinem Volk, das Er liebte. David ging diesen Weg als ein Freier, doch Jesus wurde mit gefesselten Händen gleich einem Verbrecher durch das Kidrontal hin zu Seinen Richtern getrieben wie ein Stück Schlachtvieh.

Welch ein Weg war das! Jesu Füße mußten sich an den scharfen Steinen der schmalen Pfade im Kidrontal wundreiben. Und Seinen todesmatten Leib, der Stunden vorher einen Kampf durchstanden hatte, bei dem Er Blut geschwitzt, wird jeder Schritt Unsägliches gekostet haben. Da

erfüllte sich vielleicht das Psalmwort vom flüchtigen Trunk am Bach des Weges, der Gihonquelle, der Ihn erquicken durfte (Ps. 110,7).
Er, der Eine, der Macht und Gewalt hat, andere zu binden, zu regieren und zu führen, ließ sich von dem bösen Willen Seiner eigenen Geschöpfe freiwillig binden und knebeln, ließ sich treiben und hin- und herzerren. Warum? Seine Menschenkinder, die Pharisäer und Schriftgelehrten und die vielen anderen, hatten sich nicht von dem guten und allmächtigen Gotteswillen, den Er verkündete, binden lassen. Nun wollte Er ihnen und uns das, was wir trotz der Macht Seiner Worte immer wieder nicht annehmen, durch Sein Tun, durch Sein Bild als das des Gefesselten für alle Zeiten einprägen. Dadurch wollte Er uns noch eindringlicher zurufen und uns bitten:
„Laßt euch binden an den Willen Gottes, an Sein Führen. Stellt euch unter Seine Herrschaft, indem ihr Mich anseht, den Gefesselten, wie Ich den Banden Meiner Menschenkinder hingegeben bin, mit Mir machen lasse nach ihrem Willen, und bin doch ihr Gott. Sollte euch das nicht rühren und euren Sinn umwenden, so daß ihr Mir euren eigenen Willen ausliefert und eure Hände gebt, damit Ich sie fortan binde und euch führe – sei es auch, ‚wohin ihr nicht wollt'? Dann gerade, wenn es ein schwerer Weg ist, den Ich euch führe, ist es der gute, der allerbeste Weg der Weisheit und der Liebe Meines Vaters. Solche

Wege führen zu einem leuchtenden Ziel, enden in einer ewigen Herrlichkeit, weil sie euch läutern und bereitmachen, dort zu leben, wo Friede und Freude, Liebe und glückseliges Leben in alle Ewigkeit ist, in Meinem Reich." – Hören wir diese Bitte des stummen, gefesselten Herrn im Kidrontal?

+

Willenshingabe an Gott macht stark, denn sie vereint mit dem lebendigen Herrn, dem nichts unmöglich ist.

+

Wer seinen Willen Gott hingibt, hat das Beste erwählt. Denn dann steht er unter dem Willen des, der allein weise und gut ist, und wird den besten Weg geführt.

+

Liebe schenkt dem, den sie liebt, ihr Wünschen und Wollen als beste Gabe. Sollten wir Gott solches Geschenk vorenthalten, nachdem Sein Sohn sich aus Liebe nach unserem Willen binden ließ und den Leidensweg dafür ging?

GEBET IM KIDRONTAL

Lieber Herr Jesus,
ich danke Dir für Deinen bittren Weg durch dieses Tal um unseretwillen. Habe Dank, daß Du, der Du Macht hast über alle Menschen und ihre Bande, Dir von Deinen Feinden solche Fesseln anlegen ließest, um uns von der Fessel unseres Eigenwillens zu erlösen. Du siehst, wie ich mich in meinem eigenen Wollen, Wünschen und Meinen immer wieder nicht unter Deinen Willen und den mir von Dir gegebenen übergeordneten Menschen beugen, sondern frei und selbstbestimmend sein will. Erlöse auch mich von der Knechtschaft meines sündigen Eigenwillens, der mich ins Verderben führt.
Hier gebe ich Dir all mein eigenes Wollen und Wünschen hin. Hinfort will ich an Dich gebunden sein, Herr Jesus, an Deinen allein guten und weisen Gotteswillen, wie er auch durch die zu mir kommt, die Du mir vorgesetzt hast. Ich will Deinem Willen ganz gehorsam sein im Glauben an die Macht Deiner Erlösung, die uns hier unter qualvollem Leiden diesen Gehorsam erworben hat. Ich rühme es: Du hast mich frei gemacht von der Bindung an mein sündiges Ich und meinen Eigenwillen und mich in der Liebe zu Dir allein an Dich und Deinen Willen gebunden. Amen.

Du ziehst allein, ach, keiner ziehet mit,
nur Engel weinen, daß ihr Schöpfer litt.

Es steht vor Dir ein Weg voll großer Not,
geladen schwer mit Martern bis zum Tod.

Nur Liebe ist's, die auf den Weg Dich treibt,
drum achtest Du für nichts Dein großes Leid.

Still und ergeben Deinen Weg Du schrittst,
als ob Du dies für eigne Sünde littst!

Wer dankt es Dir, Du liebster Jesus mein?
Ach, könnt mein Lieben ein Dankopfer sein!

O heilge Treppe, da mein Herr,
mein Gott und Schöpfer, leidensschwer,
mit sanftmütigem Lammessinn
gebunden schleppt sich für mich hin,
um mich von Sünd zu lösen.

O heilge Treppe, sei gegrüßt,
auf der Gott meinen Hochmut büßt.
Er wird zum Richter hingezerrt,
gefesselt, wie Verbrecher wert –
hier knie ich im Staube

und gebe meinen Willen Dir
als Dank, Du meine höchste Zier.
Gebunden soll mein Wille sein
an Deinen Willen ganz allein,
Dir folge ich aus Liebe.

Siehe Kirche vom Hahnenschrei

DIE KIRCHE VOM HAHNENSCHREI

(ST. PETRUS IN GALLICANTU)

Dieser Gedenkort der Reue Petri liegt am Ostabhang des heutigen Zionsberges. Es gibt außer dem Weg, den wir vom Kidrontal heraufkommen, jedoch auch die Möglichkeit, unmittelbar von der Altstadt aus durch das Misttor im Süden der Stadtmauer hierher zu gelangen. Von dort führt geradeaus eine Asphaltstraße zum Grundstück der Assumptionisten, das parkähnlich mit vielen Zypressen, Pinien, Öl- und Pfefferbäumen bestanden ist, und zur Kirche mit dem nahegelegenen Kloster. Unterhalb der Kirche ist die sogenannte Scala Santa, die »heilige Treppe«, die uns im Gedenken an den Leidensweg Jesu bedeutsam ist. Denn Er muß sie mit ziemlicher Sicherheit gegangen sein, als Er nach dem Abendmahl vom Zionsberg hinunterging und dann als Gefangener hinauf zum Palast des Kaiphas geführt wurde. Die Steine der freigelegten Stufen stammen nach Angaben der Archäologen mindestens aus Jesu, wahrscheinlich aus noch früherer Zeit. Heute ist das Gelände der Assumptionisten durch ein Gitter abgeschlossen, so daß die »heilige Treppe« nur noch von oben zu erreichen ist, und zwar vor allem zu den Hauptpilgerzeiten.

Nahe bei und unter der Kirche zeigt man uns weitere Ausgrabungen. Auch wenn es dafür keinen Beweis gibt, so hilft doch der tiefliegende Kerker, uns die Gefangenschaft unseres Herrn erschütternd zu vergegenwärtigen, und erinnert uns an das Gefängnis, in dem Jesus nach dem Verhör durch Hannas und Kaiphas Seine nächtlichen Leidensstunden zubrachte.

Eine Rufertafel ist am obersten Absatz der »heiligen Treppe«.

Geöffnet: 8.30–12 Uhr, 14–17.30 Uhr (Nov.–Mai bis 17 Uhr), sonntags geschlossen

GESCHICHTLICHES

Die Kirche, die das Gedächtnis an die Reue des Apostels Petrus nach seiner Verleugnung bewahrt, läßt das Geschehen der Gründonnerstagsnacht lebendig werden, als Jesus im Haus des Kaiphas vor Gericht stand.
Dieses Haus des Kaiphas soll nach alten Pilgerberichten am Rand des Zionsberges gelegen haben. So bezeugt es der Pilger von Bordeaux um 333, und Cyrill, Bischof von Jerusalem um 348, spricht davon, daß es allen bekannt sei. Auf den Ruinen des Kaiphashauses soll dann durch die Kaiserin Eudoxia um 460 eine Kirche errichtet worden sein in Erinnerung an des Apostels Verleugnung und Reue.
Andere Berichte aus dem 6. bis 9. Jahrhundert bestätigen ebenfalls eine Basilika zum Gedächtnis des Apostels Petrus an der Stelle des Kaiphashauses. 614 wurde sie wohl von den Persern zerstört. Doch um 630 erscheint sie wieder im liturgischen Kalender Jerusalems im Rahmen der Gründonnerstagsprozession zu den Stätten der Passion Jesu. Dabei zog man auch hinauf »nach St. Peter, wo das Haus des Kaiphas war«.
Über die weitere Entwicklung dieses Gedenkortes wie auch über seine genaue Lage geben die alten Berichte

nicht ganz eindeutig Auskunft. So konnten verschiedene Meinungen entstehen. Im 7. Jahrhundert wird in manchen Berichten von einer Kirche gesprochen, die nur dem Gedächtnis der Reuetränen Petri geweiht war und nicht dem der Verleugnung. Die Hüter der heutigen Kirche St. Peter in Gallicantu sehen es so an, daß es sich dabei um dieselbe, oben erwähnte St. Petrus-Basilika handelt, die nach der Zerstörung wieder auf dem Platz des Kaiphashauses aufgebaut worden war. Diese Kirche, nun Kirche der Reue genannt, wurde im 10. Jahrhundert noch einmal zerstört und von den Kreuzfahrern wieder aufgebaut. 1102 berichtete der englische Pilger Saewulf davon und setzte zum ersten Mal den Beinamen »Gallicantus« (Hahnenschrei) dazu. Man nimmt also an, daß diese Kreuzfahrerkirche auch auf dem Platz der alten St. Petrus-Basilika stand, man aber fortan hier nicht mehr der Verleugnung, sondern nur noch der Reue des Apostels gedachte, bis die Kirche 1320 zerstört wurde.

Andere dagegen – so etwa Clemens Kopp in »Stätten des Evangeliums« – sehen die Kirche der Reue als ein gesondertes Heiligtum an, das unabhängig vom Gedenkort des Kaiphashauses im 7. Jahrhundert entstand. Nachdem man den Ort der Reue vom Ort der Verleugnung trennte und ihn am südöstlichen Abhang des Zionsberges annahm, sei das Gedächtnis der Reue mit der Stelle verknüpft worden, an der die heutige Kirche vom Hahnenschrei liegt. Das Kaiphashaus, in dessen Hof die Verleugnung geschah, und damit die alte St.-Petrus-Basilika, habe auf dem Zionsberg direkt gelegen. Sie vermuten, daß Ruinen in einem armenischen Kloster nördlich des sogenannten Abendmahlssaales die Reste davon sind. Dort ist in jüngster Zeit eine große Kirche erbaut worden.

KIRCHE VOM HAHNENSCHREI

Die Kirche St. Peter in Gallicantu wurde nun 1931 wieder aufgebaut durch die Assumptionisten, die heute noch die Hüter dieses Heiligtums sind. Diese hatten 1888 mit Ausgrabungen dort begonnen und entdeckten dabei auch die alte Treppe aus Natursteinen, die Scala Santa. Auch alte Grabanlagen und andere Mauerreste aus der jüdischen und christlichen Zeit wurden dabei in diesem Gelände zutage gebracht.

AUS DER HEILIGEN SCHRIFT

Als sie Jesus festgenommen hatten, brachten sie ihn in das Haus des Hohenpriesters. Petrus aber folgte von ferne. Da zündeten sie ein Feuer an mitten im Hof, und Petrus setzte sich unter sie. Da sah ihn eine Magd scharf an und sagte: Dieser ist auch bei ihm gewesen. Petrus aber leugnete mit den Worten: Weib, ich kenne ihn nicht! Nach einer kleinen Weile bemerkte ihn ein anderer und sagte: Du gehörst auch zu ihnen. Petrus aber entgegnete: Mensch, ich nicht! Nach Verlauf von etwa einer Stunde bekräftigte es ein anderer: Wahrhaft, dieser ist auch ein Galiläer. Petrus aber sprach: Mensch, ich verstehe nicht, was du sagst! Und unmittelbar darauf, während er noch redete, krähte der Hahn. Da wandte der Herr sich um und sah Petrus an. Und Petrus dachte an das Wort des Herrn, wie er zu ihm gesagt hatte: Ehe der Hahn heute kräht, wirst du mich dreimal verleugnen. Und er ging hinaus und weinte bitterlich.

Lukas 22,54 - 62

GEDENKORT DER REUETRÄNEN PETRI – EIN RUF AN UNS

Wie bedeutsam, daß hier am Hang des Zionsberges der Apostel Petrus seine Reuetränen vergossen hat! Unweit dieser Stelle muß es gewesen sein, wo Petrus erst einige Stunden vorher Jesus beteuert hat: „Und wenn sich alle an dir ärgern, ich werde mich nicht an dir ärgern" (Matth. 26,33). Denn als Petrus mit Jesus und den anderen Jüngern vom Abendmahlssaal den Zionsberg hinab und durch das Kidrontal nach Gethsemane ging, mögen diese Worte gefallen sein. Da warnte Er sie für diese Nacht mit dem Wort, daß Er, der Hirte, geschlagen würde und Seine Schafe sich nicht um Ihn scharen, sondern sich in alle Winde verstreuen würden. Petrus aber hatte selbst auf die persönliche Warnung des Herrn an ihn noch einmal betont: „Und wenn ich mit dir sterben müßte, würde ich dich nicht verleugnen."

Nun, einige Stunden später, nach der Gefangennahme Jesu, mag Petrus von der Höhe her auf den Weg zum Kidrontal geblickt haben, als er wohl ein wenig von den Menschen hinweggeeilt war, um mit seinem großen Leid allein zu sein. Da erinnert er sich jenes Gespräches und erschrickt bis ins Tiefste, nachdem ihn der Blick seines Meisters getroffen hat – dieser Blick voll unsagbarem Schmerz, wie er nur aus Jesu lie-

bendem Herzen kommen kann: voll Trauer und doch voll Liebe.
Kann er es fassen? War er es wirklich, der etwa sechs Stunden vorher unten im Kidrontal mit seinem Meister gestanden und diese großen Worte gesprochen hat, daß er Ihn niemals verleugnen würde? Nun ist dies Furchtbare geschehen: Er ist ein Verleugner geworden, er hat den verleugnet, den sein Herz am allermeisten geliebt – für den er die Seinen und seinen Beruf verlassen, für den er sein ganzes Leben hingegeben hat. Doch in der Stunde, in der er seinem geliebten Meister einmal seine Treue hätte beweisen können, die sich in solchen Stunden allergrößter Not gerade bewähren sollte, – da hat er nicht nur versagt, sondern hat Ihn verleugnet. Ja, daß er überhaupt dort in Gethsemane geflohen ist und sich nicht mit Ihm hat binden lassen! Jetzt schaut er hinunter auf die Pfade, auf denen vor einigen Stunden sein Herr und Meister in einer Schar höhnender Häscher hin zu Seinen Richtern getrieben wurde. Er aber war nicht an Seiner Seite gegangen. Ja, er hatte sich noch nicht einmal blicken lassen. Aus der Ferne, wo man ihm nichts anhaben konnte, hatte er ab und zu dem Zuge nachgesehen.
Und dann hatte er draußen im Hof gestanden, als sein Meister vor das Gericht gestellt wurde und wie ein Lamm alle bösen und ungerechten Anklagen über sich ergehen ließ. Zu ihm war nicht einer der Richter gekommen, nur eine

kleine, unbedeutende Magd, die feststellte, daß er sich zu diesem angeklagten Jesus gehalten habe, und ihm damit sozusagen auch ein Urteil sprach. Doch Petrus, der kein ungerechtes Urteil wie sein Meister empfangen, sondern sich nur ein wahres Wort anhören mußte, das allerdings im Ton des Vorwurfs und höhnischen Erstaunens gesagt wurde, hatte nicht einmal dies angenommen. Ach, er hatte es abgewehrt und dabei größtes Unrecht getan: seinen allerliebsten Herrn verleugnet – jetzt, wo Er in tiefstem Leid, in Schmach und Verlassenheit war.

Sein Meister konnte das ungerechte Urteil annehmen, weil Er kreuzeswillig war und in Seiner unendlichen Demut das Ja zu diesem Gericht und damit zum Kreuzestode hatte. Er aber, Petrus, der doch als ein Sünder jede Verurteilung verdient hatte, er war kreuzesscheu. Ihm war es zu schwer, sich mit unter die Schmach und Verfolgung seines Meisters zu stellen. Und darum hatte er geleugnet und das Urteil abgewehrt, das in dem Wort der Magd lag. Ach, wie erbärmlich ist er doch – er hat den geliebten Herrn verlassen und verleugnet – da muß der „starke" Petrus hier am Abhang des Zionsberges bitterlich weinen.

Dieser Hang, auf dessen Pfaden Jesus als der Verlassene ging, weil Seine Jünger Ihm nicht in Erniedrigung, Schmach und Gefangenschaft folgen wollten, hat viel von der Sünde der Seinen gesehen. Doch nun darf er auch Zeuge sein, wie

aus bereuter Sünde Tränen eines Jüngers fließen, die neues Leben wirken: Tränen, aus denen heraus Liebe quillt so stark wie nie zuvor – Liebe, die Kraft in sich trägt, um treu zu bleiben und, wie Petrus es dann bewiesen hat, bis in den Tod für den geliebten Meister zu gehen.
In jener Stunde stand Jesus im Kaiphashaus immer noch vor dem Richter und hatte Seinen bittersten Weg noch vor sich. Und nun wurde Ihm doch Erquickung und Trost, gerade von dem, der Ihn verleugnet hatte. Denn die Tränen des Petrus, die Jesu allessehendes Auge von ferne wohl schaute, gaben Ihm Trost und Zuversicht für Seinen schweren Weg. Einer, der an Ihm schuldig geworden, hatte geweint über Seine Sünde und würde so zu einem großen Liebenden und Nachfolger Seines Weges werden. So war Sein Leiden und der Weg, den Er um unserer Sünde willen ging, auch an Petrus nicht umsonst.
Hier am Gedenkort der Reuetränen Petri wartet Jesus, der noch immer im Leiden und Ringen um Seine Menschheit steht, auch heute auf solche Seelen, die als Antwort auf Seine Leiden bitterlich weinen ob ihrer Sünden – immer neu. Er wartet auf Menschen, die weinen aus einer Reue, die nicht zum Tode, sondern zum Leben und zur Liebe führt, weil ihre Tränen dem gelten, was sie Jesus angetan, und weil ihr Glaube doch zugleich Seine vergebende Liebe erfaßt. Welche Kostbarkeiten sind solche Reuetränen!

GEBET AM GEDENKORT DER REUETRÄNEN PETRI

Unser Herr Jesus,
wir danken Dir, daß Du am Anfang Deines Weges zur Richtstatt das Wort sprachst: „Ich bin's." Du stelltest Dich damit Deinen Häschern und Richtern, als wärest Du der gesuchte Schuldige, so daß Deine Jünger frei ausgingen. Dich und Deine Unschuld verleugnetest Du, doch uns und unsere Schuld decktest Du.

Herr Jesus, wir beten Dich an und beugen uns im Blick darauf, daß wir Petrus so oft gleichen, der das Umgekehrte tat: seinen Herrn verleugnete und sich selbst schützte – ja das Urteil über sich nicht einmal von einer Magd annehmen wollte.

Herr, der Du ihm die Gnade schenktest, umzukehren und bitterlich über seine Sünde zu weinen – schenke auch mir die Gnade der Reue über jedes gesprochene oder gedachte: „Ich bin's nicht", womit ich mich vor Vorwürfen schütze und decke, Dich aber verleugne. Laß mich allezeit Deinen Urteilsspruch über mich, der wahr ist, annehmen, auch da, wo ihn Menschen als Deine Werkzeuge aussprechen. Gib mir wie Petrus solche Gnade der Reue, daß ich dann aus gerichtetem und zerbrochenem Herzen heraus Dich mehr denn je liebe und Dir auf Deinem Kreuzesweg bis ans Ende folge.

Amen.

Jch bit-te Dich, o Heilger Geist / um Reu-e,
Busse al-lermeist,/ um diese grösste Gnade./ Ach,
mach mein Herze tränenschwer/ ob meiner Sünden
grossem Heer,/ dass ich im Staub mich beu—ge.

Ich bitte Dich, o Heilger Geist, / daß Du mein hartes Herz aufreißt / und es beginnt zu klagen, / zu klagen laut ob meiner Sünd, / die mir von Deinen Martern künd, / der Du mein Sünd getragen.

Ich bitte Dich, o Heilger Geist, / der Du mir Sünder Beistand leist, / vertritt mich durch Dein Seufzen. / Du siehst, mein Herz ist wie ein Stein; / ach, schenke mir, daß es nun wein, / bereue meine Sünden.

Ich bitte Dich, o Geist der Reu, / gib mir ein Herze, das ganz neu, / demütig, weich, zerbrochen, / das Gott und Mensch zu Füßen liegt, / weil zentnerschwer die Sünd ihm wiegt, / die Dich hat so betrübet.

Du wirst es tun, der Du verheißt / den Geist der Reue allermeist, / Jesus, der Sünder Heiland. / Mach mich zum Sünder, arm und klein, / daß ich begnadigt möge sein, / geliebt von Deinem Herzen.

Auch nach Melodie EKG 245: Kommt her zu Mir

+

Jesu trauriger Blick über die Sünde des Petrus will auch uns in unsrer Schuld treffen und uns zum Weinen über sie bringen. Soviel wir in Reue über das weinen, was wir mit unsrer Sünde Jesus antaten, soviel werden wir Ihn dann auch wahrhaft lieben.

O weh, o weh der Sünde,
Du liebster Jesus mein,
Dich habe ich betrübet,
Dir bracht ich große Pein.
Mein Herze kann's nicht fassen,
was ich Dir angetan.
O sei mir Sünder gnädig,
sieh mich noch einmal an. –

Du hast mich angesehen,
o liebster Jesus mein.
Ich darf in Gnaden stehen.
Mein Herze lacht und weint.
Du gehst für mich ans Kreuze,
daß ich erlöset sei.
Mein Herze dankt und jauchzet:
Ich bin von Sünden frei!

Mein Jesus, Preis und Ehre
Dir nun mein Leben gibt,
weil mir Vergebung wurde,
mein Seel Dich innig liebt.
Mein Herze kann's nicht fassen:
die Sünd bringt mir Gewinn –
bringt mir das große Lieben.
Nun, Seele, jauchz und sing!

BURG ANTONIA

STÄTTEN DER GEISSELUNG, DORNENKRÖNUNG UND VERURTEILUNG JESU

Nach unserem Weg durchs Kidrontal nehmen wir nun innerhalb der Stadtmauer die Spur des Leidensweges Jesu wieder auf und suchen die Stätten, an denen sich nach jener Nacht im Kaiphashaus Sein Leiden fortsetzte.

Vom Stephanstor gehen wir stadteinwärts eine breitere Straße am Gebäudekomplex der »Weißen Väter« vorbei, wozu auch die St.-Anna-Kirche und der Teich Bethesda gehören. Nach etwa 200 m stehen wir unter einem schmalen bewachsenen Mauerbogen. Hier beginnt nun die Via dolorosa, die Straße der Schmerzen, diese eine besondere Straße Jerusalems, die zu betreten es uns vor allem treibt. Sie führt zunächst über das Gelände der ehemaligen sogenannten Burg Antonia, die zur Zeit Jesu im Nordwesten des Tempelplatzes lag. In verschiedenen Gebäuden, die heute auf den ersten Blick nichts mehr von dieser Burg ahnen lassen, finden wir hier die Stätte des Gedenkens an die Geißelung, Dornenkrönung und Verurteilung Jesu.

Da führt nach dem Mauerbogen auf der linken Straßenseite eine ansteigende Rampe in die moslemische Schule (El-Omariyeh), in deren Hof die Kreuzweg-

prozessionen beginnen (siehe Kapitel Via dolorosa). Eine Kapelle der Dornenkrönung, die früher über diesen Schulhof zu erreichen war, ist nicht mehr zugänglich. Doch unser Ziel ist zunächst die Kapelle der Geißelung und die der Verurteilung, die gegenüber auf der rechten Straßenseite im Anwesen des franziskanischen Bibelinstituts (Flagellation-Convent) liegen. Den Haupteingang dazu finden wir gleich neben dem Mauerbogen, und durch den Innenhof kommen wir in die Kapelle der Geißelung, die rechter Hand, nach Osten hin, steht. Beim stillen Verweilen dort hilft uns eine große Dornenkrone in der Kuppel auch an die Dornenkrönung unseres Herrn zu denken. In der Verurteilungskapelle, links des Hofes, die auch das Gedächtnis der Kreuzauflegung wahrt, sehen wir schon die Ausläufer vom alten Hochpflaster der Burg Antonia, Lithostrotos genannt, das sich nach Westen hin erstreckt. In diesen Kapellen wird uns das Leiden unseres gegeißelten, verurteilten und kreuztragenden Heilandes ganz real.
Besonders aber redet das nächste Gebäude an der rechten Straßenseite neben dem Anwesen der Franziskaner von Jesu Leiden. Es ist die Ecce-Homo-Basilika, die den Schwestern von Notre Dame de Sion gehört. In diese Basilika ragt der die Straße überspannende Ecce-Homo-Bogen hinein. Er hat seinen Namen nach dem Wort des Pilatus: »Sehet, welch ein Mensch!« Dieser Bogen stammt zwar erst aus dem 2. Jahrhundert n. Chr., aber man gab ihm im 16. Jahrhundert den Namen, weil Steine aus dem Hochpflaster eingemauert wurden, auf denen Jesus bei dem Wort des Pilatus gestanden haben soll.
In der Krypta des Ecce-Homo-Klosters sehen wir nun den ausgegrabenen Teil des Lithostrotos. Natürlich

gilt unser besonderes Augenmerk den bedeutsamen Zeichen des Königsspiels, die in die großen Pflastersteine eingeritzt sind (mehr darüber beim Geschichtlichen). Auch im nächsten Haus (griechisch-orthodox), über dessen Portal »Prison of Christ« (Gefängnis Christi) steht, das aber auch Prätorium genannt wird, ist noch etwas vom Hochpflaster zu finden.

Rufertafeln:
im Kloster Notre Dame de Sion, rechts des Eingangs zu den Kellergewölben des Lithostrotos –
für die Geißelungskapelle an der Außenmauer des franziskanischen Geländes –
an der Außenmauer der Kapelle der Verurteilung, auch Gedenkort der Kreuzauflegung

Öffnungszeiten:

Kapelle der Geißelung und Kapelle der Verurteilung (franziskan.)	8–12 Uhr, 14–18 Uhr (Nov.–Febr. bis 17 Uhr)
Lithostrotos (röm.-kath.)	8.30–17.30 Uhr (Nov.–Febr. bis 16.30 Uhr) sonn- und feiertags geschlossen

Prätorium – Gefängnis Christi (griech.-orth.) nur geöffnet auf besondere Bitte

GESCHICHTLICHES

Nach den Evangelien geschah die Geißelung und Verspottung, Dornenkrönung und Verurteilung Jesu im Prätorium, dem Palast des römischen Statthalters. Wo residierte nun Pilatus, als er Jesus verurteilte? Welches Pflaster hörte das Geschrei »Kreuzige ihn«? Darüber gab es im Laufe der Jahrhunderte verschiedene Meinungen. Üblicherweise nahm Pilatus, wenn er nach Jerusalem kam, seinen Sitz im Palast des Herodes. Denn nach römischer Sitte wohnten die Statthalter, die die Regierung in Händen hatten, im Palast der früheren Herrscher. Dieser Herodespalast stand im Westen der Stadt beim Jaffator, und heute noch sind dort einer seiner mächtigen Türme, der Turm Phasael, und viele Mauerreste zu sehen. Von manchen Forschern wird nun auf Grund verschiedener Quellen angenommen, daß hier auch die Gerichtsverhandlung Jesu vor Pilatus stattfand und in diesem Gelände der »Lithostrotos« (»Hochpflaster« Joh. 19, 13) unter dem Boden vergraben liegt. Nach dieser Ansicht würde der Leidensweg Jesu nach Golgatha im Herodespalast begonnen haben.

Doch nahm Pilatus seinen Sitz auch in der Burg Antonia, besonders wenn ein Aufstand auf dem Tempelplatz zu befürchten war. Die Burg Antonia war als mächtige Festungsanlage das militärische Hauptquartier der Römer zur Zeit Jesu. Der Südostturm der Burg, fast 9 m höher als die übrigen Türme, machte die Überwachung des ganzen Tempelbezirkes möglich, und eine Treppe (Apg. 21, 35 u. 40) führte unmittelbar von der Burg in den Tempelhof. Da zum Osterfest immer große Volksmengen zum Tempel nach Jerusalem kamen, die den römischen Prokurator hinsichtlich eines Aufstandes argwöhnisch und vorsichtig machen mußten, können wir wohl annehmen, daß Pilatus zur Zeit der Passion Jesu in der Burg Antonia war.

Dies entspricht auch einer alten Überlieferung vom Beginn des 4. Jahrhunderts, die diese Stelle als den Ausgangspunkt des Leidensweges Jesu, nämlich der

Via dolorosa ansah, ohne noch etwas von der ehemaligen Burg hier zu wissen. Die Festung war 70 n. Chr. völlig zerstört worden, der Platz durch viele Jahrhunderte mit Gebäuden überbaut und ihre ganze Lage vergessen. Doch wurde die Überlieferung, daß hier in der Burg Antonia die Leidensstätten der Geißelung, Dornenkrönung, Verurteilung und Kreuzauflegung Jesu waren, stark bekräftigt durch Ausgrabungen am Ende des 19. Jahrhunderts, denn dabei brachte man die Grundrisse der Burg Antonia in ihrer Ausdehnung wieder ans Licht.

Als Pater Ratisbonne, der Gründer des Ordens von Notre Dame de Sion, 1857 begann, beim Ecce-Homo-Bogen ein Kloster für die Schwestern zu bauen, entdeckte man dort Teile eines »Hochpflasters«. In den großen Platten des Pflasters fand man eingeritzte geometrische Zeichen und die Figur eines von einem Strahlenkranz umgebenen Diadems mit dem Buchstaben »B«. Dieses B bedeutet wohl »Basileus« (griechisch: König), und das Ganze diente einem »Königsspiel«, mit dem sich die wachhabenden römischen Soldaten hier und auch sonst in den Garnisonen des römischen Reiches beschäftigten, wie Ausgrabungen auch andernorts ergaben. Hier an dieser Stelle steht nun das Königsspiel vielleicht im Zusammenhang mit der grausamen Verspottung und Dornenkrönung Jesu. Das Hochpflaster durchzieht den ganzen westlichen Teil des Antonia-Geländes und war wohl der äußere Hof, zu dem das Volk Zutritt hatte.

Während wir an diesen Stätten lange verweilen, dringt von ferne der Lärm der Straße herein und der unüberhörbare Ruf der Minaretts. Aber noch lauter dünkt uns in dieser Stunde das Rufen der stummen Steine zu sein nach Ehrung des verunehrten Herrn.

AUS DER HEILIGEN SCHRIFT

Sie führten Jesus in das Prätorium, den Palast des römischen Statthalters, und fingen an, ihn zu verklagen. Pilatus ging hinaus zu den Juden und sagte zu ihnen: Ich finde keine Schuld an ihm. Aber es ist ja ein Brauch bei euch, daß ich euch zum Passahfest einen Gefangenen losgebe. Wollt ihr den König der Juden haben? Sie schrieen ihm aber entgegen: Nein, nicht diesen, sondern Barabbas! Barabbas aber war ein Mörder.
Pilatus redete von neuem auf sie ein: Was hat denn dieser Jesus Böses getan? Ich kann keine todeswürdige Schuld an ihm finden. Ich will ihn wohl geißeln lassen, aber dann freigeben. Sie aber bestürmten ihn weiter mit lautem Geschrei und verlangten Jesu Kreuzigung, ja dieses Geschrei übertönte alles andere.
Als Pilatus einsah, daß er nichts erreichte, vielmehr der Lärm viel schlimmer wurde, nahm er Wasser, wusch sich vor dem Volke die Hände und sagte: Ich bin unschuldig am Blut dieses Gerechten, sehet ihr zu! Daraufhin gab er ihnen Barabbas frei, aber Jesus ließ er geißeln. Die Soldaten nahmen Jesus mit sich in die Statthalterei und riefen die ganze Kohorte gegen ihn zusammen. Dann entkleideten sie ihn und legten ihm einen scharlachroten Mantel um, flochten aus Dornen eine Krone, die sie ihm aufs Haupt setzten, und gaben ihm ein Rohr in die rechte Hand.

Darauf warfen sie sich vor ihm auf die Knie nieder und verhöhnten ihn mit den Worten: Sei gegrüßt, Judenkönig! Auch spieen sie ihn an, nahmen das Rohr und schlugen ihn damit aufs Haupt.
So trat nun Jesus heraus und trug eine Dornenkrone und ein Purpurkleid, und Pilatus sagte zu ihnen: Seht, da ist der Mensch! Nehmt ihn doch und kreuzigt ihn. Ich finde keine Schuld an ihm. – Die Juden aber schrieen: Wenn du ihn freiläßt, bist du des Kaisers Freund nicht mehr! Als Pilatus diese Worte hörte, ließ er Jesus hinausführen und setzte sich auf den Richterstuhl an einer Stelle, die man Hochpflaster nennt. Es war aber Rüsttag auf das Passahfest, und zwar um die sechste Stunde. Da schrieen sie wieder: Weg, weg mit ihm! Kreuzige ihn! Darauf übergab er Jesus zur Kreuzigung.

Aus Matthäus 27, Lukas 23, Johannes 18 u. 19

LITHOSTROTOS – EIN RUF AN UNS

Lithostrotos! An diesem Ort gedenken wir der Dornenkrönung und Verspottung Jesu. Und welch bedeutsames Zeichen dafür ist das in die Steine eingegrabene Königsspiel, das wir hier finden!
Einfache Soldaten, die nicht viel galten, vertrieben sich hier mit dem Königsspiel die Zeit, um dabei etwas zu gewinnen. Ob sie es nicht auch deshalb taten, weil in ihren – wie in aller Menschen – Herzen das Begehren nach Größe war, der Drang, der erste, ja, König zu sein? Ihnen war es nicht vergönnt, als Herr aufzutreten. Doch so wollten sie es wenigstens im Spiel erlangen.
Und dann wurde in ihre Wachstube, vielleicht hier auf dem Lithostrotos, einer gebracht, der war König, der wahre König aller Völker, des ganzen Menschengeschlechtes, ihr Herr. Doch soviel es in ihren Gedanken um das Königsein ging, sowenig erkannten sie den einen wirklichen König, der unter ihnen war. Sie nahmen Ihn hinein in ihr Spiel und machten Ihn zu einem Spottkönig und damit zu einer entehrten, lächerlichen Figur. Es dünkte sie, daß hier einer vor ihnen saß, den sie mit Recht verhöhnten; nannte Er sich doch König, hatte aber kein Land und kein Volk, das Er regieren konnte. Denn Sein Volk hatte Ihn abgelehnt. Deswegen konnte Ihn nur ein Wahn treiben, sich dennoch König zu nennen.

So verspotteten sie Ihn, wie sie sich selbst hätten verspotten müssen, weil diese Sucht nach Größe ihr Denken und Sinnen erfüllte; ihrer vermeintlichen Größe fehlte ja jegliches Fundament, und ihr Gehabe war darum lächerlich. Waren sie doch und sind wir Menschen schlechthin solch armselige Kreaturen, an denen wahrlich nichts Königliches zu finden ist. Sie aber verhöhnten diesen, wie sie meinten, armseligen König, weil die Blindheit über sich selbst sie blind machte für Ihn.

Und doch hätten sie wie auch Pilatus und alle, die Jesus in diesen Seinen qualvollen Leidensstunden miterlebten, erkennen können, daß hier ein ganz anderer zu ihnen gekommen war, der wahren Adel trug. Sicherlich haben sie dies zum Teil auch gespürt. Aber das ließ ihnen erst recht keine Ruhe und trieb sie, Ihn zu verspotten, damit dieser Adel zerstört würde. Denn erst, wenn wir Menschen Jesus vor unseren Augen zu einem Narren- und Spottbild gemacht haben – so war es einst, so ist es heute – können wir beruhigt sein. Dann hat es sich erwiesen: Er ist kein Herr und König und hat also keinen Herrschaftsanspruch an uns. Dann braucht man sich Ihm auch nicht zu unterwerfen und Ihm nicht eigene Größe und eigenen Willen hinzugeben.

Jesus aber, der König aller Könige, ließ solche Verspottung freiwillig mit sich geschehen. Er erniedrigte sich selbst vor Seinen Menschenkindern, indem Er es wie ein Lamm erduldete, daß man Seine Königswürde so in den Staub zog. Ja, all Seine göttliche Herrlichkeit ließ Er zu Spott und Schanden machen, um die Sünden, nicht nur jener Soldaten und derer, die sie zum grausamen Spiel der Dornenkrönung antrieben, sondern unser aller Sünde des hochfahrenden Wesens zu sühnen.

Immer neu – bis heute – ist Er so erniedrigt unter uns, den nach Ehre und Größe strebenden Menschen, gerade auch unter den Frommen. Ja, heute wie damals wird Jesus wegen Seines Anspruchs, ein König zu sein, so vielfach verspottet, ob nur in Gedanken oder sogar in Worten, daß man höhnend dasselbe wie damals fragt: Wo ist Deine Macht, der Du weder Krieg noch Leid bannen kannst? Wo ist Dein Herrschaftsbereich, Dein Volk, Dein Thron? Die Völker, auch die christlichen, erkennen Dich nicht an. Sie lachen über Deine Gesetze für Dein Königreich – wie die der Bergpredigt – als Gesetze eines unnüchternen Toren. Dein eigenes Volk hat Dich bis heute nicht als König angenommen, und auch das Volk des Neuen Testaments huldigt Dir kaum wie wahre Untertanen ihrem Herrn.

Welch ein Schmerz für Jesus, daß Er auch heute so wenig königliche Ehren bekommt, weil Er so wenig Demütige findet, die ihre Höhe, eigenes Herrschenwollen und eigene Ehre hingeben! Wie wenige findet Er, die sich vor Gott und Menschen erniedrigen, sich Seiner Herrschaft

und Führung in ihrem Leben restlos beugen und Ihn damit als König anerkennen.
Hier am Gedenkort Seiner Dornenkrönung will Gott uns das Bild Seines in den Staub erniedrigten Sohnes einprägen. Es ist ein Bild, vor dem der Himmel schweigt. Und alle Engel werden sich wohl tief vor dem aller Würde beraubten, entehrten Herrn gebeugt haben, dessen Herrlichkeit anzubeten Gott sie doch gesetzt hatte. Wie sollten sie begreifen, daß der Mensch so geliebt ist und darum ihr Herr und Gott sich unter ihn erniedrigte, sich von ihm zum Spottbild machen ließ? Doch wir können es begreifen, denn für uns geschah es – für uns litt Jesus diese Schmach. Uns hat Er damit die Demut wieder erworben, die schönste Tugend, die uns seit dem Sündenfall verlorengegangen war.
Wer wollte darum im Anblick des dornengekrönten Herrn nicht in den Staub sinken, wo Er für uns lag, und sich ob unseres Hochmuts, der Ihm die Leiden der Dornenkrönung brachte, tief beugen? Wer müßte Ihm dafür nicht Dank über Dank sagen? Wem sollte das Bild Jesu unter der Dornenkrone, wie Er so demütig leidend und voll Liebe auf die Spötter und Quäler blickte, nicht zutiefst ins Herz gehen, daß er sich ob all seines hochfahrenden Wesens, seines Trachtens nach Größe, Anerkennung und Ehre nicht schämte?
Wer das Bild des dornengekrönten Jesus in seinem Herzen trägt, das uns immerdar anklagt ob

unseres Trachtens nach eitler Ehre, muß dem absagen. Den drängt es, sich zu Jesus, dem Erniedrigten, zu stellen und zu sprechen: Ich will hier bei Dir stehen. Dein Weg sei mein Weg.

GEBET AM LITHOSTROTOS

Lieber Herr Jesus,
ich beuge mich tief vor Dir und danke Dir, daß Du, unser Schöpfer, Herr und Gott, König des Himmels und der Erde, Dich hier mit der Schmachkrone der Dornen unter Spott und Lästerreden krönen ließest – um unseres Hochmuts, unseres Geltenwollens und unseres selbstherrlichen Wesens willen. Vergib, daß wir uns auch heute nicht vor Gott und Menschen erniedrigen, sondern groß, angesehen und geachtet sein wollen. Vergib, daß Du darum so tief gedemütigt als Spottkönig dastehen und Deine Ehre verlästern lassen mußtest. Ich schäme mich, daß ich angesichts Deines Bildes als Dornengekrönter dennoch immer wieder wage, nach dem ersten Platz zu trachten, um anerkannt zu sein, über anderen zu stehen und sie zu beherrschen.
Jesus, Du hast uns durch Dein bittres Leiden unter der Dornenkrone erlöst von diesem Trachten nach Ehre, Größe und dem ersten Platz, von dem Trachten Luzifers, das uns an ihn bindet. Ich glaube Deiner Erlösung, die mich ins Bild

Deiner Demut verwandelt, so ich mich zu Demütigungswegen hingebe. Im Angesicht Deiner Erniedrigung spreche ich darum hier: Ich will nichts mehr sein noch gelten. Ich sage ab allem Trachten nach eitler Ehre und Anerkennung. Deinen Weg will ich erwählen, Du demütiges Lamm Gottes, den Weg der Niedrigkeit und Demut, und will Dir als Dank für Deine tiefe Erniedrigung durch mein ganzes Leben Ehre geben. Soviel Du für uns gelitten unter der Dornenkrone, soviel muß Dir noch Huldigung und Ehre werden, bis Du Deine Königsherrschaft unter uns aufrichten wirst und alle Knie sich vor Dir beugen. Amen.

+

Das Bild Jesu unter der Dornenkrone in Hohn und Spott ist auch heute noch Sein Bild unter uns. Darum wartet Er auf Jünger, die Ihm heute Ehre geben. Doch nur aus der Tiefe, aus einem gedemütigten Herzen kann Jesus die wahre Huldigung gebracht werden, die Ihm als König aller Könige zukommt.

+

Weil kaum einer die Erniedrigung und damit den Platz erwählt, der ihm zukommt, nahm Jesus ihn für uns ein. Doch wer Jesus liebt, wählt diesen Platz.

Ein Bild-der Himmel schwei—get/und tief vor
Jhm sich nei-get,/dem dorn-ge-krönten Lamm./
Ein Bild, das nie ver-ste—het/—ob-gleich sein Aug'
es sie—het—/der Cherub, der Gott be-tet an.

Ein Bild voll Marter, Peinen, / die Engel es beweinen. / Es ist ihr Schöpfer, Herr, / nun kaum ein Mensch zu nennen. / Wer wird Gott noch erkennen / wohl unter Schmach und Dornenkron?

Ein Bild – es brennt im Herzen / mit unnennbaren Schmerzen / Gott-Vater ohne Ruh: / Gepeinigt von der Krone / und von der Menschen Hohne / sieht Er den Eingebornen stehn.

Es einet sich das Weinen / im Lieben des Dreieinen – / Gott-Vater, Sohn und Geist. / Aus diesem Leid erstrahlet / ein Bild, wie nie gemalet: / Sein Antlitz voller Huld und Gnad.

Es strahlt im Liebesglanze / nun unterm Dornenkranze / im Leiden mildiglich, / ist stärker als das Höhnen, / hat Kräfte, zu versöhnen, / zu tilgen jeden Bann und Fluch.

Dies Bild – der Himmel schweiget / und tief vor Ihm sich neiget, / betet gebücket an. / Dies Bild im Vaterherzen, / gebärend Schmerz um Schmerzen, / es ist das Abbild unsrer Sünd.

Auch nach Melodie EKG 64: O Welt, sieh hier dein Leben

Mein Herz Dich grüßt, o Jesus,
Du liebster Herre mein,
Du bist voll Schmach und Hohne,
voll Jammer und voll Pein.

Ich wag nicht anzuschauen
Dein heilges Marterbild,
erniedrigtster der Herren,
der dennoch keinen schilt.

Um meiner Hochmutssünde
Du liegest hier im Staub.
Dein Schmach und Schande kündet,
daß ich die Würd Dir raubt!

Nun möge ich mich beugen
fortan vor jedermann,
liebend mich mit Dir neigen,
so tief ich immer kann.

DER ORT DER GEISSELUNG – EIN RUF AN UNS

Geißelung – ein furchtbares Wort! Furchtbare Bilder kommen uns in den Sinn, wenn wir der Geißelung Jesu in der Kapelle der Franziskaner am Anfang der Via dolorosa gedenken. Bei der Geißelung wurde Jesus an eine Säule gebunden, preisgegeben den rohen Söldnern, die mit ihren Marterwerkzeugen Seinen heiligen Leib aufrissen. Ja, solange werden sie auf Jesus eingeschlagen haben, bis Sein Leib von Hunderten von tiefen Wunden übersät war und Er todesmatt unter unmenschlichen Qualen in Seinem Blute niederzusinken drohte. Denn durch die Widerhaken an den Marterwerkzeugen wurden ganze Fleischstücke weggerissen. Nun erfüllte sich die Weissagung des Psalmwortes: „Ich bin ein Wurm und kein Mensch" (Psalm 22,7).

Und doch – diesen grausamen Akt leitete Pilatus ein mit dem Wort: „Ich finde keine Schuld an ihm, darum geißelt ihn!" So geschah das Paradoxe, daß Jesus deshalb dieser grauenhaften Geißelung übergeben wurde, weil Pilatus, der römische Statthalter, ein in Rechtssachen bewanderter Mann, keine Schuld an Ihm fand. Warum überantwortete Pilatus Ihn dennoch dieser Marterung? Nur, um der Forderung des Volkes irgendwie Genüge zu tun und sich nicht seiner Feindschaft auszusetzen. Zugleich wollte er aber vor sich selber reingewaschen dastehen als einer, der Jesus nicht dem Tode, sondern nur der Geißelung übergeben hatte, obwohl diese manchmal den Gegeißelten den Tod brachte. Aber dann war es Schuld der Henkersknechte, die ihr Handwerk zu heftig betrieben hatten. Darum wusch Pilatus öffentlich seine Hände zum Zeichen, daß er nicht schuldig sei am Leiden Jesu.

So wurde Jesus als das unschuldig erfundene Lamm Gottes, das vor Seinen Scherern verstummte, an die Geißelsäule gebunden. Und ohne Wissen hatte Pilatus in seinem Wort, daß er keine Schuld an Jesus fände, kundgetan: Er trägt unsere Sünden. Können wir darum an diesem Gedenkort der Geißelung etwas anderes sprechen als:

„Ich, ich und meine Sünden,
die sich wie Körnlein finden
des Sandes an dem Meer,
die haben Dir erreget
das Elend, das Dich schläget,
und das gesamte Marterheer."

Nicht zu fassen ist es, daß wir Menschen, Geschöpfe Gottes, es waren, die Jesus, dem Sohn Gottes, diese Wunden schlugen. Gott hatte Seinem Sohn einen Leib bereitet, der heilig und ohne Tadel war, deshalb für uns hätte unantastbar sein müssen. Wir aber tasteten ihn nicht nur an, sondern verwundeten ihn bis zur Unkenntlichkeit. Wir haben Jesus blutig geschlagen, und nun dürfen wir Mörder durch Seine Wunden geheilt werden. Wer faßt solches Vergeben und Lieben? Anbetend sinnen wir hier am Gedenkort der Geißelung dem Geheimnis nach, daß die Wunden unseres Herrn zu Quellen des Lebens wurden, aus denen uns Sündern nun das Heil zuströmt.

An diesem Ort möchte uns Jesus deshalb tief ins Herz sagen: „Wehrt euch nicht, wenn euch nun Wunden geschlagen werden – Wunden der Seele durch böse, kränkende Worte, Wunden des Geistes durch Schmähungen, Wunden des Leibes durch Verfolger. Gedenkt Meiner Wunden, die von dem ewigen Gottesgesetz künden, daß aus Wunden und Leiden – allerdings nur, wenn ihr sie als Sünder demütig wie Ich und mit Mir tragt – Leben und Segen strömt, mehr als aus allem Wirken." Jesus sucht solche Wundenträger, denn durch sie baut Er Sein Reich. An der Gedenkstätte der Geißelung werden wir gefragt: Sind wir Wundenträger oder immer noch Wundenschläger?

Hier fragt uns Jesus weiter: „Achtet ihr wohl die Geißelhiebe, die Ich um eurer Sünde der Sinnenlust willen erduldete, indem ihr jede Sünde des Fleisches haßt, angefangen beim lüsternen Blick, der schon Ehebruch ist?" Hat Jesus in Seiner Liebe nicht Seinen heiligen Leib mit unzähligen Wunden aufreißen lassen, damit gerade unser Leib mit seinen Trieben vom Sündigen erlöst würde und einst in Reinheit und

Schöne voll Herrlichkeit auferstehen könnte? Daß Jesu Leiden für uns nicht umsonst sei, weil wir Ihm die Antwort der Liebe geben, indem wir nun Sünde hassen und selbst ein Wundenträger sein wollen – das ist Seine Bitte an diesem Ort.

+

O kommt, stimmt an die Klage
um Jesu zerschundnen Leib,
daß alle Welt dann frage:
Wer wird so benedeit?
daß Himmel und Erde staunen,
wie Er der Liebe wert,
von Seinem Leiden raunen –
die Welt sich zu Ihm kehrt!

GEBET IN DER GEISSELUNGSKAPELLE

Lieber Herr Jesus,
Du bist bei Deiner Geißelung für unsere Sünde bis aufs Blut gequält und zerschlagen worden. Ich beuge mich vor Dir im Gedenken an Deinen blutüberströmten Leib voller Dank, daß mir in Deinen Wunden das Heil geschenkt ist, in Deinem Blut Erlösung von all meinen sündigen Trieben.
Laß Dein Bild, o Jesus, mit Deinem von Wunden bedeckten Leib tief in mein Herz geprägt werden und lauter als jede Bußpredigt von der furchtbaren Macht meiner Sünde sagen, die Dich also zerschlug.
Mein Herr Jesus, gib mir einen tiefen Haß gegen die Sünde, weil sie Dir so unsagbares Leid brachte und noch heute bringt. In der Kraft Deiner Erlösung will ich sie meiden und meinem Verlangen, daß ich genießen, mich ausleben will, ja aller sündigen Sinnenlust absagen.
Herr Heiliger Geist, erhöre mein Gebet und wirke in mir solche Verwandlung, daß an meinem Leben sichtbar werde, wie Jesu Wunden mir Heil brachten und Sein Blut mich reinigte von allen Sünden, ja, wie es mich zum Überwinder meiner Gebundenheit machte. Schenke mir, daß so in meinem Leben die Macht der Wunden Jesu gepriesen und Ihm Ehre und Dank gebracht werde. Amen.

Him-mel neigt sich tief zur Er — de /
Got-tes Sohn — o klagt, ihr Him — mel, /
und ver — hüllt sein An — ge — sicht; /
und ver — lie — ret Schein und Licht — /
stehet an der Gei — ßelsäu-le / nackt und e-lend
vol-ler Not, / zu er-war-ten vie — le

Wie ein Lamm geduldig, stille
läßt Er es an sich geschehn,
beugt sich unter Rutenschlägen,
daß Sein Antlitz kaum zu sehn,
das verzerret ist von Schmerzen
und der Seele großer Qual;
doch Sein Herz bei jedem Hiebe
liebet heim der Sünder Zahl.

O Du allerliebster Herre,
bricht Dein Herz vor Leiden schier?
Nein, Du gehst den Weg noch weiter,
drängst zum Kreuz voll Liebsbegier.
Blutend aus viel tausend Wunden,
hart gegeißelt als ein Lamm,
nimmst Du auf den Kreuzesbalken,
um zu sterben an dem Stamm.

+

Wer ermißt die Liebe Jesu, der für uns einen Menschenleib annahm und diesen blutig schlagen ließ, um unsere Sünden des Leibes zu sühnen, uns zu erlösen von unseren sündigen Trieben und uns einen neuen, fleckenlos reinen Auferstehungsleib zu erwerben?

DER ORT DER VERURTEILUNG UND KREUZAUFLEGUNG – EIN RUF AN UNS

Wenn nun neben der Geißelungskapelle die Verurteilungskapelle steht, dann ist damit ausgesagt: Es blieb nicht bei der Geißelung Jesu. Mit dieser hatte Pilatus den ersten Schritt des Unrechttuns getan, nur um sich selbst zu retten. Nun folgte der zweite Schritt: Um seine Position zu halten und um nicht als des Kaisers Feind zu erscheinen, der von ihm fallen gelassen würde, sprach er dann über Jesus das Urteil zum Tode aus. Damit lud er die schwerste Schuld auf sich, den Sohn Gottes, den Unschuldigen und Reinen, dem Tode überantwortet zu haben.
Und nun geschah an dieser Stätte das Unfaßbare und Überwältigende: Der völlig Unschuldige, Reine und Sündlose, der alle Macht hatte, Seine Richter in diesem Augenblick zu richten und zu vernichten, nahm dieses Urteil an. Er nahm es freiwillig an und ließ sich das Kreuz, daran Sein Urteil vollstreckt werden und Er den Tod erleiden sollte, sanftmütig wie ein Lamm aufladen.
Zutiefst beschämt steht man in dieser Kapelle. Jesus mußte verurteilt werden, weil wir immer und immer wieder Urteile, die über uns – meist

zu Recht – ausgesprochen werden, nicht annehmen. Nichts fällt uns Menschen so schwer, als dann, wenn wir gefehlt, etwas Unrechtes gesagt oder getan haben und darauf aufmerksam gemacht werden, den Vorwurf anzunehmen, zu sprechen: „Du hast recht, ich bin schuld."
Und nun steht der Eine da für uns alle: Jesus Christus. Er beugte sich unter das Urteil, nimmt das Kreuz auf sich und geht zum Tod. Für uns tut Er das, für mich und dich, die wir so leicht Menschen in ihrem Tun, Reden und Wesen verurteilen – meistens zu Unrecht, weil wir ihre letzten Beweggründe gar nicht zu erkennen vermögen. Doch uns selber wollen wir nicht verurteilen lassen. So kann es dann nicht anders sein, als daß wir erbärmlich versagen, wenn Gott uns ein Kreuz, eine Last auferlegt. Wir wehren uns meist, weil wir nicht in der Haltung des Schächers sind: „Ich empfange, was meine Taten wert sind." – Ich habe eine Kreuzeslast verdient, denn ich bin ein Sünder und brauche ein Kreuz, das mich züchtigt und somit reinigt, läutert und verklärt.
Jesus aber, der keiner Läuterung bedurfte, nahm das Kreuz, das Ihm bei der Verurteilung aufgelegt wurde, so selbstverständlich an, als wäre Er ein Verbrecher, ein Sünder, dem es gebührt, sich unter schwere Kreuzeslast zu bücken. So ist es herzbewegend, an dieser Stätte daran zu denken, wie demütig sich Jesus als das Lamm Gottes das Kreuz für uns aufladen ließ. Für uns nahm

Er es auf sich, weil wir keine „Lämmer", sondern „Stiere" sind, die sich aufbäumen gegen andere Menschen und gegen Gott.
Nun wartet Jesus darauf, daß wir Ihm solch unbegreifliches Tun Seiner Liebe danken. Er wartet darauf, daß wir statt der Lüge hinfort der Wahrheit die Ehre geben und Vorwürfe und Urteile der Menschen über uns annehmen, weil wir als Sünder zumeist im Unrecht sind, selbst wenn auch der andere nicht ganz recht handelte. Ja, Jesus wartet darauf, daß wir uns nicht herausreden und entschuldigen, sondern uns beugen im Gedenken an Ihn, der sich, obgleich ohne Sünde, unter das ungerechte Todesurteil beugte. Er wartet darauf, daß wir im Angesicht Seiner Kreuzauflegung nicht nur den Urteilsspruch annehmen, sondern dann, wenn Gott ein Kreuz für uns bereit hat, sprechen: „Leg auf, ich will es gern tragen, ich will Dir nachfolgen aus Liebe und Dank!"

+

Jesus, den man keiner Sünde zeihen konnte, ließ sich bei Seiner Verurteilung demütig das Kreuz für uns aufladen. Er tat es, auf daß hinfort ein Kreuz nicht mehr töte, sondern Segen über die ausströme, die es demütig tragen im Wissen: Als Sünder bedürfen wir der Züchtigung.

GEBET IN DER VERURTEILUNGS- UND KREUZAUFLEGUNGSKAPELLE

Lieber Herr Jesus,
ich bete Dich an und danke Dir, daß Du als der Gottessohn ohne jede Sünde Dich um unseretwillen als Unschuldiger zum Tode verurteilen ließest.
Ich bete Deine Liebe und Demut an, daß Du damit alle meine Sünden auf Dich nahmst, als hättest Du sie getan, nur damit ich frei ausgehen sollte im Gericht. Vor solcher Liebe beuge ich mich tief und möchte mich Dir zu Füßen werfen, der Du die Last des Kreuzes als Verurteilter auf Dich nahmst.
Mein Herr Jesus, aus Dank will ich nun mein Kreuz, das mir der Vater auflegt, mit ganzer Hingabe Dir nachtragen. Ich will von Dir lernen, das Kreuz demütig und geduldig zu tragen, obwohl Du es zu Unrecht trugst – ich aber trage es zu Recht. Demütig will ich mich darunter beugen, weil ich doch weiß, welch ein Segen darin verborgen liegt und welche Herrlichkeit es bringt.
Herr Jesus, Du sollst in mir einen wahren Nachfolger finden, an dem Du erlebst, daß Dein Leiden Frucht bringt. Amen.

Still, geduldig geht ein Lämm-lein / hin den
Weg zum Kreuz-al-tar, / welch ein Bild des
Leidens, Dul-dens / Sündern hier gezei-get war, /
nicht ein Schrei, kein Klagen, Ru-fen / höret

Ja, die ewge Liebe schweiget,
schweiget in dem tiefen Leid,
hat sich schon seit Ewigkeiten
diesem Martergang geweiht.
Jesus geht dahin in Leiden,
liebend liebt Er Sünder heim,
bis der Martergang vollendet,
sie Erlöste dürfen sein.

Doch für die der Weg gegangen,
sehens und verstehens nicht,
einst wie heute sie nicht fassen,
daß Er trug für sie Gericht.
Und so trägt Er ihre Lasten, –
wer weiß, daß es unsre sind,
und wer dankts Ihm, haßt und meidet
fortan jede feinste Sünd?

Auch nach Melodie: O Du Liebe meiner Liebe

VIA DOLOROSA

Den Schmerzensweg Jesu nach Golgatha nachzugehen – das ist unser größtes Verlangen beim Besuch Seiner Stadt. Wenn wir nun im Gelände der ehemaligen Burg Antonia an dem Ort standen, wo Er nach der Überlieferung verurteilt wurde und das Kreuz aufgelegt bekam, suchen wir von dort aus den Weg weiter durch die Altstadt bis hin zur Grabeskirche zu verfolgen, jene Gassen, die in ihrem winkeligen Verlauf als Via dolorosa bezeichnet werden. Freilich liegt der einstige Weg infolge der verschiedenen Zerstörungen Jerusalems unter vielen Metern von Schutt begraben. Und doch vermitteln uns heute diese engen Gassen – zum Teil ganz überbaut und düster – den Eindruck, als ginge ihnen das Schritthalten mit dem Wandel der Zeit fast ab (siehe nachfolgende Skizze).
Innerhalb des Altstadtbezirks, in der engen Basarstraße, herrscht typisch orientalisches Leben, das sich weitgehend auf der Straße abspielt. Da drängen sich dichte Menschenmassen zwischen den offenen Läden, die beide Seiten säumen – dazwischen überladene Lastesel. Fremdartige Gerüche umgeben uns. Der Lärm

der Händler und der überlauten Radios aus den Läden mischt sich mit dem Getriebe kauflustiger Menschen und Touristengruppen. Dahinein tönen noch die Muezzinrufe von den Minaretts, die durch Lautsprecher die ganze Straße entlang übertragen werden. Vielleicht vermag uns eine Kapelle den Kreuzigungszug Jesu nicht so vor Augen zu malen wie dieses Straßenbild, das uns in vielem an jenen großen Karfreitag unseres Herrn erinnern kann.

Ob unter Tausenden von Füßen, die – einheimisch oder fremd – diese Gassen begehen, manchmal einer ist, der zögert, über dies Pflaster so achtlos und geschäftig hinzueilen wie über gewöhnliche Straßen? Wir merken: Hier sich niederbücken, wo Jesus unter der Last unserer Sünde zusammenbrach, muß – dem Verhalten der Menschen nach – etwas sehr, sehr Seltenes sein.

Doch wir erfahren, daß einmal in der Woche – am Freitagnachmittag – wenigstens etwas davon spürbar wird, welch einmalige Straße dies ist. Da findet hier eine Kreuzwegprozession statt, die an den 14 Leidensstationen der Via dolorosa vorbeizieht, ein Brauch, der sich seit der Kreuzfahrerzeit allmählich einbürgerte. Neun der Stationen sind aus dem Evangelium genommen, die fünf übrigen gehen auf Traditionen verschiedenen Alters zurück. Wenn wir am Freitag um 15 Uhr zum Hof der moslemischen Schule (siehe Kapitel Burg Antonia) kommen, finden sich dort einige Franziskaner ein, um die sich eine ganze Schar von Menschen sammelt. Von dieser I. Station, dem Gedenken an Jesu Verurteilung zum Tod, zieht der Zug – manchmal eine Gruppe von Männern voran, die abwechselnd ein Holzkreuz tragen – hinaus auf die Straße, wo an der Außenwand der gegenüberliegenden Verurteilungskapelle der Kreuzaufnahme gedacht wird (II. Station). Nun geht der Weg unter dem Ecce-Homo-Bogen hindurch. Hier verläßt die Via dolorosa das Gebiet der ehemaligen Festungsanlage Antonia und führt etwas abwärts ins Tyropöontal hinab. Der Prozessionsschar folgend, biegen wir dann links in die Talstraße (El-Wad) ein, die vom Damaskustor kommt. Am Eckhaus wird wieder Halt gemacht, denn hier ist von der Talstraße aus der Eingang zur Kapelle des Gedenkens an den ersten Fall Jesu, Sein Niedersinken unter der Kreuzeslast (III. Station, röm.-kath., polnisch). Dankbar sind wir, daß in dieser Stunde an jeder Station gesungen und gebetet wird auf der Leidensstraße unseres Herrn, wo sonst nur lauter Getriebe und Hasten der Menschen herrscht. Nur wenige Schritte weiter kommen wir zur Gedenkstätte der IV. Station: Jesus begegnet Seiner Mutter. Es ist eine Kirche im Hof, die den Armeniern gehört und außerdem eine ganz kleine Kapelle an der Straße, über deren Eingang ein Relief die Begegnung darstellt.

Nach etwa 20 m zweigt die Via dolorosa rechts von der Talstraße ab. Am Eckhaus lesen wir über dem Eingang einer Kapelle: »Simon Kyrenaeo Crux imponitur« (Hier wurde Simon von Kyrene das Kreuz aufgelegt – V. Station, römisch-katholisch, Franziskaner). Weiter geht es, nun über breite Stufen eine enge Gasse hinan, von zahlreichen Mauerbögen und Gewölben überspannt. Auf halber Höhe links, unter dem ersten breiten Gewölbe, macht die Prozession Halt an einer Kapelle, die an die Liebestat Veronicas erinnert, welche nach der Legende Jesus das Schweißtuch reichte (VI. Station). Diese Kapelle wird von den »Kleinen Schwestern Jesu« von Foucauld betreut (griechisch-katholisch).

Am Ende dieser ansteigenden Gasse stoßen wir nun auf die belebte Basarstraße (Khan es-Zeit) und an der gegenüberliegenden Seite auf eine kleine Kapelle der Franziskaner zum Gedenken an den zweiten Fall Jesu unter dem Kreuz (VII. Station). Die VIII. und IX. Station sind heute nicht mehr in geradem Verlauf zu erreichen. Doch der Prozession folgend, können wir sie nicht verfehlen. Die Gruppe biegt in die Franziskusstraße ein, die neben der franziskanischen Kapelle gleich rechts von der Basarstraße abzweigt. Nach 10 bis 15 m sehen wir dort an einer hohen Wand ein Kreuz und die Inschrift: »IC XC NIKA« (Jesus Christus siegt). Damit ist die VIII. Station – Jesus begegnet den weinenden Frauen – gekennzeichnet.

Um zur IX. Station zu gelangen, kehren wir in die Basarstraße zurück und folgen ihr weiter. Nach einem Weg von etwa 50 m durch das Handelsgetriebe dieser Hauptgeschäftsstraße steigen wir rechts eine Treppe hinauf und kommen durch eine gewundene enge Gasse zum Eingang der koptischen Kirche. Der Schaft einer Säule, die in das Eingangstor der koptischen Kirche eingebaut ist, bezeichnet die IX. Station, wo man des dritten Falles Jesu unter dem Kreuz gedenkt. Die nahe Kirche und der Konvent von St. Antonius ist der Sitz des koptischen Bischofs.

Die Tür an der linken Seite führt zu einer Terrasse, in deren Mitte wir eine Kuppel sehen. Es ist die Kuppel der St. Helena- und der darunterliegenden Kreuzauffindungskapelle, die zur Grabeskirche gehören. Von der Terrasse aus sehen wir auch die Apsis der Grabeskirche. So nahe sind wir schon Golgatha. Rings um die Terrasse wohnen abessinische Mönche in Hütten und halten in einer kleinen Kapelle an der Südwestecke ihre liturgischen Gottesdienste in der alten äthiopischen Sprache. Wenn diese Kapelle offen ist, kann man durch sie hindurch und über eine schmale Treppe direkt zum Haupteingang der Grabeskirche gelangen. Doch mit der Prozession müssen wir noch einmal einen Umweg machen und kehren zurück zur Basarstraße. Wo dann der völlig überbaute Teil der Basarstraße beginnt, biegen wir am Russischen Hospiz rechts ein, kommen an der schräg gegenüberliegenden evangelischen Erlöserkirche vorbei und stoßen bald darauf auf eine hohe Mauer als Abschluß dieser kurzen Straße. Hier führt eine kleine Pforte zum Vorhof der Grabeskirche, in der die fünf letzten Stationen liegen, vier auf der Plattform von Golgatha, wozu wir die steilen Treppen rechts innen nach der Eingangstür hinaufsteigen, die letzte Station in der Grabkapelle (siehe Kapitel Grabeskirche).

Den ganzen Weg kann man heute in ungefähr 15 Minuten gehen. Doch wie lang wird er für unseren Herrn Jesus gewesen sein in Seinem geschwächten Zustand mit der Last des Kreuzes und unter der besonderen Beschwernis des damals noch tieferen Tyropöontales (heute Talstraße= El-Wad), von dem aus der größte Teil des Weges steil bergauf zum Hügel Golgatha führte?

Rufertafeln sind an der Kapelle der VII. Station und am Eckpfosten der Erlöserkirche, am Ende der Via dolorosa.

Der Hof der moslemischen Schule (I. Station) ist nur nachmittags für Besucher offen. Die Kapellen der III./IV./V. und VII. Station sind nur während der Freitagsprozessionen geöffnet. Die VI. Station ist durch den Laden der Kleinen Schwestern Jesu zu erreichen, wenn dieser offen ist (ziemlich unregelmäßig). Oder man kann die Schwestern in ihrem Konvent (eine Tür vor der VI. Station) bitten, zu öffnen.

VIA DOLOROSA

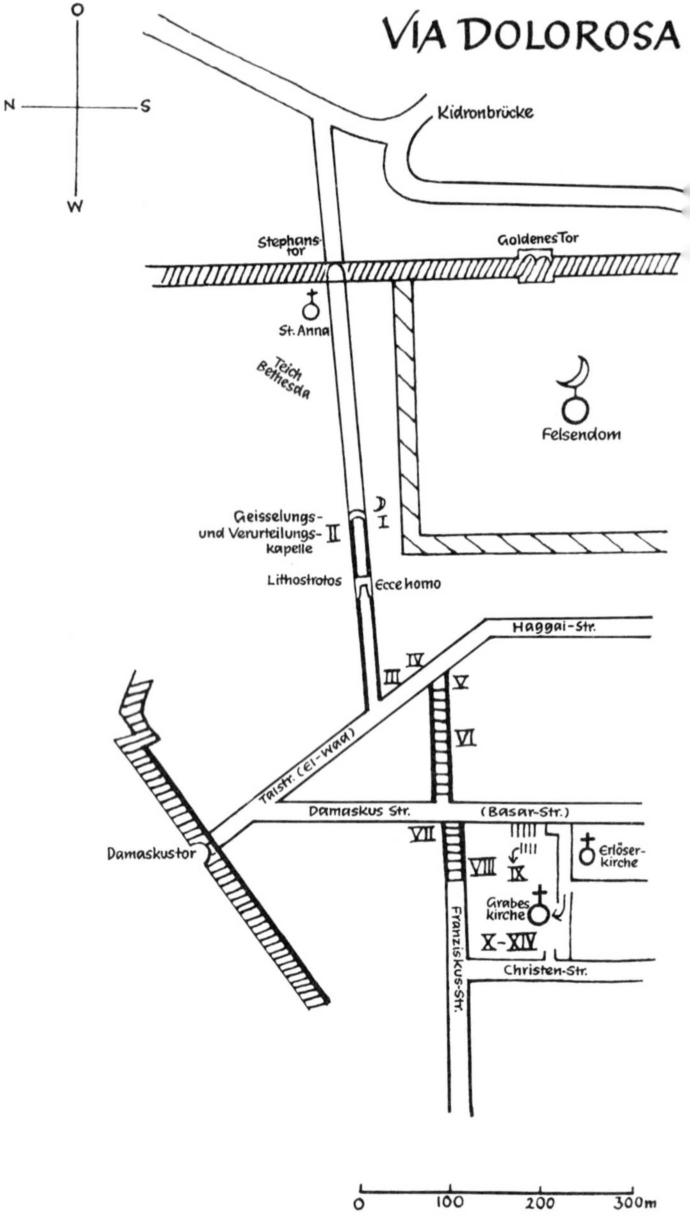

AUS DER HEILIGEN SCHRIFT

Jesus ging, indem er sein Kreuz selber trug, hinaus aus der Stadt. Während sie aber hinauszogen nach der sogenannten Schädelstätte, die auf hebräisch Golgatha heißt, trafen sie einen Mann aus Kyrene, namens Simon; diesen zwangen sie, ihm das Kreuz zu tragen.
Es folgte ihm aber eine große Volksmenge, auch viel Frauen, die um ihn wehklagten und weinten. Da wandte Jesus sich zu ihnen und sagte: Ihr Töchter Jerusalems, weint nicht über mich, weint vielmehr über euch selbst und eure Kinder. Denn wisset wohl: Es kommen Tage, an denen man sagen wird: Glücklich zu preisen sind die Unfruchtbaren und die Frauen, die nicht Mutter geworden sind. Aus Matthäus 27, Lukas 23, Johannes 19

Jesus sprach zu seinen Jüngern:
Will jemand mein Nachfolger sein, so verleugne er sich selbst und nehme sein Kreuz auf sich und folge mir. Matthäus 16,24

VIA DOLOROSA – EIN RUF AN UNS

Via dolorosa – nun hebe an die Klage!
Via dolorosa – nun künde uns und sage
von Jesu großem Leid,
wie Er Sein Kreuz getragen,
lud auf sich unsre Plagen,
bis Er am Kreuz Sein Leben gab.

Via dolorosa, die eine wahre Schmerzensstraße dieser Erde, weil auf ihr der Einzige ging, der nicht ein Mensch wie wir war, sondern der Menschen- und Gottessohn. Darum durchschritt Er diese Schmerzensstraße nicht um Seiner Sünde willen zu Seiner Züchtigung, sondern ohne Sünde, freiwillig, aus Liebe zu uns.
Via dolorosa, eine Schmerzensstraße wie keine sonst, weil hier Jesus alle Schmerzen der Menschheit vereint in Seinem Kreuz trug. Wir alle tragen Kreuze, doch wer trägt sein Kreuz wie Jesus? Er trug es – zum Tode verurteilt – und war doch das Leben, trug es – mit Dornen gekrönt und verlästert –, und doch gebührt Ihm alle Ehre Himmels und der Erde. Er trug es – gefesselt und zerschlagen – und hatte doch als Einziger einen Leib, der rein und unbefleckt war. Er trug das Kreuz, von allen Menschen verlassen, denn Seine Nächsten, Seine Jünger, waren von Ihm geflohen, und Er mußte allein diesen bitteren Weg gehen. Ja, zu Seiner größten Entehrung mußte ein fremder Mann gezwungen werden, Ihm die

Kreuzeslast zu tragen. Keiner Seiner Jünger hatte sich angeboten, – und doch hatte Er sich allen Menschen und ihnen sonderlich in Liebe gewidmet wie nie einer.

Via dolorosa, Schmerzensstraße, die das Seufzen und Klagen des Herzens Jesu vernommen, die Sein Niederfallen erlebt hat. Via dolorosa, einzigartige Schmerzensstraße; denn wo ist eine Straße so durchschritten worden wie diese von Jesus: ohne Klagen, ohne jegliches Aufbegehren gegen Gott, ohne ein „Warum?", ohne Vorwürfe gegen Seine Quäler, die als Antwort auf Sein Wohltun Ihn zum Tode verurteilt hatten? Wo ist jemand eine Schmerzensstraße so demütigen Herzens gegangen mit dem Wort im Herzen: „Leg auf, Ich will's gern tragen"? Wo hat einer seinen Leidensweg so sanftmütig durchschritten wie Jesus, der nicht widerschalt, als Er gescholten wurde, während Er todesmatt Sein schweres Kreuz hinauf nach Golgatha schleppte? Via dolorosa – wo hat eine Schmerzensstraße, auf der ein Unschuldiger Qualen und Martyrium erlitt, je solches Höhnen vernommen von Seiten derer, denen Er wohlgetan?

Via dolorosa, die eine Straße, auf der ein Unschuldiger nicht nur um der Schuld einzelner oder eines Volkes willen litt, sondern die Schuld aller Menschengeschlechter, ja einer ganzen Welt auf Seinen Schultern schleppte. Darum war das Kreuz so unermeßlich schwer, daß Jesus es kaum nach Golgatha bringen konnte. Wer hat je ein Kreuz getragen, das Seele und Geist so zermarterte, wie es hier geschah? Alle Sündenlast Seiner Menschenkinder und alle von ihnen abgewiesenen Gerichte und Schläge Gottes lagen nun auf dem Einen, der Kreuzträger sein wollte für uns.

Via dolorosa, du heiligste Straße der Welt, die der Heilige Gottes büßend für Seine Menschenkinder durchschritten hat, – du bist es wert, daß man dich heute mit gebeugtem Herzen, Ihn anbetend, durchgeht. Hier müßte jedes andere Wort schweigen, jedes andere Tun zur Ruhe kommen. Solchem heiligsten Tun unseres Herrn und Heilandes könnte auf dieser Straße als Antwort Seiner Menschenkinder nur ein heiliges Tun ihrerseits entsprechen. Müßten wir uns hier nicht beugen vor Seiner Herablassung, uns in den Staub werfen ob Seines Marterganges und anbeten darüber, daß Er nicht müde geworden ist und diesen Weg für uns vollendet hat?

Ja, Gott wartet mitsamt dem ganzen Himmel darauf, daß sich hier Gruppen von solchen Menschen finden, die diese Straße heute um des Leidens ihres Herrn willen heilighalten, sie wieder neu heiligen durch Zeichen ihrer Liebe und Hingabe. Unser Herr Jesus wartet auf Kreuzträger, die hier Seinen Ruf hören: „Wer mir will nachfolgen, der nehme sein Kreuz auf sich." Er wartet darauf, daß wir Ihm unser Kreuz in Wahrheit nachtragen, demütig, ohne zu klagen, sanftmütig, ohne aufzubegehren, liebend wie Er.

GEBET AUF DER VIA DOLOROSA

Unser Herr Jesus,
auf Deiner Schmerzensstraße, auf der Du für uns tief gebückt unter der Kreuzeslast gingst, möchte auch ich mich tief bücken. Du, der Unschuldige, mußtest die Last tragen, weil wir, die Schuldigen, nicht tragen wollen, was uns um unserer Sünde willen hundertfältig zukommt: ein Kreuz. So bitte ich um Vergebung für die vielen Male in meinem Leben, wo ich mein Kreuz nicht willig tragen wollte, darüber murrte oder es abwarf.
Doch hier, auf Deiner Schmerzensstraße, glaube ich Dir, daß Du, Kreuzträger Jesus, mich erlöst hast von meiner Kreuzesscheu zur Kreuzesliebe. Jedesmal, wenn mir etwas schwer werden will oder mich etwas trifft, wogegen ich aufbegehren möchte, hilfst Du mir neu sprechen: „Leg auf, ich will's gern tragen!"
So gebe ich mich im Gedanken an mein Kreuz hin, allezeit zu sagen: Ich will mein Kreuz, es kommt aus Deinen Händen, ich will es in Liebe und Demut und aus Dank für Dein Leiden Dir nachtragen. Gib, daß es mich bereite, einstens an Deiner Seite zu sein, an Deinem Thron. Und laß mich als wahren Kreuzträger noch viele locken, ihr Kreuz in Liebe auf sich zu nehmen, Dir zur Freude und als Frucht Deines Schmerzensweges auf der Via dolorosa.

Amen.

„KOMM FOLGE MIR NACH – UND NIMM DEIN KREUZ AUF DICH!"

Wer zu Jesus gehört, kann in seinem Leben keinen anderen Weg gehen, als Er ihn gegangen ist. Liebe muß mit Jesus den Kreuzesweg gehen.

Wer Jesus liebt, der liebt sein Kreuz, denn es ist ein Teil von Ihm.

Dein Kreuz, das dich jetzt drückt, verklärt dich und erhebt dich dadurch einst in den Himmel. Ist es darum nicht hoch zu preisen?

Willst du kein Mitläufer sein, der einst draußen steht, so trage dein Kreuz – die Wege der Kreuzträger enden am Thron.

Wer weiß, daß er ein Sünder ist, sagt ja zu der Last, die Gott ihm auferlegt, denn er weiß, daß Sünder der Züchtigungen bedürfen, um geläutert und in das Bild Gottes verklärt zu werden.

Trage dein Kreuz nicht gezwungen als ein Knecht, sondern als ein Jesus Liebender – und es fängt an zu strahlen.

Wiegt dein Kreuz schwer, so wiegt auch der Segen schwer, der darin verborgen liegt.

Besitzt du weiter nichts in deinem Leben, als daß du ein Kreuz zu tragen hast, so hüte es als kostbarsten Schatz; denn das Kreuz trägt in sich verborgen, was ein Menschenherz nur ersehnt: Lösung von allen Sündenmächten, Friede, Glückseligkeit.

Je tiefer du dich unter die von Gott aufgelegte Last bückst, um so stärker und wunderbarer kann aus deinem Kreuz die Herrlichkeit aufbrechen – hier schon und einst in der Ewigkeit.

+

Via dolorosa, du Straße Seiner Pein,
Via dolorosa, Er trug Sein Kreuz allein.
Via dolorosa, ohrenbetäubender Lärm,
Via dolorosa, du Straße, Gott so fern.
Via dolorosa, voll Streit um eigene Ehr,
Via dolorosa, hier bückte sich der Herr.
Via dolorosa, wer weiß von Jesu Schmerz?
Via dolorosa kennt nur, wer liebt Sein Herz.
Via dolorosa, heut trägt Gott neu die Last
und schleppt Sein Kreuz zum Tode.
Wer Sein Leid heute faßt?

Er sucht nach einer Seele,
die bücket sich wie Er
und liebend trägt das Kreuze;
wer will es sein – ach wer?

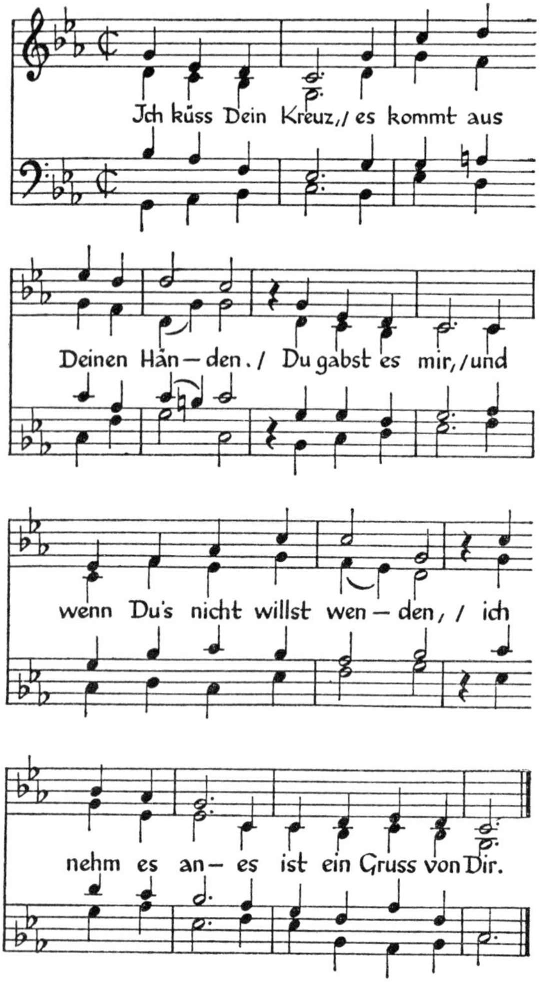
Jch küss Dein Kreuz, / es kommt aus
Deinen Hän – den. / Du gabst es mir, / und
wenn Du's nicht willst wen – den, / ich
nehm es an – es ist ein Gruss von Dir.

Ich küß Dein Kreuz,
Du hast es mir gegeben
aus Liebe nur,
daß es zum ewgen Leben
brächt viele Frucht – die Tränensaat geh auf.

Ich küß Dein Kreuz,
Du hast es selbst getragen,
und droben einst
wirst Du nach einem fragen:
ob ich's recht trug – Dir folgte liebend nach.

Ich küß Dein Kreuz,
ich weiß um seinen Segen.
Geladen ist's
mit Gold, das Du tatst legen
in jedes Kreuz – als Liebesgab von Dir.

Drum will Dein Kreuz
ich liebend nun umfangen,
mein liebster Herr,
Du hast am Kreuz gehangen
und uns erlöst – von aller Kreuzesscheu.

So stimm ich an
das Lied vom Kreuzessegen,
mein Herre Christ,
der Du auf Kreuzeswegen
schaffst Herrlichkeit – für alle Ewigkeit.

Jesus schleppt Sein schweres Kreuze/ auf dem
Weg zum Richtplatz hin,/ welch ein Bild voll
Marter, Leiden,/ wer be-grei-fet hier den Sinn?/
Gott trägt sel-ber hier das Kreu-ze,/ das
Ver-bre-chern zu-ge-hört,/ und von Tausen-den
nicht ei-ner/ ist's, der die-sem Vorgang wehrt.

Jesus, Jesus, Lastenträger / einer armen Sündenwelt, / aus Erbarmen zu uns Armen / hast Du Dich hier eingestellt, / um für uns das Kreuz zu tragen, / des ein jeder sich entlädt. / Du trugst es für jeden Sünder, / daß im Kreuz er nun besteht.

Jesus, Du schwankst durch die Gassen / mit des Kreuzes schwerer Last, / willst Dich mit dem Kreuz vermählen, / kennst kein Ruhen, keine Rast. / Ohn Verweilen gehst Du weiter, / Golgatha Dein Ziel ja ist, / da zum Opfer Du willst werden / an dem Kreuz, das dort erricht'.

Uns zuliebe willst Du leiden, / uns zuliebe gehn zum Tod, / uns zulieb hörst Du geduldig / Lästerreden, Hohn und Spott. / Uns zuliebe trägst Du willig / auch das Kreuz nach Golgatha, / Deine Liebe nicht Dein Leiden, / sondern unsre Ketten sah.

Jesus, Jesus, Lastenträger / für die arme, dunkle Welt, / Jesus, Schmerzensmann und König, / Du bist's, der den Feind gefällt, / Du bist's, der den Sieg errungen / an dem Stamm von Golgatha, / dessen Lied nun weit erklungen, / weil Erlösung dort geschah.

Auch nach Melodie: O Du Liebe meiner Liebe

GRABESKIRCHE

Den Besuch von Golgatha und dem heiligen Grab nehmen wir uns an einem neuen Tag vor, um für diese bedeutsamsten heiligen Stätten genügend Zeit zu haben. Die Grabeskirche mit dem »Holy sepulchre« – unter diesem Namen findet es dort jeder – erreicht man entweder über die Via dolorosa oder aber direkt vom Damaskustor aus im Norden der Stadtmauer. Von dort gehen wir breite Stufen hinab und kommen nach 50 m rechterhand in die Basarstraße (Khan es-Zeit). Der letzte Teil der Basarstraße ist uns vom »Freitagsweg« zu den Leidensstationen Jesu ja schon bekannt, ebenso am Anfang ihres überbauten Teiles der Zugang zur Grabeskirche. Heute betreten wir durch die kleine Pforte in der Mauer den Vorhof der Grabeskirche, der von verschiedenen Kapellen und einem Kloster umgeben ist. Der Haupteingang zur Kirche selbst liegt neben dem Glockenturm.

Der innere Kirchenraum ist zunächst etwas verwirrend. Man hat den Eindruck, als sei eine Fülle von Kapellen und Kirchen verschiedener Stilarten ineinandergebaut. Doch uns geht es um die beiden Brennpunkte dieser Kirche – den Kreuzigungsort und das Grab Jesu. Unmittelbar neben dem Eingang führen rechts schmale Treppenstufen hinauf nach Golgatha. Etwa ein Drittel der Plattform, auf der sich die X.–XIII. Station befinden, ruht noch auf dem ursprünglichen Felsen; das andere sind künstliche Unterbauten. Die rechte Seite von Golgatha gehört den Franziskanern. Dort finden wir zunächst die Gedenkstätte der Kleiderberaubung Jesu (X. Station), worauf ein Muster im Fußboden hinweist unter einem Wandmosaik von der Opferung Isaaks – eine Allegorie auf das Opfer Christi. Der Altar dahinter kennzeichnet die Stätte der Kreuzannagelung (XI. Station) mit einem großen Wandmosaik dieses Geschehens. An dem Altar links daneben, der wie die ganze linke Seite der Golgathaplattform den Griechisch-Orthodoxen gehört, stehen wir dann an der Stätte, da unser Herr Jesus am Kreuz gestorben ist (XII. Station). Dort kann man durch eine Öffnung, die mit einer Silberscheibe umgeben ist, den ursprünglichen Felsen berühren. Immer wieder kommen Pilger herzu, knien nieder und küssen diese Stelle, wo einst das Kreuz eingerammt wurde.

Zur Rechten des griechisch-orthodoxen Altars können wir unter einer Metallplatte noch einen tiefen Felsspalt sehen – an das Geschehen in der Todesstunde Jesu erinnernd (Matth. 17, 52) –, der durch den ganzen Felsen geht und in der sogenannten Adamskapelle unter Golgatha in dem bloßgelegten Felsen sogar ein Stück beleuchtet wird. Ein kleiner Altar zwischen den Altären der Kreuzannagelung und der Kreuzaufrichtung ist der Schmerzensmutter geweiht im Gedenken an die Kreuzabnahme Jesu (XIII. Station, franziskan.).

Es ist uns schwer, an dieser Stelle nicht ganz in der Stille sein zu können, weil zumeist ein geräuschvolles Kommen und Gehen von Menschengruppen vieler Sprachen uns umgibt. Aber es treibt uns dennoch,

lange hier im Gebet zu verweilen. Denn müßte nicht auf Golgatha wie an keiner heiligen Stätte sonst dem für uns gekreuzigten Herrn nie endender Dank und Anbetung werden?
Wenn wir dann die Treppenstufen von der Golgathaplattform wieder hinabsteigen, stoßen wir auf den Salbungsstein, der dem Haupteingang gegenüberliegt. Hier wird der Salbung des Leichnams Jesu gedacht. Halb links gelangen wir zur Grabkapelle, die als »kleine Kirche in der Kirche« unter dem großen Kuppeldach liegt (XIV. Station). Die Grabkapelle umschließt den Vorraum, Engelskapelle genannt, und die eigentliche Grabkammer. Um hineinzuschauen, müssen wir eine Zeitlang warten, denn es drängen sich immer viele Pilger davor. Schließlich können wir – wie Petrus im biblischen Bericht – nur gebückt durch die niedrige Öffnung von der Engelskapelle in die Grabkammer treten. Deren Wände sind heute mit weißem Marmor verkleidet, ebenso die auf der rechten Seite liegende Grabbank. Vom Felsen des Grabes ist nichts mehr zu sehen – und doch: wir stehen hier am Ort der Auferstehung unseres Herrn.

Grabeskirche geöffnet ab 4 Uhr morgens bis 20 Uhr im Sommer, bis 19 Uhr im Winter

GESCHICHTLICHES

Daß die Stätte der Kreuzigung und das Grab Jesu unter einem Kirchendach und mitten in der Stadt Jerusalem zu finden sind, mag wohl zuerst Verwunderung erwecken. Doch haben Ausgrabungen als ziemlich sicher erwiesen, daß das Gebiet der heutigen Grabeskirche zur Zeit Jesu außerhalb der Stadtmauer lag und erst etwa 40 n. Chr. durch eine neue Stadtmauer miteingeschlossen wurde. Man fand um die Mitte des 19. Jahrhunderts östlich und südlich der Grabeskirche Reste der alten Stadtmauer, und beim Bau des Russischen Pilgerhospizes wurde die Schwelle eines Stadttores entdeckt. (Dort sind heute noch wichtige Ausgrabungen zu sehen.)

Nicht weit außerhalb dieses Tores wird Golgatha gelegen haben, kein Berg, wie man sich meistens vorstellt, sondern nur ein größerer Felsblock, der aus dem Boden aufragte. Am Fuß dieses Felsens begann eine Bodenwelle mit Gärten und in Fels gehauenen Grabkammern, zu denen die Familiengruft des Joseph von Arimathia und sein eigenes, neues Grab gehört haben werden (Joh. 19, 41). Nach ihm werden die Grabstollen benannt, die, aus der Zeit Jesu stammend, noch heute in der Grabeskirche zu sehen sind. Diese Felsengräber sind der stärkste Beweis für die Echtheit des Ortes, da nach Bestimmungen der jüdischen Gesetze Grabstätten immer außerhalb des Wohnortes liegen mußten.

Der Felshügel Golgatha war wohl nicht ein ständiger Hinrichtungsort. Sonst hätte auch nicht der Ratsherr von Arimathia seinen Garten mit Grab daneben angelegt. Der Name »Schädelstätte« mag vielleicht vom Aussehen des Felsblocks abgeleitet worden sein, der einem Schädel glich. Jesus wurde wohl deshalb hier unmittelbar außerhalb der Stadtmauer gekreuzigt, damit man vor Anbruch des Sabbats noch schnell das Urteil vollstrecken konnte.

Und als man Ihn vom Kreuz genommen hatte, wurde Er in das nahegelegene Grab Josephs gebettet, von dem uns die Heilige Schrift einige Einzelheiten sagt, die zum Teil heute noch in der Grabeskirche erkennbar sind. Als ein ausnahmsweise nur für einen Toten bestimmtes Felsengrab bestand es nach Johannes 20, 1–10 wohl aus einer Vorkammer und der eigentlichen Grabkammer. Die Öffnung dazu war so klein, daß man sich bücken mußte (Luk. 24, 12). Die Grabstätte lag rechts vom Eingang der Grabkammer, denn dort sahen die Frauen den Engel sitzen (Mark. 16, 5). Und es war wohl ein Troggrab, denn Petrus konnte das Schweißtuch erst sehen, als er in das Grab, also in den vertieften Stein, hineinschaute (Joh. 20, 7). Ein großer Stein verschloß das ganze Grab, der dann am Auferstehungsmorgen weggewälzt war.

Diese Stätte des Sterbens und der Auferstehung Jesu wurde 135 n. Chr. von Kaiser Hadrian, nachdem er den letzten jüdischen Aufstand unter Bar Kochba niedergeschlagen hatte, zugeschüttet. Ein römischer Göttertempel zu Ehren des Jupiter und der Venus wurde darüber errichtet. Hadrian wollte jegliche Erinnerung an die jüdische Religion und auch an Christus, alles was von Ihm zeugte, austilgen. Doch gerade durch den Eifer seines Hasses blieb das Gedächtnis an diese Orte erhalten, denn durch seine Göttertempel kennzeichnete er sie besonders. So ließ Kaiser Konstantin sie im Jahre 326 hier wieder suchen und die Stätten freilegen. Seine Mutter Helena überwachte selbst die Arbeit. Begeistert half die gesamte christliche Bevölkerung und die Garnison Jerusalems, Tausende von römischen Soldaten. In einigen Monaten trug man die Marmorbauten Hadrians ab und fand dann voll großer Freude wirklich den Kreuzigungsfelsen und das unzerstörte Grab gemäß den Angaben des Evangeliums. Auch die anderen Grabanlagen kamen dabei wieder zum Vor-

schein. Diese Tat der Liebe hat Golgatha und das Heilige Grab wieder zugänglich gemacht, nachdem sie zweihundert Jahre verschüttet gewesen waren.
Kaiser Konstantin ließ nun über dieser heiligen Stätte eine gewaltige Basilika errichten. Ein Teil davon war ein Rundbau, in dessen Mitte die Grabkammer lag. Man hatte alle Felsen ringsherum weggeschlagen, so daß sie wie eine Hütte von Stein aussah, und einen prächtigen, von Säulen getragenen Baldachin darüber errichtet.
An diesen Rundbau, Anastasis (Auferstehung) genannt, schloß sich, durch einen Säulenhof getrennt, die eigentliche fünfschiffige Basilika an, die Martyrion (Zeugnis) hieß. Im Hof dazwischen erhob sich der Golgathafelsen im Freien, der nun, ringsum behauen, ein 5 m hoher quadratischer Block war mit der Plattform, auf der die Kreuze gestanden hatten. Der Bau der Kirche Konstantins war 336 beendet. 614 wurde sie jedoch von den Persern zerstört und nach einem Wiederaufbau dann im Jahre 1009 von dem Sultan Hakim völlig vernichtet. Nur die Helenakrypta unter dem Mittelschiff der Basilika mit einer anschließenden Grotte, in der das Kreuz gefunden worden sein soll, blieb verschont. Das Grab selbst wurde bei diesen Zerstörungen mehrfach in Mitleidenschaft gezogen.
1048 begann man mit der Wiederherstellung der Kirche. Man baute die Grabstätte auf den felsigen Grundlinien wieder auf, ebenso den Rundbau darüber, eine Kapelle über Golgatha und noch weitere Kapellen. In diesem Zustand ging die Anlage in die Hände der Kreuzfahrer über, die die verschiedenen Gebäude in einem mächtigen Gesamtbau zusammenschlossen mit einer großen Kuppel über dem Grab und einer kleineren, die sich heute über dem sogenannten Chor der

Griechen (Katholikon) wölbt. 1149 vollendeten sie den Neubau.
Nach der Vertreibung der Kreuzfahrer 1187 überließ der sarazenische Sultan den Christen wohl die Kirche zur Benutzung, doch unter der Bedingung, daß der Eingang von Moslems bewacht werde. Dieses Amt erbte sich wahrscheinlich in derselben Familie weiter, die heute noch den Schlüssel zur Grabeskirche in Händen hat. Seit 1342 war den Franziskanern vom Sultan das Recht der Betreuung der Grabeskirche gewährt. Sie haben dabei im Laufe der Jahrhunderte viel Verfolgung erlitten. Die moslemischen Herrscher verteilten die Rechte in der Grabeskirche dann nach und nach auf die römisch-katholische Kirche, die Griechisch-Orthodoxen, die Armenier, Kopten, Syrer und Abessinier. Die Abessinier verloren inzwischen ihren Anteil, haben nur noch auf dem Dach der Grabeskirche eine kleine Kapelle und ihre Klosterzellen.
Die von den Kreuzfahrern erbaute Kirche wurde in der Folgezeit mehrfach beschädigt und wiederhergestellt, behielt aber im wesentlichen ihre Gestalt. Doch 1808 verheerte eine Feuersbrunst den Rundbau über dem Grab. Die Griechen bauten ihn wieder auf. Schon 50 Jahre später mußte die Kuppel erneuert werden. Nach den Erschütterungen durch starke Erdbeben 1927 und 1937 drohte die ganze Kirche einzustürzen. Doch konnten sich die beteiligten Konfessionen nicht über eine Restaurierung einigen. So sah sich die englische Mandatsregierung 1935 gezwungen, die baufällige Kirche innen und außen durch Stahlgerüste zu stützen.
Lange bot die Kirche diesen unwürdigen Anblick. Zudem war ihre Schönheit durch häßliche Umbauten in den letzten Jahrhunderten zerstört. So mußte man

sie wohl »die armseligste Kirche der Welt«, »ohne Gestalt noch Schöne« nennen, eine erschütternde Illustration für das gegenwärtige Leiden dessen, der an dieser Stätte Seine Erlösungstat für uns vollbrachte. 1961 wurden endlich die Erneuerungsarbeiten in Angriff genommen, die 1982 noch nicht abgeschlossen sind.
In die Wandlungen des ganzen Kirchenraumes sind die beiden Stätten Golgatha und das Grab auch mithineingenommen worden. So zeigt der Golgathafelsen als der historisch bezeugte Ort der Kreuzigung heute auf den ersten Blick nichts mehr von seiner Ursprünglichkeit. Auch beim Grab Jesu sind durch die verschiedenen Zerstörungen nur noch Reste vom eigentlichen Grabfelsen vorhanden. Doch blieben die Grundlinien erhalten, und es ist heute in seinen Maßen wohl genauso, wie es Konstantin auffand. Der Rollstein zum Verschluß des Grabes, den Pilger bis ins 7. Jahrhundert bezeugen, ist wohl bei der Zerstörung durch die Perser zerbrochen. Ein Stück davon soll in der Engelskapelle eingemauert sein und ist dort zu sehen. Die äußere Gestalt der Grabkammer hat sich im Lauf der Jahrhunderte oft geändert, so war sie etwa pyramidenartig oder mit einem Turm versehen. 1810 gaben die Griechen der Grabkapelle beim Wiederaufbau die heutige Form.
Trotz all der Wandlungen können wir aber dankbar sein, daß die Echtheit des Golgathafelsens und des Heiligen Grabes besser bestätigt ist als die fast aller anderen Stätten des Erdenlebens Jesu. Und Forscher verschiedener Konfessionen stimmen darin überein, daß diese Orte das Geschehen des Karfreitags und die Freude des Ostermorgens sahen.

AUS DER HEILIGEN SCHRIFT

Sie nahmen Jesus und führten ihn aus der Stadt hinaus nach der sogenannten Schädelstätte, die auf hebräisch Golgatha heißt. Dort kreuzigten sie ihn und mit ihm noch zwei andere zu beiden Seiten, Jesus aber in der Mitte. Und Jesus sprach: Vater, vergib ihnen, denn sie wissen nicht, was sie tun.
Einer aber von den Verbrechern, die da gehenkt waren, lästerte ihn und sprach: Bist du Christus, so hilf dir selbst und uns! Da antwortete der andere, strafte ihn und sprach: Hast du denn nicht einmal Furcht vor Gott, da dich doch derselbe Urteilsspruch getroffen hat? Und zwar uns beide mit Recht, denn wir empfangen, was unsere Taten wert sind; dieser aber hat nichts Unrechtes getan! Dann fuhr er fort: Herr, denke an mich, wenn du in deine Königsherrschaft kommst! Da sprach Jesus zu ihm: Wahrlich, ich sage dir: Heute noch wirst du mit mir im Paradiese sein.
Es stand aber bei dem Kreuz Jesu seine Mutter und die Schwester seiner Mutter, auch Maria, die Frau des Kloophas, und Maria von Magdala. Als nun Jesus seine Mutter und neben ihr den Jünger, den er liebhatte, stehen sah, sagte er zu seiner Mutter: Frau, das ist dein Sohn! Darauf sagte er zu dem Jünger: Das ist deine Mutter!
Da kam eine Finsternis über das ganze Land, indem die Sonne ihren Schein verlor. Und Jesus

rief mit lauter Stimme: Mein Gott, mein Gott, warum hast du mich verlassen!
Darauf, weil Jesus wußte, daß nunmehr alles vollbracht war, sagte er, damit die Schrift ganz erfüllt würde: Mich dürstet. Als Jesus den Essig genommen hatte, rief er: Es ist vollbracht! Vater, in deine Hände befehle ich meinen Geist! Und nach diesen Worten neigte er das Haupt und gab den Geist auf.
Da erbebte die Erde, und die Felsen zersprangen, und der Vorhang im Tempel riß mitten entzwei.
Als aber der Hauptmann, der Jesus bewachte, sah, was geschah, pries er Gott und sprach: Dieser Mann ist wirklich ein Gerechter gewesen! Und die ganze Volksmenge schlug sich an die Brust.

Aus Matthäus 27, Lukas 23, Johannes 19

+

O Abgrund der Barmherzigkeit,
für uns Gott trägt das tiefe Leid,
für uns, für unsre Sünden!
Wir knien an dem Kreuzesstamm,
beten Dich an, o Gotteslamm,
im Schmerz ob unsrer Sünde.

GOLGATHA – EIN RUF AN UNS

Golgatha – nahe bei der Stadt Gottes, der Stadt des großen Königs, und doch außerhalb des Tores – darum ein Ort der Schmach, an den Jesus wie ein Übeltäter geführt wurde, um den grausigen Kreuzestod zu erleiden.
Golgatha – Stätte der Leiden, wie es keinen Ort sonst auf der ganzen Erde gibt, der von solch tausendfacher, unaussprechlicher Qual Kunde gibt. Auf Golgatha hatte man dem Gottessohn, der als Heiland und Erlöser Seiner Menschen auf die Erde kam, den einen Platz angewiesen, den man für Ihn passend fand, den Platz für Verbrecher. Keinen Raum sonst hatte die Erde für Ihn als Golgatha, die Schädel-Todesstätte.
Golgatha – was hat diese Stätte gesehen! Ein Kreuzholz lag auf der Erde wie wohl schon manchmal und wartete, daß ein schuldig Verurteilter darauf gelegt wurde. Doch diesmal war es das Lamm Gottes, heilig und rein, – es hatte sich freiwillig dieses grauenhafteste Totenbett, das Kreuzholz, ausgesucht. Jesus hatte sich freiwillig dazu hingegeben, sich von Seinen Menschenkindern mit rohen Hammerschlägen Nägel durch Hände und Füße treiben zu lassen. Dies Hämmern wird durch alle Himmelssphären gedrungen sein, und Engel werden sich weinend geneigt haben, daß also ihr Herr, der Sohn des lebendigen Gottes, um der Sünde der Menschheit willen abgrundtiefe Schmerzen leiden mußte.

GOLGATHA

Golgatha – ein Kreuzholz wurde aufgerichtet und eingerammt in die Erde. Es schwankte empor, eine Last tragend, die schwerer wog als die ganze Erde, denn es war der Schöpfer selbst, der die Sünde der Menschheit auf sich genommen hatte. So ragte das Kreuz gen Himmel, als ob es das Himmelstor aufstoßen wollte, weil die Sünde hier am Holz des Fluches hinweggebracht und damit das Paradies geöffnet war. Und das Holz stemmte sich tief in die Erde, als wollte es durchstoßen in die Höllentiefen und das Totenreich aufreißen, denn es trug ja den, der aus dem Totenreich alle, die schon so lange warteten, herausreißen würde. Und des Kreuzholzes Arme luden weit aus, in allumfassender Liebe die Welt zu umfangen und heimzurufen zum Schoß des Vaters.

Golgatha – wahrlich, hier am Kreuzholz hing die ewige Liebe, die sterbend die Menschheit und alle Kreatur heimrief mit dem Wort: „Mich dürstet!" – „Mich dürstet, daß sie alle heimkehren". Sie rief heim mit dem Wort der Vergebung für ihre Quäler: „Vater, vergib ihnen, denn sie wissen nicht, was sie tun!" Sie strömte sich aus in dem Wort: „Siehe, das ist deine Mutter!" und gab dem einsam zurückgelassenen Lieblingsjünger eine Mutter, eine Heimat, der Mutter aber einen neuen mütterlichen Auftrag. Welch eine Liebe, die an jedes Leid anderer in der Stunde eigener größter Qual denkt!

Und der Ruf Jesu: „Mein Gott, mein Gott, warum

hast du mich verlassen?" offenbarte, wie Jesus die ganze Verlassenheit und Verstoßung der Menschheit in Seiner Seele auslitt. Dennoch sprach Er „Mein Gott!" und umfing Gott mit diesem Wort „Mein" in Liebe. Ja, Sein Ruf: „Vater, ich befehle meinen Geist in deine Hände!" zeigte, wie wahrhaftig Seine Liebe war, die dem Vater vertraute in tiefster Nacht und Verlassenheit.

Und dann rief Jesus das gewaltigste Wort der Liebe: „Es ist vollbracht!", der Leidensweg der Erlösung für alle Menschenkinder ist zu Ende gegangen, das Werk der Liebe vollendet. Die Liebe hat gesiegt, sie hat sich nicht erbittern lassen, sie hat alles getragen, sie hat keine Qual gescheut, sie hat geliebt, als nichts mehr zu lieben war, und ist für Feinde in den martervollen Tod gegangen.

Dieser gewaltigen, unermeßlichen Liebe entspricht das abgrundtiefe Leiden, das Jesus erduldete – eine Fülle der Leiden, wie kein Mensch sie jemals zu ertragen vermag, weil seine Liebe nie so groß sein kann. Diese Leiden waren größer als jedes Menschenleiden, denn hier litt Gottes Sohn als Mensch unschuldig großte Qualen, ohne jegliche Erleichterung, an Leib, Seele und Geist. Aber Er litt zur gleichen Zeit als Gott und hatte damit das doppelte Leiden; denn was bedeutete es, daß hier Gott von Gott verlassen war! Das konnte nur der Gottessohn erleiden. Erduldete Er doch zwiefaches Maß der Anfechtung, nicht nur als Mensch hinausgestoßen zu sein, sondern als Gottessohn zu erleben, daß Sein Werk – wie es schien – gescheitert war, daß Sein Volk Ihn abgelehnt, Seine Jünger Ihn verlassen hatten und Er so sterben mußte. Er litt Qualen der Seele, wie sie kein Menschenmund aussagen kann, weil keiner das Ausmaß Seiner enttäuschten und mißachteten Liebe ahnt.

Dazu litt Er unsägliche Qualen des Leibes, denn es gibt kaum einen furchtbareren Tod als den Kreuzestod, da die Spannung im ganzen Körper durch das Auseinanderzerren der Glieder so schmerzhaft ist, daß Menschen meist wahnsinnig davon wurden. Die angenagelten Arme, an denen das ganze Körpergewicht des Gekreuzigten hing, drohten zu zerreißen, und die überlasteten Muskeln wurden von Krämpfen verzerrt. Die qualvollsten Schmerzen aber rührten daher, daß bei der Annagelung der Hände meist ein Hauptnerv durchbohrt wurde, der ständig durch den daran aufgehängten Körper gezerrt wurde. Schließlich erfaßten die schmerzhaften Krämpfe den ganzen Körper und führten zum Erstikkungstod bei vollem Bewußtsein.

So starb Jesus, der Sohn Gottes, am Kreuz auf Golgatha. Und nun redet Golgatha bis heute von der Macht der Liebe Jesu, die abgrundtief und weltenweit ist. Es redet davon, daß diese Liebe ohne Ende ist und selbst Feinde und Quäler umschließt, daß sie stärker ist als Todesqualen. Golgatha redet davon, daß hier Jesu

Herz vor Liebe brach, den grauenhaftesten Tod freiwillig aus Liebe für uns starb. Golgatha ruft: So sehr seid ihr Menschenkinder geliebt, jedes Geschöpf Gottes geliebt, so bist du geliebt.
Golgatha predigt von dem Triumph der Liebe, wie Liebe größer ist als alles, ja selbst Hölle und Totenreich besiegt, wie Liebe, wenn sie ins Leiden geht, erlösende Kraft in sich trägt. Darum ist hier das Fluchholz zum Zeichen der Erlösung geworden, weil die ewige Liebe daran gehangen, die bis in den Tod geliebt hat. Ja, Golgatha kündet uns von einer Erlösung, die ohne Grenzen ist und in die alle Kreatur und das ganze Weltall noch miteingeschlossen werden, bis alles verwandelt ist nach Jesu Wort: „Siehe, ich mache alles neu!"
So können wir auf Golgatha nur anbetend niederfallen und solches Ausmaß der Erlösung, die uns Sündern auf Wegen so unermeßlicher Leiden widerfahren ist, preisen. Wir können nicht anders, als Ihm den Dank für diese Erlösung zu bringen, indem wir den Weg Seiner Liebe erwählen, die Leiden nicht scheut, die ins Opfer geht und selbst für ihre Feinde betet. Jesus wartet auf die Frucht Seines Opfers bei uns. Er wartet auf Seine Glieder, die an Ihm als dem Haupt hängen und von Seinem Geist durchdrungen sind, die auf dem Weg der opfernden Liebe Seelen retten und lösen helfen, auf daß Sein Reich der Liebe bald kommen kann.

GEBET IN DER GOLGATHA-KAPELLE

Lieber Herr Jesus,
an dieser heiligen Stätte, an der Du für uns Sünder Dein Leben in den Tod gabst, bete ich tiefgebeugt Deine unfaßbare Liebe zu uns an. Ich bete Dich an, Du unschuldiges Lamm Gottes, das sich für uns am Stamm des Kreuzes schlachten ließ. Wir sind es gewesen, die Dir die bittere Todesqual der Kreuzannagelung und Kreuzigung durch unsere Sünde gebracht haben. Doch Deine Liebe ließ uns durch Dein unermeßliches Leiden Vergebung aller unserer Sünden zuteil werden. Wie soll ich fassen, daß Du an uns, Deine Quäler, mit solcher Liebe am Kreuz gedacht und uns Vergebung zugesprochen hast. Tausendmal sei Dir, mein liebster Herr Jesus, Dank dafür.
Vor Himmel und Erde will ich hier rühmen, was Du getan. Ich rühme, daß Deine Liebe bis in die tiefste Tiefe reicht und alle umfängt, weil sie leidend solches bezeugt hat. Ich rühme Dein für mich vergossenes Blut, das mich frei macht von allen meinen Sünden und zur neuen Kreatur erlöst, zum Kinde Gottes. Ja, hier auf Golgatha bete ich an, daß Du mich erkauft hast von der Hölle und der Sünde Macht, und habe nur die eine Bitte: Hilf mir, durch mein Leben wahrhaft zu bezeugen: Du bist der Erlöser Deiner gebundenen Menschenkinder. Amen.

AUS DER HEILIGEN SCHRIFT

Es war aber an der Stätte, da Jesus gekreuzigt ward, ein Garten und im Garten ein neues Grab. Dahin legten sie Jesus mit Rücksicht auf den jüdischen Rüsttag, weil das Grab sich in der Nähe befand. Johannes 19,41-42

Als aber der Sabbat um war und der erste Tag der Woche anbrach, gingen Maria von Magdala und die andere Maria hin, um nach dem Grab zu sehen. Und siehe, es geschah ein großes Erdbeben. Denn der Engel des Herrn kam vom Himmel herab, trat hinzu und wälzte den Stein von des Grabes Tür und setzte sich darauf. Sein Aussehen war leuchtend wie der Blitz und sein Gewand weiß wie der Schnee. Die Hüter aber erschraken vor Furcht und wurden wie tot.
Der Engel aber sprach zu den Frauen: Fürchtet euch nicht! Denn ich weiß, daß ihr Jesus, den Gekreuzigten, sucht. Er ist nicht mehr hier; er ist auferstanden, wie er gesagt hat. Kommt her, seht euch die Stelle an, wo er gelegen hat!

Matthäus 28,1-6

DAS GRAB JESU – EIN RUF AN UNS

Das Grab Jesu mit der Stätte Golgatha, dem Ort der Kreuzigung, unter einem Kirchendach vereint – wie ist das möglich? Ist es uns doch so, als müßte Golgatha weit von der Stätte der Auferstehung entfernt sein, weil es die Stätte tiefsten Leidens ist, die Stätte, an der die Wege Jesu in einem Abgrund der Sinnlosigkeit zu enden und Sein Werk umsonst zu sein schien. Golgatha, der Ort, an dem Hohn und Spott über Jesus das Letzte war, an dem man Ihn stumm gemacht, Ihn hinausgetan hatte, ja, wo man Ihn sozusagen zehnfach getötet hatte, damit Er nur nie wieder lebendig würde. Golgatha, dieser Ort, dessen Name in der ganzen Welt alle, die erfassen, was dort geschehen ist, mit tiefstem Entsetzen erfüllt, – und daneben das Grab Jesu, das von Auferstehung, von Sieg und Freude sagt, – wie können sie so nah beieinander liegen?
Doch hat es Gott in Seiner Weisheit so gefügt, daß die Grabstätte des Joseph von Arimathia ganz dicht bei dem Hügel Golgatha lag und somit die räumliche Zusammengehörigkeit beider gegeben war, in der wir dann auch ihr inneres Zusammengehören finden. So kündet das Grab dicht neben Golgatha: Es gibt keine Niederlage, die – wenn sie in der Hingabe und im Glauben an Gott erlitten wird – nicht einen Sieg in sich trüge. Denn hier ist Jesus, der Gekreuzigte, auferstanden und ward zum Sieger über alle Feinde.

Schon die Wächter, die den Toten bewachen sollten, damit Er gewißlich im Grabe bliebe und keine Macht mehr ausüben könnte, fielen bei Seiner Auferstehung wie tot zur Erde. Jesus Christus, der ans Kreuz angenagelt worden war, so daß Er kein Glied mehr regen konnte, Er, dessen Herz stillgestanden in der Stunde des Todes und dessen Leib als ein starrer Leichnam herabgenommen worden war, siehe, Er lebt, Seine Glieder rühren sich, und Sein Fuß tritt auf den Grabstein. Sieghaft steht Er auf und durchbricht die Macht des Todes und die Felsen des Grabes. Der Grabstein muß sich heben zum Zeichen, daß Jesus in dem Maß, wie Er vorher kraftlos war und nichts mehr gegen Seine Feinde unternehmen konnte, nun in allgewaltiger Gotteskraft und Herrlichkeit aufersteht. Denn nun hat Er den größten und allmächtigsten Feind der Menschheit, ja Gottes selbst, den Tod, bezwungen.

Das Grab neben dem Kreuz von Golgatha kündet darum auch für uns: Es gibt keinen Untergang eines Werkes, das für Gott getan ist, ohne daß ihm ein Auferstehen folgt. Es gibt kein Kreuz, daran unser Leben oder Werk zerbrochen wäre, ohne daß neues Leben daraus erwächst. Es gibt kein Leiden, und sei es das abgrundtiefste, keine Dunkelheit des Leidens, die, mit Jesus ertragen, nicht enden in der hellstrahlenden Ostersonne voll der Herrlichkeit und Freude – vorlaufend schon hier und in der

Fülle dann, wenn „kein Tod mehr sein wird noch Leid noch Geschrei" (Offb. 21,4).
Jedem, der heute zum leeren Grab kommt, ruft es nun zu: Jesus lebt, Christus siegt! Ihm ist die Macht gegeben im Himmel und auf Erden. Jesus ist der Bezwinger jeder Todesgewalt! Jesus ist Sieger über alle Seine Feinde! Jesus hat tatsächlich die Sünde unter Seine Füße getreten, denn siehe, Er ist auferstanden! Die Sünde einer ganzen Welt, die Er mit ans Kreuz genommen hatte, konnte Ihn nicht halten, Er hat darüber gesiegt, denn Er lebt! Das leere Grab ruft uns zu: Jesus hat der Schlange, die Ihn in die Ferse gestochen hat, den Kopf zertreten. Jesus zerbrach Satans Macht. Keiner kann nun noch von Satan in Bann gehalten werden, der mit dem Auferstandenen rechnet, denn siehe, Christus ist der Stärkere.
So wartet das leere Grab, daß Siegeshymnen den Auferstandenen preisen. Es ruft uns auf, in unseren Sündenkämpfen und gegenüber allen Mächten, die uns bedrängen, in jeder Ausweglosigkeit an den Einen, Stärkeren zu glauben, der jede Bindung und Macht durchbricht, denn Ihm muß sich alles zu Füßen legen, Ihm, dem Siegesfürsten Jesus Christus!
Kann dieser Sieg Jesu an der Stätte Seiner Auferstehung je genug gerühmt und besungen werden? So wartet Jesus hier ob dieser größten Tat: „Für uns erstanden" auf Anbeter, die Ihm als dem Sieger zujauchzen und die an Seinen Sieg in ihrem Leben glauben.

GEBET AM GRAB JESU

Unser Herr Jesus,
wir danken Dir an dieser Stätte, daß Dich Dein Grab nicht halten konnte, Du gemartertes Lamm, weil Du der Hölle den Lösepreis bezahlt hast. Du hast Tod und Hölle überwunden, den Grabstein durchbrochen und damit das Gefängnis unserer Sünden gewendet.
So rühme ich Deinen triumphierenden Sieg, Du auferstandener Siegesfürst, der uns zum Sieger im Kampf mit unseren Sünden macht. Ja, ich rechne mit Deinem Sieg in meinem Leben, denn Du hast ihn auch für mich errungen.
Dank, Preis und Anbetung Dir, unserem Herrn, der für uns den Tod erlitten, daß Du so herrlich erstanden bist und mir damit die selige Hoffnung geschenkt hast, als Glied an Deinem Leibe einst auch herrlich aufzuerstehen und ewig zu leben in Deinem Reich, Halleluja. Amen.

+

Aus der Nacht der tiefsten Leiden
strahlen auf die Gottesfreuden,
Jesus sprengt als Held das Grab.
Preist das Lamm, das triumphieret,
das im Tod den Feind schimpfieret,
Lieb im Leiden hat gesiegt.

SIEGESLITANEI

Jesus, Du hast zerbrochen Satans Macht, denn Du bist auferstanden. Halleluja!

Jesus, Du hast überwunden als der Löwe aus Juda, denn Du bist auferstanden. Halleluja!

Jesus, Du bist der Siegesheld, dem alle Feinde zu Füßen liegen müssen, denn Du bist auferstanden. Halleluja!

Jesus, Du hast den Tod bezwungen und läßt auch uns auferstehen in Herrlichkeit, denn Du bist auferstanden. Halleluja!

Jesus, Du bist der Sieger über alle Gewalten der Hölle und über alle Sündenmächte, auch in meinem Leben, denn Du bist auferstanden. Halleluja!

Jesus, Du bist der Durchbrecher aller Bande und hast auch meine Bande durchbrochen, denn Du bist auferstanden. Halleluja!

Jesus, Du bist der starke Erlöser, dessen Erlösung für mich vollgültig ist, denn Du bist auferstanden. Halleluja!

Jesus, Dich konnte das Grab nicht halten, und als Dein Glied kann auch mich nun mein Sündengrab nicht halten, denn Du bist auferstanden. Halleluja!

Jesus, Du bist das triumphierende Lamm, das die Sünden der Welt hinweggetragen hat, denn Du bist auferstanden. Halleluja!

Jesus, Du hast den Schlüssel der Hölle und des Todes in Händen und lebst von Ewigkeit zu Ewigkeit, denn Du bist auferstanden. Halleluja!

Jesus, Du bist der Herr, dem Macht gegeben ist im Himmel und auf Erden, denn Du bist auferstanden. Halleluja!

Jesus, Du sitzest zur Rechten der Majestät Gottes und richtest auf Dein ewiges Reich über alle Reiche der Welt, denn Du bist auferstanden. Halleluja!

Er bricht hervor aus Grabesnacht,/die Oster-
son-ne hell anlacht / den Held aus Ja-kobs
Stam-me./ Und Wächter fal-len um wie tot,/
be-endet ist die Kreuzesnot: / Christus ist

Es singt vom Sieg die Himmelswelt,
sie rühmt: Er hat den Feind gefällt,
der Ihn gebracht ans Kreuze.
Nun Feindesmacht zerbrochen liegt,
Jesus hat triumphiert, gesiegt,
es lacht die Ostersonne.
Christus ist auferstanden!

Der Held aus Jakobs Stamm voll Macht
hat uns das göttlich Leben bracht,
des Todes Bann zerbrochen.
Und tote Herzen sind erwacht,
weil sie der Ostersieg anlacht,
sie lieben, jauchzen, beten.
Christus ist auferstanden!

Ja, wer vom Ostersieg entfacht,
des Herze jauchzt und siegend lacht
ob allem Dräun des Feindes.
Es rühmt mein Herz, den Sieger kennt
und selig Jesu Namen nennt,
es singt: Jesus ist Sieger!
Christus ist auferstanden!

ZIONSBERG

ABENDMAHLSSAAL UND PFINGSTGEMACH

Wie oft hören wir in Gebeten, Liedern und Psalmen den Namen »Zion« erklingen. Und nun sind wir wirklich zum Berg Zion gekommen, obgleich hier nicht das eigentliche »Zion« ist, die Davidsstadt, denn diese lag südlich der Altstadtmauer und des Tempelplatzes auf dem Berg Ophel und ist nicht mehr erhalten. Aber gerade dieser heutige »Zionsberg« außerhalb des Zionstores, an der Südwestseite der Altstadt, von Westen her das Ben-Hinnom-Tal überragend und von Osten her hoch über dem Kidrontal, umschließt bedeutsamste Heilsgeschichte für uns. Gedenkt man doch hier in einem Saal zugleich der Stiftung des Heiligen Abendmahls und der Ausgießung des Heiligen Geistes zu Pfingsten.

Viele Wege führen auf den Zionsberg, so die Straße außerhalb der Altstadtmauer – entweder vom Osten her am Misttor vorbei oder vom Westen durch das Ben-Hinnom-Tal, wo sie dann den südlichen Bergabhang hinaufführt. Vom Jaffator aus können wir auf einem Fußweg zum Zionsberg gelangen durch Gartenanlagen außerhalb der Altstadtmauer oder aber auf der Straße innerhalb der Altstadtmauer, vorbei am armeni-

schen Patriarchat und durch das Zionstor. Von dort herkommend, sehen wir rechter Hand eine neue armenische Kirche, über dem sogenannten Kaiphashaus erbaut. Kurz danach führt ebenfalls nach rechts ein Weg ab zum Eingang der Dormition-Kirche, in der des Heimgangs von Maria gedacht wird (lat. dormitio – einschlafen). Dieser wuchtige Rundbau und der Turm der Benediktinerabtei machen heute den Zionsberg von weitem kenntlich.
Wir erreichen nun den gepflasterten Hof, von Gebäuden verschiedenen Stiles und aus verschiedenen Bauperioden umgeben. Gegenüber der Dormition-Abtei betreten wir durch eine Bogentür mit orientalischen Ornamenten den Innenhof eines Gebäudes, und der etwas winkelige Weg zum Abendmahls- und Pfingstsaal führt weiter über eine Außentreppe an der rückwärtigen Seite des Gebäudes zu dessen Obergeschoß. Von einem Vorraum aus gelangen wir dann in einen schlichten Saal in gotischem Stil, in dem als einziges kleines christliches Zeichen an einem Säulenknauf der Pelikan – seine Brust aufreißend zur Speisung seiner Jungen – zu sehen ist. Dieser Saal liegt unmittelbar über einem jüdischen Heiligtum, in dem das Grab des Königs David verehrt wird. Eine Gebetsnische, Reste von Glasfenstern mit islamischen Mustern und Inschriften aus dem Koran lassen uns erkennen, welch wechselvolle Geschichte über diese uns so heilige Stätte des Abendmahls- und Pfingstsaals gegangen ist. Es drängt uns, Dank, Liebe und Hingabe unserem Herrn Jesus Christus hier zu bringen, wo Er mit Seinen Jüngern die letzten Stunden vor Seinem Leidensweg zusammen war, wo Er sich ihnen und uns in Seinem Mahl schenkte. Hier möchten wir vor allem auch danken und anbeten für die Gabe des Heiligen Geistes.

Direkt neben dem Abendmahlssaal liegt ein kleiner franziskanischer Konvent mit Kapelle als Gebetsstätte. Im Abendmahlssaal selbst sind öffentliche Gottesdienste nur am Gründonnerstag und an Pfingsten erlaubt. Er ist geöffnet von 8.30 Uhr bis Sonnenuntergang.

GESCHICHTLICHES

Über die Lage des Hauses, in dem Jesus das letzte Mahl mit Seinen Jüngern hielt, findet sich in den Evangelien nur die Angabe, daß ein Wasserträger den Jüngern den Weg dahin zeigen sollte. Markus und Lukas gebrauchen dabei das Wort »katalyma« (Mark. 14, 14; Luk. 22, 11), das allgemein »Empfangsraum« für Gäste bedeutet. Dann heißt es, daß den Jüngern ein besonderer Saal gezeigt wurde – ein »anagaion«, genauer »Obergemach« (Mark. 14, 15; Luk. 22, 12). Das war wohl ein aufgebautes Stockwerk, und demnach kehrte Jesus für das festliche Passah in ein wohlhabendes Haus ein. Doch da in den Evangelien jeder Hinweis auf seine Lage in der Stadt fehlt, ist auch die Tradition aus der Frühzeit der Christenheit unsicher.
Die Stätte des Pfingstgemaches dagegen hat eine alte und durch Quellen verbürgte Überlieferung auf dem Berg Zion. Ja, diese Überlieferung hat dem Berg überhaupt den Namen gegeben. Weil dort der erste Versammlungsort der Urgemeinde war, die sich als Inbegriff der ganzen Gottesgemeinde das neutestamentliche Zion nannte, wurde der Name Zion von der alten Davidsstadt auf dem Ophel hierher übertragen. Über diesem Versammlungsort wurde die erste Kirche gebaut, »die Mutter der Kirchen«. Sie blieb offensichtlich bei der Zerstörung Jerusalems 70 n. Chr. erhalten, weil das westliche Jerusalem, die Oberstadt, von den Kämpfen und der Zerstörung verschont blieb.

Epiphanius, ein Bischof, der 315 in Judäa geboren wurde, berichtet, daß Kaiser Hadrian bei seiner Inspektionsreise nach Jerusalem 130 alles zerstört fand, »ausgenommen einige Häuser und die kleine Kirche Gottes, die an dem Ort war, wo die Jünger, zurückgekehrt nach der Himmelfahrt Jesu, in den Obersaal (hyperoon) hinaufstiegen auf den Zion«. Damit ist bezeugt, daß man damals den Zion für das Heim der Jünger nach der Himmelfahrt und den Ort der Geistesausgießung an Pfingsten hielt. Doch nach dem Zeugnis der Nonne Aetheria, die um 385 die österliche Liturgie auf dem Zion miterlebte und beschrieb, sah man diesen Ort auch als die Stätte der Erscheinungen des Auferstandenen an, wie sie in Lukas 24, 36–49 und Johannes 20, 19–29 geschildert werden, und als Versammlungsort der Jünger schon seit Jesu Tod.
Jedoch schloß diese Kleine Kirche Gottes an der Stelle des Obergemaches noch nicht das Gedächtnis an die Einsetzung des Abendmahles ein. Wenn auch in der Abendmahls- wie in der Pfingstgeschichte im Deutschen das Wort »Obergemach« steht, so sind es aber im Griechischen verschiedene Ausdrücke. Das »hyperoon« des oben erwähnten Epiphaniusberichtes wird auch von Lukas in Apostelgeschichte 1, 13 als Bezeichnung für den Mittelpunkt der ersten Christen gebraucht, nicht aber »anagaion«, womit er in seinem Evangelium – Kapitel 22, 12 – den Abendmahlssaal bezeichnet. Doch schon um 400 kam in Syrien die Ansicht auf, daß die beiden Obergemächer gleichzusetzen seien. Das ergab sich aus der syrischen Übersetzung, die wie die deutsche für die beiden griechischen Wörter »anagaion« in Lukas 22, 12 und »hyperoon« in Apostelgeschichte 1, 13 das gleiche syrische Wort hat. Aber auch in Jerusalem selbst finden wir um 450 bis

500 die Annahme, daß Pfingstgemach und Abendmahlssaal am selben Ort seien, wie aus den liturgischen Ordnungen jener Zeit hervorgeht.
Dennoch konnte sich das Gedächtnis des Abendmahls in der Zionskirche nur sehr langsam durchsetzen. Verschiedene Pilgerberichte aus dem 6. Jahrhundert geben andere Überlieferungen für den Ort des Abendmahls weiter, so etwa die Verratsgrotte. Doch ist es wohl nicht fernliegend zu denken, daß die Jünger nach Ostern an der Stätte des letzten Passahmahles zusammenkamen. So ist dieser Saal trotz der nicht eindeutig klaren Überlieferung wohl ein rechter Gedenkort für die Stiftung des Heiligen Abendmahles.
Nachdem um 340 über der Kleinen Kirche Gottes eine große Basilika, die Oberkirche oder Hagia Sion erbaut worden war, wurde diese wie fast alle Kirchen im Heiligen Land 614 durch die Perser zerstört. Wieder aufgebaut und erneut zerstört, erstand sie in der Kreuzfahrerzeit noch einmal. Seit dieser Zeit umschloß die Kirche auf dem Zion außerdem das Gedächtnis an den Sterbeort Marias, dem wohl eine besondere Kapelle innerhalb der Kirche geweiht war; denn es war eine alte Überlieferung, daß nach der Himmelfahrt Jesu die Mutter Maria hier gelebt habe und gestorben sei. Diese Tradition wird fortgeführt von der heutigen Dormition-Kirche, die durch den deutschen Benediktinerorden erbaut wurde, nachdem der deutsche Kaiser 1898 vom damaligen Sultan die Erlaubnis zum Erwerb des Grundstücks erhalten hatte.
Schon im 9. und 10. Jahrhundert verlegte die Volksmeinung auch das Grab des Königs David auf den Zionsberg, obgleich dafür keine historischen Voraussetzungen waren. Daraus ist heute das jüdische Heiligtum unter dem Abendmahlssaal geworden.

ZIONSBERG

Die stark beschädigte Kirche aus der Kreuzfahrerzeit wurde 1333 vom König von Neapel erworben und den Franziskanern übergeben. Diese stellten den Abendmahlssaal wieder her und gaben ihm seine heutige Form. Durch die Jahrhunderte wechselte der Ort mehrmals seine Besitzer. 1524 wurden die Franziskaner ganz vertrieben, und der Abendmahlssaal diente zeitweise sogar als Moschee. Bis heute haben weder die Franziskaner noch andere Christen Anrecht auf diese heilige Stätte. Wie schon erwähnt, dürfen nur am Gründonnerstag und an Pfingsten offizielle Gebetsversammlungen stattfinden. Der Zionsberg wird heute vor allem geprägt von jüdischen Gebetsstätten, Thoraschulen und der Gedächtnisstätte für das sogenannte Davidsgrab.

AUS DER HEILIGEN SCHRIFT

Jesus sprach zu Petrus und Johannes: Gebt acht! Sobald ihr in die Stadt hineinkommt, wird euch ein Mann begegnen, der einen Krug mit Wasser trägt; folgt ihm in das Haus, in das er hineingeht, und sagt dem Hausherrn: Der Meister läßt dich fragen: Wo ist der Speisesaal, darin ich das Passahlamm mit meinen Jüngern essen kann? Dann wird er euch ein geräumiges, mit Tischpolstern ausgestattetes Obergemach zeigen: dort richtet das Mahl zu! Sie gingen hin und fanden es so, wie er ihnen gesagt hatte, und richteten das Passahmahl zu.
Als es dann Abend geworden war, setzte er sich mit den zwölf Jüngern zu Tisch. Da sagte er zu ihnen: Herzlich habe ich mich danach gesehnt, dieses Passahmahl vor meinem Leiden noch mit euch zu essen; denn ich sage euch: Ich werde es nicht mehr essen, bis es im Reich Gottes seine Vollendung findet. – Und während des Essens sprach er: Wahrlich, ich sage euch: Einer von euch wird mich verraten. Da wurden sie tief betrübt und fragten ihn, einer nach dem andern: Ich bin es doch nicht etwa, Herr? Da antwortete Jesus: Der ist es, dem ich den Bissen eintauchen und reichen werde. Darauf tauchte er den Bissen ein und reichte ihn Judas, Simons Sohn, dem Ischariot. Und nachdem dieser den Bissen genommen hatte, fuhr der Satan in ihn, und er ging sogleich hinaus. Es war aber Nacht.

ABENDMAHLSSAAL

Da sie aber aßen, nahm Jesus das Brot, sprach den Lobpreis, brach das Brot und gab es den Jüngern mit den Worten: Nehmet, esset! Dies ist mein Leib! Dann nahm er den Kelch, sprach das Dankgebet und gab ihnen den mit den Worten: Trinket alle daraus! Denn das ist mein Blut des neuen Bundes, das für viele vergossen wird zur Vergebung der Sünden.

Aus Matthäus 26, Lukas 22, Johannes 13

DER ABENDMAHLSSAAL – EIN RUF AN UNS

Im Abendmahlssaal gedenkt man daran, wie Jesus sich mit Seinen Jüngern versammelte, das letzte Passahmahl zu halten, ehe Er den Gang zum Kreuz antrat. Hier hat Er Seine Abschiedsreden gehalten, die von einem wunderbaren Glanz überstrahlt sind, wie es nur Reden vor dem Tod eines solchen Herrn sein können, und die Jesu letztes Vermächtnis enthalten. Darin ist noch einmal eingefangen, wer dieser Abschiednehmende ist und was Er als Größtes und Bestes denen, die Er liebte, gegeben hat und bleibend mitgeben will.

In dieser Stunde, als Jesus sich also anschickt, in den martervollsten Tod zu gehen, spricht Er überwältigenderweise nicht von sich, sondern ist in Liebe mit Seinen Jüngern beschäftigt. Obgleich Er sieht, daß die Nacht und damit die Herrschaft der Finsternis gekommen ist, daß einer Seiner Jünger Ihn verraten, Seine andern Jünger Ihn verlassen werden, ja Sein Jünger Petrus Ihn verleugnen wird, sagt Er ihnen Worte voller Dank und Liebe. Ja, Er dankt diesen Jüngern, die Ihm Herzeleid über Herzeleid in nächster Stunde bringen werden, daß sie bei Ihm ausgehalten haben in Stunden der Anfechtung, und verheißt Höchstes, daß Er ihnen die Wohnungen droben im Himmel bei Seinem Vater bereiten werde (Luk. 22,28 u. 29). Mehr noch, Er verheißt

ihnen, daß Er wiederkommen und Wohnung bei ihnen machen will, daß Er ihnen den Tröster, den Heiligen Geist, senden will und daß sie wie jetzt Sein Leiden, so einst Seine Herrlichkeit in alle Ewigkeit teilen dürfen.
Solche Worte kann nur der aussprechen, dessen Herz ganz von Liebe erfüllt ist, Liebe zu denen, die Ihn kränken und verlassen, Liebe zu Verrätern. Hier wird offenbar, wie Jesus Menschen voll Dunkel und Sünde mit dem Blick der göttlichen Liebe ansieht. Obwohl Er all das Furchtbare weiß, das Seine Jünger tun werden, sieht Er über alles Sündigen und Leiden hinweg als der viel Größere, als die Liebe, die darüber triumphiert und den königlichen Blick des Glaubens hat. Diese göttliche Liebe glaubt und hofft alles für die sündigen Geschöpfe und sieht darum die Menschen, die ihr solch unendliche Not machen, mit Augen an, welche schon erblicken, was sie aus diesen Menschen machen will und wird. Ja, der Blick der Liebe Jesu geht bis hin in die Ewigkeit – zum Reich Gottes, in das die Seinen als Erlöste Seiner Liebe für immer eingeordnet sind.
So kann es nicht anders sein, als daß diese Abschiedsreden in das Liebesmahl eingebettet sind, das unser Herr Jesus mit Seinen Jüngern hält. Welch ein Schmerz mag aber Jesu Herz bei diesem Liebesmahl durchzogen haben! Er hält mit ihnen das Mahl, auf daß Er einen neuen Bund, den Bund der Liebe, stiftete, der versiegelt

sein sollte durch Seinen Tod. Und in diesem Augenblick, als Er Sein Herz und Leben zum Opfer gibt als Grundlage dieses Bundes, geht einer der Zwölf, die Seinem Herzen am nächsten standen, hinaus, um seinen Meister zu verraten. Doch darum ist dies Mahl wahres Liebesmahl, da die Liebe Jesu als wahre, göttliche Liebe dennoch nicht aufhört.

Menschlich ist es kaum zu verstehen, daß unser Herr Jesus, der alles wußte und in die Herzen Seiner Jünger sah, in dieser Stunde des drohenden Verrates sprach: „Herzlich hat mich verlangt, mit euch das Passahmahl zu halten." Doch Liebe, die aus dem Herzen Gottes kommt, verlangt nach dem andern, gleich, ob er sich an ihr versündigt. Nach unserer natürlichen Art meiden wir solche Menschen, nehmen Abstand von ihnen. Jesus aber verlangt, mit ihnen zusammenzusein, mit ihnen das Mahl zu halten. So ist der Abendmahlssaal Zeuge geworden von einer Liebe, wie sie sonst nicht auf der Welt zu finden ist. Das ist die Liebe dessen, der vom Himmel herabgekommen war, uns das wahre, göttliche Leben, das Liebe ist, wiederzubringen. Er hat an sich selber dargestellt, was Liebe ist, die sich nicht erbittern läßt, die vergibt und für die Feinde in den Tod geht, die im Angesicht ihrer Sünde dem Triumph der Erlösung glaubt.

Ach, wer sollte nun nicht glauben, wenn er das Heilige Mahl nimmt, daß Jesus, die ewige Liebe, sich darin selber schenkt und wir dadurch teilhaben an Seinem Wesen? Hat Er doch gesprochen: „Wer mein Fleisch isset und trinket mein Blut, der hat das ewige, nämlich das göttliche Leben" (Joh. 6,54). Darum ist die Bedeutung des Abendmahles als ein Geschenk vom Himmel für uns nicht genug zu rühmen. Hier heißt es wirklich: Kommt und werdet satt an den reichen Gütern Seines Hauses! Seele, Leib und Geist empfangen in dieser Gabe Jesu das, wessen sie zur Stärkung und Erneuerung bedürfen. Denn in diesem Mahl werden wir mit Jesus selbst vereinigt und in die Gemeinschaft Seiner Liebe und Seines Leidens hineingenommen.

So können wir nicht anders, als an dieser Stätte des Gedächtnisses an das Abendmahl die unbegreifliche Liebe Jesu anzubeten. Hier müssen wir Ihm die Antwort auf diese Liebe, mit der Er den Bund der Liebe in Seinem Mahl geschlossen hat, geben. Das soll unsere Hingabe sein, Ihm nachzufolgen, indem wir unsere Brüder lieben und unser Leben zum Opfer für sie geben. In Seinem Heiligen Mahl will Er uns die Liebe, die solches vermag, schenken.

GEBET IM ABENDMAHLSSAAL

Unser Herr Jesus,
wir danken Dir, daß Du wie einst zu den Jüngern auch zu uns sprichst: „Mich hat herzlich verlangt, das Abendmahl mit euch zu halten", weil Deine Liebe zu uns drängt, sich mit uns sündigen Menschen zu vereinen. Wir danken Dir, daß Du in Deinem Mahl, darin Du selber zu uns kommst, uns diese Vereinigung schenkst und uns teilhaftig werden läßt des ewigen, göttlichen Lebens. Wir beten Deine Liebe an, die uns nicht nur mit mancherlei Gaben, sondern mit Dir selber, mit Deinem kostbaren Fleisch und Blut beschenkt, auf daß wir Vergebung der Sünden und Anteil an Deinem göttlichen Wesen haben.
Lieber Herr Jesus, den Ruf Deiner Liebe will ich hören und mit meiner Liebe beantworten. Voller Freuden will ich auf Deine Einladung zu Dir eilen und mich mit Dir vereinen lassen. Erhöre mein Gebet und laß mich beim Genuß Deines Mahles Deiner Liebe teilhaftig werden. Amen.

+

Das Abendmahl – ein Freudenmahl der Sünder, die Vergebung empfangen – ein Liebesmahl, darin sich Gott mit dem Menschen eint – ein Mahl der Bruderliebe, die aus solcher Liebesgemeinschaft quillt.
Welch ein Mahl, das hier schon den Himmel für uns anbrechen läßt in der Gegenwart Gottes, in Liebe und Freude!

Mahl des Her-ren, Liebesmahl / mit den Jüngern
Seiner Wahl / und mit Seiner ganzen Gemein. / Er sich
schenkt in Fleisch und Blu-te, // dass es Sün-dern
komm zu gu-te, // se-li-ger Ver-ge-bung Mahl.

Mahl des Herrn, da Er reicht dar
einst wie heut der Jüngerschar
sich als Liebesopfer selbst.
Brot und Wein, Sein eigen Leben
ist für Sünder hingegeben;
Wunder, das zu fassen nie.

Mahl des Herrn, den neuen Bund
Jesus uns darin macht kund;
wir sind ganz mit Ihm vereint.
Bund mit Ihm, der ewgen Liebe,
da Er Geist und alle Triebe
eint zu einem Fleisch, Gebein.

Mahl des Herrn, das uns geschenkt,
in uns göttlich Leben senkt,
wenn wir trinken, Herr, Dein Blut.
Ja, im Brot mit Deinem Leibe
reichst Du dar uns eine Speise,
die von Grund auf uns erneut.

Mahl des Herrn, o sei gepreist,
du uns große Gnad erweist:
Wir empfangen Jesus selbst,
Ihn in Seinem Leben, Leiden;
dazu will das Mahl bereiten.
Ewig Dank sei Dir, dem Herrn.

PFINGSTGEMACH

AUS DER HEILIGEN SCHRIFT

Als es nun an jenem Tage, dem ersten Wochentage, Abend geworden war und die Türen an dem Ort, wo die Jünger sich befanden, aus Furcht vor den Juden verschlossen waren, kam Jesus, trat mitten unter sie und sagte zu ihnen: Friede sei mit euch! – Acht Tage später befanden sich seine Jünger wieder im Hause, und Thomas bei ihnen diesmal. Da kam Jesus bei verschlossenen Türen, trat mitten unter sie und sagte: Friede sei mit euch! Johannes 20, 19 u. 26

Als Jesus seine Jünger versammelt hatte, befahl er ihnen, daß sie nicht von Jerusalem wichen, sondern warteten auf die Verheißung des Vaters: denn ihr werdet mit dem Heiligen Geist getauft werden, und zwar nicht lange nach diesen Tagen. – Nach diesen Worten wurde er vor ihren Augen emporgehoben. Da kehrten sie um gen Jerusalem.

Als sie dort angekommen waren, gingen sie in das Obergemach des Hauses hinauf, wo sie sich aufzuhalten pflegten. Sie waren dort stets beieinander einmütig und andauernd im Gebet samt den Frauen, besonders auch mit Maria, der Mutter Jesu, und mit seinen Brüdern.

Aus Apostelgeschichte 1,4-9 und 12-14

Als dann der Tag des Pfingstfestes herbeigekommen war, befanden sie sich alle an einem

Ort beisammen. Da entstand plötzlich ein Rauschen vom Himmel her, wie wenn ein gewaltiger Wind daherfährt, und erfüllte das ganze Haus, in welchem sie weilten. Und es erschienen ihnen Zungen wie Feuer, von denen sich eine auf jeden von ihnen niederließ; und sie wurden alle voll des Heiligen Geistes. Apostelgeschichte 2,1 - 4a

+

Heilgen Geistes Pfingstgemach,
alles rufet, jauchzt und lacht,
Feuer kam hernieder.
Hier seist Du gebenedeit,
Heilger Geist zu jeder Zeit,
Hier ließt Du Dich nieder.
Braut von Seinem Fleisch, Gebein,
Gottes heilige Gemein,
hier ist sie geschaffen.

Schöpfungswunder hier geschah,
Brautgemeinde Er gebar,
Wunderwerk des Himmels.
Schöpfungswunder hier geborn,
Wunder für die größten Tor'n,
Ecclesia Gottes!
Heilger Geist, Du kamst herab,
Heilger Geist, Du Gottesgab,
wer Dein Wirken fasset?

DAS PFINGSTGEMACH – EIN RUF AN UNS

An ein anderes gewaltiges Ereignis der Heilsgeschichte erinnert uns die Gedenkstätte des Abendmahles: die Ausgießung des Heiligen Geistes.

Hier ist ein Wunder geschehen, über dem wir bis heute staunen und anbeten, ein Wunder, so gewaltig und für Menschen unvorstellbar, wie es bisher noch nie dagewesen war.

Der Heilige Geist, die dritte Person der Gottheit selbst, kommt wie Windesbrausen zur Erde, ja, Er läßt sich an einer bestimmten Stätte nieder, in dem Obergemach hier auf dem Zionsberg. Und Er sucht bestimmte Menschen heim: die Jünger, dies armselige Häuflein von Versagern, die nicht Glauben gehalten und die ihren Herrn auf Seinem Passionsweg im Stich gelassen hatten. Doch gerade zu ihnen, die so arm und bedürftig sind, kommt der Heilige Geist. An ihnen kann Er erweisen, welch ein Schöpfergeist Er ist, wie Er tote Herzen zum Leben erweckt, wie Er verzagte und ängstliche Herzen voll Mut und Zeugenkraft macht, wie Er große Verwandlungen in Menschenherzen vollbringt.

Wir hören in Apostelgeschichte Kapitel 4,31, als die Jünger, die Gemeinde zusammen beteten, daß die Stätte sich bewegte. Wie mag die Stätte sich hier aber erst bewegt haben, als es der

Heilige Geist selber war, der die Fülle der Gnade zu den Menschen im Obergemach herniedertrug. In Feuerzungen ließ Er sich auf die Häupter der Jünger hernieder und brachte Liebesglut und Leidensmut mit sich, entflammte sie ganz für Gott, Sein Werk zu treiben. Kann es anders gewesen sein, als daß die Jünger vom Heiligen Geist wie berauscht waren? Hatte sie doch des Geistes Brausen mit solch einer Macht erfaßt, daß sie wohl zugleich jauchzten und weinten und in den verschiedenen Sprachen reden mußten, weil sie so erfüllt waren mit aller Gottesfülle.

Ja, etwas aus Gott selber senkte Gottes Geist in die Herzen hinein, entzündete Gottes Liebe in ihnen als eine verzehrende Glut, die nicht mehr mit Menschenworten auszusagen war. Glutströme goß der Geist Gottes in ihre Herzen aus, so daß sie, von der Glut der Liebe zu Gott erfaßt, von Jesus künden mußten, koste es, was es wolle.

Ahnen wir, welch glückliche Stunde es war, als das Pfingstwunder geschah? Wahrlich, es war ein seliges Pfingsten, da das Feuer der Liebe so hell brannte, daß es nicht nur die Liebe zu Gott entfachte, sondern auch die Liebe zum Bruder, die mit ihm alles teilen und gemeinhaben will. Da wurde nun diese Schar ein Herz und eine Seele, weil sie durch den Heiligen Geist von der Liebe Gottes getrieben war. Wer sollte den Geist Gottes, die dritte Person der Gottheit, nicht anbeten, die so gewaltige Dinge tut?

Als Schöpfergott erweist sich der Heilige Geist, der hier eine Gemeinde erschuf, die bis auf den heutigen Tag besteht. Wer sollte Ihn nicht lieben und Ihm dafür Ehre und Dank geben heute? Denn heute ist Er noch derselbe wie damals und eifert, das Reich Gottes schöpferisch unter uns zu gestalten.

So kommt Er auch heute noch auf armselige, bedürftige Menschenkinder hernieder, wenn sie Ihn anhaltend, einmütig und an die Verheißung Gottes glaubend erflehen. Heute läßt Er Menschen wiedergeboren werden durch Seine lebenschaffende Kraft. Heute verwandelt Er Menschen und gießt in ihr Herz die Glut der göttlichen Liebe – und heute macht Er als Geist der Freude Menschenherzen voll Jauchzens, Lachens und Singens. Heute eint Er zerteilte Glieder am Leibe Jesu in der Liebe Gottes. Heute schenkt Er Seine Gnaden und Gaben, wie sie die Schrift nennt: die Gaben der Erkenntnis, des Glaubens, der Weisheit, des Weissagens, des Zungenredens, der Wundertaten. Heute noch arbeitet Er unermüdlich an unseren harten Herzen, die Ihm so viel widerstehen und Ihn betrüben, bis Er uns in das Bild Gottes verwandelt hat. Er wartet nun auch heute, daß wir sprechen: „Ich glaube an den Heiligen Geist", und unsere Herzen Ihm glaubend und flehend entgegenstrecken. Denn Jesus hat gesagt: „Wenn ich von euch gehe, werde ich euch den heiligen Geist herniedersenden" (Joh. 16,7).

Und sollte Jesus nicht gerade heute, da Sein Kommen vor der Tür steht, neu ein Pfingsten schenken wollen in Seiner Gemeinde, Seinem Leib? Sollte Er Seine Gemeinde, die Er an jenem Pfingsttag hier im Obergemach als Seine Braut geboren werden ließ, nicht durch Seinen schöpferischen Geist vollenden wollen? Ja, Er wartet darauf, sie „geschmückt" zu finden, um sie als der wiederkommende Herr zu Seiner Hochzeit zu holen. Dazu will Sein Heiliger Geist die bereiten, die sich von Ihm verklären lassen wollen in das Bild Jesu.

+

Die Jünger hinter verschlossenen Türen
im Obergemach vereinet stets sind,
sie beten und warten und wachen und beten,
daß Jesu Verheißung sich einmal erfüll.

Ihr Herz ist voll Sehnen und großem Erwarten
nach Unaussprechlichem, das soll geschehn,
die Seelen dem Himmel sich strecken entgegen,
daß mög sie berühren ein göttliches Licht.
Sie beten und warten und wachen und beten,
ob Jesu Verheißung sich heute erfüll.

PFINGSTGEMACH

Und wieder an einem neu kommenden Morgen
die Jünger vereint sind im Obergemach,
als mächtig rauschen des Geistes Flügel,
ein Brausen im ganzen Gemach sich erhebt,
und Feuerzungen nun sprühen hernieder,
es glühet und brennet ihr Herze in Glut.

O seliges Pfingsten, das brachte Erfüllung
und taufte mit Feuer und göttlicher Kraft;
denn Freude und Jubel ergreift nun die Jünger,
ihr Sinn wird voll Glaube und Stärke und Glut.
Jesus, ihr Herre, Er läßt sie nicht Waisen,
im Heiligen Geist Er kommt voller Macht.

Sie jauchzen, sie singen, voll Mut sie bekunden,
wie Jesus, ihr Herr, so glückselig sie macht.
Es bebet die Stätte, und Tausende hören,
der Geist sie erfasset, sie werden voll Reu;
ihr Herze nun weinet, ihr Herze nun lachet,
ohn Scheu sie bekennen nun Jesus voll Freud.

O seliges Pfingsten, glückselige Stunde,
es rufet und jauchzet aus Tausender Mund:
Vergebung der Sünden, sie ist uns geschenket,
von neuem geboren uns hat Gottes Geist!
O selige Freude, der Geist kam hernieder
mit Brausen und Zungen und feuriger Glut.

GEBET IM PFINGSTGEMACH

O Herre Geist,
wir danken Dir, daß Du hier mit einem mächtigen Brausen herniederkamst und die Kirche Jesu Christi geboren werden ließest. Wir danken Dir, daß hier Jünger von der Liebe entflammt und mit reichen Gaben des Geistes beschenkt wurden. Und wir rühmen Deine Kraft, der Du aus Feiglingen Bekenner, glühende Zeugen und Märtyrer werden ließest. Wir danken Dir für dieses Pfingstwunder, daß Du Dich als der schöpferische Geist bewiesen hast, der dem ruft, was nicht ist, daß es sei: eine neutestamentliche Gemeinde, der mystische Leib Christi, voll von Kräften der Liebe, des Gebets und der Opfer, voll der Gnaden und Geistesgaben.
Hier an dieser Stätte will ich im Angesicht aller mir fehlenden Gnaden und Gaben sprechen: Ich glaube an Dich, Herre Heiliger Geist, an Dein schöpferisches Wirken. Du wirst auch bei mir dem, was nicht an Bekennermut, Liebesglut und Opfergeist da ist, rufen, daß es sei, und mir von Deinen Gaben schenken.
Ich danke Dir, daß Du an meinem harten Herzen so unermüdlich arbeitest, damit ich verklärt werde in Jesu Bild, in Sein Bild der Liebe. So bitte ich Dich, entfache mich zur Liebe zu allen Brüdern, auch in anderen Konfessionen, auf daß die Welt an unsrer Liebe zueinander erkennen kann, daß Jesus, das Haupt Seines Leibes, die ewige Liebe ist. Amen.

ANBETUNG DEM HEILIGEN GEIST

O Heiliger Geist, sei benedeit,
Du Feuerflamme Gottes, des Allerhöchsten, der Du herniederkommst auf uns sündige Menschenkinder, uns zu entzünden zur Glut der Gottesliebe!

O Heiliger Geist, sei benedeit,
Du Geist des Lebens, der Du Totengebeine lebendig machst und als Odem Gottes unsere toten Herzen anhauchst, daß wir zum Leben erwachen und unseren Heiland und Erretter preisen.

O Heiliger Geist, sei benedeit,
Du Geist der Kraft und Stärke, der Du zerbrichst das Hohe und Erhabene und erniedrigst die Stolzen, daß der Eine, Gott allein, hoch sei.

O Heiliger Geist, sei benedeit,
Du Gottesgeist, der Du aus Gott kommst und die Tiefen der Gottheit erforschst und sie denen kundtust, die Gott lieben.

O Heiliger Geist, sei benedeit,
Du Geist der Freude, der Du die Traurigen tröstest, bekümmerte Herzen voll Lachens machst und sie erfüllst mit dem Glanz Gottes.

O Heiliger Geist, sei benedeit,
Du Geist der Wahrheit, der Du dem Schwerte gleich scheidest Mark und Bein und richtest die Gedanken und bringst das Verborgene des Herzens ans Licht.

O Heiliger Geist, sei benedeit,
Du strahlst in der Finsternis als das helle Gotteslicht und erleuchtest uns, daß wir den Weg Gottes erkennen und nicht zu irren brauchen.

O Heiliger Geist, sei benedeit,
Du schöpferischer Geist, der Du Menschenkinder von neuem geboren werden läßt und Sünder zu Gottes Kindern machst.

O Heiliger Geist, sei benedeit,
Du Geist der Vollendung, der Du das Bild Gottes in uns sündigen Menschenkindern gestaltest und vollendest zur göttlichen Klarheit.

O Heiliger Geist, sei benedeit,
Du fährst wie Windesbrausen durch Himmel und Erde und erfüllst Deine Gemeinde mit dem Geist der Anbetung und des Dankes.

O Heiliger Geist, sei benedeit,
Du ewiger Geist, der Du bist und warst, Du bist dem Vater und dem Sohn gleich und eins mit Ihnen als ewige Gottheit. Anbetung Dir!

Gross und mäch-tig, voll der Gnaden,/
Gottes Tau-be, schwer ge-laden,/ zu dem
Söl-ler kam her-ab;/ mäch-tig schlug sie
ih — re Flügel,/ da sie flog zum Zi-ons-

Hört, es tönt ein mächtig Brausen,
Heilger Geist wie Windessausen
auf die Jünger kommt herab.
Heilig werde hier besungen,
daß der Geist in Feuerzungen
Jesu Jünger heiß entflammt.

Herz und Leiber werden trunken,
und, in Gottes Lieb versunken,
künden sie, was Gott getan.
Ganz entzündt, mit neuen Zungen
Jesus muß nun sein besungen,
weil die Glut im Herzen brennt.

Heilge Stund, Gemach der Gnaden,
da sich Gott selbst eingeladen,
zu dem Söller kam herab!
In dir sei der Geist verehret,
der solch Gnade hat bescheret
Seiner ganzen Christengemeind.

Pfingstgemach, 12. 11. 1959

An Pfingsten verschenkte der Heilige Geist Seine Gaben verschwenderisch.
Und heute ist Er noch derselbe Geist, der uns die Fülle Seiner Gaben bringen will – doch wer kommt bittend mit leeren Händen zu Ihm? Nur die unter ihrer Armut leiden, werden von Ihm reich beschenkt.

+

Es heißt, auf das leiseste Mahnen des Heiligen Geistes zu hören; denn nichts ist so zart wie der Heilige Geist, und Er geht von uns, wenn wir Ihn betrüben.

+

Sprich im Anblick deiner Armut und des Chaos deiner Seele:

„Ich glaube an den Heiligen Geist –
an Sein göttliches Wirken und Schaffen",

und dein Glaube wird dich Sein Wunderwirken an dir erfahren lassen.

EMMAUS

Wir wollen uns auf den Weg nach Emmaus machen. Zwei Orte werden heute hauptsächlich als das biblische Emmaus besucht: El-Qubeibeh und Amwas-Latrun. Ein weiterer Ort ist außerdem mit dieser Tradition verknüpft: Abu Gosh.
Nach El-Qubeibeh, das 19 km Fahrweg von Jerusalem entfernt liegt, fährt man vom Damaskustor auf der Nablusstraße in nördlicher Richtung. Rechter Hand sehen wir den Mount Scopus (Berg der Beobachtung) mit der hebräischen Universität, der an den Ölberg anschließt. Von der ansteigenden Straße können wir – zurückschauend – den schönen Blick auf Jerusalem genießen.
Auf dieser Straße sind wir in einer Umgebung voll von biblischen Erinnerungen. Fast jedes Dorf dieser Gegend ist in der Heiligen Schrift erwähnt, jeder Hügel und jedes Tal ist mit der biblischen Vergangenheit verwoben.
Rechts zweigt bald eine Straße nach Anata ab, dem Anatoth der Bibel, der Heimat des Propheten Jeremia

(Jer. 1, 1; 32, 7). Nun sind wir in Shufat, einem modernen Vorort Jerusalems, aber zur Linken ist das alte Dorf Shufat, das seinen Namen nach dem König Josaphat hat. Zur Rechten sehen wir einen markanten Hügel, Tell el-Ful (Bohnenhügel). Das ist der Ort des alten Gibea von Benjamin (Jos. 18, 28). Später wurde es auch Gibea Sauls genannt, weil es der Geburtsort und die Residenz des ersten Königs von Israel war, wie Ausgrabungen bestätigten (1. Sam. 10, 26; 13, 1–16). 3 km weiter zweigt eine Straße rechts ab nach Er-Ram, dem biblischen Rama, einer Levitenstadt in Benjamin (Jos. 18, 25). Nach dem Fall Jerusalems unter Nebukadnezar wurde hier der Gefangenenzug nach Babylon gesammelt und der Prophet Jeremia befreit (Jer. 40, 1 ff.).

Die nächste schmale Straße, die links einbiegt, ist unser weiterer Weg nach Emmaus-Qubeibeh. Vorbei an einem neuen Industriezentrum umgeht bald darauf die Straße das hochgelegene El-Jib (Dschib) zur Linken, das alte Gibeon (Josua 9 u. 10; 2. Chron. 1, 1–13). Hier stand der Brandopferaltar, bis Salomo den Tempel baute.

Wir fahren nun vorbei an steinigen Äckern, meist von aufgeschichteten, niedrigen Steinmauern eingefaßt, auch an Weingärten mit Türmen aus unbehauenen Natursteinen, wie sie Jesus in Matthäus 21, 33 erwähnt. Der Blick geht weit über die Berge Judäas. Wiederum linker Hand sehen wir einen steil aufragenden Berg mit dem Minarett einer Moschee auf der Spitze. Das ist der Nebi Samwil oder Mons Gaudii (Berg der Freude), wie die Kreuzfahrer ihn nannten, einer der höchsten Punkte im judäischen Bergland. Im Mittelalter führte die Straße der Pilger vom Meer her über diese Höhe, und von hier konnten sie zum ersten Mal die Stadt Je-

rusalem sehen und waren darüber voller Freude. Vom 5. Jahrhundert her gibt es eine Tradition, daß hier das Grab Samuels gefunden worden sei, das von frommen Juden heute erneut in der Krypta der verlassenen Moschee, einer früheren Kirche, verehrt wird. Aber die Bibel sagt sehr klar, daß Samuel in Rama, seiner Geburtsstadt, begraben wurde (1. Sam. 25, 1 u. 28, 3). Dies Ramathaim, heute Rantis genannt, liegt nordwestlich von Ramallah.
Nachdem kleinere Ortschaften durchquert sind, geht die Straße zuletzt scharf rechts auf unser Ziel El-Qubeibeh zu. Mit seinen Baumgruppen wirkt es wie eine Oase zwischen den kahlen Hügeln und gewährt von seiner Höhe weite Aussicht ins Bergland ringsum. Am Ortseingang beim Grundstück der Borromäerinnen vorbei, dann ein Stück durch das Dorf, erreichen wir auf der Durchfahrtsstraße bald darauf rechts den Eingang zum Anwesen der Franziskaner. Der mit hellen Platten ausgelegte Hof, von lichten Nadelbäumen umgeben, mutet uns einladend an. Von hier aus treten wir in die Kirche ein, wo uns im linken Seitenschiff Fundamente des sogenannten Kleophas-Hauses gezeigt werden. Später sehen wir noch die ausgedehnten Ruinen der breiten Römerstraße, die sich hinter der Kirche hinziehen.

Eine Rufertafel ist hinter der Kirche an einer Ruinenmauer rechts.

Die Kirche ist geöffnet: 8–11.45 Uhr, 14–17 Uhr.

A m w a s liegt etwa 25–30 km nordwestlich von Jerusalem. Man erreicht Amwas, indem man zunächst auf der Nablusstraße bis El-Bire fährt.
El-Bire ist das biblische Beeroth (Jos. 9, 17) und die

erste Raststelle der Jerusalem-Pilger auf dem Rückweg nach Galiläa, an der nach der Überlieferung Maria und Joseph den zwölfjährigen Jesus vermißten (Luk. 2, 44). Hier zweigt eine Straße westwärts ab nach Amwas, wo wir nur eine Ruinenstätte, Reste einer alten Kirche, finden, unmittelbar dahinter ein ehemaliges Kloster. In der Nähe liegt das Trappistenkloster Latrun. Heute kann man auch nach Amwas kommen auf der neuen Schnellstraße Jerusalem – Tel Aviv (Ausfahrt Ramallah).

Eine Rufertafel ist dort an der Ruine der alten Basilika gegenüber dem Eingangstor.

Das Gelände ist täglich geöffnet von 9–12 Uhr, aber meistens auch nachmittags bis 17 Uhr.

Abu Gosh, westlich von Neu-Jerusalem gelegen, mit einer sehr schönen Kreuzfahrerkirche, in deren Krypta eine alte Quelle ist, erreicht man auf der gleichen Schnellstraße Jerusalem – Tel Aviv, wenn man nach etwa 15 km auf die alte Landstraße rechts einbiegt. Es liegt unweit des alten biblischen Kirjath-Jearim (1. Sam. 7, 1).

GESCHICHTLICHES

Von Jerusalem nach El-Qubeibeh sind es in der Luftlinie etwa 12 km. Das sind 60 Stadien, also die Entfernung, die der Evangelist Lukas für den Weg der beiden Jünger nach Emmaus angibt. Dieser Ort war nach Ausgrabungen schon in der vorchristlichen Zeit bewohnt. In der Kreuzfahrerzeit, als man versuchte, den Ort für das biblische Emmaus genau zu bestimmen, gewann El-Qubeibeh gegenüber Amwas an Bedeutung, weil seine Entfernung von Jerusalem dem Lukasbericht entspricht, was bei Amwas nicht der Fall ist. Vom 13. Jahrhundert ab ging auch der Pilgerweg von Akko über Ramle und El-Qubeibeh nach Jerusalem.

Im 12. Jahrhundert errichteten die Kanoniker vom Heiligen Grab in El-Qubeibeh ein Kloster mit Kirche und Kastell. In den nächsten Jahrhunderten fiel die Kreuzfahrerkirche an diesem Ort wie die meisten anderen der Zerstörung anheim. 1861 erhielten die Franziskaner das Gelände als Schenkung und bauten 1901–1902 die heutige Kirche über den Resten der alten.

Dabei stieß man innerhalb der alten Kreuzfahrerkirche auch auf Ruinen eines Wohnhauses, die im linken Seitenschiff lagen. Man bezeichnet es heute als das Haus des Kleophas, in dem wohl Jesus mit Seinen Jüngern einkehrte, und gestaltete es zu einem besonderen Heiligtum des Brotbrechens. Nördlich der Kirche wurden eine alte Römerstraße, die aus der Zeit Jesu stammt, und beachtliche Häuserruinen einer alten Siedlung ausgegraben. Die aufgefundenen Reste zeigen, daß diese Siedlung ein bedeutendes Handelszentrum gewesen sein muß.

Der andere Gedenkort für Emmaus, **Amwas**, bewahrt in dieser arabischen Form den biblischen Namen und hat auch lauwarme Quellen, was der Bedeutung des hebräischen Wortes entspricht, von dem Emmaus abgeleitet ist. Es liegt allerdings von Jerusalem weit mehr als 60 Stadien (»Feldwegs«) entfernt, nämlich etwa 160 Stadien (30 km). Zur Zeit des Lukasberichtes soll Amwas noch ein Dorf gewesen sein, sich

dann aber rasch zur Bezirkshauptstadt entwickelt haben, die den Namen Nikopolis erhielt.
Schon der Geschichtsschreiber Eusebius um 330 und der Kirchenvater Hieronymus um 400 nennen Emmaus-Nikopolis als Heimat des Kleophas. Es gab in Judäa nur einen Ort, der den Namen Emmaus trug, nämlich dieses Nikopolis-Amwas. Darum sah die Tradition bis zur Kreuzfahrerzeit diesen Ort als die Stätte an, wo der Auferstandene den beiden Jüngern sich offenbarte. Auch später verlor sich diese Erinnerung nie ganz. Man störte sich dabei nicht daran, daß die Entfernung von Jerusalem nicht mit dem biblischen Bericht übereinstimmte, sondern rechnete damit, daß die Zahlenangaben bei späteren Abschriften verändert sein konnten.
Daß Amwas schon eine alte Überlieferung hat, bestätigten Ausgrabungen, die 1875 dort begannen und 1924/30 fortgeführt wurden. Dabei fand man die Reste einer großen, dreischiffigen Basilika, die auf dem Boden einer spätrömischen Villa erbaut war, und ein Baptisterium in Kreuzform daneben aus der byzantinischen Zeit. Ob die Basilika schon aus dem 3. oder erst aus dem 6. Jahrhundert stammt, ist nicht ganz klar, ebenso nicht, ob die Villa und später die Kirche den Ort des Kleophas-Hauses anzeigten. Die Basilika wurde nach Zerstörung und Wiederaufbau im 7. Jahrhundert in eine Moschee umgewandelt. Die Kreuzfahrer bauten dann eine kleinere Kirche an der Stelle, die auch zerstört wurde.

AUS DER HEILIGEN SCHRIFT

Zwei seiner Jünger gingen an demselben ersten Tage der Woche in einen Flecken mit Namen Emmaus, etwa 60 Feld Wegs von Jerusalem entfernt. Sie unterhielten sich über alle diese Begebenheiten. Währenddem kam Jesus selbst hinzu und schloß sich ihnen an. Aber ihre Augen wurden gehalten, daß sie ihn nicht kannten. Er sprach: Was sind das für Reden, die ihr zwischen euch handelt und seid traurig?
Sie antworteten: Das, was mit Jesus von Nazareth geschehen ist, der ein Prophet war, gewaltig in Tat und Wort vor Gott und dem ganzen Volk. Ihn haben unsere Hohenpriester und der Hohe Rat zur Todesstrafe ausgeliefert und gekreuzigt. Wir aber hatten gehofft, daß er es sei, der Israel erlösen würde.
Da sprach Jesus: O ihr Toren, wie schwer kommen doch eure Herzen zum Glauben an all das, was schon die Propheten gesagt haben! Mußte nicht Christus solches leiden und dann in seine Herrlichkeit eingehen?
Und dann begann er ihnen das klarzulegen, was in den Schriften über ihn geschrieben stand. Und es geschah, da er mit ihnen zu Tische saß, nahm er das Brot, dankte, brach's und gab's ihnen. Da wurden ihre Augen geöffnet, und sie erkannten ihn und sprachen: Brannte nicht unser Herz in uns, da er mit uns redete auf dem Wege, als er uns die Schrift öffnete?

Aus Lukas 24, 13 - 32

EMMAUS – EIN RUF AN UNS

Emmaus, du Stätte im Heiligen Land, welch einen österlichen Klang hast du! Du bist nicht so bekannt wie der Ölberg, wie Gethsemane oder Bethanien – und doch kennt dich jedes Herz, das Jesus zum Brennen bringt, wie einst hier Seiner Jünger Herz brannte. Denn Emmaus sagt von Freude nach tiefem Leiden. Emmaus sagt davon, daß Menschen den Herrn finden, die Ihn verloren und in ihrem Herzen schon begraben hatten, weil sie sich durch Ihn und Seine Botschaft getäuscht wähnten. Ja, Emmaus kündet: Nicht das Leiden ist das Letzte, sondern die Freude, denn die Jünger durften Jesus wiederfinden als den lebendigen Herrn. Emmaus sagt von der Erfüllung der Worte Jesu: „Ich will euch nicht Waisen lassen, ich komme zu euch" (Joh. 14,18). Und „über ein kleines, so werdet ihr mich sehen! Eure Traurigkeit soll in Freude verwandelt werden" (Joh. 16,16 u. 20).

So ist Jesus auf dem Wege von Jerusalem, dem Kreuzigungsort, nach Emmaus zu den verzagten Jüngern getreten, die Ihn im Grabe wähnten. Nun durften sie den langen Weg mit Ihm zusammen gehen und Ihn zuletzt erkennen. Darum kündet Emmaus: Jesus tritt zu denen, die ihre Hoffnung begraben haben, die ihren Gott in dunkelster Stunde nicht mehr verstehen können. Solche sucht Er auf. Er hört ihres Herzens

Seufzen, Er trägt mit ihnen ihr Leid. Seine Ohren vernehmen ihr Fragen, wie sie dort die beiden Jünger auf dem Weg besprachen und seit der Kreuzigung unablässig in ihren Herzen bewegten: Warum mußte der Sohn Gottes sterben? Warum mußte der hinweggerafft werden, der das Königreich Gottes so mächtig verkündigte wie keiner zuvor, ja, der es mit wunderbaren Taten und Zeichen nahe herbeibrachte, so daß Kranke geheilt wurden, Teufel ausfuhren und Tote auferstanden? Warum konnte Er Sein Reich nun doch nicht aufrichten und endlich dieser verheerten Erde voller Haß und Krieg, Krankheit, Tod und Leid das Reich des Friedens, der Gerechtigkeit, der Freude bringen? Warum nicht?

Emmaus sagt uns: Er, der die Antwort auf alle deine Fragen hat, ist da. Er steht neben dir und will Licht in deine Dunkelheit bringen, weil Er Liebe ist und mit dir leidet, weil Er nicht mitansehen kann, wie du dich mit deinen Gedanken quälst. Ja, Jesus, der einst zu Seinen Jüngern trat, die so beladen waren mit ihren Nöten, tritt auch heute zu uns und hat heute für uns ein „Emmaus" – eine Stunde der Begegnung, eine Stunde der Antwort bereit. Es kommt diese Seine Stunde auch für uns, wie sie damals für die Jünger kam nach jener dunkelsten Stunde, in der sie die Kreuzigung Jesu erlebten.

In Emmausstunden sagt Jesus zu den Seinen: „Seid doch nicht so töricht, immer wieder zu meinen, nun wäre alles aus, wenn das Leid und scheinbare Sinnlosigkeit euch treffen und ihr Wege Gottes nicht mehr verstehen könnt. Ach, glaubt doch einmal, daß aus jedem Ende und Sterben der neue Anfang und das Leben geboren werden, daß aus Leiden die Freude, aus Weinen das Lachen kommt!" Hat Jesus das nicht in Seinem Worte immer und immer wieder gesagt, als Er noch über diese Erde ging? Und Sein Wort ist ein ewiges Wort und gilt heute, denn Jesus selbst ist Zeuge dafür, daß aus dem Tode das Leben und aus Leiden und Sterben ein gewaltiger Sieg kommt. Ist Er doch auf dem Weg solcher Leiden der auferstandene Siegesfürst geworden, dem einst noch alles zu Füßen liegen wird, wenn Sein Werk hinausgeführt sein wird bei Seiner Wiederkunft.

Emmaus – hier begannen die Herzen der beiden Jünger zu brennen, und wenn Jesus anfängt zu reden, wenn Er sich offenbart, welches Herz sollte dann nicht brennen – auch heute? Dann dürfen wir wie sie erkennen: In allem Geschehen ist Er, der Ewige, verborgen. Er hat „Gedanken des Friedens und nicht des Leides, daß er uns gibt das Ende, des wir warten" (Jer. 29,11).

Wie einst mit den Jüngern, so hält Er heute mit uns das heilige Mahl, in dem Er sich uns selbst als kostbarste, seligmachende Opfergabe schenkt. Er schenkt uns in Seinem Mahl die innigste Gemeinschaft mit sich und läßt uns dabei erfahren: Er hat Macht, Sünden zu vergeben, weil Er sie an Seinem Leibe ans Kreuzholz getragen hat. Er hat Macht, uns das Brot des Lebens auszuteilen, durch das wir zu neuen Kreaturen werden, weil Er selber in uns eingeht. Er hat Macht, uns dies Mahl zu geben zum neuen Bund, darin wir mit Ihm vereint werden, auf daß kein Leiden uns mehr von Ihm und Seiner Liebe scheiden kann, die wir nun erkannt haben, gerade auf Seinen und unseren Leidenswegen. Nichts kann uns von dieser Liebe scheiden, nicht Trübsal und Angst – keine Fährlichkeit, ja selbst nicht der Tod! Ewig sind wir mit Ihm vereint.

Und so wahr wir Jesus hier auf Erden – jeder an seinem Ort – wie die Jünger in Emmaus begegnen und unsere Herzen entbrennen dürfen, so wahr werden wir Ihn einst für alle Ewigkeit sehen, wie Er ist, und unser Herz wird von einer Liebe entbrannt sein, die kein Menschenmund aussagen kann.

So wird das Mahl der Gemeinschaft, wie es hier in Emmaus im Heiligen Land der Herr mit den Jüngern hielt und überall auf Erden bis heute mit den Seinen feiert, einst droben enden in dem ewigen „Emmaus", wo wir das Abendmahl des Lammes mit Ihm feiern dürfen im hochzeitlichen Saal voller Jauchzen und Freude. Da werden wir erst recht erkennen, wie alle Wege Gottes zum Ziel der Herrlichkeit führen, zu einer Herrlichkeit, die das Maß der Leiden weit übersteigt, durch das diese Wege führten (Röm. 8,18).

GEBET IN EMMAUS

Lieber Herr Jesus,
wir danken Dir, daß Du uns an diesem Ort zeigst, wie Du in Deiner Liebe gerade zu denen hintrittst, die voller Fragen und Zweifel sind. Auch ich komme zu Dir mit meinen ungelösten Fragen und Anfechtungen, da ich Dich, Dein Tun und Deine Wege nicht verstehe. Laß mein Vertrauen zu Dir groß sein im Angesicht Deiner Liebe, mit der Du zu den Emmausjüngern tratst und ihre Fragen löstest. Ich danke Dir, daß ich von vornherein erwarten darf, Du hast auch für mich eine Lösung meiner Fragen. Ich will mich Dir zu Füßen legen und Dir, meinem Herrn Jesus, recht geben, der Du so liebend und doch ernst Deine beiden Jünger in Emmaus mit ihren Fragen töricht und unverständig schaltest und das auch oft bei mir tun mußt.

Herr, laß mich Dein helfendes Wort an Deine Jünger auch für meine Fragen als Lösung nehmen, daß der Weg der Leiden – so man ein Ja dazu hat – Herrlichkeit bringt, nicht nur in Deinem, sondern auch in unserem Leben. Habe Dank, daß in diesem Ja und der Hingabe an Wege des Leidens alle Anfechtung sich löst und Deine liebende Gegenwart nahekommt. Amen.

EMMAUSFRAGEN – EMMAUSANTWORTEN

Ich weiß keinen Weg mehr – 's ist finstere Nacht!
O glaub es, die Nacht stets das Licht hat gebracht.

Mein Hoffnung zerbrochen – es ist alles aus.
Wart nur eine Weile – ein Amen wird draus.

Umsonst ich hier glaubte – betrogen ich bin.
Gott täuscht nie, dies Wort schreib dir tief in den Sinn.

Ich seh nur noch eines: die Sinnlosigkeit.
O glaub es, solch Leiden bringt Herrlichkeit.

Mein Herz ist vergraben in Traurigkeit.
Aus Weinen wird Lachen, so endet dein Leid.

Mein Herz Gottes Weg kann nicht mehr verstehn!
So vertraue dem Vater, und Hilf ist geschehn.

Emmaus – es tagt der Morgen,
Emmaus – es weichen Sorgen,
Emmaus – der Herr ist da.
Emmaus – es brennen Herzen,
Emmaus – es weichen Schmerzen,
Jesus, Jesus, Er ist nah
und hält das Mahl der Liebe.

EMMAUS

Wo kommst Du her, o Jesus Christ,
der Du vom Tod erstanden bist?
Wo ist Dein Herberg, liebster Herr,
wer sorgt für Dich, ach, sage, wer?

„Ich brauch kein Lager mehr, kein Geld,
niemand, der Herberg Mir bestellt.
Judas nicht mehr den Beutel führt,
nun Engel sind zum Dienst erkürt."

Wo gehst Du hin, o Jesus Christ,
der Du vom Tod erstanden bist?
Harrt nicht der Vater sehnlichst Dein,
daß Du, Sein liebster Sohn, kehrst heim?

„Zu euch Mich treibt's, ihr Jünger Mein,
die ihr Mir brachtet viele Pein.
Doch wenn Ich alles euch gebracht,
dann fahr Ich auf in großer Macht,

heim zu dem liebsten Vater Mein.
Dann ist beendet alle Pein,
dann endlich Ich zu Hause bin,
wohin Mein ganzes Sehnen ging
schon dreiunddreißig Jahre."

Das Dunkel ward zum Licht,
als Er Sein Wort
des Lebens zu uns sagt,
o Gnadenort!

EMMAUS

Es weicht der Fragen Schmerz
und alle Pein,
als öffnet Er Sein Herz,
wir schaun hinein.

Er zeigt der Wege Sinn,
durch Leid zu gehn,
wie Sterben bringt Gewinn
und Auferstehn.

Wie Herrlichkeit wird sehn,
der ging in Nacht,
weil Er durch Tod und Grab
den Sieg vollbracht.

Da brannte unser Herz,
als es geschah,
daß Er das Mahl teilt aus,
in Lieb uns nah.

El-Qubeibeh 17. 2. 1961

JAKOBSBRUNNEN

Die Nablusstraße, die vom Damaskustor in Jerusalem aus nach Norden führt, haben wir schon ein Stück auf der Fahrt nach Emmaus kennengelernt. Doch kommen wir auf ihr noch weiter nach Norden bis nach Samarien, wenn wir diesmal den Jakobsbrunnen bei Sichem besuchen. Jene Stätte, an der Jesus die Samariterin in die Wahrheit führte und damit löste, möchten wir uns nicht entgehen lassen, wenn wir auch von Jerusalem aus 65 km dorthin zurücklegen müssen. Es ist eine lohnende Fahrt, weil sie durch das Land so reicher geschichtlicher Vergangenheit führt. Am Wege oder wenig abseits davon liegen Orte wie Anata (Anatoth, Jer. 1, 1; 11, 21–23; 32, 7–15), Gabaa (Gibea Sauls, 1. Sam. 10, 26; 11, 4; 15, 34), Er-Ram (Rama, Jos. 18, 25; Jer. 40, 1), weiter Tell en-Nasbeh (Berg Mizpa, 1. Sam. 7; 1. Sam. 10, 17; 1. Kön. 15, 22; Jer. 41), El Bire (Beeroth, Josua 9, 17; nach der Überlieferung Luk. 2, 44), Betin (Bethel, 1. Mose 12, 8; 13, 3; 28, 19; Richt. 1, 22; 20, 26; 2. Kön. 2, 2 u. 23) und Chirbet Seilun (Silo, 1. Sam. 1, 3 u. 24; 4, 4).
Sie alle erinnern uns an Geschehnisse der Geschichte Gottes mit Seinem Volk, die mit diesen Stätten unlösbar verbunden sind. Und wir wissen, daß wir nicht nur auf den Spuren Abrahams sind, der hier von Norden

nach Süden zog (1. Mose 12, 6–9), sondern auf den Spuren unseres Herrn Jesu, wenn Er von Galiläa nach Jerusalem und zurück wanderte.
Eine eigentümliche Landschaft umgibt uns auf der Fahrt – zahlreiche Hügelketten, teils kahl und felsig, teils mit Ölbäumen bewachsen, dazwischen in den Talgründen, vor allem in der Nähe der Ortschaften, dunkelbraune, im Frühjahr tiefgrüne Äcker, die, je mehr es dem lieblicheren Samarien zugeht, um so ausgedehnter werden. Eingerahmt von den typischen kleinen Steinmauern, die auch die Äcker abgrenzen, zieht sich die Straße kurvenreich und hügelig nach Norden.
Wir nähern uns nun Nablus mit dem Vorort Balata, an dessen Ostrand der Jakobsbrunnen liegt. Der Name Balata hängt mit Eiche oder Terebinthe zusammen und bezieht sich wohl auf den Hain More bei Sichem (1. Mose 12, 6; 5. Mose 11, 30). Denn das alte Sichem lag unweit davon, und auf dem Tell Balata zeugen Ausgrabungen davon (1. Mose 33, 18 u. 19; 37, 12; Josua 24, 1 u. 15). Das Dorf Askar, nordöstlich davon, ist das biblische Sichar, von wo die Samariterin stammen soll. Eine fruchtbare Ebene breitet sich hier aus, umgeben vom Kranz der Berge Samariens. Im Westen ragen die beiden charakteristischen Berge auf, der Garizim als Berg des Segens mit einer bewaldeten Kuppe und der Ebal als Berg des Fluches steinig und kahl (5. Mose 11, 29; 27, 4; Jos. 8, 30; Jos. 24).
In der Senke dazwischen liegt Nablus. Auf der Straße dorthin kommen wir an einem Flüchtlingslager vorbei und sehen rechts im Tal schon das Grundstück des Jakobsbrunnens mit der unfertigen Kirche, von Zypressen umgeben. Gleich nach dem Flüchtlingslager zweigt von der Nablusstraße rechts die Straße zur Da-

miya-Brücke ab, die Verbindung nach Amman über den Jordan. Nach 100 m stehen wir linker Hand vor dem Eingangstor zum Gelände des Jakobsbrunnens. Ein griechisch-orthodoxer Mönch führt uns vom Chorraum der unvollendeten Kirche aus die Stufen hinunter in die Krypta, wo wir nun am gleichen Brunnenrand stehen können, an dem einst Jesus rastete.

Geöffnet: 8–12 Uhr, 14–17 Uhr

GESCHICHTLICHES

Die Echtheit des Jakobsbrunnens hier bei den Ruinen des alten Sichem tastete nie ein Zweifel an. Es ist der einzige Schöpfbrunnen in diesem geschichtlich bedeutsamen Gelände, und seine Lage an einer wichtigen Wegkreuzung stimmt auch mit den Aussagen des Johannesevangeliums überein. Denn Jesus kam auf Seiner Wanderung von Judäa nach Galiläa durch Samarien hier vorüber. Johannes erwähnt weiter, daß der Brunnen nahe bei dem Feld liege, das Jakob seinem Sohn Joseph gab. Auch dies Feld finden wir heute noch in der Nähe, gekennzeichnet durch das Grabmahl Josephs, eine weiße Kuppel, ca. 150 m hinter dem Jakobsbrunnen. Die Steinfassung des Brunnens wird von Fachleuten als kanaanitische Arbeit etwa aus dem 18. Jahrhundert v. Chr. erklärt, also aus der Zeit Jakobs, wie es die Samariterin zu Jesus sagt (Joh. 4, 12). Und wenn sie den Brunnen sehr »tief« nennt, dann bestätigt sich das auch heute: Seine Tiefe beträgt wohl über 35 m. Vermutlich wird er von Grundwasser gespeist, ob eine Quelle zufließt, ist nicht festzustellen.

JAKOBSBRUNNEN

Schon früh gedachten die Christen an diesem Brunnen des Gespräches mit der Samariterin hier. Nach dem Bericht des Pilgers von Bordeaux um 333 fand er dort eine Taufstätte, in die das Wasser des Brunnens geleitet wurde. Und um 380 stand schon eine Kirche über dem Brunnen, die auch der Kirchenvater Hieronymus um 400 erwähnt. Die Kirche wurde von den Samaritanern bei deren Aufstand 529 zerstört, danach aber wieder aufgebaut. Doch die Kreuzfahrer fanden wieder nur noch Ruinen vor. Sie bauten im 12. Jahrhundert eine dreischiffige Kirche über dem Brunnen, die nach ihrem Abzug wieder zerfiel. Allein die Krypta mit dem Brunnen blieb.

In der zweiten Hälfte des 19. Jahrhunderts erwarb die griechisch-orthodoxe Kirche das Gelände von der Gemeinde Balata. Man beschloß, die Kirche nach dem Plan der Kreuzfahrer wieder aufzubauen. Als die Krypta mit dem Brunnen restauriert und die Umfassungsmauern begonnen waren, wurde der Bau durch den Ersten Weltkrieg unterbrochen und seitdem nicht wieder aufgenommen.

AUS DER HEILIGEN SCHRIFT

Zu den Bergen Garizim und Ebal, zwischen denen der Jakobsbrunnen liegt:

Seht, ich lege euch heute vor den Segen und den Fluch, den Segen, so ihr gehorcht den Geboten des Herrn, den Fluch aber, so ihr nicht gehorchen werdet. Wenn nun der Herr, dein Gott, dich in das Land gebracht hat, in das du jetzt ziehst, um es in Besitz zu nehmen, so sollst du den Segen auf dem Berge Garizim und den Fluch auf dem Berge Ebal erteilen. 5. Mose 11, 26-29

Jesus aber mußte durch Samaria reisen. Da kam er in eine Stadt, die heißt Sichar, nahe bei dem Feld, das Jakob seinem Sohn Joseph gab. Es war daselbst Jakobs Brunnen. Da nun Jesus müde war von der Reise, setzte er sich auf den Brunnen. Da kam eine samaritische Frau, um Wasser zu schöpfen. Jesus bat sie: Gib mir zu trinken! Da sagte die Samariterin zu ihm: Wie kommst du dazu, da du doch ein Jude bist, von mir, einer Samariterin, einen Trunk zu erbitten? Jesus antwortete: Wenn du erkenntest die Gabe Gottes und wer der ist, der zu dir sagt: Gib mir zu trinken, du bätest ihn, und er gäbe dir lebendiges Wasser. Spricht das Weib zu ihm: Herr, gib mir dieses Wasser ... Und Jesus spricht zu ihr: Geh hin, rufe deinen Mann und komm wieder hierher! Die Frau antwortete: Ich habe keinen Mann. Jesus erwiderte: Du hast mit Recht gesagt: Ich habe keinen Mann; denn fünf Männer hast du gehabt, und der, den du hast, der ist nicht dein Ehemann, damit hast du die Wahrheit gesagt ... Da ließ die Frau ihren Wasserkrug stehen, ging in die Stadt zurück und sagte zu den Leuten dort: Kommt und seht einen Mann, der mir alles gesagt hat, was ich getan habe, ob er nicht Christus sei? Aus Johannes 4

DER JAKOBSBRUNNEN – EIN RUF AN UNS

Als Jesus um der Nachstellungen der Pharisäer willen Judäa verließ und wieder nach Galiläa zog, mußte Er durch Samarien reisen, so berichtet es uns Johannes. Jesus mag vielleicht äußere Gründe gehabt haben, Seinen Weg durch Samarien zu nehmen, obwohl es auch andere Wege gab, die den Juden ermöglichten, es zu umgehen. Doch Er wurde wohl auch innerlich getrieben, gerade diese Route einzuschlagen. Nicht von ungefähr war Seine Raststätte dort am Jakobsbrunnen, zwischen den Bergen Ebal und Garizim, wo sich schon einst große und feierliche Begebenheiten der Geschichte Seines Volkes vollzogen hatten.

Bei Sichem hatte einst schon der Erzvater Abraham gerastet (1. Mose 12,6 ff). Hier war ihm Gott begegnet und hatte ihm den Besitz dieses Landes für seine Nachkommen verheißen, worauf Abraham dem Herrn einen Altar errichtete. Und nun saß der hier, vielleicht am selben Platz, der als Nachkomme aus seinem Samen die Erfüllung all dessen in sich barg, was Abraham einst auf dunklen Glaubenswegen verheißen worden war. So war Jesus, der jetzt an diesem Brunnen rastete, Zeuge und Erweis, daß Gott die Wahrheit ist, das Ja und Amen zu Seinen Verheißungen (2. Kor. 1,20). Hier hatte später auch Jakob dem Herrn einen Altar gebaut, sich ein Stück Land gekauft (1. Mose

33, 18 ff) und es Joseph geschenkt. Dessen Gebeine wurden dann unter Josua aus Ägypten nach Kanaan zurückgebracht und an diesem Ort begraben (2. Mose 13,19; Jos. 24,32). Bei diesem Zug waren die Kinder Israel, auf die Verheißung Gottes hin, die Er Abraham, Isaak und Jakob gegeben, über den Jordan wieder in dies Land gezogen. Gott hatte es ihnen zu eigen gegeben. Und hier an diesem Platz zwischen den Bergen Garizim und Ebal war ihnen beim Einzug ins Gelobte Land noch einmal das Gesetz vorgelesen worden, verbunden mit dem Schwur Gottes, daß Segen und Fluch folgen würden, je nachdem, ob sie gehorsam seien oder nicht. Gott hatte sich auch dann als der Gott der Wahrheit gezeigt. Auf ihren ständigen Ungehorsam im Lauf der Jahrhunderte hin waren Israel und Juda in die babylonische Gefangenschaft weggeführt worden.

Ob nicht in diesem Augenblick, als Jesus hier am Brunnenrand saß, an Seinem Auge die ganze Geschichte Seines Volkes, die Heilsgeschichte, die Er in der Einheit mit dem Vater und dem Heiligen Geist erdacht und durchgeführt hatte, vorüberzog? Garizim und Ebal predigten: Gott ist der heilige Gott. Er ist ein Gott, der die Sünde haßt. Er ist ein Gott der Wahrheit, der zu Seinem Segen wie zu Seinem Fluch steht. Und diesen Gott zu offenbaren und zu verherrlichen in Seinem Volk, war Jesus gekommen.

Als Jesus so sinnend am Brunnen saß, ein wenig ruhend nach dem anstrengenden Marsch in der

Hitze des Heiligen Landes, kam jene Frau aus dem Samaritervolk. Konnte da das Gespräch um etwas anderes gehen als um die Wahrheit? Das Weib, das zu Ihm kommt, ist eine Sünderin. Und wie alle Sünder wird sie blind über ihre Sünde gewesen sein und damit in der Lüge gelebt haben, ohne noch an den Gott der Wahrheit zu denken, der Strafe und Gericht auf das Sündigen gesetzt hat. Sie wird sich nichts mehr bei ihrem Sündigen gedacht, sondern sich vielleicht vorgemacht haben: Gott hat uns unsere Triebe gegeben, damit wir sie ausleben. So lebte sie – wie wir alle immer wieder – in einer großen Selbsttäuschung. Sie mag die Umstände und Verhältnisse vorgeschützt haben, die sie in dies Leben hineinführten. Und damit meinte sie sich selbst entschuldigen zu können. So war die Decke der Blindheit über ihr Tun gelegt.

Doch nun steht sie dem gegenüber, der die Wahrheit ist und dem man nicht anders begegnen kann, als daß die Sünde offenbar wird; denn das Licht straft die Finsternis und hebt alles hervor, was krank und häßlich, was dunkel und böse ist. Gespräch am Rand des Jakobsbrunnens mit Jesus Christus – kann es anders sein, als daß dieser Brunnen zum „Brunnen der Wahrheit" wird? Erst scheint es so, als ob es sich nur um das Trinkwasser handle, das Er sich demütig und in Liebe den Eingang zu ihrem Herzen suchend von ihr erbittet. Und dann bittet sie Ihn um Wasser. Nun gibt Er es ihr – doch Er gibt ihr

Wasser des Lebens, nämlich die Wahrheit über sie selbst, die frei macht, dies Wort der Wahrheit, das uns, wenn wir es annehmen, aus Toten in Lebendige verwandelt. Denn die Lüge deckt unsere Sünde zu und macht uns zu lebendig Toten, führt uns in des Satans Rachen, der uns dann den zweiten Tod in seinem Reich unter Qualen schmecken läßt. Doch die Wahrheit in unserem Herrn Jesus macht frei und führt unter Seine Vergebung, damit aber zu einem neuen Leben.

Aus diesem „Brunnen der Wahrheit" gibt Jesus ihr zu trinken. Er zeigt ihr im Lichte der Wahrheit ihr Leben mit all seinen Sünden. Und es wird offenbar, daß diese Frau, so blind sie ist, im tiefsten Herzensgrunde „aus der Wahrheit" ist, denn sie läßt sich die Wahrheit sagen. Ja, sie ist willig, die Wahrheit nicht nur zu hören, sondern sie hat den Mut, zu den andern im Dorf hinzugehen und sie zu Jesus zu rufen, der ihr die Wahrheit über ihr Leben – und die Menschen wußten ja, welches ihr Leben war, – gesagt habe. Damit bekennt sie sich vor den andern zu ihrer Sünde und zu Ihm.

So hat sie tatsächlich aus dem Brunnen der Wahrheit geschöpft und von diesem Wasser des Lebens, der Wahrheit, getrunken. Und siehe, ihre Augen sind aufgetan, und sie erkennt, was viele von Seinem eigenen Volk, die Jesus täglich hörten und in Scharen mit Ihm zogen, nicht erkannten, daß Er der Messias, Gottes Sohn ist, der

Sünden aufdeckt, um sie zu vergeben und Sünder zu neuen Kreaturen zu machen. Ja, wessen Augen von der Wahrheit gewaschen sind und wer den Mut hat, die Wahrheit zu bekennen, seine Sünde zu beichten, der darf den Messias Jesus als den Heiland und Herrn in ganz neuer Klarheit schauen. Der darf heimfinden zu Ihm und, erlöst von den Sündenmächten, zum wahren Anbeter werden, weil die Wahrheit, die Gott uns aus Liebe sagt, frei macht und auch uns in die Liebe führt.

+

GESPRÄCH MIT JESUS AM JAKOBSBRUNNEN HEUTE

Jesus, mein Herr, ich bin blind und sehe mich nicht, wie Du mich siehst. Wasche meine Augen, daß sie hell werden und ich mich in Deinem Licht sehe, die Wahrheit über mich erkennen kann.

> Ich bin gekommen als das Licht der Welt, auf daß die Blinden sehend werden. So du dich als blind erkennst und zu Mir kommst, was sollte Ich lieber tun, als dich sehend zu machen?

Mein Herr Jesus, ich fürchte aber, daß ich es kaum ertragen kann, wenn ich dann in den Abgrund meiner Sünde sehen muß.

Sei getrost! Wenn Ich dich sehend mache, wirst du nicht nur für deine Sünde sehend, sondern auch für Gott. Der Blick der Wahrheit in den Abgrund deiner Sünde schenkt dir zugleich den Blick der Wahrheit für Gott, den Blick in die Tiefe Seines Herzens. Und deine Seele wird an diesem Blick genesen, denn Gottes Herz ist eitel Liebe, Erbarmen und Vergeben.

So schenke mir um jeden Preis diesen Blick der Wahrheit, auf daß meine Seele gesunde und Dich, meinen Herrn und Gott, in der Tiefe Deines Wesens erfassen darf und lieben lernt wie nie zuvor.

Wer da bittet, der empfängt. Gehe hin, dir geschehe nach deinem Glauben.

+

Die Wahrheit zu hören bringt uns Schmerzen über unsere Sünde – doch macht es uns demütig und klein.
So ist die Wahrheit der Boden, auf dem Gottes Bild in uns erwächst.

SPIEGEL DER WAHRHEIT

Spiegel der Wahrheit ist Jesus.

Schaue in diesen Spiegel hinein, und du siehst, wie du gestaltet bist.

Jesus – obwohl Gott – tat nichts aus sich selber, sondern im Gehorsam und in der Abhängigkeit vom Vater nur das, was der Vater wollte. – Und du?

Jesus kam nicht, um zu herrschen, sondern war aller Diener, selbst Seiner Jünger. – Und du?

Jesus tat allen Menschen wohl. – Und du?

Jesus jammerte des Volks, Er erbarmte sich aller, die Er in Not sah. – Und du?

Jesus liebte die Seinen, die Ihm so viel Enttäuschung und Not brachten, bis ans Ende. – Und du?

Jesus ging in Seiner Feinde, der Pharisäer, Haus, segnete sie. – Und du?

Jesus erlitt das Unrecht, das man Ihm auf dem Passionsweg antat, schweigend. – Und du?

Jesus schalt nicht wider, da Er gescholten ward. – Und du?

Jesus litt ohne zu klagen. – Und du?

Jesus trug Sein Kreuz, demütig sich darunter beugend. – Und du?

Jesus lebte nur für das eine, daß Er den Vater verherrlichte. – Und du?

+

Gib mir die Tränen ob der Sünden,
die sich wie tausend Körnlein finden
in meinem Leben, Denken, Tun.
Gib mir von Dir erleucht'te Augen,
die zu dem Allergrößten taugen,
zu sehn die Wahrheit: Wer ich bin.

Gib mir die Gnade, eins zu sagen
in allen meinen Erdentagen:
Ich bin's allein, ich habe Schuld.
Gib mir die Gnade, mich zu neigen
und mich vor Gott und Mensch zu beugen,
wie Du es tatst, Herr Jesus Christ.

Schenk mir, ob meiner Sünd zu klagen
und eines demütig zu sagen,
wenn ich muß leiden manche Straf:
Herr, ich empfang aus Deinen Händen,
was ich verdient an allen Enden
ob meiner vielen Sünd und Schuld.

Brunnen der Wahrheit, / Brunnen des Le.-bens, /
Jesus heut re — det, / die Wahrheit uns sagt. /
Wer will sie hö — ren, / die Gna-de draus schöp-
fen? - / E - wi-ges Leben wird ihm zu — teil.

Jesus von gestern, / Er lebet heute, / am Jakobsbrunnen / im Geiste uns nah, / will auch uns tränken / mit Wasser des Lebens, / zeigen die Wahrheit im Wort uns klar.

Worte der Wahrheit / dürfen wir hören, / die uns erleuchten, / ob all unsrem Tun, / Wasser des Lebens, / dran kann gesunden, / jeder, des Aug will die Wahrheit sehn.

Wahrheit, du Spiegel, / drin wir uns schauen / und uns erkennen / voll Scham, wie wir sind. / Jesus, Du Herre, / den Spiegel uns schenke, / laß uns erkennen stets unser Bild.

Zu Dir wir treten / als blindgeboren, / mache uns sehend, / denn Wahrheit macht frei. / Laß uns erkennen, / wie Dein Aug uns schauet, / beugen dem Urteil, das Du aussprichst.

Brunnen der Wahrheit, / du wahres Leben, / darnach zu streben / ist besser denn Gold. / Drum wir Dir danken, / daß Du, Herr, uns sagest / hier schon auf Erden die Wahrheit Dein.

Brunnen der Wahrheit, / Brunnen des Lebens, / Jesus heut redet, / die Wahrheit uns sagt. / Wir wolln sie hören, / die Gnade draus schöpfen, – / ewiges Leben wird uns zuteil.

17. 2. 1961 Jakobsbrunnen

BETHPHAGE

Wie oft haben wir das Evangelium vom Einzug Jesu in Jerusalem gehört, und immer war von jenem Ort die Rede, wo der Esel für den Herrn bereitstand. Nun führt uns unser Weg zum heutigen Bethphage, einem Franziskanerkloster mit Kirche in einer Senke am Ostabhang des Ölbergs.

Man kann, um dorthin zu kommen, die Autostraße Jerusalem – Jericho benutzen, von der – halbwegs Bethanien zu – die Fahrstraße nach Bethphage und zum Ölberg links abzweigt. Weil wir uns aber gern den Weg von Jerusalem nach Bethanien über Bethphage, den Jesus ungezählte Male gegangen sein muß, vergegenwärtigen möchten, gehen wir zu Fuß von der mittleren Ölbergkuppe zur Kirche von Bethphage, wozu man nur 15 Minuten braucht. Links am Karmelitinnenkloster und der Paternosterkirche vorbei führt uns die schmale Straße nach Osten hinab. Nördlich des

Weges erstreckt sich das Grundstück des russisch-orthodoxen Ölbergklosters, nach Osten geht unser Blick über die Hügel der Wüste Juda bis hin zu den Moabiterbergen. Im Süden sehen wir die abgeflachte Kuppe des Frankenberges (Herodium). Rechts im Tal kann man den Verlauf der Autostraße nach Bethanien – Jericho verfolgen.
Einige Häuser des Ölbergdorfes Et-Tur ziehen sich den Abhang hinab. Bald stoßen wir auf das ausgedehnte Anwesen der Franziskaner, von Zypressen und Mauern umgeben, und kommen zur Kirche, in der wir der Stunde gedenken, als Jesus hier aufbrach, um ungekrönt und mißverstanden in Jerusalem einzuziehen, Golgatha entgegen.

Eine Rufertafel ist rechts vom Eingang zur Kirche.
Die Kirche wird geöffnet auf Klingeln am Eingangstor zum franziskanischen Gelände.

GESCHICHTLICHES

Das biblische Bethphage, dessen Name »Haus der unreifen, saftlosen Feigen« bedeutet, beschreiben die Evangelien an der Ostseite des Ölbergs in der Nähe Bethaniens, mit dem es meist zusammen genannt wird. Doch ist seine genaue Lage nicht mehr festzustellen. Es lag wohl »gegenüber« (Luk. 19, 30), das heißt wahrscheinlich etwas nördlich von dem Ort, wohin die Jünger das Eselsfüllen brachten und wo es der Herr bestieg. Und als diesen Ort der Eselsbesteigung sieht schon eine alte Überlieferung jene Stelle an, die heute den Namen Bethphage trägt.
Daß Jesus, von Bethanien kommend, hier an der Stelle

der jetzigen Bethphage-Kirche den Esel bestieg, können wir uns gut vorstellen. Denn der von Bethanien her ansteigende Weg war schlecht und für Reiter und Reittier sehr mühselig. In der Senke von Bethphage aber wurde er leichter gangbar, so daß von hier aus der Zug beginnen konnte.

Schon im 4. Jahrhundert stand an dieser Stelle eine Kirche. Nach dem Bericht der Nonne Aetheria wurde in ihr auch der Begegnung Jesu mit Martha und Maria gedacht, als sie Ihm vor der Auferweckung des Lazarus entgegeneilten. Diese bis ins 7. Jahrhundert mehrfach erwähnte Kirche wurde wohl später zerstört. Aber die Erinnerung an den Ort blieb erhalten. Aus dem Bericht des russischen Abtes Daniel zu Beginn der Kreuzfahrerzeit 1106 geht deutlich hervor, daß der Begegnung Jesu mit Martha und Maria und der Eselbesteigung an derselben Stelle gedacht wurde.

Unter den Kreuzfahrern verschwand die Erinnerung an diese Begegnung; man pflegte nur noch das Gedenken an den Palmsonntag in der von ihnen wiedererrichteten Kirche. Nach dem Bericht des deutschen Pilgers Theoderich 1172 wurde dann auch ein Stein gezeigt, »von dem aus der Herr den Esel bestieg«. Diesen mit Fresken und Inschriften versehenen Felsblock fand man 1876. 1880 kauften die Franziskaner das Gelände und den Stein und stellten ihn in ihrer 1883 errichteten Kirche auf. Bei deren Bau entdeckten sie die Reste der mittelalterlichen Kirche. 1950 ließen sie die Bilder des Steines auffrischen und ergänzen. Sie stellen das Herbeiführen des Esels, den Einzug in Jerusalem und die Auferweckung des Lazarus dar. Noch heute geht an jedem Palmsonntag ein von den Franziskanern angeführter Palmzug von der Kirche in Bethphage aus und zieht über den Ölberg bis zur St. Anna-Kirche.

AUS DER HEILIGEN SCHRIFT

Frohlocke laut, Tochter Zion! Brich in Jubel aus, Tochter Jerusalem! Siehe, dein König kommt zu dir, ein Gerechter und ein Helfer, demütig und reitet auf einem Esel, auf einem Füllen, dem Jungen des Lasttieres.
Sacharja 9,9

Als sie sich dann Jerusalem näherten und nach Bethphage an den Ölberg gekommen waren, sandte Jesus seiner Jünger zwei und sprach zu ihnen: Gehet hin in den Flecken, der vor euch liegt! Ihr werdet dort sogleich eine Eselin angebunden finden und ein Füllen bei ihr; bindet sie los und bringt sie mir her! Und wenn euch jemand etwas sagen sollte, so antwortet ihm: Der Herr bedarf ihrer, wird sie aber sofort zurückschicken. Dies ist aber geschehen, damit das Wort des Propheten erfüllt werde.
Als nun die Jünger hingegangen waren und den Auftrag Jesu ausgerichtet hatten, führten sie die Eselin mit dem Füllen herbei, legten ihre Mäntel auf sie, und er setzte sich darauf. Die Volksmenge aber breitete ihre Mäntel auf dem Weg aus, andere hieben Zweige von den Bäumen ab und streuten sie auf den Weg, und die Scharen riefen laut: Hosianna dem Sohne Davids! Gepriesen sei, der da kommt im Namen des Herrn! Als Jesus dann näher gekommen war und die Stadt erblickte, weinte er über sie.
Aus Matthäus 21 und Lukas 19

Dann sah ich den Himmel offen stehen und erblickte ein weißes Pferd. Und der darauf saß, hieß „Treu und Wahrhaftig", und er richtet und streitet mit Gerechtigkeit. Und die himmlischen Heerscharen folgten ihm auf weißen Pferden.

Offenbarung 19,11 u. 14

BETHPHAGE – EIN RUF AN UNS

Bethphage – eine Stätte, die nie vergessen sein wird, denn hier begann der Königszug Jesu. Von hier sollte Er als der Sohn Davids in Seine Königsstadt einziehen. Doch dieser Einzug endete mit der Dornenkrönung und dem Tod am Kreuz von Golgatha.

Bethphage – hier stand einstmals angebunden eine Eselin mit ihrem Füllen, deren ihr Schöpfer bedurfte, ja, die ausersehen waren, Ihm zum königlichen Einzug zu dienen. Dies Füllen war gewürdigt, die kostbarste Last auf seinem Rükken zu tragen, die noch nie einer sonst hatte tragen dürfen: den Schöpfer der Welt, Gott selber. Damit war die stumme Kreatur mithineingezogen in den Dienst Gottes wie kaum je sonst in der Geschichte.

Bethphage – ein Ort, an dem Jesus, in Seiner

Macht verhüllt, allen nur dienend, sich dennoch als ein Herr offenbarte. Denn Er konnte sprechen: „Und wenn euch jemand etwas sagen wird, so antwortet: Der Herr bedarf ihrer. Dann wird man sie euch geben."

Bethphage – ein Ort, der zugleich von der großen Armut Jesu sagt, denn hier erbat sich Jesus einen Esel, weil Er selber keinen hatte, den sonst doch jeder zweite Mann im Orient sein eigen nennt. Er mußte sich das Reittier für Seinen königlichen Einzug leihen, Er, der doch aller Kreaturen Herr und Schöpfer ist.

Bethphage – ein Ort, dessen Klang unser Herz bewegt, denn er kündet von dem Gehorsam des Gottessohnes. Warum setzte sich Jesus hier auf das Eselsfüllen, wenn Er doch wußte, daß dieser Einzug völlig sinnlos war? Würde Er doch als König niemals anerkannt werden, sondern wie ein Verbrecher am Kreuz enden. Wie töricht, diesen Königseinzug zu unternehmen, der in den Verbrechertod führte, und sich als König von denen umjauchzen zu lassen, die Ihn in wenigen Tagen töten würden! Aber gehorsam dem Worte Gottes und „auf daß die Schrift erfüllt werde", bestieg Jesus hier in Bethphage den Esel, um auf ihm in Jerusalem einzuziehen.

Bethphage – ein Ort, der damit kündet, wie alle Prophezeiungen und Gottesverheißungen Ja und Amen sind. Denn hier wurde das Wort erfüllt: „Sage der Tochter Zion, siehe, dein König kommt zu dir demütig und reitet auf einem

Esel, auf einem Füllen, dem Jungen des Lasttieres." Wie wörtlich, wie wirklich und nicht nur im übertragenen Sinn Gott Seine ausgesprochenen Verheißungen einlöst, das wurde hier dargestellt. Gott ist der Herr, und Er bringt Seinen Ratschluß zum Ziel, indem Er ihn selber hinausführt. Er, der Gottessohn, der als König empfangen werden sollte, zog demütig auf einem Esel in Seine Stadt ein, um sich selbst zum Opfer zu geben und als das Lamm Gottes schlachten zu lassen.

Bethphage – was wird es für unseren Herrn Jesus bedeutet haben, als Er auf den Esel stieg, umjubelt von den Zurufen Seiner Jünger und all der Scharen, die sich dann um Ihn sammelten. Tränenschwer wird Sein Herz gewesen sein, denn Er wußte, daß Er selbst an den Jüngern keine wahren Untertanen hatte und ihr Jauchzen deshalb unecht war. Sie wollten nicht Jesus als dem König der Niedrigkeit dienen, sondern in Ihm einen König nach ihrem irdischen Sinn haben. Sie wollten hoch hinaus, sie stritten um eigene Ehre, sie wollten sich nichts sagen lassen von Ihm als von ihrem Herrn. So war Jesus allein der Demütige, der, obwohl ihr Schöpfer und König, auf einem Esel ritt. Doch sie waren die Hohen, wenn auch nur Geschöpfe und Sünder. Hoch und niedrig klaffte hier wie kaum je auseinander. Und so war eine weite Kluft zwischen dem, was Jesu Herz in dieser Stunde erfüllte, und dem, was ihre Herzen bewegte. Sein Herz

war voller Schmerz, während ihre Herzen voller Jauchzen waren. Jesu Herz mußte voller Schmerz sein, denn nichts ist so schmerzlich wie unechte Liebe, heuchlerische Verehrung, bei der man doch nicht gewillt ist, diese Liebe mit Hingabe, diese Verehrung mit Unterordnung zu bezahlen. Und so konnte es nicht anders sein, als daß Jesus dann wenig später in Tränen ausbrach, da Er, den Ölberg auf dem Esel herunterreitend, nun Seine Stadt Jerusalem erblickte, wo Ihn noch viel Schmerzlicheres erwartete.
Bethphage einst – der Ausgangspunkt des traurigen Palmsonntagseinzugs Jesu in Seine Stadt. Bethphage heute – wartet nun auf einen neuen, Ihm würdigen Einzug in Seine Stadt, wenn Er wiederkommen wird als König aller Könige. Nach den Zeichen der Zeit, die Jesus als Vorboten dieser Stunde nennt, ist sie wohl nahegekommen. Darum ruft Jesus uns zu: Macht euch dafür bereit! Denn dann soll Er in Wahrheit als König von einer Schar begleitet werden, die gelernt hat, Ihn in ihrem Leben völlig Herr sein zu lassen, sich unter Seinen Willen und Seine Führung zu demütigen und nach Seinem Willen zu tun. Ja, dann wird eine Schar mit Jesus ziehen, die, erlöst durch Ihn, Seinem Bild ähnlich geworden ist, das Er uns in Bethphage darstellte: dem Bild der Demut, Sanftmut und des Gehorsams. Auf solche Nachfolger wartet Er heute als der „Herzog unserer Seligkeit", der uns diesen Weg bahnbrechend vorausging.

GEBET IN BETHPHAGE

Unser lieber Herr Jesus,
wir beugen uns, daß Du, der einzig Hohe und Erhabene, so demütig, sanftmütig und gehorsam Deine Königsherrschaft auf einem entliehenen Esel angetreten hast. Du wolltest uns durch Deine demütige Liebe überwinden, damit wir uns willig Deiner Herrschaft beugten. Doch Du mußtest diesen Einzug unter Leiden und Tränen antreten, weil wir hohen und rebellischen Herzens sind und uns Deiner Herrschaft nicht beugen wollen.
Laß Deine Tränen mich zur Buße bringen, Du sanftmütiger Jesus, auf daß ich mich in wahrer Demut Dir zu Füßen werfe. Dir als dem König will ich nun völliges Herrschaftsrecht über mein Leben geben, indem ich sage: Mache mit mir, was Du willst, führe mich, wie Du willst, schicke mir, was Du willst, ich will nach Deinem Wort tun. Hilf mir, mit solcher Haltung in der Erwartung Deines Wiederkommens zu leben und mich auf diesen Tag zu bereiten, auf daß ich Dich, den König, dann wahrhaft empfange.
Erwecke Deine ganze Gemeinde und Dein Volk zu solcher Bereitung, damit Dein Leid dann in Freude verwandelt und Dir echtes Hosianna gebracht wird. Amen.

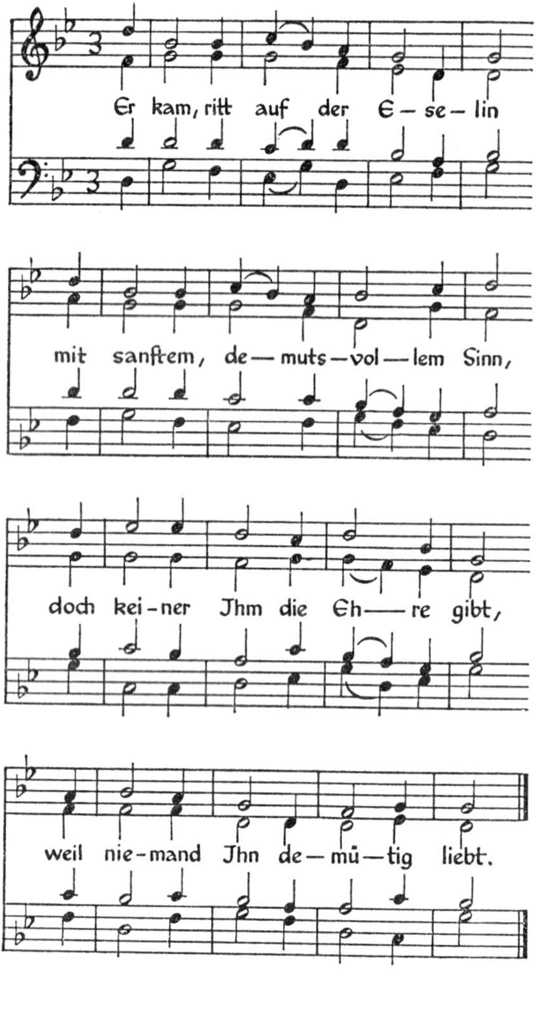
Er kam, ritt auf der E – se – lin
mit sanftem, de — muts — vol — lem Sinn,
doch kei – ner Jhm die Eh — re gibt,
weil nie – mand Jhn de – mü – tig liebt.

Er kam, gehorsam wie ein Knecht,
um Gottes Wort zu geben recht.
Er ziehet ein in Seine Stadt,
doch sie das Kreuz bereitet hat.

Er kam, verhüllt in Niedrigkeit,
ein König voller Schmach und Leid.
Doch bald Er ziehet wieder ein
als König hehr im Glorienschein.

Dann wird Er hoch umjauchzet sein
von Seiner selgen Brautgemein,
die sich der Niedrigkeit geweiht,
Ihm jetzo schon den Weg bereit.

Auch nach Melodie EKG 161:
Das Wort geht von dem Vater aus

+

Jesus ritt in Demut und Gehorsam auf der Eselin nach Jerusalem ein, obwohl Er wußte, daß dieser Königseinzug zur Kreuzigung führte. Doch dieser scheinbar sinnlose Gehorsamsschritt brachte Größtes: die Erlösung auf Golgatha. Solche Gehorsamschritte bringen bis heute große Frucht.

BETHANIEN

Dieser Ort, wohin es unseren Herrn Jesus immer wieder zog und den Er oft aufsuchte, zieht auch uns an um der Gedenkstätten Seiner Worte und Taten willen, die dort sind: das Lazarusgrab und die Kirche der Franziskaner. Heute ist Bethanien allerdings ein ganz moslemisches Dorf, El-Azariyeh (Lazarium) genannt. Es liegt etwa 3 km von Jerusalem entfernt, an der Autostraße nach Jericho, auf der es leicht zu erreichen ist. Doch wir kommen zu Fuß von Bethphage her, wo wir vom Anwesen der Franziskaner aus einen steinigen Weg nach Südosten ins Tal hinab einschlagen, der wahrscheinlich die alte Verbindung vom Ölberg nach Bethanien ist. Von den Hügeln der nahen Wüste Juda umgeben, liegt vor uns am Hang Bethanien mit seinen Steinhäusern. Schon von weitem erkennen wir die Stätte des Lazarusgrabes durch ein daneben aufragendes Minarett und Kuppel und Turm der franziskanischen Kirche nahe dabei. Etwas oberhalb liegt eine neue griechisch-orthodoxe Kirche.

Der Fußweg führt uns unmittelbar zum Eingang des Lazarusgrabes und etwa 15 bis 20 m weiter bergab zur Kirche der Franziskaner. Gerade umgekehrt sind beide Stätten von der Autostraße aus zu erreichen, wenn man bei einer scharfen Rechtskurve der Straße innerhalb des Ortes den Weg nach links abzweigt. Wir steigen nun enge Felsenstufen hinab, denn das Grab liegt nicht mehr wie zu Jesu Zeiten zu ebener Erde, sondern 5 m tiefer. Zunächst kommen wir in die Vorkammer, in der man des Weinens Jesu gedenkt. Nach weiteren drei Stufen treten wir durch eine schmale Öffnung in die gemauerte Grabkammer, wo der Leichnam des Lazarus lag. Ein rechteckiger Stein schloß ursprünglich den Eingang zu dieser Grabkammer. Das stimmt überein mit dem, was Johannes sagt: »Es war eine Kluft und ein Stein darüber gelegt.« Eine Tafel an der Felswand über dem Eingang zur Grabkammer erinnert uns an Jesu mächtigen Sieg über den Tod. Später suchen wir die nahe franziskanische Kirche auf, wo wir alles, was uns dabei bewegt und was Bethanien umschließt, noch in der Stille bedenken. An einem Steinblock vor dieser Kirche grüßt uns auch eine Rufertafel.

Die Kirche der Franziskaner ist geöffnet: 6–12 Uhr, 14–18 Uhr.
Die griechisch-orthodoxe Kirche ist immer geschlossen.
Das Lazarusgrab kann man tagsüber besuchen mit Eintrittsgeld bei einem moslemischen Wächter.

GESCHICHTLICHES

Das Bethanien zur Zeit Jesu lag nach Johannes 11, 18 etwa 15 Stadien, also knapp 3 km von Jerusalem entfernt. Auf halber Höhe, am südöstlichen Abhang des Ölbergs gelegen, soll es damals noch mehr als jetzt ein lieblicher Fleck, ein letztes grünes Idyll vor den kahlen Bergen der Wüste Juda gewesen sein. Durch Ausgrabungen 1951/53 stellte man seine Lage etwas nordwestlich von dem heutigen El-Azariyeh fest, also Bethphage zu. Damit scheint die Echtheit der heute als Grab des Lazarus gezeigten Stätte bestätigt zu

sein, da die jüdische Sitte forderte, daß Grabanlagen außerhalb der Ortschaft liegen mußten.
Nachdem die Auferweckung des Lazarus nicht nur das Dorf, sondern auch den Hohen Rat erregt hatte (Joh. 11, 46ff), mag sich den ersten Christen Jerusalems die Erinnerung an dies Grab tief eingeprägt haben. So hielt schon eine frühe Tradition das Gedächtnis dieses Grabes wach durch eine Kirche, die im 4. Jahrhundert nach Osten gerichtet darüber erbaut wurde. Ein Erdbeben zerstörte sie. Im 6. Jahrhundert wieder aufgebaut und danach mehrfach beschädigt und umgebaut, wurde sie im 12. Jahrhundert mit der daneben errichteten Kirche eines Benediktinerinnenklosters verbunden, von deren Krypta aus dann der Weg ins Grab führte. Als diese im 16. Jahrhundert in eine Moschee umgewandelt wurde und die Moslems den eigentlichen Zugang zum Grab vermauerten, erwirkten sich die Franziskaner die Erlaubnis, einen Eingang von der Straße her zu schaffen. So legten sie 1613 von Norden her die engen Felsenstufen an, die jetzt noch ins Grab führen.
Das Grab des Lazarus ist bis heute in Händen der Moslems, und dahinter erhebt sich an der Stelle der früheren christlichen Kirche das Minarett der Moschee. Doch konnten die Franziskaner Ende des 19. Jahrhunderts östlich vom Lazarusgrab Häuser erwerben. 1949 begannen sie dort mit Ausgrabungen und legten die Mauerreste der verschiedenen Bauperioden der Lazaruskirche frei. Über der östlichen Hälfte der Kirche des 12. Jahrhunderts wurde dann 1952/54 eine neue Rundkirche mit drei Altären erbaut. Sie ist der Auferweckung des Lazarus, der Begegnung Jesu mit Maria und Martha und der Salbung Jesu durch Maria geweiht.

Neben dem Gedenkort der Auferweckung des Lazarus suchte man schon früh den Ort des Wohnhauses von Maria und Martha. Ebenso wurden verschiedene Stellen als das Haus Simons des Aussätzigen angesehen, wo die Salbung geschah. Doch gibt es keine klare und bewiesene Überlieferung für diese Häuser. In der Kreuzfahrerzeit nahm man an, daß auf dem Platz der Lazaruskirche das Haus des Simon, auf dem der Klosterkirche daneben das Haus der Geschwister gestanden habe. Es ist aber unwahrscheinlich, daß das Haus der Geschwister und auch das Simons so nahe beim Grab waren, da die Grabstätten ja außerhalb des Wohngebietes liegen mußten.

Nach dem Bericht des Franziskaners Odoricus um 1320 »liegt das Haus der Martha zwei Wurfschuß weit außerhalb Bethaniens«. Vielleicht bezieht sich das auf sogenannte »Häuser der Maria und Martha«, die östlich von Bethanien, etwa 500 m vom Grab entfernt, rechts und links der Straße nach Jericho liegen. Heute ist dort je ein russisches und ein griechisches Besitztum – letzteres mit einer Kirche –, die mit den Namen von Maria und Martha verbunden sind. Nach alten Pilgerberichten sollen hier zwei getrennte Wohnhäuser der beiden Schwestern gelegen haben, vielleicht aber auch ihre Grabstätten, über denen später Kirchen und Klöster gebaut wurden. Ausgrabungen zeigten, daß die älteste Kirche bis auf die byzantinische Zeit zurückgeht. Heute wird bei den russischen Schwestern und in der griechischen Kirche jeweils ein Stein gezeigt, auf dem Jesus bei der Unterredung mit Martha gesessen haben soll, als sie Ihm entgegeneilte. Außerdem gibt es in der Nähe auf freiem Feld noch einen solchen »Stein der Unterredung«.

AUS DER HEILIGEN SCHRIFT

Als Jesus mit seinen Jüngern die Wanderung fortsetzte, kamen sie an ein Dorf. Dort nahm ihn eine Frau mit Namen Martha in ihr Haus auf. Sie hatte eine Schwester mit Namen Maria. Diese setzte sich auch zu Jesu Füßen hin und hörte jedes seiner Worte. Martha aber hatte dafür keine Zeit, weil sie nur an die Bewirtung Jesu dachte. Der Herr sprach zu ihr: Martha, Martha, du sorgst und mühst dich um vieles; aber eins ist wirklich nötig: Maria hat das gute Teil erwählt, das soll ihr nicht genommen werden. Aus Lukas 10

Sechs Tage vor Ostern kam Jesus gen Bethanien, wo Lazarus wohnte, den Jesus von den Toten auferweckt hatte. Daselbst machten sie ihm ein Abendmahl im Hause Simons des Aussätzigen, und Martha diente. Da nahm Maria ein Pfund Myrrhenbalsam, echte kostbare Nardensalbe, salbte die Füße Jesu und trocknete mit ihrem Haar seine Füße; das Haus aber ward voll vom Geruch der Salbe. Da waren etliche, die wurden unwillig und sprachen: Was soll doch diese Vergeudung? Doch Jesus sprach: Die Armen habt ihr allezeit bei euch und könnt ihnen Gutes tun. Mich aber habt ihr nicht allezeit. Sie hat getan, was sie konnte; sie hat meinen Leib im voraus zum Begräbnis gesalbt. Wahrlich, ich sage euch: Wo dies Evangelium gepredigt wird in aller Welt, da wird man auch von dem sprechen, was sie jetzt getan hat, zu ihrem Gedächtnis.

Aus Johannes 12 und Markus 14

BETHANIEN – EIN RUF AN UNS

Jerusalem, die Stadt Gottes, an der Gott und somit der Sohn Gottes Freude und Wonne haben sollten, war für Jesus die Stadt Seines Leidens geworden. Der Tempel, das Haus Gottes, von dem Jesus gesagt: „Muß ich nicht sein in dem, was meines Vaters ist?", war zu einer Mörderhöhle gemacht worden. Welch ein Schmerz für Ihn! Und wenn Jesus dennoch in Jerusalem Seine Botschaft unter den höhnenden Augen der Ihm nachstellenden Pharisäer ausrichten mußte, so drängte es Ihn, am Abend nach vollbrachtem Tagewerk oftmals einen andern Ort aufzusuchen, wo Er Menschen fand, die Seine Botschaft aufnahmen. Das war Bethanien.
Da Jesus schon nach einjähriger öffentlicher Tätigkeit nicht mehr wagen konnte, in Jerusalem selber zu übernachten wegen der Nachstellungen Seiner Feinde, wird Er wohl Bethanien zu Seinem ständigen Wohnort erwählt haben, wenn Er nach Jerusalem kam. Was hat es für Jesus bedeutet, daß Er hier von einem Haus wußte, in dem Er willkommen war! Mußte Jesus doch nach Seinem eigenen Wort manchmal wie ein Bettler suchen, bis Er einen Ort fand, wo Er Sein Haupt niederlegen konnte. In Bethanien war ein Haus, wo Er mit liebenden Worten begrüßt wurde, nachdem Er in Jerusalem die streitsüchtigen Worte der Pharisäer wohl bis zum Verlassen der Stadt in Sein Herz aufnehmen mußte.

So war Bethanien ein Ort, der Jesu ganze Liebe hatte, und was bedeutet das! Bis heute schließt der Klang dieses Namens eine große Lieblichkeit in sich, sagt von Liebe und Wärme, von Freundesherzen und Wohltun. Ja, in Bethanien wurde Jesus, der in Jerusalem immer von den Pharisäern hinweggewünscht war, mit liebendem Herzen und voll Freude von Maria, Martha und Lazarus aufgenommen. Hier wurde auch leiblich für Ihn gesorgt, wurde Er von Martha gespeist und erquickt. Hier nahm man teil an Seinen Leiden und Nöten.

Hier konnte Jesus Maria von Seinen innersten Anliegen sagen, weil ihr eines am wichtigsten war: auf das zu hören, was Er zu sagen hatte. Seine Worte waren ihr kostbarer als Gold. Ihm mußte sie lauschen und dabei alles vergessen. In Seinem Wort erlauschte sie, was Sein Herz bewegte – was Sein Wunsch und Anliegen für Sein Volk, für Seine Jünger, für die Welt war. Ja, sie erlauschte, was Ihm Freude und Schmerz bereitete. Und so erkannte sie auch die Stunde Seiner größten Betrübnis und tat Ihm wohl, indem sie Ihn mit kostbarer Narde zu Seinem Begräbnis salbte. Das war das Zeichen ihrer Liebe zu Jesus, während die Jünger in dieser schweren Stunde Ihm keine Wohltat erwiesen, ja, Ihm diese sogar mißgönnten – wie ein Judas es tat.

Wie kostbar ist Jesus die Liebe gewesen, die Er in diesem Hause erfuhr! Unter den vielen, die

Ihm folgten, hatte Er wahrlich nur ganz wenige, die Ihn selbst suchten, denen es um Jesus ging. Die meisten kamen zu Ihm, weil sie, wie Jesus traurig feststellte, „Brot zu essen bekommen hatten" (Joh. 6,26) oder geheilt worden waren. Doch Jesus geht es um die Liebe, die nicht Seine Gaben, sondern Ihn selbst sucht. Wer Jesus so liebt, den wird Er wiederlieben und sich ihm offenbaren. Das erfüllte sich in Bethanien. Maria, Martha und Lazarus liebten Ihn lauter, darum konnte Er ihnen Sein Herz offenbaren. Ja, Er liebte sie wieder, wie es im Johannesevangelium einige Male gesagt wird, Er liebte sie als wahre Freunde. So kündet Bethanien von dem Innigsten und Kostbarsten: von der Liebe Jesu zu Menschen, die Ihm in Liebe ihr Herz und Haus auftun.

Nun sucht Jesus ein „Bethanien heute" bei uns, dahin Er auch jederzeit kommen kann, weil Er weiß: Hier wartet man immer auf Ihn, hier ist man nicht ausgefüllt mit anderem, so daß Beruf, Arbeit, Menschen und Dinge „uns haben" und ganz in Beschlag nehmen. Solch ein „Bethanien" sucht Er, wo man die innerste Herzenskammer frei behält für Ihn, um selbst während des Tagewerkes dort Jesus allezeit wohnen und reden zu lassen und auf Seine Stimme und Seine Herzensanliegen zu lauschen. Jesus sucht heute nach Menschen, die Ihm wie Seine Freunde in Bethanien wirklich Freunde sind, von denen Er weiß, es ist ihnen nichts anderes wichtiger als Er und

Sein Besuch. Er sucht nach solchen, deren Herz immerdar in großer Liebe nach Ihm fragt und die darum als erstes immer Zeit für Ihn haben. Ja, Jesus sucht heute ein „Bethanien", sucht Häuser mit Bewohnern, die Ihn wie Maria zart und innig und doch so glutvoll lieben, daß ihnen der Besuch Jesu alles bedeutet, und die darauf aus sind, Ihm Wohltaten zu erweisen. Er sucht nach den „Stillen im Lande", nach „Marienseelen", die alles andere zurückstellen können und sich absondern lassen zu Zeiten der Stille, der Klausur, in denen sie einmal ganz allein für Jesus da sind, je nach Beruf und Möglichkeiten. Bethanien ist in die Geschichte eingegangen, weil dort Menschen wohnten, die Jesus so liebten und ganz für Ihn da waren. Wer wünschte nicht, daß sein Haus oder seine Wohnung, sein Zimmer, darin er viel betet, für Jesus solch ein „Bethanien" würde, wo Er viel geliebt wird und darum viel einkehrt und uns wiederliebt wie einst Maria, Martha und Lazarus?

GEBET IN DER KIRCHE VON BETHANIEN

Lieber Herr Jesus,
Du suchst nach Menschen, die Dir Freunde sind, wie es Lazarus, Maria und Martha waren. Schenke mir die große Gnade, daß Du mich, Dein sündiges Geschöpf, „Freund" nennen kannst, weil ich Dich von ganzem Herzen liebe und Deinem Wort folge.
So bitte ich Dich, laß mich Dich innig lieben lernen, auf daß mein Herz Dir Wohnung werde wie das Haus von Maria und Martha und Deine Verheißung sich bei mir erfülle, daß Du Wohnung machst bei denen, die Dich lieben und Deine Gebote halten. Säubere mein Herzenshaus von allen Gedanken und Empfindungen, die Dich daraus ausschließen, von dem, was mich einnimmt an Arbeit, Menschen und Dingen, die Dir den Raum in meinem Herzen nehmen. Du sollst meine erste Liebe sein, auf Dein Reden will ich allezeit hören.
Hier hast Du mich und meine erste und beste Zeit am Tag, in der Woche, im Jahr – Dir will ich sie schenken. Ich will mehr die Stille und die Einsamkeit aufsuchen, um Deinem Herzen nahezukommen, und will Dir liebend wohltun, wie es Maria tat. Mein Leben sei fortan an erster Stelle für Dich da, mein Herr Jesus, und nicht für alles, was irdisch und vergänglich ist. Dazu hilf mir aus Gnaden durch Dein erlösendes Blut. Amen.

GESPRÄCH MIT JESUS IN BETHANIEN

Gib Mir mehr Zeit, mehr Raum in deinem Leben,
Ich werd dafür dir Meine Liebe geben,
die allen Reichtum in sich schließt.

Ich will nur Dich, Dich Jesus, ganz allein,
denn wo könnt sonst es schöner sein,
als nur bei Dir?

Halt dich bereit zu jeder Zeit,
daß, wenn Ich dich besuchen will,
dein Herzenswohnung sei ganz still.

Nichts macht so selig, Jesus, wie Du,
drum kommt mein Herze dann nur zur Ruh,
wenn es sich Dir schenkt ganz.

+

Was kann mir Schönres werden
auf dieser armen Erden
als Dein Besuch, Herr Jesu Christ!
Ich geh ein in das Schweigen,
daß Du Dich kannst nun neigen
zu meiner Seel – Dich ihr vereinst.

Jesu Liebe sucht heute unter uns wie einst ein Bethanien, eine Herberge, wo man Ihn liebend erwartet und Er einkehren kann. Die meisten Herzen findet Er jedoch besetzt von Menschen, Arbeit und Dingen dieser Welt. Er bittet: Räumt aus, was euer Herz erfüllt, und nehmt Mich liebend auf!

Heilges Bethanien, da Jesus willkommen,
Ihm, der verfolgt, brachte Labsal und Wonnen,
das Ihm ein Zuhause, da gern Er kehrt ein.

Heilges Bethanien, o sei hoch gegrüßet,
du bist's, das Jesus Sein Leiden versüßet
in dunkelsten Tagen vor Seiner Passion.

Heilges Bethanien, ersteh heute wieder,
da Gottes Geist sich in Häusern läßt nieder
und Jesus geliebt wird, willkommen stets ist.

AUS DER HEILIGEN SCHRIFT

Es lag aber einer krank mit Namen Lazarus von Bethanien, in dem Flecken Marias und ihrer Schwester Martha.
Da sandten seine Schwestern zu Jesus und ließen ihm sagen: Herr, siehe, den du liebhast, der liegt krank. Als Jesus nun hörte, daß er krank war, blieb er zwei Tage an dem Ort, da er war.
Danach spricht er zu seinen Jüngern: Lazarus, unser Freund, schläft, aber ich gehe hin, daß ich ihn aufwecke.
Da kam Jesus und fand ihn, daß er schon vier Tage im Grabe gelegen hatte. Bethanien aber war nahe bei Jerusalem, bei 15 Feld Weges.
Als Martha nun hörte, daß Jesus kam, ging sie ihm entgegen und sprach: Herr, wärest du hier gewesen, mein Bruder wäre nicht gestorben! Aber ich weiß auch noch, daß, was du bittest von Gott, das wird dir Gott geben.
Auch Maria fiel zu seinen Füßen und sprach zu ihm: Herr, wärest du hier gewesen, mein Bruder wäre nicht gestorben!
Als Jesus sie sah weinen und die Juden auch weinen, die mit ihr kamen, ergrimmte er im Geist und betrübte sich selbst und gingen ihm die Augen über.
Er kam zum Grabe. Es war aber eine Kluft und ein Stein daraufgelegt. Jesus sprach: Hebt den Stein ab! Spricht zu ihm Martha, die Schwester des Verstorbenen: Herr, er stinkt schon. Jesus

spricht zu ihr: Habe ich dir nicht gesagt, so du glauben würdest, du solltest die Herrlichkeit Gottes sehen? Da hoben sie den Stein ab, da der Verstorbene lag. Jesus aber hob seine Augen empor und sprach: Vater, ich danke dir, daß du mich erhört hast. Doch ich weiß, daß du mich allezeit hörst; aber um des Volkes willen, das umhersteht, sage ich's, daß sie glauben, du habest mich gesandt.
Da er das gesagt hatte, rief er mit lauter Stimme: Lazarus, komm heraus! Und der Verstorbene kam heraus, gebunden mit Grabtüchern an Füßen und Händen und sein Angesicht verhüllt mit einem Schweißtuch. Jesus spricht zu ihnen: Macht ihn los und lasset ihn gehen! Viele nun der Juden, die zu Maria gekommen waren und sahen, was Jesus tat, glaubten an ihn.

Aus Johannes 11

DAS LAZARUSGRAB – EIN RUF AN UNS

Bethanien hat nicht nur den lieblichen Klang, daß es uns sagt vom herzlichen Liebesverhältnis zwischen Jesus und den Geschwistern im Haus des Lazarus. Bethanien sagt uns weiter davon, wie Jesus solche, die Er liebt, prüft, wie Er Seine Auserwählten im Ofen des Elends auserwählt macht. Es kündet davon, daß Er sie dunkle Glaubenswege führt, um ihren Glauben zu läutern

wie Gold, daß Er sie vor Unmöglichkeiten, ja selbst vor den Tod stellt, wie hier Seinen Freund, damit sie Herrlichkeit Gottes erleben durch ihren Glauben.
So ließ Jesus Lazarus sterben. Er war nicht gekommen, um Maria und Martha in ihrer großen Angst und Not zu helfen. Sie mußten diese dunkelsten Tage durchleben, in denen Jesus sich scheinbar nicht um sie kümmerte, obwohl sie Ihn um Seine Hilfe gebeten hatten. Doch Er war nicht gekommen, damit Er dadurch Seine Herrlichkeit und Macht noch größer offenbaren könnte. Er hatte in den Tod hineingeführt, um am Tode sich als „die Auferstehung und das Leben" zu erweisen. Was kaum einer in Seinem Volk erlebt hatte, schenkte Er in Bethanien: Lazarus, der schon verwest war, mußte auf ein Wort Jesu hin aus dem Grab heraustreten. Dem Tod war die Macht genommen, Lazarus lebte!
So ruft uns Bethanien nicht nur durch die Erinnerung an Maria und Martha auf, Jesus zu lieben und Ihm als dem liebsten Gast in unserem Haus und Herzen Raum zu geben, sondern unsere Liebe in dunkelsten Stunden zu bewähren, wenn Er uns ferne scheint und auf unser Bitten zuerst nicht antwortet. Bethanien ruft uns zu, Jesus in solchen Zeiten und Stunden Glauben zu schenken in der Gewißheit, daß wir so die Herrlichkeit Gottes schauen werden, wie Er es verheißen hat.

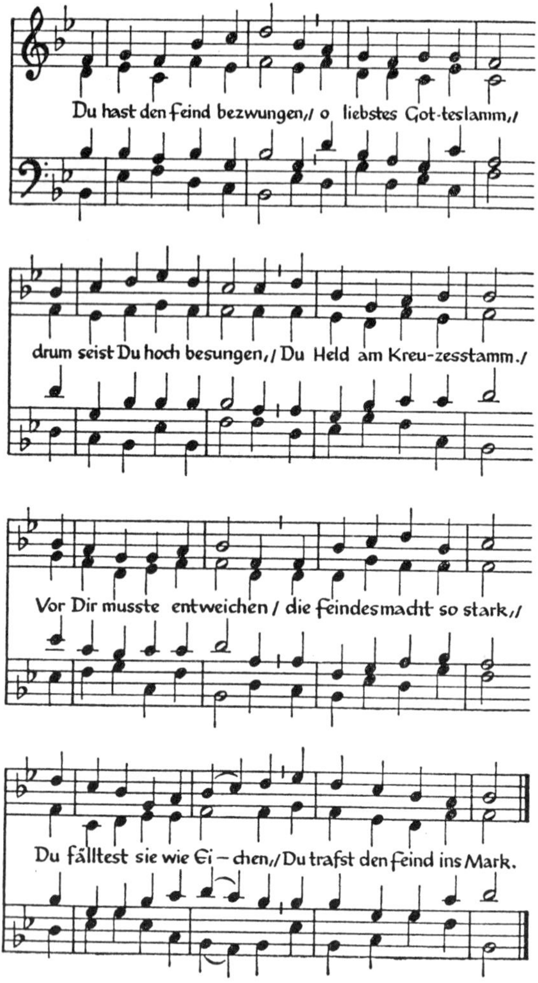
Du hast den feind bezwungen,/ o liebstes Got-teslamm,/
drum seist Du hoch besungen,/ Du Held am Kreu-zesstamm./
Vor Dir musste entweichen / die feindesmacht so stark,/
Du fälltest sie wie Ei – chen,/ Du trafst den feind ins Mark.

Drum seist Du hoch besungen,
Du König aller Welt,
Dir ist der Sieg gelungen,
den Feind hast Du gefällt!
Wer glaubet Deinem Siege,
der darf fortan nun sehn,
wie Feinde unterliegen,
die heut noch bei ihm stehn.

So danken wir von Herzen,
o Jesu, liebstes Lamm,
Du littst unzählge Schmerzen
für uns am Kreuzesstamm.
Doch nun ist auch errungen
ein Sieg, der allen gilt;
drum hoch seist Du besungen,
daß es zur Hölle dringt.

Dir sei Ruhm, Preis und Ehre,
Du Held aus Jakobs Stamm!
Ach, alle Welt sich kehre
zu Dir, o Gotteslamm,
bis einst an Deinem Throne
ein Jubel sei ohn End,
Du strahlest in der Krone,
all Leid ist nun gewendt.

Auch nach Melodie EKG 49: O König aller Ehren

GEBET AM LAZARUSGRAB

Lieber Herr Jesus,
ich bete Dich an, daß Du Liebe bist und Maria und Martha nur in tiefstes Dunkel führtest, um ihnen desto herrlicher und strahlender Deine Herrlichkeit zu offenbaren.
Ich danke Dir, daß Du auch mich auf dunklem Weg führst, damit ich glauben lerne und so einst die Krone des Lebens ererbe. Lehre mich fassen, daß jedes Glauben im Schauen des Geglaubten endet, oft schon hier, sonst aber gewiß droben. Lehre mich glauben, daß Leiden immer in Freude endet, weil Deine Wege immer Wege Deiner Liebe sind, deren Ende nicht Weinen, sondern Lachen und Seligkeit ist. So lehre mich den Glauben, der im festen Erwarten Deiner Hilfe und der Offenbarung Deiner Macht und Herrlichkeit in meiner Not besteht.
Jesus, ich rechne mit Deinem Wort „Dir geschehe nach deinem Glauben" und warte auf die Stunde, in der mein Glaube zum Schauen wird. Amen.

+

Herrlichkeit Gottes sollen jene sehen, die im Angesicht größter Not und Ausweglosigkeit Jesus Glauben schenken in der Gewißheit, daß Er größer als jede Not ist. Jesus erweist heute wie einst in dunkelster Stunde unserer völligen Ohnmacht und Hilflosigkeit am herrlichsten Seine Allmacht und Größe.

BERG DER VERSUCHUNG
DSCHEBEL QARANTAL

Jericho und nahe dabei der Berg der Versuchung sind etwa 37 km von Jerusalem entfernt. Die Fahrstraße führt von der Altstadt über die Kidronbrücke am Garten Gethsemane vorbei nach Bethanien. In scharfen Serpentinen geht die Fahrt weiter durch die Wüste Juda in die Jordanebene hinab. Insgesamt ist ein Höhenunterschied von über 1000 m zu überwinden, denn das Jordantal ist das tiefstgelegene Tal der Welt.
Am Ortsausgang von Bethanien gabelt sich die Straße. Links, am russischen Kloster vorbei, führt die alte Römerstraße nach Jericho, die von der neuen Autostraße aus immer wieder auf der linken Seite zu sehen ist. Doch ist sie nur noch das erste kurze Stück asphaltiert, bis zu einem Waisen- und Altersheim, weiterhin dann zumeist nicht mehr befahrbar, sondern wird nur noch von Beduinen mit ihren Herden benutzt. Diese alte Römerstraße aber wird unser Herr Jesus in glühender Hitze gewandert sein, wenn Er von Jerusalem

hinab nach Jericho ging oder umgekehrt. Kurz nach dem Altersheim führt sie an einer alten Quelle vorbei, Apostelquelle genannt, kreuzt bei der Herberge vom Barmherzigen Samariter die Autostraße, um dann gleich wieder links abzuzweigen, und kommt schließlich im Wadi el-Quelt aus den Wüstenbergen heraus. Einige Kilometer südwestlich des heutigen Jericho stößt sie erneut auf die Autostraße.
An der Stelle, wo die alte Straße aus den Bergen heraustritt, lag das Jericho zur Zeit Jesu. Dort hatte auch Herodes der Große seinen Winterpalast, dessen Ruine in den letzten Jahren wieder ausgegraben wurde, und dort ist dieser grausame Tyrann gestorben.
Die neue Autostraße, erst vor wenigen Jahrzehnten erbaut, führt beim Ortsausgang von Bethanien am griechisch-orthodoxen Kloster vorbei, weiter dann vorwiegend durch kahle, wellige Hügel, die meist sehr steinig, von Felsen durchsetzt, im Frühjahr aber einige Wochen von grünen Grasnarben bedeckt sind. Einzelne Schafherden weiden an den Hängen, Beduinenzelte stehen da und dort. Und waren während der ersten Kilometer noch manche lichte Pinienhaine zu sehen, so sind wir bald mitten zwischen den unzähligen Sandhügeln einer typischen Wüstenlandschaft. In dieser bisher unbesiedelten Gegend sind während der letzten Jahre jedoch israelische Siedlungen entstanden.
Auf halbem Weg nach Jericho kommen wir vorbei an einem ummauerten Grundstück mit dem Khan el-Hathrur, der Herberge vom barmherzigen Samariter. In den Ruinen hinter dem Hauptgebäude sind noch die Grundmauern der einstigen Herberge zu erkennen, von der nachgewiesen ist, daß sie schon zur Zeit Jesu hier stand. So hat Jesus Sein Gleichnis also eingebettet

in die vorhandenen Gegebenheiten dieser unheimlichen Gegend. Auf einem Hügel gegenüber sehen wir die Reste einer Kreuzfahrerburg, auch »rote Burg« genannt, wegen des durch Eisenoxyd rot gefärbten Gesteins.

Bald nach der erneuten Abzweigung der alten Römerstraße zeigt ein Schild an, daß die Höhe des Meeresspiegels erreicht ist. Doch weiter geht es in Serpentinen ins Tal hinab, bis wir in die Jordanebene kommen. Nun wechselt die Landschaft plötzlich vom Gebirge zum Flachland. Aber auch hier finden wir Wüste; in der kilometerbreiten Jordanebene scheint jedes Leben zu ersterben. Jedoch in der Ferne leuchtet in saftigem Grün die Oase Jericho.

Die letzte Wegstrecke vor Jericho bietet uns den Blick auf das umgebende Bergmassiv, unter dem sich vor allem der steil aufragende Dschebel Qarantal (Berg der Versuchung) mit seiner abgeflachten Kuppe heraushebt auf der linken Seite. Wir machen nun eine scharfe Wendung nach links; denn die Straße geradeaus führt zur Jordanbrücke, die nach Amman geht, heute aber gesperrt ist, und nach rechts zweigt die Straße zum Toten Meer ab, das wir bleigrau liegen sehen und dahinter die Moabiterberge mit dem Berg Nebo.

Kurz vor dem Eingang zur Stadt, wo links ein großes, verlassenes Flüchtlingslager liegt, trifft die Fahrstraße wieder mit der alten Römerstraße und dem Wadi el-Qelt zusammen, das hier in die Ebene mündet. Das heutige Jericho (Er-Riha=Geruch), ist eine fruchtbare Oase mit üppigem Pflanzenwuchs. Das merken wir bei der Durchfahrt, die uns an Plantagen von Bananenstauden, Granatapfel- und Zitrushainen mit betäubendem Duft, dazwischen farbenprächtigen Sträuchern und Bäumen und vielen Palmen vorbeiführt.

BERG DER VERSUCHUNG

Wir verlassen die Stadt in nordwestlicher Richtung und fahren direkt auf den Berg der Versuchung zu, bis die Hauptstraße eine scharfe Wendung nach rechts nimmt und weiter ins Jordantal und zum See Genezareth führt. Gleich nach dieser Kurve sehen wir links der Hauptstraße den Tell el-Sultan liegen mit den Ausgrabungen des alttestamentlichen Jericho aus der Zeit Josuas (Jos. 6) und noch älterer Schichten. Bei verschiedenen Schnitten durch diesen Hügel fand man, daß hier die älteste Siedlung der Welt gelegen haben muß, die schon von 7000 bis 1700 v. Chr. bestand und immer wieder aufgebaut wurde. Am Fuß des Hügels entspringt die Elisaquelle, deren Wasser die ganze Oase Jericho in vielen Kanälen durchzieht und so fruchtbar macht (2. Kön. 2, 19–22).
Doch vom Tell el-Sultan kehren wir wieder zu der Straßenbiegung zurück und fahren auf einer schmaleren Straße weiter auf den Berg der Versuchung zu, bis linker Hand ein holpriger Weg im scharfen Winkel abgeht, der uns direkt zum Fuß des Berges führt. Hier ist heute noch solch eine Gegend mit öden Schluchten, in denen Totenstille lagert und die Einsamkeit einen umfängt, wie man es sich für die Zeit der Versuchung Jesu vorstellt. Ein steiniger Fußweg führt in gut gangbaren Serpentinen auf die Höhe, zum Teil an überhängenden Felsen mit bizarren Formen vorbei, in denen wir viele Höhlen sehen, zum Teil an steinübersäten Halden. Auf halber Höhe – etwa 25 Minuten Wegs – kommen wir zu einem griechisch-orthodoxen Kloster, das wie angeklebt an der Felswand liegt und in seiner Kapelle die »Grotte der Versuchung« umschließt.
Mit Erlaubnis des griechisch-orthodoxen Patriarchats in Jerusalem darf man hindurchgehen zur Kuppe des Berges. Wir steigen hinauf zu seiner Plattform. Von

der Höhe des Berges sehen wir weit ins Jordantal. Rings umher ragen Berge auf, im Westen zeichnet sich am Horizont der Kamm des Ölbergs ab. Nach Osten hin geht unser Blick wieder zu den Moabiterbergen jenseits des Jordans und zum Nebo. Unmittelbar unter uns liegt Jericho mit seinen Gärten in tropischer Fülle und Farbenpracht. – Ein Rundblick, der Jesus wahrlich die Reiche der Welt in ihrer Herrlichkeit aufleuchten lassen konnte. So erleben wir es nun mit eigenen Augen, wie die äußeren Voraussetzungen für die verschiedenen Versuchungen, mir denen der Feind an Jesus herantrat, hier gegeben sind und damit der Anknüpfungspunkt für die Überlieferung dieses Ortes.

GESCHICHTLICHES

Weder vom Evangelium noch von irgendwelchen Funden her ist der Ort der Versuchung Jesu festzulegen, heißt es doch nur, daß »Jesus vom Geist in der Wüste herumgeführt ward« (Matth. 4, 1; Luk. 4, 1), wo der Teufel Ihn versuchte. Es muß eine Zeit einsamen Wanderns durch tiefe Flußtäler, Wadis genannt, und über kahle Höhen gewesen sein. Nähere Angaben werden also nur von der späteren Tradition gemacht, die zumeist am »Dschebel Qarantal« den Ort gesucht hat, wo Jesus nach der Zeit Seines vierzigtägigen Fastens die Versuchung des Feindes zu bestehen hatte. So erwähnt der englische Pilger Saewulf (1102), wie diese Tradition zu seiner Zeit bei allen christlichen Bewohnern des Landes lebendig war.

Die Ostseite des Dschebel Qarantal weist etwa dreißig bis vierzig teils natürliche, teils künstliche Höhlen auf, die schon im 4. Jahrhundert von Einsiedlern bewohnt waren. Auch die Südseite ist reich an solchen Höhlen. Die Grotte, die nach der Überlieferung Jesu Herberge während der vierzig Tage gewesen sein soll, wurde wohl in byzantinischer Zeit (6. Jahrhundert) in eine Kapelle umgewandelt. Zur Zeit der Kreuzfahrer im 12. Jahrhundert gehörte sie den Kanonikern vom Heiligen Grab. Diese schmückten sie mit Fresken von der Versuchung Jesu, die bis Anfang des 20. Jahrhunderts noch zu sehen waren. Seit dem 13. Jahrhundert stand die Kapelle verlassen. 1874 übernahmen sie griechisch-orthodoxe Mönche, die dort am Felsabhang 1895 ein Kloster erbauten, das sie noch heute bewohnen.

Auf den Gipfel des Berges verlegte die Überlieferung die letzte Versuchung Jesu, als der Teufel Ihm alle Reiche der Welt anbot. Um 130 v. Chr. stand hier oben eine Makkabäerfestung. In der christlichen Zeit wohnten schon früh Einsiedler an diesem Ort, und aus der byzantinischen Zeit wurden Reste einer Kapelle gefunden. Auch die Kreuzfahrer hatten hier eine Festung mit einer Kapelle. Griechisch-orthodoxe Mönche begannen vor dem Ersten Weltkrieg diese wiederaufzubauen, doch blieb sie seitdem unvollendet.

AUS DER HEILIGEN SCHRIFT

Jesus kehrte dann, voll heiligen Geistes, vom Jordan zurück und wurde vom Geist vierzig Tage lang in der Wüste herumgeführt und dabei vom Teufel versucht. Er aß in diesen Tagen nichts, so daß ihn hungerte, als sie zu Ende waren. Da sagte der Teufel zu ihm: Bist du Gottes Sohn, so gebiete, daß diese Steine zu Broten werden. Doch Jesus antwortete ihm: Es steht geschrieben: „Nicht vom Brot allein wird der Mensch leben, sondern von einem jeden Wort, das aus Gottes Munde geht."

Hierauf nahm ihn der Teufel mit sich in die Heilige Stadt, stellte ihn dort auf die Zinne des Tempels und sagte zu ihm: Bist du Gottes Sohn, so stürze dich hier hinab, denn es steht geschrieben: „Er wird seine Engel für dich entbieten, und sie werden dich auf den Armen tragen, damit du mit deinem Fuß an keinen Stein stoßest." Jesus antwortete und sprach zu ihm: Es ist gesagt: „Du sollst Gott, deinen Herrn, nicht versuchen."

Nochmals nahm ihn der Teufel mit sich auf einen sehr hohen Berg, zeigte ihm in einem Augenblick alle Reiche des Erdkreises und sagte zu ihm: Dir will ich diese ganze Macht und ihre Herrlichkeit geben; wenn du nur mich anbeten willst, so soll es alles dein sein. Jesus antwortete: Weg mit dir, Satan! denn es steht geschrieben:

„Du sollst Gott, deinen Herrn, anbeten und ihm allein dienen."
Als der Teufel nun mit allen Versuchungen zu Ende war, ließ er von ihm ab bis zu einer gelegenen Zeit. Und siehe, da traten die Engel zu ihm und dienten ihm. Aus Lukas 4 und Matthäus 4

Worin er gelitten hat und versucht ist, kann er helfen denen, die versucht werden. Hebräer 2,18

Denn wir haben nicht einen Hohenpriester, der nicht könnte Mitleiden haben mit unsern Schwachheiten, sondern der versucht ist allenthalben gleichwie wir, doch ohne Sünde.
Hebräer 4,15

+

Jesus zeigt uns den Weg,
wie wir in Versuchungen siegen:
indem wir immer den Weg erwählen,
auf dem es unser Leben zu verlieren gilt.

BERG DER VERSUCHUNG – EIN RUF AN UNS

Nie findet der Versucher wohl solch geeignetes Feld für seine Machenschaften, wie wenn man sich in Not befindet. Jeder Mangel des Menschen, daß ihm dies und jenes auf dem Gebiet des Leibes, der Seele oder des Geistes fehlt, bietet dem Feind einen Angriffspunkt. Und ein Ort, wo all diese Nöte im besonderen aufbrechen, ist die Wüste, weil der Mensch dort Mangel über Mangel auf jedem Gebiet zu erleiden hat. Die Wüste ist der Ort bitterster Armut, größter Einsamkeit, voller Bedrohung, Ängste und Nöte.

Als Jesus sich in solch eine wüste Gegend, nach der Überlieferung am Dschebel Qarantal, zu Seiner vierzigtägigen Fastenzeit zurückzog, war darum die Stunde für den Versucher gekommen. Er nützte sie aus und setzte alles auf eine Karte, um Jesus zu Fall zu bringen. Not und Mangel treiben uns an, nach einer Hand zu greifen, die Hilfe anbietet – ganz gleich, wem sie gehört. Und Satan sah, daß Jesus ein „Mensch wie wir" war – und darum „versucht allenthalben gleich wie wir". So stieg wohl auch in Jesus das Begehren auf, herauszukommen aus der Not.

Ihn hungerte – und Hunger tut weh. Konnte es anders sein, als daß es den Herrn, der einen Menschenleib wie wir hatte, danach verlangte, gesättigt zu werden? Brauchte Er doch auch neue Kraft des Leibes für alle vor Ihm liegenden Aufgaben. Warum sollten die brotartigen Steine umsonst zu Seinen Füssen liegen? Jesus war doch als der Sohn des lebendigen Gottes auf die Erde gesandt. Konnte Er nicht machen, daß diese Steine zu Brot wurden?

Und ob in Seiner Seele nicht immer wieder diese notvolle Anfechtung aufbrach: Worin beweist es sich, daß Ich Gottes Sohn bin? Bin Ich nicht ein Mensch unter den Menschen, der arme Zimmermannssohn, bin Ich nicht einer von vielen? Nun aber bietet sich Jesus eine Hand, die Ihm aus dieser Not heraushelfen will. Satan lädt Ihn ein: Mach den Sprung hinunter vom Tempel – wohin Ihn der Versucher im Geist führte – und wage es, dich zu erweisen als Gottes Sohn, dem alle Mächte zu Diensten stehen. Glaube mir, du wirst es erleben, daß dem so ist und dir nichts widerfährt. Dann wirst du dich wieder als Gottes Sohn fühlen und wirst es auch vor den Menschen sein. Siehe, ich stärke dich. – So redete Satan Ihm wohl zu.

Weiter war Jesus auf diese Erde gekommen, daß Er den Menschen das Reich Gottes brächte. Dreißig Jahre waren nun schon vergangen. Er hatte als Zimmermann Seine Arbeit getan – doch wo blieb die Aufrichtung dieses Reiches Gottes? Nun bot Satan Ihm einen Ausweg aus dieser Anfechtung an. Die Reiche der Welt, die in ihrer Schönheit so verlockend zu Seinen Füßen lagen, könnten in einem Augenblick unter Seine Herrschaft kommen. Die schmerzliche, anfechtungsreiche Wartezeit im Blick auf Seinen Auftrag, der scheinbar nicht hinausgeführt wurde, wäre mit einem Schlag zu Ende. Er würde die Erde in Seinem Geist regieren und damit Seine Herrschaft des Friedens und der Liebe aufrichten.

Welche Versuchung für Jesus, der Mensch war wie wir, die angebotene Hand Satans zu ergreifen, die Ihn aus der großen Not des Leibes, da Er schier am Verhungern war, aus der großen Anfechtung der Seele und des Geistes herausführen wollte!

Doch Jesus ergriff diese Hand nicht. Er sagte ja zu der Not, in der Er sich befand. Er hatte den Mut, darin zu bleiben, darin auszuharren. Er war willig zu warten – und mochte es noch so lange währen –, bis Gottes Stunde kam und Er Ihn herausführte. Jesus rechnete damit, daß gerade dieser Weg der Ohnmacht, der Erniedrigung und Verhüllung das Reich Gottes herbeiführte, und sagte ja dazu. In dieser Hingabe hat Er die Versuchung siegreich bestanden.

Nun ruft Jesus uns für unsere Versuchungsstunden zu: Folgt Mir nach! Ergreift nicht die dargebotene Hand des Versuchers, wenn euer Herz voller Begehren ist, aus der Not des Leibes, der Seele oder des Geistes herauszukommen. Geht nicht auf Satans Angebot ein, der euch oft verspricht, durch Menschen oder Gelegenheiten das Ersehnte – Geld und Gut,

Vorteile, Rechte, Ehre, Umgang mit geliebten Menschen – auf schnellem und nicht ganz lichtem Weg zu bringen. Laßt euch nicht darüber hinwegtäuschen, daß es Satans Hand ist, die euch diese Hilfe aus der Not so einleuchtend anbietet, wobei ihr nicht so lange auf das Ersehnte warten müßt wie bei dem Handeln Gottes. Hütet euch vor dieser Hand Satans, die so harmlos aussieht und euch zu vorschnellem und verderbenbringendem Zugreifen lockt. Gebt vielmehr Gott euer Ja zum Ausharren in eurem notvollen Zustand im festen Glauben: Gott hat als Vater für Sein Kind schon Rat und Hilfe erdacht und bereit, die Er zu Seiner Stunde gibt; doch tut Er das erst dann, wenn Er uns wie Gold im Feuer geläutert und herrlich gemacht hat und so reiche Frucht aus der Anfechtungszeit gekommen ist.

Darum heißt es in jeder Versuchung Gott das Ja zu unserem notvollen Zustand geben und uns damit Seinen Vaterhänden anvertrauen. Dadurch hat der Feind keinen Angriffspunkt mehr, und wir gehen als Überwinder aus der Stunde der Anfechtung und Versuchung hervor. Dann muß Satan weichen, und die Engel Gottes werden auch uns dienen. Gott wird uns zu Seiner Zeit als ein rechter Vater überreich beschenken und uns glücklich machen, weil es Ihm eine Lust ist, Seinen Kindern in Wahrheit Gutes zu tun.

WAFFENRÜSTUNG FÜR DEN VERSUCHUNGSKAMPF

Nichts hilft so, in Versuchungsstunden die angebotene Hand des Feindes ausschlagen zu können, wie wenn wir dem Versucher das königliche Wort entgegenschleudern: Ich will leiden! Leiden bringt Herrlichkeit.

+

Des Versuchers Art ist, eine sofortige Hilfe und Wandlung des uns drückenden Zustandes anzubieten. Du schlägst ihn aus dem Feld mit dem Wort: Ich kann auf Gottes Stunde warten, Seine Hilfe kommt nie zu spät.

+

Treibt uns ein Begehren, so hat der Feind leicht Möglichkeit, uns in die Falle zu locken. Er flieht aber, wenn er sieht, daß wir entschlossen sind, das Begehrte Gott auszuliefern in der Gewißheit: Keiner sorgt so gut und so zur rechten Zeit für mich wie Gott, mein Vater.

+

Anfechtungen müssen sein. Ohne Anfechtungskampf keine Siegeskrone. Darum wolle kämpfen, das heißt, sei bereit, es dir etwas kosten zu lassen an Tränen und Wunden. Nur wer kämpft, wird in der Kraft Jesu Satan besiegen können.

Jch will die We-ge ge-hen,/ ich will im Lei-den
Jch will Anfechtung tra-gen,/ und wenn der Feind wird
ste-hen,/ auf Glau-benssteg am Abgrundsrand./
pla-gen / mein Herz und mar-tern es zu Tod:/
Gott sei ge-ehrt durch Glauben,/ den nichts mir je kann
Jch will im Lei-den ste-hen,/ solch Glaubenswe-ge
rau-ben,/ dass einst ge-prie-sen werd Sein Nam.
ge-hen,/ die tö-ten mir Ver-stand und Herz.

Ich will mich Dir verschreiben,
durch Dein Blut treu zu bleiben
Dir und dem Glaubensweg voll Nacht.
Ich will hier bei Dir stehen,
dann einst Dein Antlitz sehen
und schauen, was ich hier geglaubt.

+

GEBET AUF DEM BERG DER VERSUCHUNG

Mein Herr Jesus,
ich danke Dir, daß Du, allenthalben versucht wie wir, doch in den Versuchungen ohne Sünde geblieben bist und den Feind überwunden hast. Ich bitte Dich, lehre mich, in meinen Versuchungsstunden dem Feind so zu begegnen, wie Du es tatest, auf daß ich überwinde.
Gib mir Kraft, die dargebotene Hand des Feindes, der mir das Ersehnte verschaffen will, auszuschlagen. Hilf mir, in dem Notzustand bleiben zu wollen, wie Du es tatst, und zu warten, bis Du selber mir einen Ausgang bereitest.
Dir, meinem Vater, will ich vertrauen. Du weißt, wessen Dein Kind bedarf, und wirst mir das schenken, was ich letztlich nötig habe und was mir zum Heil dient. Das will ich dem Feind in allen Anfechtungen entgegenhalten. So wirst Du ihm gebieten, und er wird weichen. Amen.

TAUFSTELLE AM JORDAN

Vom Berg der Versuchung kommend, gelangt man über den belebten Markt von Jericho an den Ostrand der Stadt. Hier sind noch Baumpflanzungen, bald aber breitet sich wieder nur flache Wüste aus, selten von einem grünen Flecken unterbrochen. In der Ferne ist an der üppigen Vegetation der Lauf des Jordans zu erkennen.

Das Jordantal bei Jericho ist ungefähr 20 km breit und liegt fast 400 m unter dem Meeresspiegel. Man findet hier eine Senkung wie kaum sonstwo auf dem Festland, die in der Urzeit unserer Erde unter großen vulkanischen Erdbewegungen entstanden sein muß. Es ist der syroafrikanische Graben, der sich von Syrien durch Israel mit dem Huletal, See Genezareth, den Jordan entlang über das Tote Meer bis zum Viktoriasee in Afrika erstreckt, hier aber seine tiefste Stelle hat. Die Sonne brennt in diesen Trog hinein, die heiße Luft bleibt darin stehen, und selbst der Wind im Jordantal ist glühend heiß. Bei diesem tropischen Klima ist die Gegend kaum bevölkert. Auf der Straße zum Jordan hin kann einem in der Sonnenhitze und beim Ausmaß der Entfernungen erst bewußt werden, was solch ein Satz der Heiligen Schrift aus dem Leben Jesu: »Und er kam an den Jordan« (Matth. 3, 13) an Opfern des Leibes einschließt und zugleich verschweigt – ging unser Herr Jesus doch alle diese Wege zu Fuß.

Etwa 8 km von Jericho entfernt liegt ein viereckiger, geschlossener Bau mit festungsartigem Charakter; es ist das griechisch-orthodoxe Johanneskloster (Deir Mar Hanna – Prodromos). Hier beginnt eine kurze Strecke Wüstenlandschaft mit rissigen Mergelhügeln und gleich darauf der ungefähr 1 km breite, grüne Jordanstreifen mit dichtem Schilfrohr und vielen Tamarisken. An einem kleinen Franziskanerkloster vorbei führt die Fahrstraße auf die sogenannte Bethabara-Furt zu, die an dieser Stelle angenommen wird und an deren gegenüberliegenden Seite, am Ostufer des Jordans, die Taufstelle. An der Westseite aber haben die Franziskaner eine kleine Kapelle unmittelbar am Ufer errichtet. Der Jordan ist hier kaum mehr als 10 m breit und fließt in vielen Windungen mit starker Strömung dem Toten Meer zu.

Zur Zeit ist diese Stätte aus militärischen Gründen nicht zugänglich.

GESCHICHTLICHES

Die Stelle, an der Johannes predigte und taufte, war in der Wüstengegend am Unterlauf des Jordans. Das Prophetenwort vom Prediger in der Wüste (Jes. 40, 3) und sein zeichenhaftes Büßerleben wies ihn in die Wüste. Sein Amt als Täufer ließ ihn das Wasser des Flusses

suchen. Beides fand er hier. Aber wo war genau der Ort seines Wirkens, der Platz, an dem Jesus sich in das Wasser des Jordans tauchen ließ?
Im Johannes-Evangelium wird eine Ortsangabe dafür gemacht: »Bethabara, jenseits des Jordans, wo Johannes taufte« (1, 28). Manche Handschriften setzen hier auch »Bethanien« ein, was aber nichts mit dem Bethanien des Lazarus zu tun hat. Vielleicht war Bethanien ein Ort etwas abseits vom Jordan, von dem aus das Wirken Johannes' geschah, Bethabara aber die Taufstelle am Jordan selbst. Nach Berichten des Kirchenlehrers Origenes um 230 und des Geschichtsschreibers Eusebius um 300 muß dieses Bethabara am Jordan zu ihren Zeiten noch bekannt gewesen sein. Doch wo lag Bethabara, zu deutsch »Haus des Übergangs«?
Sicher ist, daß Johannes an eine Furt gebunden war, um zu taufen. Dorthin führten Zugangswege für die herbeiströmenden Zuhörer seiner Predigt. Nur dort konnte er die Täuflinge untertauchen, sonst waren die Ufer steil, der Strom zu reißend. Doch gab es Jericho gegenüber mehrere Furten, und welche davon war die von Bethabara?
Der Pilger von Bordeaux beantwortet es in seinem Bericht vom Jahre 333, indem er den Weg vom Toten Meer bis zu diesem Ort beschreibt: »Von dort bis zum Jordan, wo der Herr von Johannes getauft wurde, sind es fünf Meilen. Dort ist auch der Ort oberhalb des Flusses, ein Hügel an jenem Ufer, wo Elia in den Himmel entrückt wurde.«
In einer Entfernung von fünf römischen Meilen (7400 m) vom Toten Meer stößt man aber an der Westseite des Jordans auf das griechisch-orthodoxe Johannes kloster, in dessen Nähe heute die Taufstelle gezeigt wird. Schon der Pilger von Bordeaux gibt also

an, daß in dieser Gegend an der Ostseite die Taufstelle sei. Als weiteren Anhaltspunkt nennt er am Ostufer den mehr landeinwärts liegenden Hügel der Auffahrt Elias, den wir ebenfalls heute dort finden.

Lag Bethabara und damit die Taufstelle an diesem Platz am Jordan, so war das zugleich ein bedeutsamer Ort für die Geschichte des Volkes Gottes. Aus Berichten der pilgernden Nonne Aetheria (385) und Angaben des Kirchenvaters Hieronymus (400) geht hervor, welche Überlieferung mit dieser Furt verknüpft war: Hier überschritten einst die Israeliten unter Josua trockenen Fußes den Jordan (Jos. 3, 16). Hier stand sein Wasser zu beiden Seiten, als Elia vor seiner Himmelfahrt mit Elisa hinüberging. Bei seiner Rückkehr erlebte Elisa noch einmal das gleiche (2. Kön. 2, 8–14).

So war diese Furt für die Juden nicht irgendeine und den anderen gleichzusetzen, sondern eine unvergeßliche wegen des Durchzugs ihrer Väter. Und nicht nur der Durchzug, sondern auch die Nähe des Himmelfahrtsortes Elias gaben dieser Stelle Bedeutung. Der Täufer wird darum die Furt gewählt haben, weil sie schon durch Elia bekannt war, in dessen Geist und Kraft er wirkte. So strömten die Volksmassen aus ganz Judäa an diesen Ort.

Wenn die Christen schon früh hier den Taufplatz des Johannes und damit den Ort der Taufe Jesu suchten, taten sie es also auf historischem Boden. Daß die Erinnerung an das Geschehen hier auch durch Bauten festgehalten wurde, wird erst von dem Pilger Theodosius um 530 berichtet. Damals kennzeichnete eine Marmorsäule die genaue Stelle der Taufe Jesu am Ostufer – und eine Kirche war zu Ehren des Täufers errichtet, wahrscheinlich an der Stelle des heutigen Johannesklosters am Westufer.

In späteren Jahrhunderten verlegte die Überlieferung zeitweise die Taufe Jesu auf das Westufer, wohl weil die östliche Jordanseite schwerer zugänglich war. Aber den eigentlichen Taufort des Johannes nahm man weiter »jenseits des Jordans« an. In jüngerer Zeit neigte man dazu, eine südlichere Furt für die Taufstelle Jesu zu halten, die seichter ist. Wenn dagegen heute beim Johanneskloster die Ufer ziemlich hoch sind und zunächst weniger an die Taufstelle denken lassen, hängt das wohl damit zusammen, daß das Jordanbett sich im Lauf der Zeit – wie beobachtet wurde – öfters änderte. Es ist also nicht mehr ganz genau festzustellen, wo Bethabara in den Tagen des Täufers lag und wie es aussah. Doch höchstwahrscheinlich haben wir uns in dieser Gegend die Taufe Jesu vorzustellen.
Südlich der Franziskanischen Taufstelle gibt es noch verschiedene Taufgedenkorte am Ufer entlang, die den orthodoxen Griechen, Syrern, Kopten und Abessiniern gehören.

AUS DER HEILIGEN SCHRIFT

In jenen Tagen trat Johannes öffentlich auf und predigte in der Wüste von Judäa: Tut Buße, denn das Himmelreich ist nahe herbeigekommen! Da strömten sie nur so zu ihm hinaus, Jerusalem, ganz Judäa und die aus der Umgebung vom Jordan, und ließen sich im Jordanfluß von ihm taufen, indem sie ihre Sünden offen bekannten. Und sie fragten ihn: Was sollen wir denn tun?
Zu der Zeit kam Jesus von Galiläa her an den Jordan zu Johannes, um sich auch von ihm taufen zu lassen. Als Jesus aber getauft und soeben aus dem Wasser gestiegen war, da taten sich ihm die Himmel auf, und er sah den Geist Gottes wie eine Taube herabschweben und auf ihn kommen. Und siehe, eine Stimme erscholl aus den Himmeln: Dieser ist mein geliebter Sohn, an dem ich Wohlgefallen habe.
Am folgenden Tage sah Johannes Jesus auf sich zukommen, da sagte er: Seht das Lamm Gottes, das die Sünde der Welt hinwegnimmt!
Dies geschah zu Bethabara jenseits des Jordans, wo Johannes sich aufhielt und taufte.

Aus Matthäus 3, Lukas 3 und Johannes 1

TAUFSTELLE AM JORDAN – EIN RUF AN UNS

Welch eine leidenschaftliche Gewalt der Reue und Buße muß die Menschen zur Zeit Jesu ergriffen haben, daß sie in Scharen aus dem ganzen judäischen Land zur Taufe der Buße herbeiströmten! Und wohin? In die Gluthitze der Wüste, ins tropischheiße Jordantal. Die Bereitschaft zu diesem Weg schloß schon die Willigkeit zur Buße in sich. So waren zum Beispiel von Jerusalem bis nach Jericho hinunter schon tausend Meter Höhenunterschied zu überwinden, und es kostete eine ganze Tagesreise – und dann kam noch der Weg von Jericho durch das heiße Jordantal hin zur Furt, wo Johannes taufte.

In den Herzen der Menschen, die dort zusammenströmten, war ein Schrei: nach Vergebung der Sünden. Darum kamen sie in solchen Scharen zum Jordan, um sich taufen zu lassen. Konnte es anders sein, als daß es auch Jesus beim Antritt Seiner Wirksamkeit an den Jordan zog? War Er doch gekommen, Sünder selig zu machen. Er gehörte zu diesen Menschen – der Sünderheiland zu den Sündern. Sollte es Jesu Herz nicht hoch erfreut haben, daß Ihm Johannes tatsächlich Wegbereiter geworden war und Er nun hier am Jordan vor Seinen Augen diese Scharen von Menschen sah, die nicht nur voll Reue ihre Sünden bekannten, sondern fragten: „Was sollen wir tun?" Hier waren Menschen, die umkehrten, die nicht mehr so weiterleben wollten wie bisher, sondern jedesmal da, wo sie schuldig geworden waren, fortan einen andern Weg beschreiten wollten im Gehorsam gegen Gott und Seine Gebote, wie es ihnen Johannes der Täufer nahelegte.

Und so stellte sich Jesus am Jordan bei ihnen ein. War nun nicht die Stunde, daß Er sich offenbarte als der Heiland, der vom Thron Gottes herniedergekommen war, um ihnen allen aus Gnaden die Sünden zu vergeben? Würde Er sich nun nicht als ihr Herr und Gott offenbaren in Seiner königlichen Vollmacht, Sünden zu vergeben? Doch Er kam verborgen, so daß Ihn keiner erkannte. Ja, Er kam so niedrig, daß Er sich nicht nur zu den Sündern gesellte und setzte, wie Er es später tat, sondern daß Er in den Jordan stieg und sich taufen ließ, wie es Sünder tun mußten, um Vergebung ihrer Sünden zu empfangen. Wahrlich, hier im Jordan war schon das Lamm Gottes zu sehen, das dann einige Jahre später am Kreuz hängen würde, weil Es alle unsere Sünden auf sich selber nahm und für uns zur Sünde wurde. Darum allein konnte das Untertauchen im Jordan Menschen von Sünde befreien, weil das Lamm Gottes sich für die Sünden Seiner Menschenkinder taufen ließ und damit Seine Erlösungstat schon vorgeschattet hatte.

Glückselig werden damals alle vom Jordan

heimgezogen sein, deren Sünden vergeben waren. Noch viel weniger als auf dem Herweg werden sie die Hitze und alles Ungemach geachtet haben. Ihr Herz war nur erfüllt von dem einen, nun den Schritt zu tun, der ihnen hier am Jordan gesagt war und wodurch sie die empfangene Vergebung besiegeln sollten.
Und doch ahnten damals die Menschen, die am Jordan schon etwas von der Frucht der Erlösungstat Jesu schmeckten, noch nicht, was in Wahrheit für sie geschehen war und noch geschehen sollte. Heute, nachdem das Lamm Gottes, der Sünderheiland, am Kreuz für alle Welt offenbar geworden ist, predigt darum der Jordan noch viel lauter von der Seligkeit der Buße. So wartet Gott darauf, daß Menschen, die hierher kommen, Ihm ihre Sünden bringen im Gedenken daran, daß Jesus für uns hier in die Fluten stieg. Jesus wartet unter den vielen, die Jahr für Jahr zum Jordan pilgern, auf solche, die Ihm danken, daß Er unsere Sünden hinwegtrug, und fragen: „Was sollen wir tun? Wie haben wir umzukehren, um Dich mit einem neuen Leben zu preisen?"
Und heute will die Taufstelle am Jordan wieder Menschen sehen, die voll Freude und Seligkeit von dannen gehen – von weit größerer Freude erfüllt als die Menschen damals –, weil sich das Wort, das der Täufer am Jordan so oft gesagt hat: „Tut Buße, denn das Himmelreich ist nahe gekommen", erfüllen will. Jesus hat die Buße

zum Tor ins Himmelreich gesetzt. Wo Buße getan wird, werden Menschen schon hier auf Erden Himmelreich schmecken, das Freude, Friede, Liebe in sich schließt. Und sie dürfen dann dies Reich der Liebe und Freude auf unserer dunklen Erde ausstrahlen. Welch seligmachende Botschaft erklang und erklingt auch heute am Jordan: Das Himmelreich ist nah! Wo Jesus von reuevollen Herzen aufgenommen wird, kommt das Himmelreich mit Ihm zu uns und gewinnt in unserm Leben Gestalt.

+

Tiefer, tiefer laß mich beugen,
ob meiner Sünden tief mich neigen,
denn Jesus Christus stieg hinab.
Im Jordanfluß Er ließ sich taufen
unter dem großen Sünderhaufen,
nun wartet Er auf unsre Buß.

GEBET AN DER TAUFSTELLE

Lieber Herr Jesus,
Dir sei Dank, daß Dein Heiliger Geist Menschen willig machen kann zu hören, was uns von Natur zuwider ist: Gerichtsurteile über unsere Sünden. Wenn das zu des Täufers Zeiten bei denen geschah, die zum Jordan kamen, und sie dafür größte Strapazen auf sich nahmen, so vermagst Du das auch heute an mir zu wirken. Du kannst mir das, was ich von Natur meide und was mir doch das Heilsamste ist, zum Begehrenswertesten machen.
Darum bitte ich Dich, schenke mir auch solchen Eifer, meine Sünden gesagt zu bekommen und sie zu bekennen, daß ich dafür keine Demütigung und Not achte, weil mir Dein Wort der Vergebung so kostbar ist. Laß den Ruf vom Jordan her „Tut Buße" nicht aus meinem Herzen gehen und hilf mir, da umzukehren, wo Du mir zeigst, daß etwas anders werden muß in meinem Leben. Ich glaube Dir, daß so dem neuen Leben bei mir Bahn gemacht wird und ein Stück Himmelreich zu mir kommt, so daß ich dann etwas von der Freude und Liebe Deines Reiches ausstrahlen darf. Amen.

O Heil-ger Geist, komm doch her-ab, / schenk mir
der Bu-ße gro-ße Gab / an diesem Jor-dan-u-fer, /
wo mein Herr Je-sus einst sich beugt, / als Got-tes Lamm
sich hier be-zeugt, / das träget mei-ne Sün-den.

Gib mir ein Herz, das weint und klagt,
ob seiner vielen Sünden zagt,
sie Gott und Mensch bekennet,
das immerdar zu Jesus drängt,
von Seiner Gnade wird beschenkt
mit seliger Vergebung.

Gib mir ein Herz, das jauchzt und singt,
weil Sein Vergeben dazu dringt,
wie Er macht Sünder selig.
So komm aus Gnaden täglich neu,
Du Heilger Geist der Buß und Reu,
und mach mein Herz lebendig.

Auch nach Melodie EKG 245: Kommt her zu Mir

+

Taufstelle an dem Jordanflusse –
ob einer heut noch hier tut Buße?
Obgleich viele den Ort besehn,
sie unberührt von dannen gehn.
Doch wartet, wartet Gottes Sohn
und sieht herab von Seinem Thron,
ob Seelen Er am Jordan findt,
der'n Tränen von der Reue künd',
die hier ihr Herz beweget.

WAS UNS DIE BUSSE BRINGT:

Tue Buße, kehre um – und ein Stück Himmel bricht in deinem Leben an.

Du ersehnst dir neues Leben voll Überwinderkraft und Liebesglut zu Gott und Menschen: Das Tor in dies neue Leben ist die Buße.

Nichts ist so beseligend wie die Buße, denn Buße tun heißt sich vom alten Leben und Tun, das nur Not und Gericht Gottes brachte, abkehren und sich hinwenden zu einem neuen Leben mit und für Gott, das befreit und glücklich macht.

Buße heißt Sinnesänderung. Solche Änderung unseres Sinnes zum Guten und Göttlichen hin wirkt der Heilige Geist, so wir Ihn darum bitten.

Ein Leben ohne tägliche Reue und Buße läßt uns innerlich tot sein. Nur immer neue Reue und Buße macht uns innerlich lebendig, voller Liebe zu Jesus und den Menschen und voller Glückseligkeit.

Liebe zu Jesus bricht aus Reue und Buße auf. Wer Jesus mehr zu lieben begehrt, der erbitte sich mehr Buße.

BETHLEHEM
GEBURTSKIRCHE

Von Kindheit an ist uns der Name dieses Ortes vertraut und besonders lieb – umschließt er doch das Geheimnis und Wunder der Heiligen Nacht. Mit Freuden machen wir uns darum auf zum heutigen Bethlehem. Es ist der gleiche Weg, auf dem damals die Weisen nach ihrem Besuch in Jerusalem das Kindlein suchten.
Bethlehem liegt nur etwa 8 km südlich von Jerusalem. Vom Jaffator oder vom alten arabischen Busbahnhof vor dem Damaskustor kommend, fahren wir auf der Hebronstraße nach Bethlehem. Die Fahrt geht an der westlichen Stadtmauer entlang, vorbei am heutigen Zionsberg, über die Brücke des Ben-Hinnomtales und durch die südöstlichen Stadtviertel. Am Ortsausgang

lassen wir links den Kibbuz Ramat Rachel liegen und kommen zum griechisch-orthodoxen Kloster Mar Elias, wo nach der Legende Elia gerastet hat auf der Flucht vor Isebel.
Von hier aus können wir schon Bethlehem sehen, das sich mit seinen hellscheinenden Häusern und den vielen Türmen dazwischen terrassenförmig über zwei Hügel ausbreitet. Dunkelbraune Erde schaut zwischen den Steinen an den Abhängen hervor, und bestellte Felder leuchten in kräftigem Grün. Zahlreiche Obstbäume wachsen in den Tälern und ziehen sich die Hügel hinan. Die augenscheinliche Fruchtbarkeit macht deutlich, warum der Volksmund den Namen dieses Ortes am Rande der Wüste Juda als »Haus des Brotes« deutet. Hier hat einst Ruth Ähren gelesen und Gnade vor Boas gefunden. Hier hat David seines Vaters Schafe gehütet, ehe er König wurde.
Unter den Hügelketten, die Bethlehem umgeben, fällt uns der stumpfe Bergkegel des Frankenberges auf, den Herodes zur Hälfte künstlich aufschütten ließ, um dort seine Burg Herodium und zugleich sein Grabmal zu errichten.
Am Ortseingang von Bethlehem liegt rechts am Wegrand das Rahel-Grab. Dorthin verlegte die Tradition das Weinen Rahels um ihre Kinder. Und im Weinen der bethlehemitischen Mütter beim Kindermord des Herodes sah der Evangelist Matthäus das Prophetenwort erfüllt: »Rahel weint um ihre Kinder« (Jer. 31, 15; Matth. 2, 18). Jahrhundertelang haben Beduinen der östlich benachbarten Wüste um dies Grabmal herum ihre Kinder begraben.
Hinter dem Rahel-Grab zweigt die Straße zur Geburtskirche links von der nach Hebron weiterführen-

den Straße ab. Sie umgeht das Ortsinnere von Bethlehem und mündet im Osten der Stadt in den weiten Platz unmittelbar vor der Geburtskirche, die uns durch ihre alten, festungsartigen Außenmauern gleich ins Auge fällt. Hier ist die Stätte, wo eine Grotte den geschichtlichen Ort des Wunders aller Wunder: »Gott ward Mensch« umschließt.

Schon um die Mitte des 2. Jahrhunderts bezeugt der Philosoph und Märtyrer Justin, der aus Palästina stammt, der Heiland sei in einer Höhle bei Bethlehem geboren. Der römische Kaiser Hadrian (117–138), der über Golgatha einen heidnischen Tempel erbaute, ließ auch über dieser Höhle einen Götterhain des Adonis, des Lieblings der Venus, anlegen, weil er die Erinnerung an das, was den Christen wichtig war, auslöschen wollte. Doch gerade dadurch blieb das Wissen um den genauen Ort der Geburt Jesu erhalten. So schreibt der Kirchenlehrer Origenes, der um die Mitte des 3. Jahrhunderts in Palästina wohnte, daß die Geburtshöhle in Bethlehem jedermann bekannt sei.

Kaiser Konstantin ließ dann 326 über dieser Geburtshöhle eine prächtige Basilika erbauen. Sie war noch großartiger als die auch von ihm erbaute Basilika Eleona auf dem Ölberg und die Grabeskirche. Während diese beiden mehrfach zerstört wurden, blieb die Geburtskirche bis heute erhalten als eine der ältesten Kirchen der Welt. Wohl beschädigten die Samaritaner die Kirche 529 bei ihrem Aufstand schwer, doch wurde sie noch im selben Jahrhundert unter Kaiser Justinian wieder hergestellt und der Altarraum noch erweitert, so daß sie seitdem ihre heutige Gestalt hat. Als dann die Perser 614 in das Heilige Land einfielen und die meisten Kirchen zerstörten, verschonten sie jedoch die Geburtskirche, weil sie an den Gewändern der drei

Weisen auf dem Mosaik des Giebels die persische Nationaltracht erkannten.
Auch später blieb die Kirche vor Zerstörung bewahrt. Hier wurde an Weihnachten 1100 der Führer des Kreuzritterheeres Balduin von Flandern zum König von Jerusalem gesalbt, ebenso dann sein Nachfolger Balduin II. Nach der Vertreibung der Kreuzfahrer betreuten ab 1347 Franziskaner die Geburtskirche. Doch wurden ihnen unter der türkischen Herrschaft ihre Rechte fast ganz genommen. Seit 1757 gehört die Geburtskirche den Griechisch-Orthodoxen.
Im Laufe der Zeit wurden die drei großen Tore, die einst die Basilika hatte, bis auf eine kleine Pforte zugemauert, um zu verwehren, daß man auf Pferden hineinritt. Wenn wir in das Innere der Kirche kommen wollen, müssen wir uns darum bücken – ein wahrhaft hilfreiches Zeichen, der Erniedrigung Gottes zu gedenken, der hier als Menschenkind geboren wurde.
Durch eine Vorhalle gelangen wir dann in den weiten, durch vier Säulenreihen gegliederten Kirchenraum. Zur eigentlichen Geburtsgrotte, die unter dem Altarraum liegt, führen Stufen an beiden Seiten des Chorraumes hinunter. In einer Nische an der Stirnseite der geräumigen Grotte finden wir den Platz, an dem nach der Überlieferung unser Herr Jesus Christus als der Heiland der Welt geboren wurde. Ein silberner Stern auf dem Marmorboden dort unter einem Altar trägt die Inschrift: »Hic de Virgine Maria Jesus Christus natus est« (Hier wurde von Maria, der Jungfrau, Jesus Christus geboren). Auch dieser Platz steht unter Obhut der Griechisch-Orthodoxen. Von den 15 Lampen, die Tag und Nacht in der Nische um den Stern brennen, gehören sechs ihnen, fünf den Armeniern und vier den Katholiken.

Gleich dabei, in einer drei Stufen tiefer gelegenen Nische, wird die Krippe gezeigt, die ursprünglich ein in Felsen gehauener Futtertrog war. Diese Krippengrotte ist sehr eng. Sie bot also nur Raum für einige Stück Vieh, die die Hirten von der höher gelegenen Grotte aus im Auge behalten konnten, wenn sie damals wohl öfter in dieser Höhle Unterkunft suchten. Als Maria und Joseph hier in ihrer Notsituation einkehrten, mußte die obere Grotte darum die Stätte des Wohnens und der Geburt werden, die untere bot dem Kind in der Krippe einen geschützten Platz. Pilgerberichte erzählen, wie man in liebender Verehrung später diese Krippe mit Gold- und Silberbelag schmückte. Heute ist sie mit Marmor verkleidet. Dieser Platz gehört den Franziskanern, ebenso der gegenüberliegende Altar, der der Anbetung der Weisen geweiht ist.

Die ganze Geburtshöhle ist mit Asbestvorhängen ausgestattet, zum Teil mit weißem Marmor verkleidet, und die Naturdecke wurde durch ein festes Tonnengewölbe ersetzt, so daß von ihrem ursprünglichen Charakter nicht mehr viel erhalten ist. Doch das vergessen wir über der Tatsache, daß wir wirklich am Ort der Geburt unseres Herrn stehen, und wir können nicht anders, als hier anzubeten und einige Weihnachtslieder anzustimmen.

Gerne möchten wir auch noch die Nebengrotten besuchen, die in der Nähe liegen, in der Regel aber nicht von der Geburtsgrotte aus zu erreichen sind, sondern von der nördlich anschließenden St.-Katharinenkirche der Franziskaner. Dorthin kommen wir vom linken Seitenschiff der Geburtskirche aus durch eine Pergola und den Innenhof des angrenzenden Klosters. Vom rechten Seitenschiff der Franziskanerkirche aus steigen wir eine Treppe hinab zur Höhle Josephs, in der er wohl die Botschaft empfing: »Steh auf, nimm das Kindlein und seine Mutter und fliehe nach Ägypten!« Von dort sehen wir in die noch tiefer liegende Krypta, die den unschuldigen Kindlein Bethlehems geweiht ist. Durch einen künstlichen Tunnel verbunden, schließt sich noch eine Reihe anderer Grotten und Höhlen an, in denen im 4. und 5. Jahrhundert bedeutende Menschen lebten und begraben wurden: der Kirchenvater Hieronymus von 385–420 und sein Schüler Eusebius von Cremona, ebenso die heilige Paula mit ihrer Tochter Eustochium. Hieronymus hat damals neben der Basilika ein Kloster gegründet und in einer dieser Grotten die Vulgata, die erste lateinische Bibelübersetzung, geschaffen.

Dankbar sind wir nach diesem Besuch der Geburtskirche, daß uns der Platz der Geburt unseres Herrn Jesus Christus als ein historisch unbestrittener Ort durch die Bewahrung dieser Kirche mit der Geburtsgrotte durch alle Kriegszerstörungen hindurch erhalten geblieben ist.

Eine Rufertafel ist im Innenhof des Franziskanerklosters neben der Geburtskirche vor der Katharinenkirche.

Die Geburtskirche ist tagsüber geöffnet.

Die Katharinenkirche und die Grotten darunter sind von 12 bis 14 Uhr geschlossen.

Etwa 400 m südöstlich von der Geburtskirche befindet sich in der Straße hinter der Kirche die sogenannte »Milchgrotte« (franziskanisch). Nach der Überlieferung soll sich Maria mit dem Kind vor der Flucht nach Ägypten darin verborgen haben (tagsüber geöffnet, nur von 11.45 bis 14 Uhr geschlossen).

Ein evangelischer Gedenkort an die Geburt unseres Herrn in Bethlehem ist die Weihnachtskirche, die vor einigen Jahrzehnten erbaut wurde, sie liegt in westlicher Richtung 10 Minuten vom Eingang der Geburtskirche entfernt.

AUS DER HEILIGEN SCHRIFT

Du aber, Bethlehem - Ephrata, bist zwar zu klein, als daß du zu den Hauptorten Judas gehörtest, aber aus dir wird mir der hervorgehen, der in Israel Herrscher sein soll und dessen Herkunft der Vergangenheit, den Tagen der Urzeit angehört.
Micha 5, 1

Es begab sich aber in jenen Tagen, daß eine Verordnung vom Kaiser Augustus ausging, es solle eine Volkszählung im ganzen Römischen Reich vorgenommen werden. Da machten sich alle auf, um sich in die Listen eintragen zu lassen, ein jeglicher in seinen Heimatort. So zog denn auch Joseph von Galiläa aus der Stadt Nazareth nach Judäa hinauf nach der Stadt Davids, die Bethlehem heißt, weil er aus Davids Hause und Geschlecht stammte, um sich daselbst mit Maria, seiner jungen Ehefrau, die schwanger war, einschätzen zu lassen. Während ihres dortigen Aufenthalts kam aber für Maria die Stunde ihrer Niederkunft, und sie gebar ihren ersten Sohn, den sie in Windeln wickelte und in eine Krippe legte, weil es sonst keinen Platz in der Herberge für sie gab.
Lukas 2, 1 - 7

BETHLEHEM

Bethlehem, dich darf ich sehn,
du Stadt, vor tausend ausersehn,
hier beug ich mich im Staube.
Du faßt den Schatz der ganzen Welt,
Gott hat sich bei dir eingestellt,
um für uns Mensch zu werden.

Bethlehem, du bargst den Sohn,
der sich entäußert von dem Thron,
zum Vater uns zu bringen.
Doch nur, wer kommt mit seiner Sünd,
klein und geringe wie ein Kind,
vom Kinde wird gesegnet.

+

BETHLEHEM – EIN RUF AN UNS

Bethlehem – welcher Name eines Ortes auf Erden hat solch lieblichen Klang wie dieser, obwohl er uns von einer dunklen Höhle und einer harten Steinkrippe sagt! Doch

„da lag das schönste Kind,
das man auf Erden findt".

Das war ein Kind, wie die Welt nie eines sah noch sehen wird, weil Es kein Sündenkind, sondern ein himmlisches Kind war, des Vaters geliebter Sohn, – eingegangen in Menschengestalt.

Voll Staunen und Ehrfurcht werden die Cherubim und Seraphim Es betrachtet und angebetet haben, denn Es war ja ihr Herr und Schöpfer, dem sie in allen Himmeln ohn Unterlaß Ehre und Anbetung gebracht. Hatte doch Gott-Vater gesagt: „Es sollen ihn alle Engel Gottes anbeten" (Hebr. 1,6).

Und nun lag dieser Herr und Schöpfer in Seiner unbegreiflichen Demut genau wie ein kleines, armseliges neugeborenes Menschenkind vor denen, die zur Krippe traten. Als erwachsene Menschen standen sie scheinbar hoch über Ihm. Wer faßt des Himmels Staunen und Anbeten, daß der allmächtige Gott sich so aller Herrlichkeit und Gewalt entäußerte? Wie sollten die mächtigen Engelfürsten solche Erniedrigung ihres Gottes verstehen? Und welche Empfindungen müssen erst des Vaters Herz durchzogen haben, da Er Seinen eingeborenen Sohn, Sein Ebenbild voll göttlich-königlicher Würde, hier als hilfloses Menschenkind sah, beraubt jeder göttlichen Majestät und Herrlichkeit! Bis in die tiefste Tiefe sah Gott-Vater Seinen Sohn erniedrigt, denn Er war untergebracht in der Behausung der Allerärmsten, einer Höhle, und in einen Futtertrog gebettet.

Wie konnte solches geschehen? Ob es nicht die Frage der Engel und Cherubim war, wie Gott-Vater solches zulassen konnte? Und dann wird der Himmel, der es aus des Vaters Herz als wunderbare Kunde vernommen hatte, geraunt haben: „Also hat Gott die Welt geliebt; so sehr hat er sie geliebt, daß er seinen eingeborenen Sohn dahingab, auf daß alle, die an ihn glauben, nicht verloren werden, sondern das ewige Leben haben." Und Engelheere, Seraphim und Cherubim werden diese unfaßbare Liebe Gottes zu Seinen Menschenkindern angebetet haben, die die Welt in ihrer Bosheit und ihrem Aufbegehren gegen Gott noch umschließt. Darum nimmt Gott Fleisch und Blut Seiner Menschen an, wird als schwaches, armes Kindlein geboren, um ihnen ganz nahe zu kommen.

Damit war den Heerscharen des Himmels und zugleich den Menschen gezeigt, worauf Gottes, des Allerhöchsten und Allermächtigsten, Wohlgefallen ruht, nämlich auf dem, was sich arm, klein und gering machen läßt. Und als dann das Kind zum Mann herangewachsen war, ertönte darum aus Seinem Munde der bedeutsame Ruf an die Jünger: „So ihr nicht werdet wie die Kinder – so klein, abhängig und gering –, könnt ihr nicht in das Himmelreich kommen!" Solchen, die Kindern gleich sind, gehört das Himmelreich.

Ja, Gott ist dort in Bethlehem als kleines, hilfloses Kind zu uns gekommen, das arm und gering in der Krippe lag. Doch gerade so ward Es zur Liebe und Freude aller. Darum liebt Gott nun die Menschen, die sich in der Nachfolge Jesu erniedrigen und klein, anspruchslos und selbstvergessen werden wie ein Kind. An ihnen hat Er Freude. So warten die Himmlischen, daß alle,

die zur Krippe treten und an das Wunder der Weihnacht glauben, also gesinnt seien wie Er. Sie warten, daß wir uns als erwachsene Menschen aller Höhe unserer Vernunft, unseres eigenwilligen Denkens und Urteilens, allen Hochmuts, der Sicherheit und Selbstherrlichkeit entäußern und gern klein und niedrig werden.
Dazu ist Gott Mensch geworden und den Weg der Erniedrigung gegangen, damit wir, von unserem Hochmut erlöst, wieder im wahrsten Sinn des Wortes zu Kindern Gottes des Vaters würden. Wenn wir so das Zeichen des Himmelreiches an uns tragen: das völlige, von Gott abhängige Vertrauen der Kleinen, die Selbstvergessenheit und die große kindliche Freude, dann wird das Leuchten, das von der Krippe in Bethlehem ausging, von uns weiterstrahlen. Und das Kind in der Krippe mit Seinem Freudenglanz wird durch uns zu vielen hingetragen werden. Daß das geschehe, dazu ruft uns Bethlehem heute auf.

Der große Gott
erniedrigt sich so tief –
ob Sein Entäußern dich, o Mensch,
in die Entäußrung rief?

O allerliebstes Jesulein,
ich komme, Dich zu benedein
in Deiner armen Höhle.
Ich bringe Dir mein armes Lied,
daß Dein Herz sei nicht mehr betrübt,
weil Du auf dieser Erden.

O allerliebstes Jesulein,
wer sollte Dich nicht benedein
in Deiner armen Krippe?
Du strahlst den Glanz des Himmels aus
ins ganze weite Weltenhaus
aus Deiner dunklen Höhle.

O allerliebstes Jesulein,
wer sollte Dir nicht freundlich sein,
Dir seine Gaben bringen?
Du bist so arm, so klein, gering,
drum laß mich bringen Dir viel Ding,
die Dein Herz fröhlich machen.

Wer ist so klein, mein Herr, wie Du?
Drum gib mir fortan keine Ruh,
bis ich klein wie ein Kinde
und möge Dir zu Diensten sein,
indem ich dien dem Nächsten mein
als sein geringster Bruder.

O allerliebstes Jesulein,
wer sollte nicht Dein Herz erfreun,
Du armes, kleines Kindlein?

Du kamst für uns in Nacht und Graun,
daß wir in Dir das Licht erschaun,
nun wollen wir Dir's danken.

Hier sind wir, komm und sieh uns an,
vergib, was Böses wir getan,
der Du zu Sündern kamest.
Wir jauchzen an dem Krippelein:
„Der Heiland, der geborn, ist mein,
ja, mein Erlöser, Retter!"

Drum, allerliebstes Jesulein,
wir eilen, daß Dich benedein
all Deine Menschenkinder.
Du kamst für sie auf diese Erd,
daß nun der Himmel unser werd,
drum wir Dir jauchzen, singen.

Bethlehem, Geburtsgrotte 16. 2. 1961

†

So ihr werdet wie die Kinder,
werdet ihr das Geheimnis des Himmelreichs
entdecken und dahin eingehen:
sich von der ewigen Liebe
lieben lassen und lieben.

O Kind voll grosser Schönheit, das Engel be-nedein,/
umstrahlt vom Himmelsglanze, von Gottes Licht und Schein./
O Kind, Du reines Ab-bild der Gottheit mild und schön,/
das Sünder hoch be – singen, En-gel anbetend sehn.

O Kindlein, Gotteswunder, / das nie ein Mensch erfaßt! / Gott selber in dir lebet, / Du bist ein Himmelsgast. / Bringst mit Dir, was verloren: / der Liebe großes Glück; / schließt auf der Heimat Tore, / bringst uns zu ihr zurück.

Ein Strahl vom Paradiese / hat uns in Dir gegrüßt. / Des Vaters ewge Liebe / hat uns in Dir geküßt. / Nun kann die Welt genesen, / der Himmel sie betaut; / das Angesicht der Gottheit / hat sie in Dir geschaut.

Seitdem Du kamst auf Erden, / der Himmel ist nicht fern. / Du brachtest ihn hernieder, / Du heller Morgenstern. / Mit Dir brach an die Liebe, / Du Kind, der Liebe Bild. / O Wonne aller Sünder, / nun ist ihr Durst gestillt!

Das Leiden wird zur Freude, / wir sind geliebte Kind'. / Das Vaterherz steht offen, / nun jeder Zugang findt. / Du Kind machst uns zum Kinde, / das liebt und wird geliebt / und das sein ganzes Leben / dem Kinde Jesus gibt.

Auch nach Melodie EKG 10: Wie soll ich Dich empfangen

GEBET AN DER KRIPPE

Unser lieber Herr Jesus,
der Du Herr aller Dinge bist und Dich doch als Kindlein in die Krippe legtest, wie wurdest Du so klein und gering! Voll Ehrfurcht und Dank beten wir Deine Erniedrigung an.
An Deiner Krippe knie ich nieder und schäme mich vor Dir. Du, des Allerhöchsten Sohn, dessen Thron im Himmel steht, entäußertest Dich und stiegst so tief herab. Doch ich, der ich ein Sünder bin und erniedrigt sein müßte, halte meine Größe, Ehre und Selbstherrlichkeit immer wieder fest, obwohl mir doch wahrlich keine Ehre zusteht.
Du Kindlein Jesus, Dir bringe ich nun all das Hohe meines Wesens und lege Dir meine Hochmutssünde in die Krippe. Du Gottessohn, für mich zum Kind geworden, hast mich erlöst von meiner Größe, Selbstherrlichkeit und Unkindlichkeit. Dir glaube ich, daß Du mich wieder zum wahren Kinde machst, klein, gering, anspruchslos und selbstvergessen.
Aus Liebe und Dank gebe ich Dir hier an der Krippe mein Ja zu allen Wegen, auf denen Du mich erniedrigen und demütigen willst. Mach mich um jeden Preis Dir, dem Kinde, ähnlich, damit Deine Verheißung mir gälte: Solchen – nämlich den Kindern – gehört das Himmelreich.
Amen.

HIRTENFELD

Zur Heiligen Nacht gehören nicht nur Geburtsgrotte und Krippe, sondern auch die Hirtenfelder, über denen zum erstenmal das »Gloria in excelsis Deo« erklungen ist. So wenden wir uns von der Geburtskirche in Richtung jener Felder östlich von Bethlehem, wo die Menge der himmlischen Heerscharen den Hirten erschien. Vom Platz der Geburtskirche gelangen wir nach 20 bis 30 m zur Fahrstraße, die – zunächst steil den Hügel hinab – dorthin führt. Linker Hand breiten sich in der Talmulde Felder mit Ölbäumen aus.

Der Straße weiter abwärts folgend, durchqueren wir das heute direkt an Bethlehem anschließende Hirtendorf Beth-Sahur, das sich etwa 2 km hinzieht. Um zu den Hirtenfeldern zu kommen, folgen wir der Hauptstraße bis zum Ortsausgang. Ein Stück nach der griechisch-katholischen Kirche mit einem Knabenseminar zweigt rechts eine Straße ab, die zum griechisch-orthodoxen Hirtenfeld führt. Wir bleiben aber auf unserer Fahrstraße, die sich etwas später gabelt. Die linke Straße führt zum franziskanischen Hirtenfeld, die rechte zu dem des YMCA. Wir wollen zuerst das franziskanische Hirtenfeld besuchen und schlagen darum den Weg nach links ein. Nach ca. 300 m sind wir am Ziel. Dort steht seit 1954 auf einer Anhöhe eine von Franziskanern erbaute Kapelle neben einer geräumigen Hirtenhöhle, die vorher als Heiligtum diente. Am Abhang des Grundstücks entdeckte man bei Ausgrabungen im 19. Jahrhundert die Reste eines sehr alten Klosters mit Kirche, die zum Teil aus dem 4., zum Teil aus dem 6. Jahrhundert stammen. Doch müssen die Gebäude schon früh zerstört worden sein, vielleicht von den Persern 614.

Vom franziskanischen Hirtenfeld fahren wir wieder auf die Straße nach Osten und erreichen nach 600 m das Hirtenfeld des YMCA, das linker Hand liegt. Vor einigen Jahrzehnten wurde es vom amerikanischen YMCA erworben. Auf dem Grundstück sehen wir auch eine der Höhlen aus alter Zeit, wie sie in diesem Gebiet noch öfters zu finden sind, die Hirten zum Unterschlupf gedient haben mögen.

Um zuletzt noch zum griechisch-orthodoxen Hirtenfeld zu gelangen, fahren wir auf der Straße in Richtung Beth-Sahur zurück und finden ein gutes Stück nach der Abzweigung zum franziskanischen Hirtenfeld eine Straße nach links abgehend zum orthodoxen Hirtenfeld. Nach 200 m sind wir am Eingang des mit Mauern umgebenen Ölbaumgartens, in dessen Mitte Ruinen eines ehemaligen sogenannten Hirtenklosters mit einer Krypta liegen und eine neuerbaute Kirche.

Besonders auf dem franziskanischen, aber auch auf den anderen Hirtenfeldern freuen wir uns an dem schönen Blick auf das hochliegende Bethlehem mit der Geburtskirche. Gut können wir uns dabei vorstellen, wie die Hirten nach der Verkündigung voller Freude auf die Grotte der Geburt zueilten. Und als erlebten wir das mit ihnen, müssen wir auch hier anfangen, ob dem Wunder der Heiligen Nacht fröhlich zu singen. Dabei stören wir uns nicht daran, daß keine ganz eindeutige Überlieferung den genauen Ort des Hirtenfeldes festlegt, denn sollten wir uns nicht gerade hier leicht von den schwankenden und sich widersprechenden Angaben freimachen können? Liegen doch alle drei Hirtenfelder »in derselben Gegend auf dem Felde« – und werden wir die Menge der himmlischen Heerscharen ohnedies nicht auf wenige Quadratmeter beschränken wollen. Darin stimmen jedenfalls alle Berichte der Tradition überein, daß die Engelerscheinung sich in diesem Gebiet östlich von Bethlehem zugetragen habe. So haben alle diese Felder in jener Nacht den offenen Himmel gesehen und die Botschaft gehört, die uns so frohmacht: »Euch ist heute der Heiland geboren.«

Rufertafeln:
auf dem franziskanischen Hirtenfeld an einem Felsen rechts vor der Hirtenhöhle –
auf dem YMCA-Hirtenfeld am Felsen vor dem Eingang zur Hirtenhöhle dort

Das franziskanische Hirtenfeld ist von 8 bis 11.30 Uhr und von 14 bis 17.30 Uhr geöffnet.
Das YMCA-Hirtenfeld kann tagsüber besucht werden; auf Wunsch gewähren die arabischen Hüter Einlaß zur Grotte.
Das griechisch-orthodoxe Hirtenfeld ist nur gelegentlich geöffnet, besonders an orthodoxen Feiertagen.

AUS DER HEILIGEN SCHRIFT

Nun waren Hirten in derselben Gegend auf freiem Felde und hielten in jener Nacht Wache bei ihrer Herde. Da trat ein Engel des Herrn zu ihnen, und der Lichtglanz des Herrn umleuchtete sie, und sie gerieten in große Furcht. Der Engel aber sagte zu ihnen: Fürchtet euch nicht! denn wisset wohl: Ich verkündige euch große Freude, die dem ganzen Volke widerfahren wird; denn euch ist heute der Heiland geboren, welcher ist der Messias, der Herr in der Stadt Davids. Und dies sei das Erkennungszeichen für euch: Ihr werdet ein neugeborenes Kind finden, das in Windeln gewickelt ist und in einer Krippe liegt.

Und plötzlich war bei dem Engel die Menge der himmlischen Heerscharen, die Gott priesen mit den Worten: Ehre sei Gott in Himmelshöhen und Friede auf Erden unter den Menschen des göttlichen Wohlgefallens.

Als aber die Engel von ihnen weg in den Himmel zurückgekehrt waren, sagten die Hirten zueinander: Wir wollen doch bis Bethlehem hinübergehen und uns die Sache ansehen, die sich dort begeben hat und die der Herr uns hat verkünden lassen! So gingen sie denn eilends hin und fanden Maria und Joseph, dazu das Kind, das in der Krippe lag.

Als sie es gesehen hatten, teilten sie ihnen die Verkündigung mit, die sie über dies Kind vernommen hatten; und alle, die es hörten, verwunderten sich über den Bericht der Hirten. Maria aber bewahrte alle diese Mitteilungen im Gedächtnis und bedachte sie in ihrem Herzen. Doch die Hirten kehrten wieder zurück, priesen und lobten Gott für alles, was sie gehört und gesehen hatten genau so, wie es ihnen von den Engeln verkündet worden war. Lukas 2,8-20

+

O selges Hirtenfeld,
wer faßt, was du gesehn?
O selges Hirtenfeld,
was ist dir einst geschehn!

Du Land, von Gott erwählet,
beim kleinen Bethlehem,
der Seine Engelscharen
gesandt zu diesem Feld.

Der Himmel kommt zur Erde
mit wunderbarer Mär,
bringt dir glückselge Kunde,
die dir von Gott beschert.

Nun grüne, blüh, erwache,
du Land der Gnade Sein,
und hier auch heute jauchze,
wer arm, gering und klein.

DAS HIRTENFELD – EIN RUF AN UNS

Welch eine Nacht war jene Heilige Nacht für die Hirten, die „in derselben Gegend auf dem Felde" waren! Eine Nacht, in welcher der Himmel sich auftat – eine Nacht, in der in größter Dunkelheit ein Licht erstrahlte wie nie. Ja, die Stimme des Engels Gottes ertönte vom Himmel, und eine große Schar von Engeln war um ihn. Über Bethlehems Hirtenfelder hinweg klangen durch die Lüfte gewaltige Chöre: „Ehre sei Gott in der Höhe!" – und die wunderbare Kunde voll der großen Freude erschallte: „Euch ist heute der Heiland geboren!" Mußte nicht das Hirtenfeld zum Feld des Jauchzens werden, weil hier den Hirten für alles Volk und alle Welt große Freude verkündet war?

Hirten sah man zur damaligen Zeit etwa so wie die Zöllner und Sünder an. Und nun wurde gerade ihnen die überwältigende Botschaft verkündet. Wie sollten sie es fassen, daß ausgerechnet zu ihnen die Engel Gottes vom Himmel gesandt waren und sie den Heiland der Welt schauen würden? Und wo sollten sie Ihn finden? In einer Krippe – in einer Höhle! Das wird sie wiederum mit Staunen erfüllt haben, denn das war ja ihre Behausung. Sie fristeten ihr Leben damals armselig – sie hatten noch nicht einmal richtige Häuser, wohnten vielmehr in Höhlen, wie man es jetzt noch bei Hirten in der Gegend Bethlehems sehen kann. Und heute noch finden

deren neugeborene Kinder öfter ihr Lager in solch einem Steintrog in ihrer Höhle, der dem Vieh als Futterkrippe dient.
Sollte es diese verachteten, armen Hirten nicht zum Anbeten bringen, daß Gott, zum Menschen geworden, sich so erniedrigte und entäußerte? Ja wahrlich, Gott war gerade ihnen nah gekommen, ganz nah. Er war einer der Ihren geworden, die sie doch so große Sünder waren und darum in ihrem Volk nichts galten. Wie mußte Gott sie, die Hirten, lieben, daß Er sich in ihrem Stand, in ihrem Hause offenbarte, gerade sie besuchte!
Welch ein Zug mag das dann vom Hirtenfeld hinauf zur Geburtshöhle gewesen sein! Solch ein Freudenzug ist unserem Herrn Jesus, solange Er auf Erden weilte, wohl nie wieder entgegengezogen. Es heißt, daß die Hirten „eilend" kamen. So sind sie nicht gemächlichen Schrittes gegangen, sondern sicher vor Freude jauchzend in seliger Erwartung den Weg zur Geburtsgrotte hinauf gesprungen. Ihre Schafe zogen vielleicht zum Teil hinter ihnen her, die Hunde bellten, und alles war wohl mit von der großen Freude erfaßt. Alle eilten zu sehen, was sich da begeben hatte, und das Kindlein zu grüßen. Ja, die Hirten mögen um die Wette gelaufen sein, denn jeder wollte es wohl am ersten gesehen und gegrüßt haben und Ihm seine Anbetung bringen.
Werden wir heute beim Besuch des Hirtenfeldes auch von der großen Freude erfaßt? Wer sich als armer Sünder weiß wie die Hirten, dem wird die

Botschaft, die hier verkündet wurde und die bis heute gilt, als selige Botschaft ins Herz gehen; denn die Bedürftigen, die sich arm und sündig wissen, brauchen einen Heiland. Ja, für solche, die unter Sündenketten seufzen, gibt es nichts Beseligenderes als die Botschaft: „Christ, der Retter, ist da!"

Armen Sündern, den Hirten, wurde damals diese Offenbarung der größten Herablassung Gottes in der Heiligen Nacht zuteil. Ihnen als den ersten gab sich der allmächtige Gott kund und lud sie ein, dorthin zu kommen, wo Er zur Erde kam! Und bis heute gilt Sein Wort, daß Er alle, die gedemütigten und zerbrochenen Herzens sind, ansieht und Wohnung bei ihnen machen will. Freude und Jauchzen soll sie ergreifen, denn ihnen tut sich immer, wenn sie über ihre Sünden weinen, auch heute, der Himmel auf und kündet ihnen: Euch ist der Heiland geboren! Ihn sollt ihr sehen und, Ihn anschauend, verwandelt werden in Sein Bild, wenn ihr vor dem Kind in der Krippe anbetet.

Ach, wer kann nun noch traurig sein, –
die Krippe birgt ein Kind,
das aller Welten heller Schein
und wegnimmt alle Sünd.

GEBET AUF DEM HIRTENFELD

Lieber Herr Jesus,
ich danke Dir, daß Du uns Menschen, die wir alle nach der Freude dürsten, die große Freude mit Dir selbst gebracht hast, als Du als unser Heiland und Seligmacher zu uns auf die Erde kamst. Ich danke Dir, daß Du diese Freudenbotschaft einst durch Deine Engel den Hirten auf dem Felde verkünden ließest, die in Dunkelheit und Sünde gefangen waren. Nun bitte ich Dich, laß diese große Freude auch mich erfassen, damit man sie mir anspürt und ich so das wahre Zeichen Deiner Erlösten an mir trage.
Hier auf dem Hirtenfeld bitte ich Dich, lieber Herr Jesus, mache mich so arm und Deiner Gnade bedürftig wie die Hirten. Gib mir das über meine Sünde zerschlagene Herz, daß es die Botschaft fasse: Mir ist der Heiland geboren, und darüber voll größter Freude werde. Laß mich Dich wie die Hirten aufsuchen und immer, wenn ich meine Sünden schmerzlich erkennen muß, sofort zu Dir hineilen.
Ich danke Dir, daß ich gewiß sein darf, bei Dir werde ich dann die Vergebung empfangen und in große Freude versetzt werden. Du wirst mich diese Freude ausstrahlen lassen, und andere werden darüber zum Glauben gelangen, daß wir in Dir den wahren Erlöser und Seligmacher haben. Amen.

WAS HAT DIE HEILIGE NACHT DIR GESCHENKT:

Ein Kind, des Vaters eigner Sohn,
entäußert sich, verließ den Thron.

Ein Kind, das schwach, verborgen, klein,
und soll doch aller König sein.

Ein Kind, der helle Morgenstern,
in Nächten leuchtet nah und fern.

Ein Kind, das heißet Kraft und Held;
ein Kind, das hat den Feind gefällt.

Ein Kind, das heißet Wunderbar,
ganz Wundersams durch Es geschah.

Ein Kind, das Sünder machet frei;
ein Kind, durch das wird alles neu.

Ein Kind, der wahre Freudenquell,
bei Traurigen ist Es zur Stell.

Ein Kind, demütig, sanft zugleich;
ein Kind, das bringt das Himmelreich,
ja, wirklich bringt das Himmelreich,
denn keines ist Ihm jemals gleich!

+

Liebliches Kindelein,
wer bläst Dir die Schalmein,
singt Dir vom Vater, dem Geist, Berater,
der Engel lichten Reihn?

Liebliches Kindelein,
wer wird nun bei Dir sein?
Hirten und Kinder, Esel und Rinder
grüßen auf Erden Dich.

Liebliches Kindelein,
ich stell mich bei Dir ein,
ich will Dir singen, lieblich soll klingen
Dir nun mein Lied der Lieb.

Ich bring Dir Schätze viel,
wie nur Dein Wunsch und Will;
bring meinen Willen, der will erfüllen,
was nur Dein Herz ersehnt.

Ich will Dir zu Diensten sein,
wenn ich auch sündig, klein,
will ohn Verweilen zu dienen eilen
Dir in dem Bruder mein.

Liebliches Kindelein,
ich will bei Dir auch sein,
wenn's Kreuz Dich drücket, tief es Dich bücket,
nimm mich zum Leiden hin.

Dich muß ich lieben sehr,
je länger, desto mehr,
Du bist die Sonne, bist meine Wonne,
kommst aus des Vaters Schoß.

Wir eilen zur Christnacht
noch schneller als sie,
das Kindlein sich wundert,
sah solches noch nie.

Sieht unser Begehren,
Sein Herze nun lacht,
will reich uns beschenken
in heiliger Nacht.

Die Hirten, sie jauchzen,
auch ich jauchz voll Glück,
das Kind liegt im Kripplein,
mein Herze entzückt.

Die Hirten anbeten
in stiller Andacht,
auch ich knie am Kripplein,
das Kind mich anlacht.

Die Könige kommen
mit Schätzen so reich,
doch ich übertrumpf sie,
geb selber mich gleich.

Die Könige schenkten,
doch sie wurden reich
vom Kindlein beschenket,
und uns geht es gleich.

Ich schenk meine Sünde
und all's was ich hab,
Es schenkt mir die Liebe
als seligste Gab.

+

O liebstes, liebstes Jesulein,
ich dank Dir für die Güte Dein,
daß ich darf sein Dein eigen.
Mach mich so niedrig, klein wie Du,
daß ich in Deinem Herzen ruh,
allzeit mit Dir verbunden.

EIN KEREM

»In das Gebirge« wollen wir gehen und jenen Ort besuchen, der mit dem Anfang des Lukasevangeliums verknüpft ist. Hier in Ein Kerem – nahe den westlichen Außenvierteln Jerusalems – im Gebirge Juda gedenken wir der Begegnung von Maria und Elisabeth und der Geburt Johannes des Täufers.
Auf dem Weg nach Ein Kerem kommen wir im Westen Jerusalems zunächst über die breite Herzlstraße zum rechts liegenden Herzlberg. Auf seinem höchsten Punkt liegt die Grabstätte des bekannten Zionistenführers Herzl inmitten eines Ehren- und Militärfriedhofs. Gleich danach gabelt sich die Straße. Die Hauptverkehrsader geht fast geradeaus weiter durch eines dieser Wohnviertel zum hochgelegenen Universitätskrankenhaus Hadassa. Nach rechts zweigt die Straße zur Gedächtnisstätte Yad Washem ab. Wir aber folgen

der mittleren Straße, auf der wir hinab ins Tal von Ein Kerem gelangen. Fast die ganze Wegstrecke haben wir den Blick auf das Hadassa-Krankenhaus und auf das malerisch gelegene Dorf unterhalb davon.

Ein Kerem liegt verträumt anmutend in einem Talkessel, eingebettet in Ölbaumhänge und Gruppen von dunkelgrünen, schlanken Zypressen. Dazwischen ragen die Türme der verschiedenen Kirchen und Klöster auf. Vor allem fällt das Auge auf das etwas höher gelegene Klostergelände der Schwestern von Notre Dame de Sion mit einem Hospiz. Die terrassenförmigen Anlagen der Abhänge ringsum lassen vermuten, daß hier früher Weinberge (hebr. Kerem) gewesen sind, und die alte Quelle des Dorfbrunnens (hebr. Ein) erklärt weiter den Namen des Ortes »Quelle des Weinbergs«.

Ehe die Durchfahrtsstraße etwa in der Ortsmitte eine Biegung nach rechts macht, zweigt eine schmale Gasse rechts ab zur etwas erhöht liegenden Johanneskirche, die wir als erstes besuchen. Das Innere der Kirche ist durch sechs quadratische Säulen in drei Schiffe geteilt. Am linken Seitenaltar gehen wir eine Treppe in die Krypta hinunter, in der das natürliche, felsige Deckengewölbe einer alten Höhlenwohnung zu erkennen ist. Hier wird der Geburt von Johannes dem Täufer gedacht.

Auf dem Hügel südlich gegenüber steht die franziskanische Kirche der Heimsuchung. Im Tal, das sie vom Dorf trennt, liegt der alte Dorfbrunnen mit seinem frischen Quellwasser. Rechts abbiegend, den Berghang aufwärts, kommen wir vorbei am Gelände der Rosary-Schwestern und etwas später am Eingang zum russisch-orthodoxen Frauenkloster Gorni.

Nach einigen Minuten gehen wir durch das schöne schmiedeeiserne Tor des franziskanischen Geländes und stehen vor der Heimsuchungskirche, die eine Ober- und Unterkirche umschließt. Ein Brunnen in der Grotte der unteren Kirche bestätigt die Annahme, daß hier um die Zeit Jesu Wohnstätten waren. An den Lobgesang der Mutter Maria bei der Begegnung mit Elisabeth erinnern die in vielen Sprachen geschriebenen Platten an einer breiten Wand im Vorhof der Kirche und sind uns eine Aufforderung, hier auch ein Magnificat anzustimmen.

Der Blick nach Norden läßt uns die Einsamkeit des Weges ahnen, den die Mutter Maria von Nazareth her über das judäische Bergland nahm. Beim Abstieg ins Tal grüßt noch einmal die Johanneskirche herüber, und das Bild dieses lieblichen Ortes prägt sich uns tief ein.

Rufertafeln:
rechts vor dem Eingang zur Johanneskirche –
rechts vor dem Eingang zur unteren Kirche der Heimsuchung –
und vor dem Eingang zur Grotte von »Johannes in der Wildernis«

Öffnungszeiten:
Johanneskirche wochentags 8–11.45 und 14.30–18 Uhr,
vom 1. Oktober bis 1. März 8.30–11.45 und 14.30–17 Uhr,
sonntags 9–16 Uhr
Kirche der Heimsuchung 9–12 und 15–18 Uhr

GESCHICHTLICHES

Die Heilige Schrift und auch die alte Überlieferung machen keine genauen Ortsangaben über die Stätte der Begegnung Marias und Elisabeths und der Geburt Johannes des Täufers. Doch das griechische Wort bei Lukas vom »Gebirge Judäas«, wohin Maria eilends ging (Luk. 1, 39), weist auf das Bergland bei Jerusalem hin. Ebenso gibt diesen Hinweis das gleiche Wort in Lukas 1, 65: »Diese ganze Geschichte – nämlich, daß der verstummte Zacharias bei der Geburt des Johannes wieder redete – ward ruchbar auf dem ganzen Gebirge Judäas.« Der Ort mußte auch nahe der Stadt liegen, da Zacharias Priester im Tempel war. So entspricht die Lage des lieblichen Fleckens Ein Kerem, westlich von Jerusalem, dem biblischen Bericht des Lukas. Wohl wurde, weil eine Überlieferung aus den ersten Jahrhunderten fehlte, eine Reihe von anderen Orten für das Gedächtnis der Heimsuchung Mariens und der Geburt des Johannes vorgeschlagen. Doch blieb es letztlich nur an dieser Stätte lebendig.
Das Alter Ein Kerems reicht bis in die Zeit des Alten Testaments zurück. Die Besiedlung in den Tagen Jesu ist durch Gräber und verschiedene Funde erwiesen. Das erste Zeugnis, das einen Anhaltspunkt für Ein Kerem als Ort dieses biblischen Geschehens gibt, ist von dem Pilger Theodosius um 530 überliefert. Er berichtet: »Von Jerusalem bis dorthin, wo die heilige Elisabeth, die Mutter des Täufers, wohnte, sind es fünf Meilen.« Wohl nennt er nicht den Ort, doch die Angaben der Entfernung und die folgenden Zeugnisse lassen auf Ein Kerem schließen. Zum erstenmal wird der Name des Ortes im georgischen Festkalender vom

7. Jahrhundert genannt, der alle Stationen verzeichnet, an denen die georgische Kirche Jerusalems ihre Feste feierte. Dabei wird die Elisabethkirche in Ein Kerem erwähnt (heute Kirche der Heimsuchung genannt).

Johanneskirche:
Die erste Kirche wurde an dieser Stelle schon im 5. Jahrhundert gebaut, später zerstört, durch die Kreuzfahrer wieder aufgebaut und nach deren Niederlage erneut zerstört. 1621 erwarben die Franziskaner das Ruinengrundstück, auf dem jedoch erst 1674 ein Gottesdienstraum wiederhergestellt werden konnte. Die heutige Johanneskirche wurde von den Franziskanern 1885 errichtet. Beim Bau entdeckte man Reste einer früheren Kapelle mit zwei Felsgräbern und einem Mosaikfragment mit Pfauen, Rebhühnern und Blumen und der griechischen Inschrift: »Seid gegrüßt, ihr Märtyrer Gottes!« Archäologische Studien ergaben, daß die Kapelle aus den ersten Jahrhunderten stammt und über zwei kleinen Grabstätten erbaut wurde, in denen – der Inschrift nach – wohl Märtyrer begraben waren. 1941/42 fand man südlich davon Reste einer weiteren Kapelle aus byzantinischer Zeit mit Mosaikböden, die über einer Kelter aus römischer Zeit erbaut war.

Kirche der Heimsuchung:
Die Überlieferung sieht hier den Ort des biblischen Geschehens der »Heimsuchung Mariens« und des Magnificats, weil man annimmt, daß Zacharias außer seinem Wohnhaus im Tal hier ein Gartenhaus hatte, wie es jüdische Sitte war. So sah man im Lauf der Zeit dies als den Ort an, wohin sich Elisabeth zurückzog – »sie verbarg sich«, sagt das Evangelium –, als sie wußte, daß sie schwanger war. Auf ihrem Weg zu Elisabeth

mag Maria zuerst zur Wohnung ihres Verwandten Zacharias gekommen sein, und als sie dort hörte, daß Elisabeth im Garten weilte, ging sie wohl hinüber. Beim Eintritt in den Garten wird Elisabeth ihr entgegengekommen sein, sie als Mutter des Erlösers zu begrüßen. Und dabei entstand das Magnificat, dessen an dieser Stätte gedacht wird.

Die ersten Anfänge der Kirche der Heimsuchung stammen auch schon aus dem 5. Jahrhundert. In der byzantinischen Periode wurde die Brunnengrotte, die heute die untere Kirche umschließt, zu christlichen Gottesdiensten gebraucht.

Die Kreuzfahrer erbauten hier eine doppelgeschossige Kirche und um die Kirche herum Wohnstätten und Verteidigungsanlagen. Nach dem Abzug der Kreuzfahrer kam die Kirche in die Hände der Armenier. Zwischen 1469 und 1483 vertrieben die Moslems die Armenier, und das schon beschädigte Gebäude wurde mehr und mehr eine Ruine, abgesehen von der Grotte, die die Moslems selbst besetzten. Die Franziskaner erreichten schließlich im Jahr 1679, daß sie die Ruinen kaufen konnten. Nach großen Schwierigkeiten bekamen sie endlich 1862 die Erlaubnis, die untere Kirche zu erbauen, und 1938 begann der Bau der oberen Kirche, der – unterbrochen durch den Zweiten Weltkrieg – 1955 beendet wurde.

In der unteren Kirche erinnert heute eine Nische mit einem ausgehöhlten Felsen an ein legendäres Geschehen, das schon in der Frühzeit mit Ein Kerem in Verbindung gebracht wurde nach einem Bericht aus dem apokryphen Jakobusevangelium: Elisabeth soll auf der Flucht vor dem Kindermord des Herodes den kleinen Johannes in einem sich öffnenden Felsen geborgen haben.

Einige Kilometer entfernt – bei dem Dorf Even Sapir – liegt ein kleines Kloster, 1922 von Franziskanern erbaut, jedoch auf Fundamenten aus dem 12. Jahrhundert, *»Johannes in der Wildernis«* genannt. Dieses kleine Heiligtum in der Nähe des Geburtsortes Johannes des Täufers hat seine Bedeutung durch die Aussage von Lukas 1, 80: »Und das Kindlein wuchs und ward stark im Geist. Und er war in der Wüste (Einöde), bis er sollte hervortreten vor das Volk Israel.« Die Höhle mit einer Quelle, über der heute dieses kleine Kloster steht, sieht man als den Ort der Vorbereitung des Johannes für seinen Auftrag in der Einsamkeit an.

AUS DER HEILIGEN SCHRIFT

Der Engel sprach: Siehe, Elisabeth, deine Verwandte, ist auch schwanger mit einem Sohn trotz ihres Alters und steht jetzt schon im sechsten Monat, sie, die man unfruchtbar nennt; denn bei Gott ist kein Ding unmöglich. Lukas 1,36 u. 37

Maria aber machte sich in jenen Tagen auf und wanderte eilends in das Bergland nach einer Stadt im Stamme Juda.
Dort trat sie in das Haus des Zacharias und begrüßte Elisabeth. Und es begab sich, als Elisabeth den Gruß hörte, hüpfte das Kind in ihrem Leibe. Und Elisabeth ward des Heiligen Geistes voll und rief mit lauter Stimme: Gebenedeit bist du unter den Weibern, und gebenedeit ist die Frucht deines Leibes! Doch woher wird mir die Ehre zuteil, daß die Mutter meines Herrn zu mir kommt? O selig bist du, die du geglaubt hast; denn die Verheißung, die der Herr dir gegeben hat, wird in Erfüllung gehen!
Darauf sprach Maria: Hoch erhebt meine Seele den Herrn; in Gott, meinem Heiland, jubelt mein Geist. Er hat in Gnaden geschaut auf seine niedrige Magd . . .
Und Maria blieb dann etwa drei Monate bei Elisabeth, darnach kehrte sie wieder heim.

Aus Lukas 1,39-56

MAGNIFICAT

Hoch erhebt meine Seele den Herrn; in Gott, meinem Heiland, jubelt mein Geist.

Er hat in Gnaden geschaut auf seine niedrige Magd; siehe, von nun an nennen mich selig alle Geschlechter.

Großes hat der Gewaltige an mir getan, heilig sein Name.

Und sein Erbarmen währt von Geschlecht zu Geschlecht über jenen, welche ihn fürchten.

Macht hat er geübt mit seinem Arm und zerstreut, die stolzen Herzens sind.

Herrscher hat er vom Thron gestürzt, Niedrige aber erhoben.

Hungernde hat er mit Gütern erfüllt, Reiche gehen lassen mit leeren Händen.

Israels, seines Knechtes, hat er sich angenommen, daß er seines Erbarmens gedenke,

wie er zu unseren Vätern gesprochen, seines Erbarmens für Abraham und sein Geschlecht durch alle Zeit. Lukas 1,46-55

+

DER ORT DER HEIMSUCHUNG – EIN RUF AN UNS

Ein Kerem – Ort der Heimsuchung, Heimsuchung eines Zacharias, der, nachdem Gott sich ihm als der Lebendige offenbarte, wegen seines Unglaubens augenblicklich verstummte und das hier neun Monate ausleiden mußte.
Ein Kerem – Ort der Heimsuchung Elisabeths, die in ihrem Alter auf dem Wege der Wunder Gottes noch ein Kind, und zwar ein Kind der Gnaden – Johannes – erwarten durfte.
Ein Kerem – Ort der Heimsuchung, an dem die Mutter Maria mit solchen Gnaden heimgesucht wurde, daß ihren Lippen der Lobgesang, das Magnificat, entströmte, ein Gesang voll Jubel und Dank zu ihrem Gott. Was ließ sie so jubeln? Der größte Lobgesang erklingt da, wo ein Mensch mitten im tiefsten Leiden, in Nacht und Anfechtung das helle Licht der Hilfe Gottes, Seinen Trost und Sein Eingreifen erlebt hat. Dann erhebt er sich wie eine Lerche, die sich hinaufschwingt zur Sonne und ihr Lob- und Danklied anstimmt. Und wahrlich, auf Wegen der Nacht und großer Anfechtung war die Mutter Maria bis hin zum Haus von Zacharias und Elisabeth gepilgert, um hier die helfende Heimsuchung Gottes zu erfahren.
Wohl mögen Gräser und Blumen, über die ihre Füße schritten, da sie zu Elisabeth eilte, sich vor

ihr, der reinen Magd, geneigt haben, die diesen kostbaren Schatz unter ihrem Herzen trug. Und wohl mag ihre Seele frohlockt haben, daß sie Gottes Sohn, den Heiland der Welt, den Menschen bringen durfte. Doch wie mag Maria auch gebangt haben vor dem Weg der Schmach, den sie dafür gehen mußte! Denn sie sollte ja wieder nach Nazareth zurückkehren, und das hieß, sich dort aller Verachtung auszusetzen. Wie sollte sie es ertragen, daß Joseph sich ganz gewiß von ihr scheiden würde, ja, daß sie der Steinigung entgegenging, die sie nach dem Gesetz treffen mußte? Würde ihr Glaube da stark genug sein, an ein Wunder Gottes zu glauben, das den Menschen unmöglich machte, die Steinigung auszuführen? Dabei werden die Anfechtungsstimmen sie umschwirrt haben: Hast du dich nicht geirrt – war es wirklich Gottes Stimme, was du als Botschaft des Engels gehört hast? Ist solches Gottes Weg?

Und je näher Maria dem Haus des Zacharias kam, um so brennender wird die Frage geworden sein: Was wird meine Verwandte Elisabeth sagen, wenn ich ihr erzähle, was meiner wartet? Wird sie mir glauben, daß der zu Erwartende Gottes Sohn ist, oder wird sie mich verachten? So betrat Maria wohl mit großem Bangen endlich das Haus.

Doch siehe, Gott gab ihr Gnade. Gott suchte sie durch all diese Anfechtungen heim zu sich. Indem Er sie zu Elisabeth führte, leitete Er sie hin zu Seinem liebenden Herzen, das ihr wohltun wollte, Seinen Heilsratschluß mit ihr offenbarte und bestätigte. Denn als sie das Haus betrat, geschah das Überwältigende: Elisabeth, die doch nichts von der ihr zuteilgewordenen Offenbarung wissen konnte, begrüßte sie mit denselben Worten wie der Engel: „Gebenedeit bist du unter den Weibern." – Elisabeth neigte sich vor ihr, der Jüngeren, als vor der Mutter von Gottes Sohn und sprach: „Woher wird mir die Ehre zuteil, daß die Mutter meines Herrn zu mir kommt?"

Konnte Maria etwas Wunderbareres und aus allen Anfechtungen, Sorgen und Ängsten Befreienderes widerfahren als diese Bestätigung Gottes für ihren Weg durch die völlig unerwartete Begrüßung Elisabeths? Denn dadurch, daß Elisabeth sie als Mutter ihres Herrn anredete, wurde ihr bestätigt: Es ist Gott, der dir solches geweissagt hat; es ist Sein Sohn, der Messias, den du gebären darfst! Und darum wird Er dich auch durch alle Nöte mit deinen Landsleuten, mit Joseph auf wunderbare Weise hindurchführen. Er wird es tun, wie Er dies Wunder getan hat, daß du durch den Heiligen Geist schwanger geworden bist und Er dies Elisabeth offenbart hat.

Heimsuchung Gottes im Hause Elisabeths! Maria durfte ihre Erwählung und Begnadigung wieder fassen. Ihre Augen waren aufgetan, das Große und Gewaltige zu sehen, das Gott in ihrem Leben vorhatte, daß sie der Welt Gottes Sohn bringen durfte. Alle Zweifel, alles Bangen, alle Anfechtungen werden wie abgefallen gewesen sein. Aus der Nacht war sie in das Licht getreten, in ein strahlendes Sonnenlicht, darin ihr der Himmel neu aufgetan war und sie wohl die Engel herabsteigen sah zu dem, der aus ihrem Leibe geboren werden sollte: Jesus. Sollte sie da nicht anfangen zu jubeln, zu jauchzen und zu frohlocken, daß Gott an ihr, der armen Magd, die sich soeben noch vor Joseph und all ihren Landsleuten tief erniedrigt und gedemütigt sah, so große Dinge getan hatte und weiter tun würde?

Ja wahrlich, nach diesen Anfechtungen, nach dem Vorauserleben der Schmach und Demütigungen konnte sie es kaum fassen. Solch eine Erniedrigte war nun von Gott angesehen und hoch erhöht zu unbegreiflicher Erwählung: Mutter von Gottes Sohn zu sein.

Ein Kerem – Ort der Heimsuchung Mariä kündet uns nun heute, weil Gott heute noch derselbe ist, wie Er aus Nacht und Anfechtungswegen zu sich heimsucht und Erquickung gibt. Es sagt davon, wie Gott nach Dunkelheit ein Licht aufleuchten läßt. Ein Kerem läßt uns erkennen, daß Gott ein erbarmender Vater ist, der in Liebe an uns denkt und stets einen Ausgang aus unseren Nöten bereit hat, ja dessen Ratschluß alles zum Besten hinausführt.

So will Ein Kerem, das einst den Lobgesang der

Mutter Maria gehört hat, die gleiche Antwort aus unseren Herzen hervorlocken. Es wartet auf immer neue Lobgesänge aus der Nacht zu dem Gott, der solch große Dinge bei armen, sündigen Menschenkindern tut, die sich erniedrigen lassen wie einst Maria.

Ein Kerem wartet noch auf mehr – es will Menschen sehen, in denen Jesus heute geboren werden kann, weil sie zu dem Wort und Willen Gottes für schwerste Wege ein Ja haben im Glauben an Gottes Liebe. Auf solche Menschen wartet hier der Herr. Sie werden heute Jesus der gottfernen Welt bringen dürfen.

+

Nur wer den Weg des Glaubens
durch dunkle Nacht geht,
kann Hilfe und Wunder Gottes erleben, die uns die große Freude und das frohlockende Preisen eines Magnificats schenken.

+

Kein Lied, kein Magnificat klingt so rein wie das aus einem gedemütigten Herzen aufsteigende. Kein Lobgesang erklingt dem Herrn so lieblich wie der aus tiefster Not und Anfechtungswegen.

GEBET IN DER KIRCHE DER HEIMSUCHUNG

Unser lieber Vater,
wir danken Dir, daß Du in Deiner großen Güte der Mutter Maria auf ihrem anfechtungsreichen Weg hier am Ort der Heimsuchung innere Erquickung und Glaubensstärkung bereitet hattest. Du zeigst uns an Maria, wie das Ende solcher dunklen Wege, so sie im Glauben durchschritten werden, ein frohes Magnificat ist. Wir danken Dir, daß Du uns damit sagst, wie dunkle, schwere Wege uns an Dein Herz heimziehen, wo Trost und Freude unser wartet.
Laß mich das nun antreiben, der Mutter unseres Herrn auf ihrem Glaubensweg nachzufolgen in der Gewißheit: Auf Wüstenwegen hast Du auch für mich eine Erquickung bereit. Auf sinnlosen Wegen der Anfechtung gibst Du in Deiner Gnade zu Deiner Zeit Bestätigung und läßt mir nach dunklen Glaubenswegen das Licht Deines Wortes und die große Freude aufleuchten. Dir will ich darum allezeit vertrauen, damit ich wie Maria auf schweren Wegen Deine Herrlichkeit erfahre und Dir dann viele Magnificats singen kann. Du sollst nicht vergeblich auf solchen Lobpreis aus der Nacht warten, auf daß die Ehre Deines Namens groß werde. Amen.

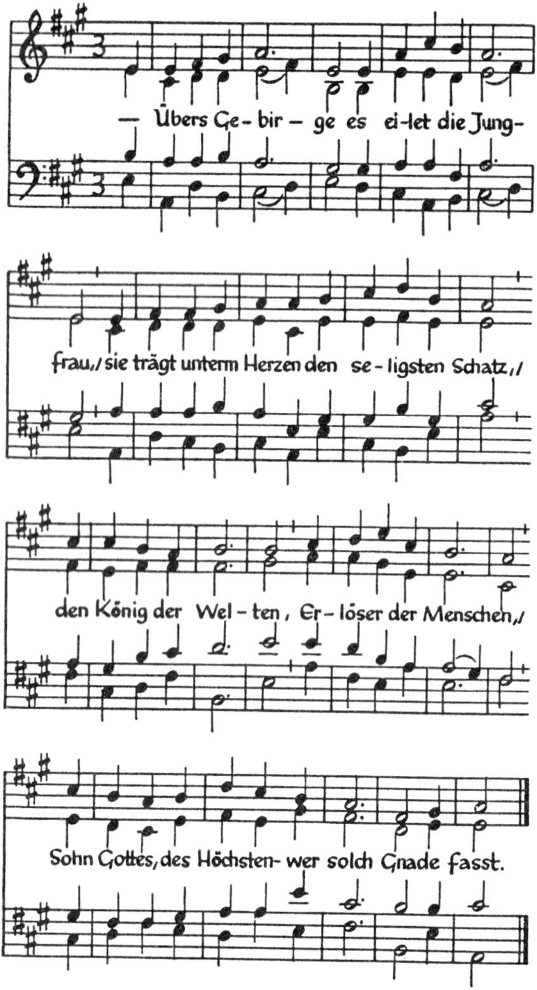
— Übers Ge - bir — ge es ei - let die Jung-
frau, / sie trägt unterm Herzen den se - ligsten Schatz, /
den König der Wel - ten, Er - löser der Menschen, /
Sohn Gottes, des Höchsten - wer solch Gnade fasst.

Das selge Geheimnis, sie hält es verborgen
in minnender Liebe zu Gott, ihrem Herrn.
Sie jauchzt und sie weinet, die Gnad in ihr einet
die wonnende Qual und den seligen Schmerz.

Und dennoch erraten das selge Geheimnis
die Täler und Hügel, darüber sie eilt.
Es singen's die Vögel, es rauschen's die Bäume:
Der Weltenerlöser, Er ist nicht mehr weit.

Sie preisen die Reine, die Mutter des Einen,
der alle geschaffen und alle erlöst.
Es neigen sich Gräser und beugen sich Wipfel
vor dir, Christi Mutter, die so benedeit.

Wir preisen die Reine, die Mutter des Einen,
der uns hat geschaffen und uns hat erlöst.
Mit Gräsern und Wipfeln wir grüßen dich heute,
die du Christi Mutter, die also erwählt.

+

AUS DER HEILIGEN SCHRIFT

Es lebte zur Zeit des jüdischen Königs Herodes ein Priester namens Zacharias, und sein Weib war Elisabeth. Sie waren alle beide fromm vor Gott und wandelten in allen Geboten und Satzungen des Herrn ohne Tadel. Sie hatten jedoch kein Kind; denn Elisabeth war unfruchtbar, und waren beide wohl betagt.
Und es begab sich, da er des Priesteramtes pflegte und an ihm war, in den Tempel zu gehen und zu räuchern, erschien ihm der Engel des Herrn und sprach: Dein Weib Elisabeth wird dir einen Sohn gebären, des Namen sollst du Johannes heißen. Er wird groß sein vor dem Herrn und noch im Mutterleibe erfüllt werden mit dem heiligen Geist. Und er wird viele Kinder Israels zum Herrn, ihrem Gott, bekehren. Und er ist es, der vor ihm einhergehen wird im Geist und in der Kraft Elias, zuzurichten dem Herrn ein bereitetes Volk.
Und für Elisabeth kam die Zeit ihrer Niederkunft, und sie gebar einen Sohn. Als ihre Nachbarn und Verwandten hörten, daß der Herr solche Barmherzigkeit an ihr getan hatte, freuten sie sich mit ihr. Am achten Tage kamen sie zur Beschneidung des Kindes zusammen und wollten ihm den Namen seines Vaters Zacharias geben. Doch seine Mutter sagte: Nein, er soll Johannes heißen. Da wandten sie sich an Zacharias. Der forderte eine Tafel und schrieb darauf:

Sein Name ist Johannes. Im selben Augenblick wurde ihm die Sprache wiedergeschenkt, und er pries Gott. Da fiel Furcht auf alle, die in der Nachbarschaft wohnten, und im ganzen Bergland Judäas sprach man lebhaft über alle diese Dinge. Und alle, die davon hörten, nahmen es zu Herzen und fragten sich: Was wird aus diesem Kindlein werden? Sein Vater Zacharias aber wurde mit dem heiligen Geist erfüllt und sprach die prophetischen Worte: Gelobt sei der Herr, der Gott Israels ...

Das Kind aber wuchs heran und ward stark im Geist, und er hielt sich in der Wüste auf bis zum Tage seines öffentlichen Auftretens vor Israel.

Aus Lukas 1

BENEDICTUS

Gelobt sei der Herr, unser Gott, denn heimgesucht hat er sein Volk und ihm Erlösung gebracht und machtvoll das Heil uns aufgerichtet in seines Knechtes David Haus, wie er verheißen durch seiner Heiligen Mund, seiner Propheten, die einst gewesen:
Er wird uns Rettung schaffen von unseren Feinden und aus den Händen aller, welche uns hassen, Gnade üben an unseren Vätern und seines heiligen Bundes gedenken;
den Eid erfüllen, den er geschworen Abraham, unserem Vater:
Er will uns geben, daß wir, aus der Hand unsrer Feinde befreit, furchtlos ihm dienen, in Heiligkeit und Gerechtigkeit vor seinem Angesicht alle unsere Tage.
Du aber, Kind, sollst der Prophet des Höchsten heißen, denn du wirst hergehen vor dem Antlitz des Herrn, seinen Weg zu bereiten.
Wirst die Kunde des Heils seinem Volke bringen in ihrer Sünden Vergebung,
durch die Herzenserbarmung unseres Gottes, darin uns heimsuchen wird der Aufgang von oben, die zu erleuchten, welche in Finsternis sitzen und Todesschatten, und unseren Fuß auf den Weg des Friedens zu führen. Lukas 1,68-79

DER GEBURTSORT JOHANNES DES TÄUFERS – EIN RUF AN UNS

Ein Kerem – Geburtsort Johannes des Täufers. „Was meinst du, will aus dem Kindlein werden?", sagten die Nachbarn bei seiner Geburt. Und was wurde aus dem Kindlein? Hier zu Ein Kerem wuchs es heran, dessen ganzes Leben und dessen Größe darin bestand, nichts selbst sein zu wollen, sondern nur ein Vorschatten eines Größeren. Hier bereitete Gott den zu, der später nicht zu seiner Befriedigung wirkte, nicht seine eigene Botschaft, seinen eigenen Namen kundmachte, sondern nur Stimme für einen anderen war. Hier hat Gott ihn wohl von Jugend auf darin geübt, sich nicht mehr als ein „Ich" zu kennen und nur noch für den Einen zu leben, von dem seine Seele ganz erfaßt war, Jesus, den kommenden Messias. So wuchs mit ihm die große Leidenschaft heran, diesem Einen Wegbereiter zu sein mit allem, was er war und tat.
Und darum war der größte Wunsch Johannes des Täufers, ganz vor seinem Herrn, der vom Himmel auf diese Erde herniederkam, zu verschwinden. Um jeden Preis wollte er kein Interesse, keine Liebe der Menschen auf seine Person ziehen, die diesem Herrn, dem er nicht wert war, die Schuhriemen zu lösen, allein gehören mußten. Darum freute er sich, als seine Jünger

weniger und Jesu Jünger mehr wurden. Wer kann die Größe der Leidenschaft ermessen, mit der Johannes Jesus verehrte und liebte? Mit welcher Inbrunst setzte er sich mit seinem ganzen Leben, Reden und Tun ein, um Jesus jeden Stein aus dem Weg zu räumen, ehe Er kam! Jesus sollte ein bereitetes Volk finden, in dessen Herzen Sein Vorgänger Ihm Bahn geschaffen hatte, daß sie sich Ihm zu Füßen legen mußten. Diese leidenschaftliche Liebe zu Jesus war es, die Johannes zu einem wahren Wegbereiter machte.

Doch wodurch war Johannes zu dieser sich selbst vergessenden Liebe gekommen, die ihn sich verzehren ließ im Wegbereiten? Was machte ihn dann zu dem gewaltigsten Bußprediger, der je über diese Erde ging, dessen vollmächtigen Worten sich das Volk nicht entziehen konnte? Wohl dies, daß er – schon ehe Jesus am Jordan zu ihm trat – sich durch Gottes Geist zur Buße führen ließ. Denn Gottes Geist hatte ihm Jesus gezeigt als den, der die Wurfschaufel in der Hand hat und die Tenne fegen wird, der den Weizen in Seine Scheuern sammelt und die Spreu mit ewigem Feuer verbrennt (Luk. 3,17). Diese Offenbarung trieb ihn, sich Jesus als dem Herrn und Richter zu stellen.

So ließ Johannes als erster durch Jesus seine Größe zerbrechen und sich in die Buße führen. Darum war er jahrelang in der Wüste, ehe er als Bußprediger auftrat (Luk. 1,80). Da hat er das Bußgewand nicht nur äußerlich, und das hieße zum Schein, getragen, sondern er hat, weil er aus der Wahrheit war, die tägliche Buße gelebt (Matth. 3,4). Und das war die Wurzel dafür, daß er dann der vollmächtige Rufer und Wegbereiter sein konnte. Johannes hatte vorher gelebt, was er nun mit seinem Bußruf verkündigte. Unter dem Gericht Jesu klein und demütig geworden, war er zubereitet, der Herold des kommenden Herrn zu sein. Nun war er wahrlich nichts mehr selbst, sondern nur noch „die Stimme", aber eine Stimme, die Vollmacht hatte und Tausende zur Umkehr brachte (Joh. 1,6-8). So konnte sich das Wort des Propheten erfüllen: „Es ist eine Stimme eines Predigers in der Wüste: Bereitet dem Herrn den Weg, macht auf dem Gefilde eine ebene Bahn unserm Gott" (Jes. 40,3).

Johannes der Täufer, der das erste Kommen Jesu bereitete, sollte er uns nicht nahe sein, da das Wiederkommen Jesu doch wohl sehr nahe gerückt ist? Heute, am Tor einer neuen heilsgeschichtlichen Epoche, der Epoche der Endzeit, in der das zweite Kommen Jesu vor der Tür steht, wartet Jesus wieder auf Seine Wegbereiter, die Ihm und Seinem Kommen Bahn machen. Er sucht heute Wegbereiter, die wie Johannes in Liebe zu Jesus sich voll Leidenschaft dafür einsetzen, daß in den Herzen des alttestamentlichen wie des neutestamentlichen Gottesvolkes die Sündensteine aus dem Weg geräumt werden.

Jesus sucht solche, die eifern, daß bei Seinem Wiederkommen eine zubereitete Schar da wäre, die auf Ihn wartet. Jesus sucht vor allem Wegbereiter, die sich wie Johannes als erstes selbst von Gott durchrichten lassen. Er wartet auf Menschen, die Vollmacht haben, zur Buße zu rufen, weil sie in der täglichen Buße leben und nichts sein und gelten wollen. So sind sie dann zu rechten Trägern für Seine Botschaft geworden.

Ja, Gott sucht Wegbereiter, die wie ein Johannes sich selber mit ihrem Ich und ihren Ansprüchen in den Tod geben, die eifersüchtig darauf bedacht sind, daß nicht sie, sondern Jesus allein geehrt und geliebt wird. Er sucht Wegbereiter für Seine Gemeinde heute, die wie Johannes aus der verzehrenden Liebe zu Jesus heraus Ihn aufleuchten lassen können als den wiederkommenden Bräutigam und König, auf daß viele Herzen durch dieses Zeugnis zu gleicher Liebe zu Jesus entzündet werden.

Solche Wegbereiter braucht Seine Gemeinde, die Braut des Lammes, damit sie bereitet werde, bis der Bräutigam und König kommt. Heute steht Er als der Kommende wieder nahe vor der Tür, doch Er kann nicht kommen, es sei Ihm denn vorher der Weg gebahnt. Ob Er heute Wegbereiter für Sein Kommen findet? Ob wir, die wir hier in den Spuren Johannes des Täufers gehen, Jesu Ruf hören?

WEGBEREITER FÜR JESUS IST:

Wer die eine Leidenschaft hat, weil er Jesus über alles liebt, Ihm viele Seelen für Sein Kommen zu bereiten.

Wer keinen eigenen Sündenstein bei sich duldet und so die Steine für Jesu Kommen auch bei anderen aus dem Weg räumen kann.

Wer nichts mehr an eigener Ehre und Anerkennung will, auf daß alles Hohe zu Jesu Kommen erniedrigt ist und Jesus einen gebahnten Weg findet.

Wer sich in den Schatten stellen lassen kann, damit das Licht Gottes leuchte.

✝

GEBET IN DER GEBURTSGROTTE JOHANNES DES TÄUFERS

Unser Herr Jesus,
wir danken Dir für Deine Demut, daß Du Dich mit Deinem Kommen von einem menschlichen Wegbereiter abhängig machtest, der Dir die Steine bei Deinem Volk aus dem Weg räumte. Wir danken an dieser Stätte, daß Du in Johannes dem Täufer diesen Wegbereiter fandest.

Hier wollen wir aber auch Deiner Worte gedenken, daß Du nicht nur einmal kamst, sondern wiederkommen wirst in Herrlichkeit, wenn Deine Braut sich bereitete. Laß uns wach sein und erkennen, wie nahe wir der Mitternachtsstunde, der Stunde Deiner Wiederkunft, gekommen sind. Laß uns in dieser letzten Zeit, da Du wieder nach Menschen suchst, die Dir den Weg bereiten, Deinen Ruf nicht überhören.
Jesus, wir möchten Dir antworten: Ich will Dein Wegbereiter sein. Hilf mir, dazu den Weg Johannes des Täufers zu gehen, den Weg täglicher Reue und Buße, auf daß ich Vollmacht habe, andere zur Umkehr zu führen. Entzünde mich immer neu zur gleichen leidenschaftlichen Liebe zu Dir wie Johannes, aus der heraus ich Dir alle Steine aus dem Weg räumen will.
Hier gebe ich mich Dir hin zu diesem heiligen Auftrag. Ich will Dir nicht durch meine Größe im Wege stehen, sondern mich wie Johannes zunichtemachen und in den Schatten stellen lassen. Dein Bild soll durch mein Zeugnis und Leben aufleuchten können als das des wiederkommenden Königs und Bräutigams, damit Deine Gemeinde sich eilends bereite, Dich zu empfangen.
Amen.

Laß mich Dein Wegbereiter sein,
daß Du gar balde zögest ein
bei Deinem Volk in Freuden.

Laß mich als ersten selber büßen,
andere rufen zu Deinen Füßen,
daß Du als König wirst begrüßt.

Laß mich selbst gehen Deinen Weg,
so recht Dir ebnen jeden Steg,
daß kommt der Tag Deiner Freuden.

NAZARETH

Jerusalem und das judäische Land mit den Stätten Jesu dort haben wir hinter uns gelassen und sind nun auf dem Weg nach Galiläa zum anderen Hauptgebiet Seines Lebens und Wirkens. Unsere Fahrt geht in die südgaliläischen Berge, wo Nazareth liegt, die Heimatstadt Jesu, in der Er den größten Teil Seiner Erdenzeit verbracht hat. Wenn wir von Süden her durch die Ebene Jesreel über Afula Nazareth immer näher kommen, steigen die ersten Hügelketten auf, und bald breitet sich die Stadt vor uns aus, die sich in eine weite Talmulde schmiegt und die Hänge ringsum emporklettert.

Das heutige Nazareth (hebr. Nazrat, arab. en-Nàsira) ist eine Stadt von etwa 35 000 Einwohnern, davon sind mehr als die Hälfte arabische Christen und Ordensleute verschiedener Denominationen und 14 000 Moslems. Außerdem gibt es auf den Höhen von Nazareth in Richtung Kfar Kana eine größere neue israelische Siedlung, Nazareth-Ilit, mit verschiedenen Industriezentren, die sich immer mehr ausbreiten. Der alte Teil

Nazareths hat mit dem Gewirr von schmalen, winkeligen Gassen und zahllosen Treppenstufen, den engen Höfen und flachen Dächern, mit den offenen Geschäften und dem Handelsgetriebe der Marktgassen typisch orientalischen Charakter. Inmitten dieses Stadtkerns liegt, durch seine erhöhte Lage gut sichtbar, das Gelände des Franziskanerkonvents mit Verkündigungsbasilika und St.-Josephskirche, die unser Ziel sind (siehe nachfolgende Skizze).
Dorthin zweigt etwa in Ortsmitte von der Hauptstraße – wenn man aus Haifa oder Afula kommt, links – die ansteigende Casa-Nova-Straße ab. Auf dieser erreichen wir nach 150 m den Eingang zum weiten Gelände der Verkündigungsbasilika, die nach vierzehn Jahren Bauzeit 1969 fertiggestellt wurde und die größte Kirche des Mittleren Ostens darstellt. In den Bau der Unterkirche, in der man ein Mosaik aus dem 2. Jahrhundert und Mauerreste aus dem 4. Jahrhundert sowie aus der Kreuzfahrerzeit sehen kann, ist die eigentliche Verkündigungsgrotte künstlerisch eingebettet. Deren Deckengewölbe zeigt noch die ursprüngliche Gestalt der Wohnhöhle. Hier umweht uns etwas von dem stillen Geheimnis jener unbegreiflichen Stunde der Verkündigung.
Von der Unterkirche kommen wir über eine Wendeltreppe neben dem westlichen Ausgang der Basilika zur Oberkirche. Während die Unterkirche mit der Verkündigungsgrotte als Pilgerkirche dient, wurde die Oberkirche für die Gemeinde von Nazareth gebaut. (Über die Fülle der verschiedenen Kunstwerke dort aus aller Welt gibt es einen bebilderten Führer.) Von der Oberkirche treten wir hinaus auf einen großen freien Platz – eine Taufkapelle zur Rechten – unter dem viele Überreste des alten Nazareth zur Zeit Jesu gefun-

den wurden. Sie sind zum Teil unter diesem mit Pfeilern abgestützten Platz zu sehen, meist in den Felsgrund gehauene Zisternen, Silos und Pressen.
An dem rechts liegenden Konventgebäude der Franziskaner vorbeigehend, stoßen wir geradeaus auf die St.-Josephskirche. Sie ist über einer weitläufigen Wohnhöhle erbaut, die als Wohnraum der heiligen Familie angesehen wird. Die dortige Unterkirche über der Höhle wird von manchen besonders als Gedenkstätte der Werkstatt Josephs bezeichnet.
Vor einiger Zeit sind in dieser Gegend noch andere Wohnhöhlen aus der Zeit Jesu gefunden worden. Man weist uns zum Gebäude der »Dames de Nazareth«, das gegenüber vom franziskanischen Gelände an der anderen Seite der Casa-Nova-Straße liegt und von einer Seitenstraße aus zu erreichen ist. Die Schwestern führen uns freundlich hinunter zu den weitläufigen Ausgrabungen unter ihrem Kloster, wo neben einer tiefen Zisterne und mancherlei Mauerresten aus verschiedenen Epochen auch ein Grab mit Rollstein wie zur Zeit Jesu und Reste einer byzantinischen Kirche gefunden wurden. Die Forschungsarbeiten über die Ergebnisse der Ausgrabungen sind noch nicht abgeschlossen, doch bestätigen sie schon – wie auch jene um die Verkündigungsgrotte – die Lage des Nazareth zur Zeit Jesu.
Von der Casa-Nova-Straße aus sieht man in die leicht ansteigende Basarstraße – »Schuk« genannt – hinein und auf die wenig entfernten Türme der griechisch-orthodoxen Pfarrkirche. Dort wird in einem schlichten Nebenraum der alten Synagoge gedacht, in der Jesus lehrte. Wir wollen auch diese Stätte besuchen und gehen ein Stück durch die Basarstraße, zweigen bei der ersten Biegung links und gleich darauf rechts ab.

Durch ein Eisentor kommen wir über den schmalen Vorhof der Kirche zur Synagoge.
Und nun bleibt uns noch der Weg zum Marienbrunnen, der an einer verkehrsreichen Kreuzung in Richtung Tiberias liegt. Schon von weitem erkennen wir ihn bei einer Baumgruppe an der gemauerten Wölbung darüber. Dieser Brunnen ist das Ende eines kleinen Kanals, während die Quelle, aus der wohl zur Zeit Jesu geschöpft wurde, etwa 50 m entfernt in der Krypta der griechisch-orthodoxen St.-Gabrielskirche zu finden ist. Eine Straße links vom Brunnen führt uns dorthin.
Doch nicht nur die besonderen Gedächtnisstätten sind es, die uns hier in Nazareth von Jesus künden, sondern alles erinnert an Ihn, so auch die Hügel um Nazareth, auf denen Jesus gewiß viele Stunden des Gebets verbracht hat. Und im Frühling ist diese Umgebung Nazareths von einem unbeschreiblichen Zauber. Eine Fülle von Blumen bedeckt die weiten Wiesen, dazwischen liegen immer wieder Felsen und Hirtenhöhlen. Hier sind wir dem »Jesus von Nazareth« ganz nah.

Rufertafeln:
an der Verkündigungskirche vor dem alten Eingang zur Grotte –
und an der Mauer gegenüber dem Eingang zur St.-Josephskirche

Die genannten Gedenkstätten sind geöffnet:
8.30–12 Uhr, 14–18 Uhr (April bis Sept.)
9–12 Uhr, 14–17 Uhr (Okt. bis März)

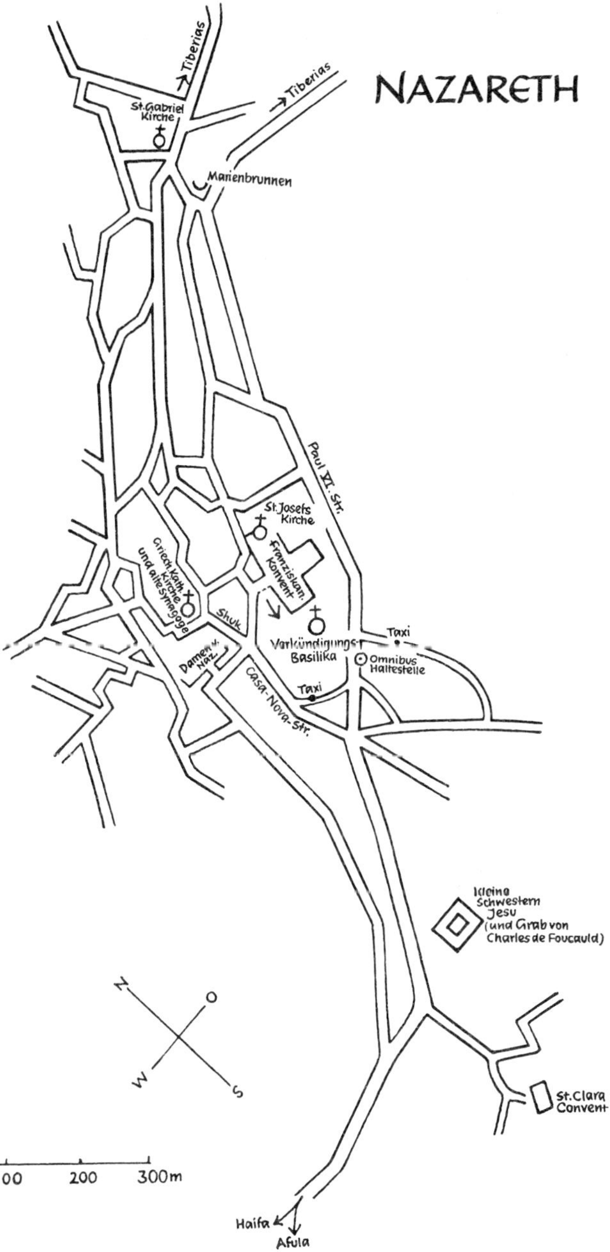
NAZARETH
Tiberias
Tiberias
St.Gabriel Kirche
Marienbrunnen
Paul VI. Str.
St.Josefs Kirche
Franziskan. Konvent
Griech.Kath. Kirche und alte Synagoge
Shuk
Taxi
Verkündigungs-Basilika
Omnibus Haltestelle
Damen v. Naz.
Casa-Nova-Str.
Taxi
Kleine Schwestern Jesu (und Grab von Charles de Foucauld)
N
O
W
S
St.Clara Convent
100
200
300m
Haifa
Afula

GESCHICHTLICHES

Nazareth, der Ort, den Gott zur Stätte der Verkündigung der Geburt Seines Sohnes erwählte und wo Er Ihn dann aufwachsen ließ, wird in der Heiligen Schrift vor der Zeit Jesu nicht erwähnt. Erst durch das Evangelium tritt Nazareth aus seiner Verborgenheit heraus. »Der Nazarener«, das war Jesu Name bei Seinen Zeitgenossen, und seitdem geht der Name Nazareth mit Ihm durch die Welt. Wenn man auch nicht genau weiß, wann Nazareth entstanden ist, so schließt man aus Gräberfunden, daß dort schon mindestens 200 Jahre vor der Zeit Jesu eine Siedlung war. Die Quelle, die heute noch den Brunnen an der Straße nach Tiberias speist, wird die ersten Bewohner angezogen haben. Seit alten Zeiten versorgt sie den Ort mit Wasser, und auch die Mutter Maria muß oft hierher gegangen sein, um Wasser zu schöpfen.

Nazareth war durch seine Lage dazu bestimmt, unbedeutend zu sein. Es lag an keiner Verkehrsstraße, sondern etwas abseits im Talkessel. Der steinige Ackerboden dieser Gegend brachte Armut mit sich und wirtschaftliche Not. Zur Zeit Jesu war es anscheinend solch eine arme, unbedeutende Stadt, daß der jüdische Geschichtsschreiber Josephus Flavius sie überhaupt nicht erwähnt, während die 5 km entfernte Stadt Sepphoris – längere Zeit Sitz des Herodes – von großem Interesse für ihn ist. Es ist sogar anzunehmen, daß Nazareth gar keine Stadt war, weil die Evangelien nach dem Vorbild der Septuaginta (griechische Übersetzung des Alten Testaments) das griechische Wort für Stadt gebrauchen, wo ursprünglich nur ein selbständiges Gemeinwesen, gleichgültig, ob groß oder klein, gemeint ist.

Wo lag nun in diesem unbedeutenden Ort die doch so bedeutsame Stätte, an der Maria die wunderbare Botschaft des Engels empfing? War es die Grotte der Verkündigung, über der eine neue, große Kirche erbaut worden ist? Lag hier das alte Nazareth und das Elternhaus der Jungfrau Maria, in dem der Erzengel Gabriel zu ihr trat? Die Ausgrabungen, die 1955 nach dem Abbruch der alten Verkündigungskirche gemacht wurden, ergaben starke Hinweise dafür. Einmal fand man eine Reihe von Gräbern, aber nicht jüdischer Herkunft, die ja außerhalb des bewohnten Gebietes liegen mußten, sondern Gräber der Kreuzfahrer, die sich immer gern an heiligen Orten begraben ließen. Und außerdem konnten die Grundmauern von zahlreichen Häusern aus der Zeit Jesu freigelegt werden als ein Zeugnis dafür, daß die Gegend um die Verkündigungskirche damals bewohnt war. Es sind Überreste von Wohnungen, wie man sie vielfach heute noch im Orient findet, die gegen natürliche Felshöhlen gebaut waren. Der rückwärtige Teil des Hauses bestand aus der kühlen, trockenen Steingrotte, der vordere Teil war aus Mauern angefügt. In solch einer Grotte kann Maria wohl geweilt haben, als der Erzengel Gabriel erschien und ihr die göttliche Gnadenbotschaft brachte. Die Grotte der Verkündigung, wie wir sie heute sehen, liegt genau in einer Reihe mit den anderen ausgegrabenen Häusern des alten Nazareth. Darum ist anzunehmen, daß die Überlieferung begründet ist, in dieser Grotte den Ort der Verkündigung zu sehen.
Ist die Tradition der Verkündigungsgrotte gerade in jüngster Zeit durch die Ausgrabungen bestätigt worden, so hatte sie durch die Jahrhunderte vorher eine wechselvolle Geschichte. Nach der Einnahme Nazareths durch die Römer im Jahre 67 wurde das Naza-

reth, wie es die Evangelien beschreiben, ausgelöscht – nur von Mund zu Mund konnte sich der Hinweis auf den Ort der Verkündigung fortpflanzen. Und das wird geschehen sein, da bekannt ist, daß in den ersten Jahrhunderten noch spätere Generationen der »Verwandten des Herrn« in Nazareth wohnten.

Als Nazareth wieder erstand, ließen sich viele Flüchtlinge von Jerusalem dort nieder – besonders, als Kaiser Hadrian die Juden aus der ganzen Landschaft Judäa verwies. So wurde Nazareth im 3. Jahrhundert wieder zumeist jüdisch.

In der Folgezeit haben einerseits die Juden die Erinnerung an die Stätten Jesu hier weiter überliefert, denn auch die Verneinung hat ein gutes Gedächtnis. Doch neuere Forschungen erwiesen, daß auch christliche Überlieferung weiterging. Die Annahme, daß erst Kaiser Konstantin um 359 seinen Statthalter Joseph von Tiberias beauftragte, in Nazareth eine Kirche zu bauen, läßt sich wohl nicht halten. Denn um die »Verwandten des Herrn« hatte sich eine »Kirche der Nazarener« gebildet, die an den Stätten Jesu einen judenchristlichen Kult pflegten und im 3.–5. Jahrhundert gottesdienstliche Gebäude im synagogalen Stil errichteten. Ausgrabungen bestätigten ein solches auch bei der Verkündigungsgrotte. Die Nazarener wachten mit Eifer über ihre Tradition, die sie gegen ihre nichtbekehrten Landsleute verteidigten. Schließlich gewannen aber die Christen aus dem Heidentum die Oberhand.

386 wird zum ersten Mal von einem Pilgerbesuch der heiligen Paula in Nazareth berichtet. 460 heißt es von einer Kirche dort, und der Pilger Anonymus von Piacenza, der damit als erster die Kirche der Verkündigung direkt erwähnt, beschreibt um 570: »Das Haus

der heiligen Maria ist eine Basilika.« In den folgenden Jahrhunderten ging manche Kriegswelle über Nazareth, vor allem beim Einfall der Perser 614. Bei deren Unterdrückung durch Kaiser Heraklius um 630 wurden besonders die jüdischen Siedlungen, die sich wie Nazareth mit den Persern verbunden hatten, ausgelöscht.

Wann die byzantinische Basilika der Verkündigung, deren Anfänge wohl schon im 5. Jahrhundert liegen und deren Grundlinien bei den Ausgrabungen zutage traten, zerstört wurde, ist nicht bekannt. Die Kreuzfahrer bauten eine dreischiffige Kirche darüber, die 1263 schon zerstört wurde. Die Grotte blieb dabei jedoch unversehrt. 1730 bauten die Franziskaner, die seit 1620 in Nazareth ansässig waren, eine kleine Kirche dort auf. 1955 begannen sie mit den Vorbereitungen für einen großen Neubau an ihrer Stelle, der 1969 eingeweiht werden konnte.

Die äußere Gestalt der Verkündigungsgrotte verlor durch mancherlei Eingriffe in den Jahrhunderten ihre ursprüngliche Form. Man gab ihr auch im Laufe der Zeit verschiedenste Deutungen: Bald sollte sie zugleich Josephs Haus und das Haus der Heiligen Familie sein, dann auch Josephs und Marias Grab umschließen. Später ließ man aber diese Aussagen wieder fallen. Um die Jahrhundertwende erfolgte die Besinnung auf die Schrift und den Anfang der Überlieferung, und damit verschwand die letzte bis dahin aufrechterhaltene Annahme, daß hier zugleich das Haus Josephs gewesen sei, und es wird an dieser Stätte wieder allein des Geheimnisses der Verkündigung gedacht.

VERKÜNDIGUNGSGROTTE

AUS DER HEILIGEN SCHRIFT

Im sechsten Monat ward der Engel Gabriel gesandt von Gott in eine Stadt in Galiläa, die heißt Nazareth, zu einer Jungfrau, die vertraut war einem Manne mit Namen Joseph aus dem Hause Davids; und die Jungfrau hieß Maria.
Als nun der Engel bei ihr eintrat, sprach er: Sei gegrüßt, du Begnadete! Der Herr ist mit dir, du Gebenedeite unter den Weibern! Da sie aber ihn sah, erschrak sie über seine Rede und gedachte: Welch ein Gruß ist das?
Da sprach der Engel zu ihr: Fürchte dich nicht, Maria! denn du hast Gnade bei Gott gefunden. Siehe, du wirst schwanger werden und einen Sohn gebären, des Namen sollst du Jesus heißen. Dieser wird groß sein und ein Sohn des Höchsten genannt werden, und Gott der Herr wird ihm den Thron seines Vaters David geben, und er wird als König über das Haus Jakobs in alle Ewigkeit herrschen, und sein Königtum wird kein Ende haben. Da sprach Maria zu dem Engel: Wie soll das zugehen, sintemal ich von keinem Manne weiß? Der Engel antwortete: Der heilige Geist wird über dich kommen und die Kraft des Höchsten wird dich überschatten; darum wird auch das Heilige, das von dir geboren wird, Gottes Sohn genannt werden.
Maria aber sprach: Siehe, ich bin des Herrn Magd, mir geschehe, wie du gesagt hast.

Aus Lukas 1, 26 - 38

DIE VERKÜNDIGUNGSGROTTE – EIN RUF AN UNS

Nazareth – Ort, der eine wunderbare Kunde vernommen hat, da ein Engel herniederkam, um eine einzigartige Botschaft des Himmels einer Magd zu bringen, die da hieß Maria!
Nazareth – heilige Stadt, in der Gottes Geist selber eine Jungfrau überschattete, so daß das, was von ihr geboren ward, Gottes Sohn war. Sollte man an solcher Stätte nicht besonders des Großen, was Gott getan hat, gedenken, dort anbeten und sich beugen vor dem sich offenbarenden Gott?
Hier in Nazareth, in einer seiner Grotten war es, wo der Bote Gottes zu Maria trat und sie, die reine Magd, mit den Worten anredete: „Gegrüßet seist du, Maria, Holdselige – voll der Gnaden." Und sie hat in Demut und Staunen geantwortet: „Welch ein Gruß ist das?" und sich wohl ehrfürchtig und tief vor dieser himmlischen Erscheinung geneigt. Nun hörte ihr Ohr und Herz unbeschreibliche Botschaft, himmlische Kunde von einer Erwählung, die wohl ein menschliches Herz, so auch das ihre, kaum fassen konnte: „Du hast Gnade gefunden vor Gott. Der heilige Geist wird dich überschatten – und das Heilige, das von dir geboren wird, wird Gottes Sohn heißen."
Maria, eine Erwählte – was heißt das? Erwählung heißt höchste Begnadigung, heißt in die nahe

Gemeinschaft mit Gott gezogen, von Ihm angesehen, von Ihm als Werkzeug gebraucht werden. Aber Erwählung heißt auch, als ein Erwählter sich auserwählt machen zu lassen im Ofen des Elends und die Last der Begnadigung zu tragen. Denn nun muß ein Mensch Wege mit dem lebendigen Gott gehen, die Wege des Glaubens und nicht des Schauens sind. Erwählung, das schließt Wege in sich – vorlaufend oder nachlaufend –, die eingereiht sind in die Wege des Sohnes Gottes selber, Wege tiefster Erniedrigung, Wege der Schmach, Wege der Leiden ohne Zahl, aus denen heraus allein Frucht für Gott, für die Sendung und für das Kommen Seines Reiches erwachsen kann.

Und darum ist Erwählung jedesmal ein Angebot Gottes, das man annehmen oder ablehnen kann. Erwählung ist eine Frage Gottes an Sein Menschenkind, auf die Er eine Antwort erwartet: die Antwort unserer Hingabe, wie ein Abraham auf den Ruf Gottes hin sich Gott vorbehaltlos hingab und im Gehorsam den Weg ging, der ihm gewiesen war.

So war nun die große Frage: Wie wird Maria antworten? Und siehe, sie sagte das schlichte, aber darum so gewaltige Wort: „Mir geschehe, wie du gesagt hast." In diesem Wort lag der ganze Weg einer auserwählten Seele beschlossen, den Maria dann zu durchschreiten hatte. Dieser Weg, den sie mit diesem Tag freiwillig durch ihr Ja erwählt hatte, war der Weg der

Armut, weil sie ja den Allerärmsten, der je über diese Erde ging, ihr Kind nennen würde. Es war der Weg ungezählter Leiden, da Verfolgung, Ausstoßung, Flucht nach Ägypten, da die Heimatlosigkeit des Menschensohnes nun auch ihr Teil wurden.

Grotte der Verkündigung – heiliges Gemach, in dem Gott eine Jungfrau aufrief, sich Ihm hinzugeben, daß Er bei ihr einkehren könne und der Heilige Geist sie überschatte. Welch eine Grotte, die eine Maria als Erwählte voll der Gnaden sehen sollte! Heilige Grotte, die einen heiligen Menschen sah – heilig deswegen, weil Gott Maria ganz in Beschlag nehmen konnte, weil sie Ihm ganz hingegeben war und zur Verfügung stand, weil sie keine Widerrede hatte und nicht fragte, wie es ihr auf diesem Weg gehen würde, sondern nur den einen Gedanken hatte: Wie Du willst, so geschehe mir! Den Weg gehe ich.

Ob Maria in dieser Grotte, wenn hier still gebetet wird, geistliche Söhne und Töchter finden wird, die in ihrer Nachfolge stehen und Gott, wenn Er sie auf Seinen Weg ruft, das bedingungslose „Mir geschehe, wie Du willst, was Du sagst, was Du von mir haben willst," geben?

GEBET IN DER VERKÜNDIGUNGSGROTTE

Unser lieber himmlischer Vater,
wir danken Dir an diesem Ort für das wunderbare Geschehen, daß Maria durch den Engel Gabriel die Geburt des eingeborenen Sohnes Gottes verkündet wurde, der aus ihr geboren werden sollte durch Überschattung des Heiligen Geistes. Wir danken Dir für das Geheimnis der Erwählung Marias: In ihr fandest Du eine Seele, die Dir als Antwort ein vorbehaltloses, bedingungsloses Ja gab, weil ihr Wille dem Deinen völlig hingegeben war, mochte der Weg ihr noch so viel Schmach und Not bringen. Laß uns mit ihr anbeten, daß Du die Niedrigkeit Deiner Magd angesehen hast und so große Dinge durch sie tun konntest.
Nun nimm mich hin, mich mit ihr zu erniedrigen und im bedingungslosen Glauben an Deine Liebe auf jeden Weg einzugehen, zu dem Du mich rufst. Laß durch meine Willenshingabe auch an mir und durch mich Großes geschehen, damit ich auch in meinem kleinen Leben der Welt Jesus bringen darf. Amen.

„Siehe, ich bin des Herren Magd,
mir geschehe, wie du gesagt hast.“

Dieses schlichte Wort Marias ist zugleich das gewaltigste Wort.

Denn ein Ja zu Gottes Willen – im Glauben an Seine Liebe trotz scheinbarer Unmöglichkeiten – macht zu Gottes Werkzeug, auch heute, wo Menschen dem Weg Marias nachfolgen.

+

Maria, auserkoren,
als Gottes Magd geboren,
besucht von einem Engel hehr,
in heilger Gottesstunde
vernimmst du selge Kunde:
In dir soll Gott geboren sein!

Maria still sich neiget,
sich Gottes Anspruch beuget,
sich hingibt Gottes Ratschluß hehr.
Ihr Wille Gott sich gibet,
weil sie Gott lauter liebet,
sie läßt geschehen, was Er will.

Maria gab Gott mehr recht als ihrer Vernunft, gab auf Sein Wort hin ihr Ja zu einem unvorstellbaren Weg.

Gott wartet auf Nachfolger ihres Glaubens, die bei unvorstellbaren Forderungen Gottes den Bedenken ihrer Vernunft das Wort entgegensetzen: „Bei Gott ist kein Ding unmöglich.“

Er schwebt von Himmelshöhen
bis hin in ein Gemach,
von Gottes Licht umleuchtet,
wie kein Tag strahlen mag.

Er grüßt die Benedeite
mit engelischem Gruß,
bringt Himmelsbotschaft selig, –
die Magd erschrecken muß.

„Was ist mir widerfahren?"
Sie faßt die Gnade nicht,
hört wunderbare Worte,
sieht Engel, Glanz und Licht.

Maria, Benedeite,
zur Mutter Sein ersehn,
des Sohns von Gott dem Höchsten.
Wie kann solches geschehn?

Maria beugt im Staube
sich vor der Gnade groß,
sie liegt mit ihrem Willen
vor Gott, arm, nackt und bloß.

Aus ihrem Munde fallen
Worte so ewig schwer:
„Also an mir geschehe,
wie sagte Gott, der Herr."

Der Engel von ihr gehet,
bringt Kunde hin zum Thron,
das Ja der Magd Maria –
hernieder kommt der Sohn.

Auch nach Melodie EKG 208: Ach, bleib mit Deiner Gnade

VERKÜNDIGUNGSGROTTE

Mit Maria beugen wir uns hier und geben Gott unser Ja zu Seinem Weg mit uns:

Ich küsse Deinen Willen,
will Dein Begehren stillen,
nach nichts sonst meine Seel verlangt.
Dein Herze soll sich laben
an Seelen, die nur fragen
nach Deinem Willen und Begehrn.

Nimm hin in Deine Hände
mein Leben, täglich wende,
wie es dem Willen Dein gefällt.
Aufs neu ich mich vermähle
dem Willen Dein – nun wähle,
was Du mit mir zu tun beliebst.

GESCHICHTLICHES

War Nazareth die Heimatstadt Jesu, so fragt man natürlich auch, wo nun das Haus der Heiligen Familie gelegen hat, in dem sie nach der Rückkehr von Ägypten ihr Heim fand und in dem Jesus aufgewachsen ist. Doch gibt es dafür keine sichere Überlieferung. Frühere Tradition hat das Gedenken daran zeitweise mit in die Grotte der Verkündigung verlegt oder auch an die Stelle der heutigen St.-Gabriels-Kirche an der Marienquelle, wo nach dem Pilgerbericht des Arkulf 670 eine Kirche am Platz des Hauses stand, »in dem unser Heiland ernährt wurde«.

Heute ist die Gedenkstätte an die Wohnung der Heiligen Familie in einer Wohnhöhle aus der Zeit Jesu unter der St.-Josephs-Kirche. Diese wurde 1914 von den Franziskanern erbaut, nachdem sie schon 1754 hier eine Kapelle auf den Ruinen einer Kreuzfahrerkirche errichtet hatten. Die Tradition dieses Heiligtums wird allerdings erst um 1600 zum ersten Mal erwähnt, und zwar als Haus und Werkstatt Josephs, wobei das zuerst nur als Arbeitsplatz Josephs verstanden wurde, noch nicht als die Wohnung der Heiligen Familie. Ab 1900 etwa vereinte diese Stätte das Gedenken an beides.

Wenn also keine sicheren Überlieferungen für die Wohnung der Heiligen Familie vorhanden sind, so sind wir doch dankbar für einen würdigen Gedenkort der Stätte, an der unser Herr Jesus die längste Zeit Seines Lebens, etwa dreißig Jahre, verbrachte. Daß dieser Ort nur ertastet werden kann – ist es nicht wie ein Schlußstrich unter das Leben Jesu in Nazareth, das unter dem Zeichen der Verhüllung stand?

Die andere bedeutsame Stätte Nazareths ist die Synagoge, in der Jesus lehrte. Nach der Überlieferung wurde nach ihrer Zerstörung an gleicher Stelle eine neue aufgebaut und später in eine Kirche umgewandelt (1137). Heute gibt es verschiedene Meinungen über den Ort, wo sie gestanden haben soll. So wird – nach Kopp: Stätten des Evangeliums – eine Stelle auf dem moslemischen Friedhof dafür angesehen. Dieser ist aber nicht zu besuchen und dort auch nichts mehr zu finden, was an die Synagoge erinnert. Die geläufige Tradition sieht die griechisch-katholische Pfarrkirche, d. h. deren Nebenraum, als Ort der einstigen Synagoge an.

Auch gibt es verschiedene Annahmen, welches der Berg des Absturzes war, zu dem Jesus nach der Synagogenpredigt gebracht wurde. Einmal wird der Nebi Scha'in dafür angesehen als der Berg, an dem das alte Nazareth lag (Luk. 4, 29). Sein runder Höhenkamm hat keinen jähen Abfall, wohl aber weiter unten Steilhänge, an denen die Häuser Nazareths kleben. Heute ist auch seine Höhe bebaut, bekannt sind Kirche und Kloster der Salesianer, die dort liegen. Daneben wurde schon seit dem 9. Jahrhundert der Dschebel el-Kafze als der Absturzberg bezeichnet, obgleich diese Überlieferung nicht sehr wahrscheinlich ist. Er liegt außerhalb Nazareths, und eine Bergwand fällt jäh in die Ebene Jesreel ab.

AUS DER HEILIGEN SCHRIFT

Im Traum empfing Joseph die Weisung von Gott, zog in das galiläische Land und nahm seinen Wohnsitz in einer Stadt mit Namen Nazareth. Dadurch wurde erfüllt, was durch die Propheten gesagt ist: Er wird Nazarener genannt werden.

Matthäus 2,22 u. 23

Jesus aber ging mit seinen Eltern nach Nazareth zurück und war ihnen gehorsam. Und Jesus nahm zu an Weisheit, an Alter und an Wohlgefallen vor Gott und den Menschen. Lukas 2,51 u. 52

Als Jesus seine Wirksamkeit begann, war er ungefähr dreißig Jahre alt. Und er wurde für einen Sohn Josephs gehalten. Lukas 3,23

Philippus findet Nathanael und spricht zu ihm: Wir haben den gefunden, von welchem Mose im Gesetz und die Propheten geschrieben haben, Jesum, Josephs Sohn von Nazareth. Und Nathanael sprach zu ihm: Was kann von Nazareth Gutes kommen? Philippus spricht zu ihm: Komm und sieh es! Johannes 1,45 u 46

Und Jesus kam gen Nazareth, da er erzogen war, ging dort nach seiner Gewohnheit am nächsten Sabbattage in die Synagoge und stand auf, um vorzulesen. Da reichte man ihm das Buch des Propheten Jesaja; und als er das Buch aufrollte,

traf er auf die Stelle: Der Geist des Herrn ist über mir, weil er mich gesalbt hat. Er hat mich gesandt, zu verkündigen das Evangelium den Armen, den Gefangenen die Freilassung, den Blinden das Gesicht, ein Gnadenjahr des Herrn auszurufen. Und er fing an, zu sagen zu ihnen: Heute ist dieses Schriftwort, das ihr soeben vernommen habt, zur Erfüllung gekommen.
Alle wunderten sich der holdseligen Worte, die aus seinem Munde kamen, und sagten: Ist dieser nicht der Sohn Josephs, der Zimmermann? Heißt nicht seine Mutter Maria und seine Brüder Jakobus und Joseph und Simon und Judas? Und leben nicht auch seine Schwestern hier bei uns? Woher kommt ihm denn das alles? Und sie ärgerten sich an ihm. Jesus aber sagte zu ihnen: Ein Prophet gilt nirgends weniger als in seiner Vaterstadt und in seiner Familie. – Und er konnte allda nicht eine einzige Tat tun um ihres Unglaubens willen. Sie aber wurden voll Zorn, stießen ihn zur Stadt hinaus und führten ihn an den Rand des Berges, auf dem ihre Stadt erbaut war, um ihn dort hinabzustürzen. Aber er ging mitten durch sie hinweg.

Aus Lukas 4,16-30; Markus 6,1-6; Matthäus 13,53-58

NAZARETH – EIN RUF AN UNS

Die Höhle unter der St.-Josephs-Kirche als Gedenkort der Wohnung der Heiligen Familie lädt uns ein, in der Gebetsstille dieses Raumes des Jesusknaben zu gedenken, wie Er hier in Nazareth aufgewachsen in Niedrigkeit und Verhüllung und als der Gottessohn jahrelang Zimmermannsarbeit getan hat. Diese Wohnhöhle will uns nahebringen, in welch großer Armut Jesus als Kind in Nazareth gelebt hat. Nazareth war ja ein solch armer, unscheinbarer Ort, darum wohnten hier auch keine angesehenen Priesterfamilien wie in dem Nachbarort Sepphoris, der Zierde Galiläas. Vielmehr lebte hier eine arme und anscheinend etwas verachtete Bevölkerung, wie wir es aus dem Wort Nathanaels entnehmen können: „Was kann aus Nazareth Gutes kommen?"
Vielleicht war dieses Nazareth sogar etwas verrufen, weil seine Bewohner wenig ethische Qualitäten aufweisen konnten. Daß sie jedenfalls keinen guten, eher einen bösen Geist hatten, voller Haß und Zorn und rasch bereit zum Töten waren, zeigt die Tatsache ihres späteren Verhaltens gegen Jesus. Obgleich Er ihr Landsmann war, unter ihnen aufgewachsen und vielen von ihnen sogar verwandt und von klein auf bekannt und befreundet, wollten sie Ihn, nachdem Er „holdselige Worte" zu ihnen gesprochen hatte,

vom Berg hinabstürzen und Ihn in großer Wut töten.
Warum hatte sich Gott ersehen, daß Sein eingeborener Sohn, der Heilige und Reine, in diesem armseligen, verrufenen Nazareth aufwachsen mußte? Hier wird das Wort Jesu wahr, daß Er nicht zu den Gerechten gekommen ist, nicht zu den Guten, sondern zu den Sündern. Seine Liebe, die ganz eins war mit der Wahl des Vaters, treibt Ihn dahin, wovor wir natürlicherweise gerade fliehen. Wir fliehen Menschen, die schwierig und belastet, die böse sind. Wir suchen uns andere zum Umgang aus. Aber Jesu Liebe trieb es gerade in den Ort, wo am meisten Pfeile auf Ihn zufliegen würden, die Ihm am meisten Gelegenheit gaben, zu lieben mit vergebender, erbarmender Feindesliebe.
Wie mag der kleine Jesusknabe, holdselig von Gebärden, ein Abglanz der Liebe des Vaters, der ja ein himmlisches Kind war, hier in den Gassen Nazareths zwischen den anderen Kindern gelitten haben! Wie sehr mögen Bosheit und Sünde der Spielkameraden Sein göttlich zartes und liebendes Herz verwundet haben! Ja, wie mag Er als der ganz Andere von ihnen vielleicht auch angefeindet und verhöhnt worden sein! So hatte die ewige Liebe vor Ewigkeiten aus Liebe zu uns sich das Leiden erwählt: die Geburt in der Höhle von Bethlehem, das Lager im armen Futtertrog, die Flucht nach Ägypten durch die Wüste und dann die Kinderzeit in Nazareth, um hier weiter

in Armut und unter Menschen, die Ihm viel Kummer und immer neues Herzeleid brachten, aufzuwachsen.
Hier fand die Liebe Jesu, die Ihn für uns ins Dienen, in Erniedrigung und Leiden trieb, ein Betätigungsfeld, denn hier mußte Er als der arme Zimmermannssohn, der Er ja nun wirklich war, zu den andern hingehen und ihnen Dienste der Niedrigkeit tun – von morgens bis abends. Und Er verbrachte Seine Jahre damit, ihnen Pflüge und andere Arbeitsgeräte zu machen. Hier hat Er sich täglich gedemütigt und den letzten Platz eingenommen. In diesen Jahren hat Er alles ausgelebt, was Er später den Menschen predigte.
Hier in Nazareth wurde das Lammeswesen Jesu mehr und mehr herausgestaltet, der später das Lamm Gottes werden sollte, dessen besondere Eigenschaft die Geduld ist. Denn hier mußte Jesus das lernen, was die Frucht der Geduld hervorbringt: Warten und noch einmal Warten, bis der Vater sagte: Nun tritt hervor, um unter dem Volk zu predigen und zu wirken und Dich als Messias und Gottessohn zu offenbaren! Und selbst als diese Stunde gekommen, sollte Er hier in Seiner Heimatstadt am stärksten erfahren: „Er kam in sein Eigentum, und die Seinen nahmen ihn nicht auf."
Ja, hier in Nazareth war Er der Unerkannte, so daß Seine Mitbürger Ihn nicht als Gottes Sohn, ja noch nicht einmal in Seinem Prophetenamt erkannten, als Er dann als Erwachsener ihnen

in der Synagoge die angebrochene Heilszeit verkündigte. Hier hat Jesus an dem, was Er unter Seinen Mitmenschen auf den Wegen des Unverstanden- und Angefeindetseins litt, Gehorsam gelernt (Hebr. 5,8) – Seinem Vater im Himmel gegenüber, auch Seinen Eltern gegenüber (Luk. 2,51). Hier wurde durch Seinen Vater im Himmel die Vorarbeit für den Passionsweg getan, zu dem Er sich in all den Vorbereitungsjahren wohl unendlich oft und immer neu freiwillig aus Liebe hingab.

So kann man Nazareths Gassen heute nur anbetend durchgehen, daß der Herr sich solch einen Ort ausersah, daß Er hier in dieser armseligen, kleinen Stadt mitten unter uns bösen Menschenkindern Seine Wohnung nahm, ja, daß Er gerade Nazareth als das, „was nichts ist" (1. Kor. 1,28), erwählt hat.

Und Er ruft uns hier in Nazareth zu: Kommt, folgt Mir nach – nicht in solche Häuser, nicht an solche Orte, nicht zu solchen Menschen, wo es euch wohlgeht, wo man eure Liebe erwidert und euch ehrt, – sondern sucht auch die auf, die schwierig sind und euch demütigen. Die ladet ein, denen dient und tut ihnen wohl, von denen ihr nichts erwarten könnt, als daß sie vielleicht auf euer Gutestun mit Schlägen antworten (Matth. 5,44 ff; Luk. 14,12 ff). Dazu gebt euch hin, denn das ist der Weg der Liebe – der Liebe, die sich erniedrigt und dem andern dienen, helfen und ihn lösen will, – der Liebe des Gottessohnes.

So will diese Liebe, die den verborgenen Weg der Niedrigkeit wählt, nun in den Seinen als den Gliedern an Ihm, dem Haupt, weiterleben und über die Erde gehen, damit ihr Jesus heute gegenwärtig werde.

✝

Jesus Christus entäußerte sich selbst, ward gleich wie ein anderer Mensch und an Gebärden als ein Mensch erfunden. Philipper 2,7

Kein Mensch auf Erden ging je entsprechend seinem Stand und seinen Gaben solch einen Weg der Erniedrigung, des Unbeachtetseins und der Verkennung wie Jesus, der Gottessohn, als Knabe und Zimmermann in Nazareth.

Wer Jesus liebt, erwählt solche Wege.

Na-za-reth, du birgst ei-nen Schatz/
ver-borgen in dei-nen Gas-sen,/'s ist Je-sus,
Sohn Got-tes,/ der Herr al-ler Herrn,/
ob du die-se Gnade kannst fas-sen?

Nazareth, sieh, Er in dir lebt,
man hört Ihn nicht auf den Straßen,
verbirgt Seine Größe,
verhüllet sie ganz
in Niedrigkeit über die Maßen.

Nazareth, in dir geht den Weg,
der Menschen und Welten erschaffen,
geht Wege der Demut
als Zimmermannssohn –
wer faßt's – bis zum dreißigsten Jahre!

Nazareth, es reifen im Leid
verborgen gar viele Früchte.
Er geht unterm Kreuze
als Held bis zum Tod
und liebet und leidet ohn Maßen.

Nazareth, du rufst ohne Ruh
den Pilgern in deinen Gassen
die Botschaft der Demut,
der Niedrigkeit zu,
daß heute wir gehn Jesu Straßen.

·I·

Jesu Weg in Nazareth kündet uns:
Jedem Hervortreten zu vollmächtigem Dienst muß eine Zeit der Verborgenheit und des Bereitetwerdens in Demut und Untertansein vorangegangen sein.

GEBET IN DER WOHNHÖHLE DER HEILIGEN FAMILIE

Unser himmlischer Vater,
wir beugen uns vor Dir, daß Dein liebster Sohn, der hier als Kind in den Straßen Nazareths spielte, von uns, Deinen Menschenkindern, nicht als Dein liebster Sohn erkannt und behandelt wurde. Wir gedenken Seiner vielen Kindesleiden, da Er so fremd unter den Nazarenerkindern voll Heimweh nach dem himmlischen Vaterhaus war, weil Er der ganz Andere, der göttliche Knabe war.
Du unser lieber, holdseliger Jesusknabe, Dich wollen wir lieben für alle, die Dich hier in Nazareth einst nicht liebten. Wir möchten Dir unsere Liebe erzeigen, indem wir mit Dir Deine Wege gehen, die Du als Kind und Zimmermannssohn gingst: die verborgenen Wege des Dienens und Sicherniedrigens. Freiwillig wollen wir darum den letzten Platz einnehmen unter den Menschen und gerade die lieben, die uns nicht genehm sind.
Schenke uns Deinen Heiligen Geist, der uns dazu treibt. Amen.

KANA

Das erste Wunder Jesu geschah in Kana in Galiläa an jenem Hochzeitsfest, das mit dem Namen Kana zu einem Begriff wurde. Nun sind wir in Galiläa – sollten wir nicht auch nach Kana gehen? Doch man sagt uns von zwei Orten, die das Gedenken an dieses Geschehen festhalten.
Das am meisten besuchte Kfar Kana (arab. Kafr Kenna) liegt an der Straße von Haifa nach Tiberias. Von Nazareth kommend, sind wir nach 9 km am Dorf angelangt, dessen arabische Häuser sich nach Osten hin einen Abhang hinaufziehen. Es liegt in einer lieblichen Landschaft, von vielen Granatapfel- und Olivenhainen umgeben.
Gleich am Eingang des Dorfes sehen wir die alte Quelle – heute in einem modernen Brunnen eingefaßt –, wo damals die Diener Wasser schöpfen konnten, kurz danach eine griechisch-katholische Kirche. Ein wenig weiter zweigt rechter Hand eine schmale Straße in Richtung der römisch-katholischen Pfarrkirche ab, die von Franziskanern betreut und in der des Wunders Jesu bei der Hochzeit zu Kana gedacht wird

– ebenso in der schräg gegenüber liegenden griechisch-orthodoxen Kirche. Beide Kirchen sind schon von weitem an den leuchtend roten Kuppeln und den Türmen erkennbar. Wir stoßen zuerst auf den Eingang der griechisch-orthodoxen Kirche, gehen aber rechts an dieser vorbei und gelangen durch einen schmalen, gepflasterten Weg zwischen den beiden Grundstücken zum Hof vor der franziskanischen Hochzeitskirche. In der Kirche selbst und vor allem in der Krypta vor dem großen Steinkrug lassen wir in der Stille an uns vorüberziehen, was damals mit der Hochzeit zu Kana im Leben unseres Herrn Jesu begann und wovon Johannes dann bezeugte: »Wir sahen Seine Herrlichkeit.«

Eine Rufertafel hängt beim Ausgang aus der Krypta rechts.

Öffnungszeiten: 8.30–12 Uhr, 14.30–18 Uhr (im Winter bis 17 Uhr).

Chirbet Qana, ebenfalls ein Gedenkort des Hochzeitswunders, liegt in der Luftlinie 9 km von Kfar Kana und 14 km nordöstlich von Nazareth. Es ist jedoch um unwegsamer Straßen willen nur schlecht zu erreichen.

GESCHICHTLICHES

Nach dem Evangelium des Johannes liegt das »Kana in Galiläa«, wo Jesus Sein erstes Wunder tat, westlich vom See Genezareth im Bergland, denn von dort »zog Er hinab nach Kapernaum« (Joh. 2, 12). Und als Jesus später am gleichen Ort war, bat Ihn auch der königliche Beamte, dessen Sohn Er aus der Ferne heilte, »hinabzukommen« (Joh. 4, 47 u. 49). Das dritte Mal erscheint Kana im Evangelium als die Heimat Nathanaels, wohl des späteren Apostels Bartholomäus (Joh. 21, 2).

Die Hochzeitskirche der Franziskaner in Kfar Kana (Kafr Kenna), dem heutigen Gedenkort dieses Geschehens, wurde 1880 erbaut und steht auf den Ruinen alter Gebäude aus dem 4. bis 6. Jahrhundert. Nach einer dort gefundenen alten Inschrift mit dem Namen Joseph nehmen manche an, daß dies die Reste eines ersten Heiligtums seien, welches von Joseph von Tiberias, dem Günstling des Kaisers Konstantin, hier errichtet wurde, wie er es an vielen heiligen Stätten tat. Andere halten die Funde für Reste einer Synagoge aus jener Zeit.

Später stand an dieser Stelle eine Moschee, die im 16. Jahrhundert als die Stätte des Hochzeitswunders angesehen wurde. Deshalb bauten 1556 orthodoxe Griechen gegenüber davon eine Kirche. Und die Franziskaner vom nahen Nazareth erwarben 1641 ein angrenzendes Haus. 200 Jahre rangen sie um die Moschee, bis sie 1879 das längst verfallene Gebäude kaufen und dort ihre Kirche bauen konnten. In der Krypta, die nach alten Pilgerberichten teilweise als der Hochzeitssaal oder aber auch als der Ort der Steinkrüge geschildert wird, steht eine Nachbildung eines alten jüdischen Wasserkruges aus der Zeit Jesu.

Von dem anderen Gedenkort des Hochzeitswunders, Chirbet Qana, sind heute nur noch Ruinen auf einem Hügel und alte Zisternen vorhanden. Nach den Funden stand hier schon 1200 v. Chr. eine Siedlung, die zur Zeit Jesu noch ein beachtlicher Ort war. Ausgrabungen, die allein die Geschichte näher klären könnten, fehlen bis jetzt. Doch suchte eine alte Über-

lieferung hier in Chirbet Qana das »Kana in Galiläa«, worauf auch der Name hinzuweisen schien. Später hat man dann nicht mehr unmittelbar in Chirbet Qana des Festmahls und des Wunders gedacht, sondern in einer Höhle am Fuß des Hügels. Und man glaubte, daß das Wasser, das so wunderbar verwandelt wurde, aus der heute noch sichtbaren Zisterne auf der Höhe geschöpft wurde.
Die Überlieferung durch die Jahrhunderte schwankt allerdings, und bei manchen Pilgerberichten ist nicht deutlich erkennbar, welchen Ort sie für Kana ansehen. Bis nach der Kreuzfahrerzeit gehen viele Zeugnisse auf Chirbet Qana, das aber später einem völligen Verfall erlag und, wie gesagt, heute nur noch eine Ruine an unbewohnter Stätte ist. Ab Ende des 16. Jahrhunderts sah man dann mehr Kafr Kenna, das heutige Kfar Kana, als den Ort für Kana an, besonders seitdem dort jene griechisch-orthodoxe Kirche erbaut war und dann später das Heiligtum der Franziskaner erstand.

+

Gott hat Jesus von Nazareth unter euch beglaubigt durch Taten, Wunder und Zeichen, die Er in eurer Mitte getan. Apostelgeschichte 2,22

Kana kündet: Jesus ist der starke Herr, der Wasser in Wein verwandelt, ja, der auch heute durch ein Wort alles verwandeln kann –
Trauer in Freude, Berge von Schwierigkeiten in gebahnte Wege. Doch wer bringt Ihm seine Not?

AUS DER HEILIGEN SCHRIFT

Am dritten Tage fand eine Hochzeit statt zu Kana in Galiläa; und die Mutter Jesu nahm daran teil. Aber auch Jesus wurde mit seinen Jüngern eingeladen. Als es nun an Wein mangelte, sagte die Mutter Jesu zu ihm: Sie haben keinen Wein mehr! Jesus antwortete ihr: Was drängst du mich? Meine Stunde ist noch nicht gekommen. Seine Mutter sagte dann zu den Dienern: Was er euch sagt, das tut.

Jesus spricht zu ihnen: Füllet die Wasserkrüge mit Wasser, schöpft davon und bringet's dem Speisemeister. Als der das zu Wein gewordene Wasser kostete, ohne zu wissen, woher es gekommen war, ließ er den Bräutigam rufen und spricht zu ihm: Jedermann setzt doch seinen Gästen zuerst den guten Wein vor und, wenn sie trunken geworden sind, dann den geringeren; du aber hast den guten Wein bis jetzt zurückbehalten.

Das ist das erste Zeichen, das Jesus tat, geschehen zu Kana in Galiläa; er offenbarte dadurch seine Herrlichkeit, und seine Jünger lernten an ihn glauben.

Aus Johannes 2,1-11

+

Kana-Wunder gibt es noch heute,
wo Gott Menschen findet,
die im Glauben an Seine Macht darauf warten
wie damals die Mutter Jesu.

KANA – EIN RUF AN UNS

Das Wort Kana läßt das große Wunder Jesu bei der Hochzeit zu Kana vor uns erstehen, bei der Jesus Seine Herrlichkeit offenbarte. Doch dies Wunder zu Kana hebt sich aus allen anderen Wundern, in denen Er Seine Vollmacht bewies, hervor: Es ist das erste Wunder Jesu, die erste Offenbarung Seiner Herrlichkeit als Gottes Sohn, wie uns die Schrift berichtet.

Dreißig Jahre lang war Gottes Sohn vorher unbeachtet Seinen Weg in dem kleinen, unbedeutenden Ort Nazareth gegangen. All diese Jahre hatte der, in dem alle Macht des Himmels und der Erde vereint war, täglich die Erniedrigung und Demütigung erwählt, da Er Seinen Landsleuten als einfacher Zimmermann Ackergeräte herstellte und ihnen zu Diensten stand. Ein Jahr nach dem anderen war dabei verstrichen – eine lange, lange Wartezeit, bis Jesus Seinen eigentlichen Auftrag und Dienst antrat. Doch in diesen Jahren lernte Jesus das zu ertragen, was Er später in Leidensfülle auskosten mußte: „Wir aber haben ihn für nichts geachtet." Ja, an dem, was Er litt, hat Er Gehorsam gelernt und die völlige Demut, die dann auf dem Kreuzweg unter der Dornenkrone von Ihm ausstrahlte und in der alle Vollmacht liegt.

So reiften in dieser langen Warte- und Leidenszeit voll Erniedrigung und Gehorsam bei Jesus alle göttlichen Kräfte heran. Und als Er etwa in

Seinem dreißigsten Jahr auf die Hochzeit zu Kana kam, war endlich die Zeit da, daß Er diese Seine Herrlichkeit und Vollmacht, die aus der Niedrigkeit und dem Gehorsam kommt, offenbaren konnte. Hier zeigte Er zum erstenmal der Welt, wer Er in Wahrheit war, welche göttlichen Kräfte und Vollmachten in Ihm wohnten, von denen die Menschen um Ihn bisher nichts geahnt hatten.

Und bei der Hochzeit selbst geschieht dann das Wunder Jesu aus gleichem Gehorsam, aus gleicher Demut. So sagt Jesus zu Seiner Mutter, als sie Ihn auf den Mangel an Wein aufmerksam macht: „Meine Stunde ist noch nicht gekommen." Jesus wartet demütig in Abhängigkeit vom Vater, bis dieser Ihm die Erlaubnis gibt, eine schöpferische und Seine große Sendung aufzeigende Tat zu tun. Er kann nichts tun, als was Ihn der Vater zu tun heißt. Und Seine Mutter ahnt das Geheimnis Seines Wesens und Tuns, Seine Demut in der Abhängigkeit vom Vater, in der aber zugleich Seine Vollmacht liegt, die sich zu Seiner Stunde offenbaren wird. Darum mahnt sie die Diener: „Was er euch sagt, das tut", denn sie weiß, wenn Er handeln wird, wird Er Vollmacht beweisen, Wunderbares tun. Und siehe, Er sagt ein Wort, das sie im Gehorsam ausführen, und Wunderbares geschieht.

So zeigt uns die Hochzeit zu Kana Jesus als den demütigen, aber durch Demut vollmächtigen Herrn, der der Menschen Verlegenheiten, wenn

Er sie in Seine Hand nimmt, verwandeln und lösen kann: Das Wasser, das man den Gästen nicht hätte anbieten können, wird zu Wein, und der Mangel ist behoben. Ja, statt des Wassers, das man zur Reinigung braucht, gibt Jesus den Wein des Freudenfestes als ein Zeichen, daß Er gesandt ist, das ewige Freudenfest zu bereiten, das Er endgültig heraufführen wird, wenn Seine Stunde zu unserer Erlösung im Kreuzestod gekommen ist.
Die Jünger erkennen dabei, tiefer überwältigt von Seinem Tun: Dieser schlichte Zimmermannssohn ist wahrlich Gottes Sohn. In Seine Hand ist Macht und Gewalt gelegt, ja, diesem Herrn ist nichts unmöglich, weil Er der Sohn Gottes selber ist, auf unsere Erde gekommen, um Wunder und Zeichen zu tun in der Vollmacht Gottes.
Kana will nun heute uns, die wir in unseren Nöten Jesus auch oft so ansehen wie die Menschen damals – als sei Seine Macht ebenso begrenzt wie die unsere –, sagen: Nein, Jesus ist kein Mensch wie wir, sondern Gottes Sohn, dem Macht und Gewalt verliehen ist im Himmel und auf Erden, gerade als dem Allerdemütigsten. Kana sagt uns: Wir haben einen Herrn, der alles kann, dem alles möglich ist. Wir haben in Ihm einen Gott, der Wunder tut, der uns hilft auf wunderbaren Wegen, wo uns Menschen nicht mehr zu helfen vermögen. Darum braucht es für uns keine Unmöglichkeiten mehr zu geben, denn wir können zu diesem allmächtigen Herrn

treten und sie Ihm bittend bringen. Und siehe, Er sagt heute wie einst ein Wort, und sie müssen sich verwandeln. Wie das Wasser Jesus untertan war und zu Wein werden mußte, so muß sich heute alles Ihm zu Füßen legen und nach Seinem Willen tun, denn Er ist als der Sohn Gottes, der gehorsam erfunden und untertänig war, nun erhöht zur Rechten Gottes und wartet darauf, sich auch heute in unserem Leben königlich zu offenbaren.

Doch Er will nicht nur unsere Unmöglichkeiten wenden, Er will uns vielmehr auch zu Trägern Seiner Herrlichkeit machen, die als Seine Glieder Seine Macht hier auf Erden offenbaren, die Vollmacht haben. Sollte es da einen anderen Weg für uns geben als den, den Jesus gegangen ist? Die Demütigsten – sie werden die Vollmächtigsten sein, und die sich am meisten erniedrigt haben, denen gibt Er die größte Macht. Und solchen, die Wege langen Wartens geduldig gehen, geringste Dienste willig in der Verborgenheit tun, wird Gott am Ende dieser Wege Dienstaufträge im Reich Gottes geben, die hundertfältig Frucht bringen und Seine Herrlichkeit offenbaren.

Welch ein Herr! Welch ein Herr!
Jauchzend bringen wir Ihm Ehr.
Mit nichts sind ja zu erreichen
Seine Macht, Sein' Liebeszeichen,
die an uns auch heut geschehn.

GEBET IN DER KIRCHE ZU KANA

Unser lieber Herr Jesus,
wir danken Dir, daß Du ein starker Herr bist, der Wasser in Wein verwandelt, ja, der alles verwandeln kann, Trauer in Freude, Berge von Schwierigkeiten in gebahnte Wege, so Du nur ein Wort sagst.
Hier laß uns Deine Macht rühmen, sie besingen und Dich durch großen Glauben ehren. Dir wollen wir bei unseren Schwierigkeiten und Unmöglichkeiten zutrauen, daß Du heute derselbe bist als der lebendige Herr. Du siehst unsere Nöte und tust auch heute noch Wunder, schenkst uns Deine Hilfe, wenn wir Dich anrufen und Dir vertrauen. Das danken wir Dir. Amen.

+

Das Betätigungsfeld für Jesu Kraft,
die Wasser in Wein verwandelt, Brot und Fisch vermehrt und vielerlei Wunder tut,
ist unsere Verlegenheit und Not.
Sie reizt Ihn, uns zu helfen und Seine Macht hier einzusetzen.

NAIN

Der Name Nain kommt von dem hebräischen Wort »na'im« (lieblich) und läßt in unserer Erinnerung ein freundliches Bild erstehen, denn dort erweckte ja einst unser Herr Jesus den Jüngling von den Toten, gab einer Witwe ihren einzigen Sohn wieder. Doch heute ist Nain ein kleines moslemisches Araberdorf, das wenig vom lieblichen Glanz jenes Evangeliums wiedergibt.
Es liegt südlich des Tabor auf einem Hochplateau am Abhang des Givat Hamoreh, auch Dschebel Dahi oder Kleiner Hermon genannt. Von Afula herkommend, sehen wir es rechts von der Fahrstraße nach Tiberias etwas abseits liegen. Auf einer abzweigenden schmalen Straße erreichen wir von Norden her nach 2 km das Dorf. Von vielen lärmenden Kindern umringt, stehen wir bald vor der Kirche, und eine daneben wohnende arabische Familie, die den Schlüssel hat, öffnet uns auf Bitten hin.

Eine Rufertafel hängt in der Kirche rechts neben dem Eingang.

GESCHICHTLICHES

Nach Angaben des Geschichtsschreibers Eusebius um 300 und des Kirchenvaters Hieronymus um 400 lag die alte Stadt Nain, in der Jesus den Sohn der Witwe vom Tode erweckte, an derselben Stelle wie das heutige Dorf. Alte Felsengräber wurden im Südosten des Ortes aufgefunden. Vermutlich zog in dieser Richtung der Leichenzug (Luk. 7, 12). In der Gegend, wo die Überlieferung den Ort der Totenerweckung annahm, wurde zum Gedächtnis dieses Wunders eine Kirche errichtet. Wann es geschah, weiß man nicht, zum ersten Mal bezeugten sie Pilger um 900.

Nach Abzug der Kreuzfahrer wird von einer zerstörten Kirche berichtet, und später verwandelten die Moslems ihre Ruinen ebenso wie die einer zweiten Kirche in der Nähe in Moscheen, die aber dann wieder verfielen. 1880 kauften die Franziskaner nach langwierigen Unterhandlungen mit der Ortsbehörde die Ruinen der alten Kirche und erbauten auf den Grundmauern eine Kapelle. Dadurch ist diese Gedenkstätte erhalten geblieben.

AUS DER HEILIGEN SCHRIFT

Es begab sich, daß Jesus in eine Stadt mit Namen Nain ging, und mit ihm zogen seine Jünger und viel Volks. Als er aber nahe an das Stadttor kam, da trug man gerade einen Toten heraus, den einzigen Sohn seiner Mutter, und die war eine Witwe, und viel Volks aus der Stadt gab ihr das Geleit. Als der Herr sie sah, ging ihr Unglück ihm zu Herzen, und er sprach zu ihr: Weine nicht! Dann trat er hinzu und faßte die Bahre an und sagte: Jüngling, ich sage dir, stehe auf! Und der Tote richtete sich auf und fing an zu reden. Und Jesus gab ihn seiner Mutter wieder.

Aus Lukas 7, 11 - 15

+

NAIN – EIN RUF AN UNS

Die Evangelien erzählen, wie Jesus auf Seinen Reisen allüberall die Ortschaften mit Seiner Botschaft vom Himmelreich erfüllte. So hatte Er sich eines Tages vielleicht vorgenommen, die Ortschaft Nain, die etwas abseits vom Karawanenweg nach Jerusalem lag, zu besuchen, um ihr das Evangelium, „das Himmelreich ist nah", zu bringen. Gefolgt von Seinen Jüngern und einer großen Schar wandert Er durch die schöne Ebene

Jesreel mit dem Blick zum Tabor auf Nain zu. Als Er in die Stadt hineingehen will, kommt Ihm eine Volksmenge entgegen, eine trauernde, klagende Schar. In ihrer Mitte trägt man einen Sarg, darin der junge Sohn einer Witwe liegt. Ein Toter wird zur letzten Ruhe gebracht, wie es jeden Tag tausendfach geschieht.
Doch Jesus ist das nicht eine unabänderliche Tatsache. Er gewöhnt sich nicht daran, wie wir uns gewöhnen, hier und da einen Beerdigungswagen fahren zu sehen. Jesus, so steht geschrieben, ging das Unglück dieser Frau zu Herzen. Jesu Herz leidet jede Not und Trauer Seiner Menschenkinder mit. Solche Not bringt Sein Herz in Bewegung. Sie läßt Ihn, wie wir von Lazarus Tod wissen, mit uns weinen (Joh. 11,35).
So ist Nain für uns bis heute der Ort, an dem uns Jesus Sein liebreiches, mitleidendes und zartes Herz, das uns in inniger Liebe in unseren Leiden umfängt, offenbart. Er zeigt sich als der, der nicht vorübergehen kann, wo Ihm eine Not unmittelbar in den Weg gestellt ist. Weil Er gerade diesem Trauerzug begegnet, kann Er nicht weitergehen, sondern bleibt stehen und setzt mit Seiner Hilfe ein, die Ihm zur Verfügung steht. Er erweckt den Toten.
Gott hatte Ihn nicht gesandt, die vielen Tausende von Toten Seiner Zeit aufzuerwecken. Die Zeit dazu war noch nicht gekommen. Der Tod als der letzte Feind wird erst am Ende der Zeiten, wenn alle Mächte sich Jesus zu Füßen ge-

legt haben, hinweggetan und überwunden sein. Aber schon jetzt gibt Jesus ein Zeichen, daß mit Ihm der gekommen ist, der dem Tode die Gewalt nimmt, und darum alle, die an Ihn glauben, nach ihrem Erdentod keinen zweiten Tod mehr fürchten müssen. Zum Zeichen, daß die Herrschaftsgewalt des Todes noch einmal ganz und gar zu Ende sein wird, spricht Jesus in Seiner übergroßen Liebe und Seinem Mitleiden mit dieser Frau das Wort zu ihrem Sohn: „Stehe auf!" Er gebietet dem Tod zu weichen, und der Jüngling wird lebendig.
Hier ist der Tod dem einen begegnet, der größer als er ist, Jesus, dem Todesbezwinger. Hier mußte der Tod vor aller Welt zeigen, wer er ist: ein Knecht Jesu Christi, der tun muß, was Er gebietet. So ist die Tat Jesu in Nain ein aufgerichtetes Zeichen und Angeld dafür, daß der Tod durch den Sieg Jesu mehr und mehr weichen wird, und zwar nach den Gesetzen einer Schlachtordnung: Zuerst mußte er bei Jesus Christus selber weichen, dann wird er bei den Erstlingen weichen, die zur Erstauferstehung oder zur Entrückung kommen und den Tod nicht schmecken werden, dann schließlich bei der ganzen Menschheit (1. Kor. 15,23 ff). Nain stärkt uns darum in der Erwartung jener Stunde der Wiederkunft Jesu, in welcher der Tod bei den Seinen in den Sieg verschlungen sein wird.
Doch Nain tröstet uns auch für die Zeit jetzt, in der wir noch unter den Leiden des Todes stehen.

Denn wenn wir in der Kirche zu Nain an die Tat Jesu denken, wie Er jener Witwe ihren Sohn lebendig zurückgab, dann muß uns Jesus in Seiner Liebe und Seinem Mitleiden mit allen Leidtragenden aufstrahlen. Hier will Er sich zeigen in der Macht Seiner Liebe, die im Leid helfen muß, die jedes Leid wenden kann. Und wenn auch noch nicht die Zeit gekommen ist, daß Er unsere Toten erweckt, so wird Er, weil die große Liebe Seines Herzens die gleiche geblieben ist, wie Er sie einst dieser Witwe erwies, jedesmal dasselbe tun, wenn wir vertrauensvoll mit unserem Leid zu Ihm kommen: Er wird gebieten, und es wird ein Wunder geschehen, das die Macht des Leides bricht, so daß Leiden sich in Tröstung verwandelt. Denn Jesus ist Gottes Sohn, der heute Wunder tut. Und sollte es nicht ein großes Wunder sein, wenn Er verzweifelte Herzen voll Frieden, Trost und himmlischer Freude macht, auch im Angesicht des Todes? Da hat das Leben, das göttliche Leben gesiegt.

✝

Nain rufet: Welch ein Herr!
Gebet Ihm Vertraun und Ehr.
Jesus ist der stärkste Held,
der bezwinget alle Welt,
Ihm zu Füßen liegt der Tod,
denn auch ihn besiegte Gott.

GEBET IN DER KIRCHE ZU NAIN

Lieber Herr Jesus,
ich preise Deine Liebe, die den Kummer der Witwe und Mutter in Nain nicht mitansehen konnte. Ich danke Dir, daß ihre Not Dir so ins Herz ging und Du ihr halfst, ihr den einzigen Sohn wiedergabst. Und ich danke Dir, daß Du auch an uns, wenn wir voller Kummer und Schmerz sind, nicht vorübergehst, sondern zu uns trittst voll Mitleiden mit unseren Nöten, um sie zu verwandeln.
Laß mich nun hier Deine Macht und Deine erbarmende Liebe tief in mein Herz aufnehmen, daß ich in meinen Nöten fest an Deine Macht und Liebe glaube, die auch heute und auch bei mir immer einen Weg hat, zu helfen. Du kannst selbst Todkranke zum Leben zurückrufen oder aber, wenn Du uns unsere Lieben nicht wieder zurückgibst, trösten, wie eine Mutter tröstet, daß unser Herz in Deiner Liebe ganz gestillt und voll Trost und ewiger Freude wird. Du kommst und willst mir helfen in meinem Leid, denn Du bist allmächtig und liebst mich mit unaussprechlicher Liebe.
So rühme ich hier in Nain die sieghafte Macht Deiner Liebe und warte auf die Stunde Deiner Wiederkunft, in der Du den Tod als letzten Feind zunichte machen wirst. Amen.

Je-sus, Du bist ein Be-frei-er / und
hilfst aus al-ler Not, / Je-sus, Du Auf-er-
standner, / Du reisst mich aus dem Tod. / Hal-le-
lu-ja! Halle-lu – – – – – – – – ja!

Jesus, Du bist ein Erlöser,
ich glaube Deiner Macht.
Jesus, Du bist der Sieger,
ich glaube Deiner Kraft.
Halleluja! Halleluja!

Jesus, Du bist ja ein Heiland,
der alle Wunden heilt,
Jesus, Du bist ein König,
gar mächtig in dem Streit.
Halleluja! Halleluja!

Jesus, Löser aller Bande,
Du Leu aus Judas Stamm,
Dein Ruhm geht durch die Lande,
Du wahres Gotteslamm!
Halleluja! Halleluja!

Jesus, Herrscher sondergleichen,
ein wahrer König, Herr,
vor dem all Mächte weichen,
Dir nur gebührt die Ehr.
Halleluja! Halleluja!

T A B O R

Im Nordosten der Ebene Jesreel oder Esdralon, hebräisch Emek Jesreel oder nur Emek genannt, ragt der Berg Tabor (562 m) auf. Er ist der auffälligste der Berge Südgaliläas, allein dastehend, ohne Vorhügel, ohne Begleitberge, einer Glocke gleich und nach allen Seiten weithin sichtbar. Doch nicht nur seine äußere, wahrhaft königliche Gestalt macht ihn bemerkenswert – vielmehr ist es für uns ein besonderer Berg, weil er das Gedächtnis an die Verklärung unseres Herrn Jesu wahrt. Und wir denken an die drei Jünger, die den Herrn zum Gipfel begleiten durften, wenn wir nun auf dem Weg zu diesem Ziel sind.
Die Fahrstraße von Afula nach Tiberias führt in nordöstlicher Richtung nahe am Fuß des Tabor vorbei. Kurz vor dem Dorf Kfar Tavor zweigt nach links eine neue Straße ab nach Arab-el-Schibly. Dies ist ein neuerbautes, langgestrecktes Beduinendorf, das sich am Bergabhang hinzieht bis zum Parkplatz am Fuße des Tabor. Von dort steigt die Straße in scharfen Serpentinen am Nordwestabhang zur Kuppe hinauf.

Nach jeder Kurve erschließt sich uns eine weitere Sicht: zunächst auf die fruchtbare Ebene Jesreel (= Gott sät) ringsumher mit den geradlinig abgegrenzten und gut bestellten Feldern. Es ist dies eine biblisch sehr bedeutsame Gegend, die auch Ebene von Megiddo genannt wird nach dem südwestlich gelegenen Tell Megiddo, einem Hügel, wo Reste sehr alter Stadt- und Befestigungsanlagen, besonders aus der Zeit Salomos (1. Kön. 9, 15), ausgegraben wurden. Der Blick über diese Ebene erinnert uns an die vielen Kämpfe, die dieses »Feld von Harmagedon« in alter Zeit gesehen hat (Richt. 5, 19; 2. Kön. 9, 27; 23, 29; 2. Chron. 35, 22) – auch unter Napoleon (1799) und Allenby (1917) war es Schlachtfeld – und was dieser Name für die vor uns liegende Zeit in sich schließt (Offb. 16, 16). Weiter sehen wir im Westen auf Nazareth-Ilit und bis hin zum Karmel, im Südwesten den Kleinen Hermon oder Givat Hamoreh mit dem Dorf Nain, dahinter die Gilboaberge (1. Sam. 31, 1–6; 2. Sam. 1, 21) und in der Ferne die Berge Samarias mit den herausragenden Gipfeln des Garizim und Ebal.

Nun haben wir den Gipfel des Tabor erreicht, eine weite Plattform, auf der heute zwei Kirchen stehen – die Verklärungskirche der Franziskaner und die Eliaskirche der Griechisch-Orthodoxen. Zu dieser zweigt linker Hand eine wenig benützte Zufahrt ab, während die Straße weiter nach rechts durch das wiederaufgebaute »Tor der Winde« der alten Umfassungsmauer aus dem 13. Jahrhundert zur franziskanischen Basilika der Verklärung führt. Durch eine Allee gehen wir das letzte Stück auf die Kirche zu, vorbei an dem Ruinengelände der alten Benediktinerabtei. Von den Terrassen neben der Kirche haben wir einen weiten Blick nach Osten auf die Golanhöhen, ja bei guter Sicht bis zum schneebedeckten Hermon im Nordosten. Der Blick über das galiläische Land, das Hauptwirkungsfeld unseres Herrn, und auch der Kirchenraum selbst helfen uns, hier der gewaltigen Stunde des Aufbruches Jesu zu Seinem Passionsweg zu gedenken.

Eine Rufertafel ist in den Ruinen links vor der Verklärungsbasilika angebracht.

Die franziskanische Verklärungskirche ist tagsüber geöffnet, ausgenommen 12–14 Uhr.

GESCHICHTLICHES

Der Tabor ist mit manchen biblischen und geschichtlichen Ereignissen verknüpft. So trägt das Dorf Daburie an seinem Abhang wohl seinen Namen zu Ehren der Prophetin Debora, die hier am Tabor Israel zum siegreichen Kampf aufrief (Richter 4). In der Gegend dieses Dorfes war es vielleicht auch, wo Jesus den bösen Geist bei einem Knaben austrieb, nachdem die Jünger die Austreibung vergeblich versucht hatten (Mark. 9, 14ff.). Die Plattform des Gipfels diente schon in vorchristlicher Zeit, aber auch später in Kriegen als Zufluchtsstätte, so etwa für die Juden im Kampf gegen die Römer 70 n. Chr. Die Spuren der damals entstandenen Ringmauer, wie auch der späteren aus der Zeit der Kreuzfahrer, sind heute noch von der rechten Terrasse neben der Kirche aus zu sehen.

Doch das Bedeutsamste am Tabor ist, daß die Überlieferung von altersher den Gipfel des Berges als den Ort der Verklärung Jesu ansah. Dem entgegen steht eine moderne Auffassung, die den Hermon als den Berg der Verklärung annimmt, weil Jesus nach Matthäus 16, 13 ff. vorher das Gespräch mit Seinen Jüngern über die Gottessohnschaft bei dem in der Nähe des Hermon gelegenen Cäsarea Philippi hatte. Aber zwischen dem Gespräch und der Verklärung liegt eine ganze Woche (Matth. 17, 1), so daß man sich wohl eine Wanderung zum Tabor denken kann. Und wenn Jesus Seine Jünger beim Herabkommen vom Berg der Verklärung mit Schriftgelehrten im Gespräch fand, spricht das auch für eine Örtlichkeit mitten im jüdischen Land und nicht in der Diaspora bei Cäsarea Philippi.
Da die Heilige Schrift keine letztlich genauen Hinweise und keinerlei Ortsbezeichnungen über den Berg der Verklärung gibt, mußte die Überlieferung befragt werden, wo er zu finden sei. Schon um die Mitte des 2. Jahrhunderts gibt ein außerbiblischer Bericht über Jesu Leben einen Hinweis darauf, daß die Christen auf dem Berg Tabor der Verklärung gedachten. Nach nur kurzer Zeit der irrigen Meinung, auf dem Ölberg sei die Verklärung gewesen, bestätigte 348 Cyrill, der damalige Bischof von Jerusalem, daß der Tabor der Verklärungsort sei, bald darauf auch Epiphanius, der 315 in Judäa geboren, später Bischof von Salamis war. In den folgenden Jahrhunderten berichteten viele Pilger vom Tabor als einem Wallfahrtsort, auf dem auch Klöster und Kirchen stünden. 518 wird bei einer Synode in Jerusalem sogar ein »Bischof des Heiligen Berges Tabor« erwähnt. Nach dem Pilgerbericht des Anonymus von Piacenza um 570 standen auf dem Berg drei Basiliken gemäß dem Petruswort: »Laßt uns drei Hütten

bauen.« Auch nach der Eroberung Palästinas durch die Araber im 7. Jahrhundert wird von einem Bischof und von Mönchen auf dem Tabor berichtet und daß dort je eine Kirche für Jesus, Mose und Elia standen.

Unter den Kreuzfahrern gründeten um 1100 Benediktiner dort ein Kloster. Sie bauten ihre Abtei im Anschluß an eine erneuerte Kirche der Verklärung, in der sie wohl die ursprünglichen drei Gebäude zusammenfaßten. Das Ganze wurde mit einer Befestigungsmauer umgeben. Im 12. Jahrhundert wird auch schon eine Eliaskirche der Griechisch-Orthodoxen mit einem Kloster auf dem Tabor erwähnt.

Nach der Niederlage der Kreuzfahrer 1187 wurde der Berg von den Sarazenen in Besitz genommen und als Festung ausgebaut. 1263 zerstörte dann Sultan Bibars alle christlichen Gebäude auf dem Tabor völlig. Fast vierhundert Jahre blieb der heilige Berg verlassen. Erst 1631 erhielten die Franziskaner von einem türkischen Emir die Erlaubnis, sich auf dem Tabor niederzulassen. Ende des 19. Jahrhunderts begannen die Griechisch-Orthodoxen mit dem Wiederaufbau ihrer Eliaskirche und die Franziskaner mit umfangreichen Ausgrabungen. 1921 bis 1924 bauten die Franziskaner dann die neue Basilika der Verklärung nach dem Vorbild syrischer Kirchen des 5. Jahrhunderts auf.

Die beiden Eingangstürme stehen auf den Plätzen der einst dem Mose und Elia geweihten Gebetsstätten und enthalten noch heute Gedenk-Kapellen des Mose und Elia. Vom Zentrum der Basilika führen breite Stufen hinunter in die Krypta, wo die alten Grundmauern und der alte Altar bei den Ausgrabungen unversehrt zum Vorschein kamen und wieder mit eingebaut sind. Die beiden Seitenwände der Krypta sind geschmückt mit Symbolen der Verklärung Christi: Seine Geburt,

das Abendmahl, Sein Tod (geschlachtetes Lamm) und Seine Auferstehung – jeweils mit anbetenden Engeln dabei. Über zwei lange Stufenwege rechts und links von der Krypta gelangen wir wieder hinauf in die Oberkirche, wo die Verklärung Jesu in der mittleren Apsis auf einem Grund von Goldmosaik dargestellt ist. Die ganze Kirche mit ihrer stillen Atmosphäre lädt uns ein zum Verweilen und anbetenden Betrachten dieses Geheimnisses.
Das franziskanische Besitztum nimmt also das Gelände ein, das seit dem 6. Jahrhundert durch Kirchenbauten als alte Gedächtnisstätte bestätigt ist. Im westlichen Teil des franziskanischen Gebietes am Wegrand des Abstiegs steht noch eine kleine – jetzt verschlossene – Kapelle mit Namen »Descendentibus« (Für die Hinabsteigenden). Sie erinnert an die Worte Jesu nach der Verklärung, als Er Seinen Jüngern Schweigen über das Erlebte gebot, bis Er Seinen Leidensweg vollendet hätte.

AUS DER HEILIGEN SCHRIFT

Tabor und Hermon jauchzen in deinem Namen.

Psalm 89,13

Etwa nach acht Tagen nahm Jesus mit sich Petrus, Johannes und Jakobus und stieg auf den Berg, um zu beten. Und er ward verklärt vor ihnen, und sein Angesicht leuchtete wie die Sonne, und seine Kleider wurden hell und sehr weiß wie der Schnee, daß sie kein Färber auf Erden kann so weiß machen. Und siehe, zwei Männer redeten mit ihm, das waren Mose und Elia; die erschienen in Klarheit und redeten davon, wie sein Lebensausgang sich in Jerusalem vollziehen sollte.

Da nahm Petrus das Wort und sagte zu Jesus: Herr, hier ist gut sein! Willst du, so werde ich hier drei Hütten bauen, eine für dich, eine für Mose und eine für Elia. – Während er noch redete, überschattete sie plötzlich eine lichte Wolke. Und siehe, eine Stimme aus der Wolke sprach: Dies ist mein geliebter Sohn, höret auf ihn! Und mit einem Mal, als sie um sich blickten, sahen sie niemand mehr bei sich als Jesus allein.

Als sie dann von dem Berg hinabstiegen, gebot er ihnen, sie sollten von dem, was sie gesehen hätten, niemand etwas erzählen, ehe nicht der Menschensohn von den Toten auferstanden wäre.

Aus Lukas 9,28-36; Markus 9,2-9; Matthäus 17,1-8

TABOR – EIN RUF AN UNS

Der König David singt in Psalm 89, wie Hermon und Tabor über den Namen Gottes jauchzen. Und schon von alten Zeiten her war wohl der Tabor ein heiliger Berg für Israel, ein Symbol und ein Zeuge der Ehre Gottes, auch im Gedenken an das Siegeslied der Debora, das sie am Fuße des Berges gesungen. Dieser besondere Berg war darum gewiß auch unserem Herrn Jesus ein geheiligter Ort, und weil er in der Nähe von Nazareth lag, wird Jesus in Seiner Kinder- und Jugendzeit wohl oft hinübergesehen haben oder hinaufgegangen sein. Sollte es Ihn nicht besonders hierher gezogen haben? Hier, so können wir annehmen, wurde Er dann gegen Ende Seines Weges in das heilige Geschehen Seiner Verklärung hineingenommen.
Wir wissen nicht, ob Jesus vorher wußte, welch große Gnade Ihm auf dem Berg Tabor widerfahren würde. Doch eines ahnen wir: daß es für Gott-Vater – dem es ein großes Leiden war, die Herrlichkeit Seines Sohnes auf dessen Erdenweg fast immer verhüllen zu müssen – ein Tag großer Freude gewesen sein mag, den Sohn in der Verklärung zu zeigen. Er war der Sohn Seiner Liebe, und was hätte dem Vater mehr am Herzen gelegen, als Ihn schon längst in Seiner Gottesherrlichkeit und himmlischen Schöne aufstrahlen zu lassen vor dem ganzen Menschengeschlecht? Nur weil zur Erlösung Seiner

sündigen Menschenkinder dieser Weg der Verhüllung Seines Sohnes nötig war, mußte Gott sich immer wieder zurückhalten in Seinem Verlangen, Ihn zu verherrlichen.

Als Jesus mit Seinen Jüngern auf den Berg Tabor stieg, war die Zeit nahe gekommen, daß Er nicht nur vielfach verkannt und verfolgt von Pharisäern und Schriftgelehrten durch die Reihen Seines Volkes ging, sondern wie ein Verbrecher mit Schmach bedeckt und zu Tode gequält werden sollte. Der Vater mußte um unserer Sünde willen Seinen Sohn in dessen Erdenleben den Kelch der Schmach, Verachtung und Erniedrigung bis zur Neige trinken lassen. Da konnte des Vaters Herz wohl nicht anders, als dem Sohn durch Seine Verklärung eine Stärkung zu geben und Ihn in der Einsamkeit dieses Berggipfels Seinen drei nächsten Jüngern in Seiner Herrlichkeit zu offenbaren. Bevor es in die tiefste Erniedrigung, in das Hinausgestoßensein von Seinem Menschengeschlecht ging, wollte Gott zeigen, wer Jesus in Wahrheit sei: der Sohn Gottes, dessen Angesicht strahlt gleich der Sonne und der einst die Gottesstadt und das ganze Weltall erhellen wird durch den Glanz Seiner Liebe – der Sohn Gottes, der vollkommen in strahlende Kraft gekleidet ist, dessen Kleider wahrlich weißer sind als der Schnee, den Er ja in seinem leuchtenden Weiß geschaffen hat.

In dieser Stunde der Verklärung leuchtet auf, welch eine Herrlichkeit Gott durch Leiden schafft.

Denn die Verklärung auf dem Tabor bricht im Angesicht des Leidens auf, da Jesus sich angeschickt hatte, den schweren Weg zum Kreuz zu gehen. So reden ja auch Elia und Mose mit Jesus über den Ausgang, den Sein Leben auf Golgatha nehmen soll.
Berg Tabor, Berg der Verklärung, sagt davon, daß der Vater nicht nur damals Seinen eingeborenen Sohn verklärte, sondern alle die von Ihm Erlösten der Verklärungsgnade teilhaftig machen will. Darum entlockt das Wort Tabor jedem Herzen ein großes Sehnen nach der Verklärung, der Umwandlung in Gottes Bild. Denn dazu waren wir Menschen geschaffen und hat uns Jesus wieder erlöst. Ja, als Verklärte werden die Gerechten der Sonne gleich in des Vaters Reich leuchten (Matth. 13,43).
Doch Jesu Verklärung ruft uns zu: Nur ein Weg führt zum Sieg und zur Verwandlung in das Bild Gottes – der Weg der Leiden, wie die Schrift sogar von Jesus sagt, der ohne Sünde war, daß Er durch Leiden vollkommen gemacht wurde (Hebr. 2,10). Auf dem Weg der Züchtigungen und Leiden läutert Gott aus uns Sündern das Finstere heraus, so daß die Seele immer mehr vom Licht und Wesen Jesu durchdrungen wird, bis in der völligen Verklärung Seine Wesenszüge von uns ausstrahlen: Liebe, Demut, Sanftmut, Erbarmen, Vergeben. Ja, die Liebe wird in solcher Klarheit, Kraft und Herrlichkeit aus den Verklärten leuchten, daß auch der Leib, wie es bei Jesus war,

durchstrahlt wird. Das wird sich vollkommen zeigen, wenn wir – wie geschrieben steht – „auferstehen werden in Herrlichkeit" (1. Kor. 15,43).
So können wir den Berg der Verklärung, den Tabor, nicht anders besteigen, als daß wir dort anbeten. Wir müssen anbeten, daß nicht nur Jesus – dem es ja gebührt, zu leuchten wie die Sonne – das Gewand der Verklärung trägt, sondern daß wir sündigen Menschenkinder, die von Natur unter Satans Herrschaft stehen und voll Finsternis sind, gewürdigt sind, zu Verklärten zu werden, wieder die Züge Gottes zu tragen.
Zugleich fragt uns aber der Tabor, ob wir den Preis dafür bezahlen wollen, ob wir wie Jesus bereit sind, vom Tabor hinab in die Erniedrigung zu gehen, ob wir den Kreuzesweg gehen wollen und uns so demütig unter die Last des Kreuzes beugen, wie Jesus es tat. Kein anderer Weg führt zur Verklärung. Und nur Verklärte ererben die Herrlichkeit Gottes von Ewigkeit zu Ewigkeit.
Welche Bedeutung hat also der Ruf des Tabors heute!

+

Kann es etwas Größeres geben, als daß Gott uns sündigen Menschenkindern wieder den Adel Seines Bildes einprägen will?
Des Menschensohnes Verklärung ist uns die Gewähr dafür, denn Er ist gekommen, uns durch Seine Erlösung Ihm ähnlich zu machen.

Jesus ver - klä - ret auf Ta — bors Höhn,
Jünger an — be — tend den Mei-ster hier sehn;
Berg der Ver - klä - rung, er macht of - fen - bar,
was tief- stes We - sen des Her — ren war:

Adel und Schöne und Herrlichkeit,
lichtklar wie Sonnen erstrahlet Sein Kleid,
Liebe ist Seine verborgene Macht,
die Jesu Wesen solch Klarheit bracht.

Berg der Verklärung – hört, Glockengeläut
kündet verklärende Gnade auch heut;
Jesu Verklärung ist uns die Gewähr,
daß Er uns Gleiches aus Gnad bescher.

Und wie die Nacht nur hervorbringt das Licht,
so wird Verklärung geschenkt durch Gericht
dem, der erkennet die Sündenlast sein
in Jesu Klarheit und Strahlenschein.

Gott will verklären uns herrlich und rein,
daß wir einst strahlen im Lichtesglanz Sein,
Er will uns läutern durch mancherlei Leid,
macht uns durch Läutrung zum Thron bereit,

daß wir dann leuchten wie Sonnen so klar,
wie es bei Jesus auf Tabor einst war,
da wir anbetend erschauen Sein Bild,
das strahlt und leuchtet in Liebe mild.

+

Nun aber spiegelt sich in uns allen des Herrn Klarheit mit aufgedecktem Angesicht, und wir werden verklärt in dasselbe Bild von einer Klarheit zu der anderen. 2. Korinther 3,18

GEBET AUF DEM TABOR

Herr Jesus Christus,
wir danken Dir, daß wir Dich hier anschauen dürfen als den, der so wunderbar verklärt worden ist in Lichtklarheit und Schöne, wie wir Dich einst noch herrlicher droben schauen werden. Wir beten Dich an in Deiner Verklärungsschöne, o Jesus.
Und wir danken Dir, daß uns Deine Verklärung sagt: Auch wir sollen verklärt werden von einer Klarheit zur anderen, weil Du es uns erworben hast, daß wir Dir ähnlich gemacht werden. So preisen wir, daß Du, der Du strahlst wie die Sonne, Deine sündigen Menschenkinder zu so Großem erlöst und erwählt hast, daß auch wir wie die Sonne in Deinem Reich leuchten sollen.
Jesus, ich möchte um jeden Preis in Dein strahlendes Bild der Liebe verklärt werden. Läutere mich darum – wie der Goldschmied das Gold – im Ofen Deiner Züchtigungen, auf daß Gottes Bild aus mir strahle und ich einst die Herrlichkeit erbe. Zu solchen Züchtigungswegen gebe ich mich Dir hier hin. Amen.

+

Die Verklärungsstunde kam, als Jesus sich anschickte, in Nacht und Tod zu gehen.
Als Glieder am Leib Jesu werden wir der Verklärungsgnade, die Er uns erworben, nur auf dem gleichen Weg teilhaftig, dem Weg der Erniedrigung und der Läuterung.

AM SEE GENEZARETH

Nun nahen wir uns dem König aller Seen – denn er hat den König Jesus auf seinen Wellen getragen und an seinen Ufern die großen Taten unseres Herrn gesehen –, dem See Genezareth. Er wird auch Jam Kinnereth – nach dem hebräischen Wort »Kinnor« (Geige) – genannt um seiner Form willen. Der See, 21 km lang und 11 km breit, in der Mitte etwa 50 m tief, liegt 200 m unter dem Meeresspiegel. Wie zu Jesu Zeiten, so breitet sich auch heute noch eine große Lieblichkeit über ihm aus. Das warme Klima läßt an den Ufern eine reiche Vegetation gedeihen, so daß sich – besonders im Frühling – ein Stück schönster Landschaft dort erschließt.

Um der Stätten Jesu willen ist uns vor allem das Gebiet im Westen und Norden des Sees von Bedeutung (siehe nachfolgende Skizze). Wir erreichen es von Jerusalem, Tel Aviv oder Haifa aus über Afula oder Nazareth. Oder wir können von Jerusalem aus über Jericho durch das Jordantal kommen. Die beiden Fahrstraßen vom Süden und vom Westen her münden in Tiberias, der größten Stadt am See, etwa in der Mitte des Westufers gelegen.

Und nun folgen wir weiter der Straße nach Norden, die nach Safed (Zfad) führt. Ihre leichten Windungen sind dem Seeufer angepaßt. Links ist sie von steilen Hügeln mit felsigen Kuppen begrenzt, rechter Hand liegt der See in einzigartiger Schönheit da, je nach Tages- und Jahreszeit mehr oder weniger bewegt und mit verschiedensten Farbspiegelungen. Unser Blick geht weiter zum jenseitigen Ufer im Osten – zu den Golanhöhen –, auf die Abhänge im Nordwesten und die dahinterliegenden Berge von Obergaliläa mit der »Stadt auf dem Berge«, Safed.

Nach 3 km kommen wir zu einem uns auch aus dem Neuen Testament bekannten Ort, zu den warmen Quellen von Dalmanutha (Mark. 8, 10). Heute ist dort nur ein kleines russisch-orthodoxes Kloster mit einer Kirche, daneben ein Übernachtungsheim des YMCA mit Kapelle. 2 km weiter sind rechts an der Straße die Ruinen von Magdala zu sehen. Die Häuserreste stammen aus jüngerer Zeit, doch an dieser Stelle muß auch das Magdala des Neuen Testaments gelegen haben. Und so vergessen uns diese Ruinen am Seeufer anmuten, so unvergessen ist doch für uns dieser Heimatort der Maria Magdalena (siehe Kapitel Magdala).

Die steilen Hügel an der linken Straßenseite treten zurück und die fruchtbare Ebene Gennesaret (Ginnosar) breitet sich in etwa 8 km Länge und 3 km Breite aus. Unser Blick fällt auf das Dorf Migdal, das in seinem Namen das Erbe Magdalas angetreten hat, links der Straße auf einer Anhöhe gelegen. Davor zweigt schon bald nach den Ruinen von Magdala eine Fahrstraße nach Westen ab, die in ihrem weiteren Verlauf ebenfalls nach Safed führt und von der man nach etwa 1 km zum Wadi el-Haman, dem sogenannten Taubental abbiegen kann. Durch diese felsige Schlucht führte zur Zeit Jesu der einzige Weg vom See nach Nazareth. Wir fahren aber weiter auf der Seeuferstraße, die schon seit sehr alter Zeit bekannt ist als Via Maris (Meeresstraße) zwischen Damaskus und der Mittelmeerküste und die dem Handelsverkehr diente. Sie geht mitten durch die Ebene Gennesaret mit ihren zahlreichen Bananenhainen, Zitrus- und Avocadobäumen und Gemüsepflanzungen hindurch. Im Norden wird diese Ebene von einem Hügel begrenzt, dem Tell Oreme, der zum Seeufer hin abfällt. Die Straße überquert ihn landeinwärts an einem Sattel. Von der Höhe aus sehen wir die kleine, liebliche Ebene des Siebenquells – griechisch Heptapegon – vor uns, rechts am Ufer das Kloster der deutschen Benediktiner und den Neubau der Kirche von Tabgha, auf der Anhöhe darüber die Kirche der Seligpreisungen. Bald nachdem wir den Tell Oreme überquert haben, zweigt eine Straße scharf nach rechts ab. Diese führt zum See, nach Tabgha, Petri Schiffsstelle und weiter nach Kapernaum. Bis zu der Ausgrabungsstätte dort sind es von hier 3 km. Doch wir besuchen zuerst den Berg der Seligpreisungen im Gedenken an jene Proklamation des Königreichs der Himmel, die Jesus wohl auf den Höhen hier am See aussprach (siehe Kapitel Berg der Seligpreisungen). Dazu bleiben wir noch auf der landeinwärts führenden, ansteigenden Straße in Richtung Safed. 3 km weiter biegen wir rechts ab und kommen auf einer schmalen Straße zur sogenannten Beatitude. Italienische Nonnen haben dort ein Hospiz. Daneben liegt die achteckige Kirche mit einem offenen Säulengang, von Palmen und anderen Bäumen und Sträuchern umge-

ben. In den Fenstern der Kirche sind die acht Seligpreisungen in Italienisch geschrieben. Auf diesem Plateau oder dem Abhang davor kann man sich gut die Lagerung des Volkes und die Bergpredigt vorstellen.
Unter den Säulen vor der Kirche stehend, freuen wir uns an der verschwenderischen Herrlichkeit der Schöpfung, die der Himmel über diesem Land ausgegossen hat. Und im Frühling lassen uns die farbenfrohen Blumenwiesen die Worte der Bergpredigt von den Blumen auf dem Felde, die schöner gekleidet sind als Salomo, sehr anschaulich werden. Unvergleichlich ist von hier aus der Blick auf die Weite des Sees nach Süden hin, auf die Berge im Osten und auf die Nordwestbucht mit der Ebene Gennesaret, auf den Einschnitt des Taubentals und die Hörner von Hattin dahinter. Diese erinnern an die entscheidende Niederlage, die dort die Kreuzfahrer 1187 erlebten.
Über bebaute Felder hinweg schauen wir auch hinunter nach Kapernaum, das am dunklen Grün seiner dichten Bäume deutlich erkennbar ist. Ein schmaler Weg führt hinab zur Fahrstraße zwischen Tabgha und Kapernaum. Die fruchtbaren, grünen Felder ringsum, dazwischen die großen Felsblöcke, die mühevoll zur Seite geräumt wurden, lassen über dem ganzen Land ein hoffnungsvolles Ahnen liegen, daß Gottes Verheißung nach zweitausendjähriger Öde nun sich zu erfüllen beginnt und darum »der König nahe ist«.
Doch wir wollen die Stätten am See nicht nur von oben sehen. Um mit einem Fahrzeug dorthin zu gelangen, muß man zurück zur Straße Tiberias – Safed bis zur Abzweigung nach Tabgha. Die Zufahrt zum Anwesen der Benediktiner, die jene Gedächtnisstätte der Brotvermehrung betreuen, finden wir nur wenige hundert Meter östlich von dieser Kreuzung. In jüngster Zeit

wurde dort eine große Kirche auf dem Grundriß und im Stil einer früheren Kirche aus dem 5. Jahrhundert erbaut, nachdem vorher eine Hallenkirche die kostbaren Mosaiken, Überreste dieser alten Kirche, geschützt hatte (siehe Kapitel Tabgha).

50 m weiter kommen wir an einem eingezäunten Ruinengelände vorbei, das links von der Straße am Abhang liegt – Ausgrabungen der sogenannten Seligkeitskapelle der Franziskaner. Nach weiteren 50 m ist rechts das Eingangstor zum ebenfalls franziskanischen Gelände der »Kapelle der Erscheinung des Herrn und des Primats Petri«, zu der wir noch ein Stück hinunterzugehen haben. Durch das Grundstück fließt in einer gemauerten Rinne das Wasser der ehemals hier sprudelnden Quellen. Es wird heute um des starken Mineralgehaltes willen, der für die Bewässerung der Felder schädlich ist, um den See herum in den Jordan geleitet; denn vom See Genezareth aus gibt es eine Bewässerungsanlage bis hinein in den Negev. Die Kapelle liegt unmittelbar am Ufer auf einem Felsvorsprung. Hier, an Petri Schiffstelle, sind wir dem Leben Jesu mit Seinen Jüngern am See besonders nahe (siehe Kapitel darüber).

Und nun wollen wir noch Kapernaum aufsuchen (siehe dieses Kapitel), den Ort, an dem unser Herr einmal »Glauben gefunden« hat bei jenem Hauptmann. Auf der Straße von Tabgha her – am See entlang – stoßen wir nach wenig mehr als 2 km auf die Mauer des franziskanischen Grundstücks von Kapernaum (Kfar Nahum). Eine alleeartige Zufahrt führt auf das Konventgebäude zu. Dahinter liegt das Ruinengelände nahe am Seeufer. Wir gehen die Wege entlang, vorbei an eingezäunten Plätzen, wo wir die kostbaren Ausgrabungsfunde dieser Stätte bewundern können, und kommen zu den alten Stufen, die zur teilweise wiederaufgebauten Synagoge hinaufführen. Dabei ist es uns im Herzen, daß unser lebendiger Herr, den uns dieser Ort wie auch die anderen Orte am See durch ihr Zeugnis so unmittelbar gegenwärtig machen, hier nicht nur einmal, sondern viele Male Glauben und Liebe bei uns fände.

Öffnungszeiten:
Gelände von Beatitude 8–18 Uhr
Kirche der Seligpreisungen 8.30–12 Uhr, 14–17 Uhr
Tabgha-Gelände 8.30–17 Uhr
Petri Schiffstelle 8.30–16 Uhr
Kapernaum 8.30–16.15 Uhr

Seit Anfang der achtziger Jahre kann man nun auch ganz um den See herumfahren, entweder von Kapernaum aus weiter über die Jordanbrücke in der Gegend, wo einst Bethsaida lag (Luk. 9, 10; Mark. 8, 22; Joh. 1, 44) oder auch auf dem lohnenden Umweg über die Ruinen von Chorazin (Matth. 11, 21) – wo »die Steine reden« von Gottes Gericht – und über Almagor, einem neuen Kibbuz, von dort dann hinunter zur Jordanbrücke. Hier zweigt eine gute Straße ab auf die Golanhöhen, eine schmale, schlechtere Straße führt weiter durch morastiges Gebiet des Jordandeltas um die Nordostspitze des Sees herum und dann nach Ein Gev, gegenüber von Tiberias.
Oder wir fahren um die Südspitze des Sees nach Ein Gev, einem bekannten älteren Kibbuz. Von dort kommend, stoßen wir nach einer kurzen Strecke rechts am Weg auf eine neue Ausgrabungsstätte El-Kursi. An dieser fand man erst vor wenigen Jahren die Ruinen einer großen byzantinischen Kirche, mit gut erhaltenen Bodenmosaiken und einer Krypta. Damit entdeckte man die biblische Stätte von Gergesa, wo Jesus einen

schwer Besessenen heilte, aus dem dann eine Legion Dämonen in eine Herde Säue fuhr, die sich daraufhin in den See stürzte (Matth. 8, 28–34; Mark. 5, 1–21; Luk. 8,26–39).

Manches an dieser Stätte weist auf den biblischen Bericht hin; sie liegt ganz nahe an der Ostküste des Sees, man fand Reste einer römischen Stadtmauer, hinter der byzantinischen Kirche erhebt sich ein steiler, felsiger Bergabhang mit in den Fels gehauenen Gräbern, und noch heute gibt es dort wilde Schweine in dem hügeligen Gelände. Seit byzantinischer Zeit heißt dieser Platz El-Kursi.

In Matthäus 8 wird zwar vom »Land der Gadarener« gesprochen und in Lukas und Markus vom »Land der Gerasener«, doch beide Stätten liegen sehr weit ab vom Seeufer im Südosten der Berge. Schon der Geschichtsschreiber Origenes (3. Jahrh.) verwarf nach Prüfung der Texte diese beiden Möglichkeiten und sagte, daß Gergesa die Stätte dieses biblischen Geschehens gewesen sei, was nun durch die Funde bestätigt wurde.

SEE GENEZARETH

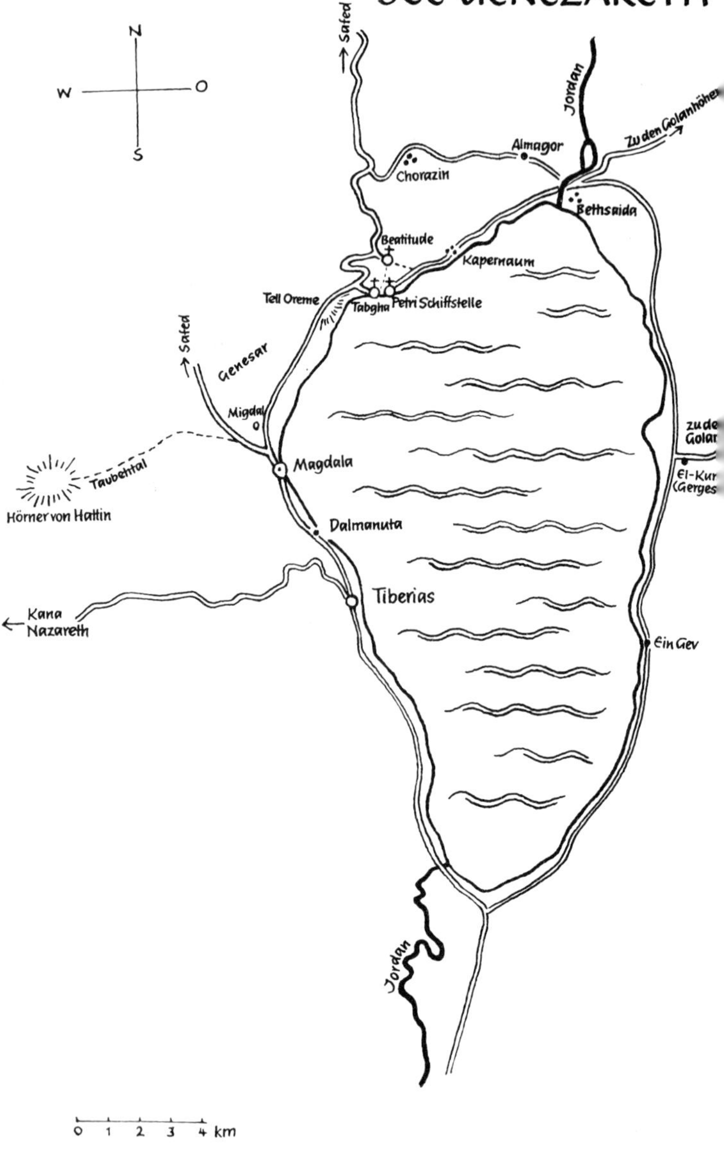

MAGDALA

GESCHICHTLICHES

Magdala lag nach den Evangelien am Westufer des Sees Genezareth (Matth. 15, 39) in der »Gegend Dalmanuthas« (Mark. 8, 10). Der Name des Ortes ist vom hebräischen Migdal abgeleitet, das bedeutet Turm, Feste. Das biblische Magdala war nach dem Talmud eine ziemlich bedeutende Stadt am Seeufer mit einer Fischereiflotte, mit Färbern und Wollhändlern. Am Rande der fruchtbaren Ebene von Gennesaret gelegen, war es wohl, ehe die Konkurrenz durch Tiberias entstand, die bedeutendste Stadt am See. Sie wurde nach jüdischer Überlieferung später von den Juden aus den Nachbarorten wegen ihrer großen Sittenverderbnis und Korruption zerstört.
Im Evangelium wird Magdala erwähnt, als die Pharisäer dort von Jesus ein Zeichen forderten und Jesus ihnen nur das Zeichen des Jona zusagte (Matth. 15, 39; 16, 1 u. 4). Vor allem aber ist diese Stadt bekannt als Heimat der Maria Magdalena, von der Jesus sieben Dämonen ausgetrieben hatte. Ob diese Heilung in ih-

rem Heimatort geschah, wird nicht gesagt. Maria Magdalena wird von den Evangelisten dann als die erste der Frauen genannt, die Jesus auf Seinen galiläischen Wanderungen begleiteten und Ihm dienten. Ja, auch in den Passions- und Osterberichten erscheint ihr Name bei den Frauen, die unter dem Kreuz standen, beziehungsweise am Ostermorgen das Grab leer fanden. Und vielfach sieht man in ihr die unbekannte Büßerin, die im Hause des Pharisäers Simon – wohl in Kapernaum – die Salbung an Jesus vornahm (Luk. 7). Den Ort des biblischen Magdala bezeugen verschiedene alte Pilgerberichte. So schreibt der Pilger Theodosius um 530: »Von Tiberias nach Magdalum, von wo her Maria Magdalena stammte, sind es zwei Meilen.« Der englische Pilger Willibald besuchte um 725 das »Dorf der Magdalena« im Norden von Tiberias. Der Mönch Epiphanius von Jerusalem schreibt um 800 von einer Kirche am Ort der Heilung Magdalenas. Und auch um 940 wird in »Magdala bei Tiberias« eine solche Kirche erwähnt. Der russische Abt Daniel spricht in der Kreuzfahrerzeit um 1106 nur noch von einem »Haus der Magdalena«, und um 1300 berichtet ein Pilger, daß die Kirche dort in einen Stall verwandelt worden sei.
Nach späteren Berichten war Magdala, an dessen echter Lage an dieser Stelle kein Zweifel bleibt, lange Zeit verödet. Erst im vorigen Jahrhundert entstand hier erneut eine Siedlung, die aber auch wieder zerstört wurde und deren Häuserreste man jetzt dort sieht. Der Name Magdala lebt heute weiter in dem Dorf Migdal, das etwa 1 km nördlich der Stelle der alten Stadt oberhalb des Sees liegt.

AUS DER HEILIGEN SCHRIFT

Jesus durchwanderte Städte und Märkte, indem er öffentlich lehrte und das Evangelium vom Reich Gottes verkündigte. In seiner Begleitung befanden sich die zwölf Jünger sowie auch einige Frauen, die er von bösen Geistern und Krankheiten geheilt hatte, nämlich Maria, die Magdalena genannt wurde, aus Magdala, von welcher waren sieben Teufel ausgefahren.

Lukas 8,1 u. 2

Es standen aber bei dem Kreuze Jesu seine Mutter und seiner Mutter Schwester, auch Maria, die Frau des Kleophas, und Maria von Magdala.

Johannes 19,25

Jesus aber, da er auferstanden war früh am ersten Tage der Woche, erschien er zuerst der Maria von Magdala, aus der er sieben böse Geister ausgetrieben hatte. Diese ging hin und verkündigte es denen, die mit ihm gewesen waren und jetzt trauerten und weinten.

Markus 16,9 u. 10

+

Maria Magdalena kündet:
An den härtesten Ketten unserer Sünden kann und will Jesus das Meisterstück Seiner Erlösung zeigen.

Maria Magdalena kündet:
Reue und Buße sind kostbarste, begehrenswerteste Gaben, denn aus ihnen bricht die große Jesusliebe auf.

MAGDALA – EIN RUF AN UNS

Was hat Magdala so berühmt gemacht, daß heute noch in der ganzen christlichen Welt dieser Name bekannt ist? Nicht seine einstige Blüte, sondern Maria Magdalena, die aus Magdala stammte. Und welch eine Frau war das? Eine Sünderin. Doch wie konnte sie dann den Ort so berühmt machen? Daß sie, aus einer reichen und üppigen Handelsstadt stammend, eine wohl üppige, aller Sinnenlust hingegebene, sündige Frau war, von sieben Teufeln besessen, das hätte ihre Heimat noch nicht bekannt gemacht. Denn solche gab es wohl manche im Land. Doch das war das Besondere: Ihre Sünde und ihre Teufel trafen mit Jesus zusammen.

Und nun geschahen gewaltige, außergewöhnliche Dinge. Jesus verwandelte diese Frau. Sieben Teufel fuhren aus, und aus der Sünderin wurde die große Büßerin, die Buße tat wie wenige. Mehr noch – aus ihr wurde die Jesus-Liebende und Zeugin Seiner Auferstehung, welcher der Auferstandene im Glanz des seligen Ostermorgens als der ersten erschien und die Er zu Seiner Botin machte. Dadurch hat sie diesen Ort so berühmt gemacht, daß man heute seinen Namen überall kennt, weil man von dieser verwandelten Maria Magdalena weiß.

So wird das Furchtbare, daß sie von sieben Teufeln besessen war, nun zu einem Zeugnis des Ruhmes für Jesus und ihre Sünde zum Ausgangspunkt einer Buße und Hingabe, die zu allen Zeiten Menschen auf den Weg der Reue und Jesusliebe lockte. Maria Magdalena – wer hat wohl so viel geweint über Sünde wie sie? Wer hat den so erfahren dürfen, der weinenden Sündern vergibt, wie sie? Ja, wer hat so viel geliebt, Jesus verschwenderisch geliebt wie sie – und darum Glückseligkeit gefunden?

Maria Magdalena kündet uns: „Wo die Sünde mächtig geworden ist, da ist die Gnade noch mächtiger." Sünde und Besessenheit werden, wenn sie zu Jesus Christus und unter Seine Erlösung gebracht werden, gebrochen, und Wunderbares läßt Gott nun aus solch zerschlagenen Herzen voll Reue herausströmen – Dank und Liebe zu Jesus und den Menschen. Maria Magdalena zeigt uns, welche große Kraft in Reue und Buße liegt, wie Reue die Wurzel ist, aus der die wahre Jesusliebe hervorwächst, die Ihn dann aus der Demut des Herzens mit letzter Hingabe und Opferbereitschaft liebt.

Diese demütige Liebe ist es, die Maria Magdalena nicht mehr Menschenurteil und Schmach fürchten läßt, wenn sie nur bei dem sein kann, der ihr so viel vergeben hat und der ihre ganze Liebe geworden ist. Darum gehört Maria Magdalena zu den wenigen, die – wie die Mutter des Herrn und Johannes – Jesus bis ans Kreuz folgen und unter dem Kreuze knien, als Er dort wie ein Verbrecher stirbt.

Und sie hört auch nach Jesu Tod aus einer

leidenschaftlichen Liebe zu Jesus nicht auf zu warten, bis Er sich wieder zeigt. Ist sie doch nicht gewichen von Seinem Grab, als alle andern schon hinweggegangen waren, weil echte Liebe ausharrt und wartet und nicht glauben kann, daß alles aus ist, sondern immer noch hofft, wo nichts mehr zu hoffen ist. So hofft sie dennoch, Ihn zu sehen und zu finden, den ihre Seele liebt, und ihre Liebe wird nicht enttäuscht.
Maria Magdalena, die von sieben Teufeln Befreite, ist ein aufgerichtetes Zeichen für die Macht und Herrlichkeit Jesu, für die Größe Seiner Vergebung, für den reichen Gewinn, der aus bereuter Sünde kommt. Und geht es nicht um das Gleiche, wenn Jesus die große Sünderin in Lukas 7 – ob es Maria Magdalena ist oder eine andere Frau – einem Pharisäer und Rechtgläubigen zum Vorbild setzt, weil sie aus Schmerz und Reue über ihre Sünde eines getan hat: Ihn geliebt, wie Ihn sonst wohl kaum je einer geliebt hat? Über solche Sünderin, die zu Seinen Füßen weint, spricht Er das kostbarste Urteil aus: „Sie hat viel geliebt."
So preist der Ort Magdala heute noch, daß Sünder, die ihre Sünde bereuen, die Seligen, die großen Liebenden sind, die zu Boten und Bezeugern Jesu Christi werden. Und so ruft Magdala als die einstige Heimatstadt der Maria Magdalena aus: Tränen der Reue sind kostbarstes Gut. Möchte Magdala in unserem Herzen die eine Bitte erwecken, die Bitte um Reue und

Buße, und uns um die Liebe zu Jesus flehen lassen, auf daß Jesus am Ende unseres Lebens auch über uns dies schönste Urteil fällen könnte: Du hast viel geliebt.

+

Im Herzen klingt der eine Ton
von Jesus Christ, dem Gottessohn,
der Sünder macht so selig.

Im Herzen klingt der eine Ton
von Jesus Christ, dem Gottessohn,
der alle Sünd vergibet.

Im Herzen klingt der eine Ton
von Jesus Christ, dem Gottessohn,
der liebt so unaussprechlich.

Im Herzen klingt der eine Ton
von Jesus Christ, dem Gottessohn,
der uns zur Lieb erlöset.

Wie Magdalena laß mich lieben,
wie ich Dich vorher tat betrüben,
und Dir nun wohltun ohne End.

Wie Magdalena laß mich büßen
und liegen stets zu deren Füßen,
an denen ich so schuldig ward.

Wie Magdalena laß mich eilen
zu Dir allein und bei Dir weilen, –
der Sünder will bei Dir stets sein.

+

GEBET IN MAGDALA

Lieber Herr Jesus,
höre mein Gebet an dieser Stätte des Gedenkens an eine Frau, die Dir ihre Tränen der Reue brachte.
Ich bekenne Dir, daß mir das zerschlagene Herz fehlt und Du bisher umsonst bei mir auf Tränen der Reue wartetest.
Ich beuge mich, daß die Sünden und Schwächen der anderen mich oft empörten, ich dagegen über meine eigene Sünde wenig empört war. Vergib mir, daß ich so blind, sicher und selbstgerecht bin und darum andere leicht verdamme, aber nicht mich selbst. Ich flehe, Herr, gib mir den Geist der Wahrheit, auf daß ich mich sehe in Deinem Licht und erschrecke. Gib mir den Geist der Reue, damit ich über meine Sünde von Herzen Leid tragen und sie beweinen kann wie eine Maria Magdalena.

Laß mich nicht weiterhin zu den Pharisäern gehören, deren Kennzeichen die Selbstgerechtigkeit war, sondern bei den Sündern stehen, die an ihre eigene Brust schlagen und darin Dein Wohlgefallen haben.
Ich beuge mich vor Dir, Du einzig liebenswerter Herr, daß ich Dich nicht über alles geliebt habe mit einer verschwenderischen Liebe, die Dir wohltut. So erbitte ich mir die Tränen der Reue, die meine Augen waschen, auf daß ich Dich in Wahrheit erkenne und lieben muß mit hingebender, leidenschaftlicher Liebe aus Dank für Dein Vergeben. Amen.

BERG DER SELIGPREISUNGEN

GESCHICHTLICHES

Seit alter Zeit versuchte man den Ort der Bergpredigt Jesu zu bestimmen, doch gibt es keine genaue Überlieferung dafür. Wohl zu Recht sucht man ihn aber hier in der Nähe von Tabgha, dem Gebiet des Siebenquells. Der Mittelpunkt des Wirkens Jesu am See Genezareth war ja Kapernaum, und nach den Evangelien liegt auch die Stätte dieser besonderen Predigt in der Nähe »Seiner Stadt«. Es heißt, daß Jesus danach nach Kapernaum herabging und von viel Volks umgeben war (Matth. 8, 1). Solche Scharen von Menschen waren am ehesten auf dem Weg vom Siebenquell nach Kapernaum zu denken. Auf dem welligen Berggelände, das sich westlich dieser Straße ausbreitet, gab es jedoch viele Stellen, wo größere Volksscharen sich lagern konnten. Und sicher war Jesus hier öfter mit solchen zusammen. So ist es zu verstehen, daß sich in der Weitläufigkeit der einsamen Natur keine genaue Erinnerung an den biblischen Ort dieser einen Predigt erhielt.

Doch schon die Pilgerin Aetheria berichtet um 385 von einer Tradition für einen bestimmten Ort der Bergpredigt. Sie beschreibt, daß auf dem Weg von der Kirche der Brotvermehrung nach Kapernaum die Zollstätte des Matthäus sei, und »nahebei befindet sich der Berg, auf dessen Anhöhe hinaufsteigend, der Erlöser die Seligkeiten sprach«. In der Kreuzfahrerzeit um 1150 wird der Ort der Bergpredigt beschrieben als zwei Meilen von Kapernaum und eine Meile von dem Ort der Brotvermehrung entfernt.

Aus anderen Zeugnissen des 12. Jahrhunderts geht auch hervor, daß die Überlieferung den Ort der Bergpredigt auf den Höhen zwischen Kapernaum und dem Siebenquell annahm. So setzte sich die Meinung durch, daß in diesem Gebiet der »zur größten Andacht stimmende Berg« war, wie ihn ein Pilger im 14. Jahrhundert nennt. Nur im 16. und 17. Jahrhundert, als die Gegend am See wohl schlecht zugänglich war, wurden andere Annahmen laut.

Erst 1935 fand man bei Ausgrabungen zwischen den Stätten von Tabgha und Petri Schiffstelle an einem steilen Abhang die Grundmauern einer kleinen Kapelle mit Mosaiken und Nebengebäuden. Man stellte fest, daß diese Kapelle mit ihren Anbauten gegen Ende des 4. Jahrhunderts errichtet wurde und wahrscheinlich bis in die Mitte des 7. Jahrhunderts bestand. (Der originale Mosaikbelag des Fußbodens ist heute im Gelände von Kapernaum zu sehen.) Nach weiteren Studien ab 1969 kam man zu dem Schluß, daß die Lage dieser Gebäude wohl mit dem Ort der »Seligkeiten« übereinstimmt, von dem Aetheria berichtet. So heißt die Kapellenruine, die im Besitz der Franziskaner ist, »Kapelle der Seligkeiten«.

Da der Ort der Bergpredigt nicht genau festzulegen war und bis heute nicht ganz geklärt ist, wurde die »Kirche der Seligkeiten« (oder »Seligpreisungen«) auf der Höhe des gleichen Hügels, an dessen Abhang die alte Kapelle liegt, zur Gedächtnisstätte dafür. Sie wurde 1938 von Italienern erbaut, ebenso das Hospiz der italienischen Nonnen daneben.

Eine Rufertafel ist angebracht am Treppenabsatz rechts, auf dem Weg von der Kirche zum Hospiz.

AUS DER HEILIGEN SCHRIFT

Da Jesus das Volk sah, ging er auf einen Berg und setzte sich; und seine Jünger traten zu ihm. Da tat er seinen Mund auf, hob seine Augen auf über seine Jünger und sprach:
Glückselig zu preisen seid ihr Armen, denn das Reich Gottes ist euer.
Selig sind die Leidtragenden, denn sie sollen getröstet werden.
Selig sind die Sanftmütigen, denn sie werden das Erdreich besitzen.
Selig sind, die nach der Gerechtigkeit hungert und dürstet, denn sie werden gesättigt werden.
Selig sind die Barmherzigen, denn sie werden Barmherzigkeit erlangen.
Selig sind, die reines Herzens sind, denn sie werden Gott schauen.
Selig sind die Friedensbringer, denn sie werden Kinder Gottes heißen.
Selig seid ihr, so euch die Menschen hassen und euch absondern und schelten euch und verwerfen euren Namen als einen bösen um des Menschensohnes willen. Freuet euch alsdann und hüpfet, denn wisset wohl, euer Lohn ist groß im Himmel.
Als Jesus diese Rede beendet hatte, war das Volk über seine Lehre ganz betroffen; denn er lehrte sie wie einer, der göttliche Vollmacht hat, ganz anders als ihre Schriftgelehrten.

Aus Matthäus 5,1-12; 7,28 u. 29 und Lukas 6,20-23

BERG DER SELIGPREISUNGEN – EIN RUF AN UNS

Berg der Seligpreisungen, Berg von zauberhafter Schönheit mit dem Blick auf den See Genezareth – welch holdselige Worte des Herrn und Erlösers Seiner Menschheit und aller Kreaturen durftest du hören, du bevorzugter Berg, der den Namen der Seligkeiten trägt.
Sollte man auf deinem Rücken anders als jauchzen können? Nicht, weil sich der See Genezareth in besonderer Lieblichkeit, umgeben von Bergen und Hügeln, vor uns ausbreitet, der wie andere Seen auch der Seele schöne Lieder entlocken könnte – nein, das ist es nicht, was hier wohl jeden, der zum Berg der Seligpreisungen kommt, zum Jauchzen und Singen entzünden sollte. Es ist der Eine, der diesen See in aller Schönheit weit übertrifft, in dem alle Schönheit Himmels und der Erde zusammengefaßt ist, Jesus, der sich der Seligmacher nennt. Er ist die Quelle aller Seligkeit, der wie nichts sonst unseren Herzen Klänge der großen Freude entlocken kann.
Und hier gedenken wir nun der Seligpreisungen, die Jesus einst gesprochen hat, weil Er Seine Menschenkinder glücklich machen will und kann. In der Bergpredigt hat Er uns den Weg geoffenbart, auf dem wir zu solch glückseligen Menschenkindern werden. Sollte man darum nicht an dieser Stätte anbeten und frohlocken und sich diesen Weg zu eigen machen?

Da stehen vor unseren Augen die Menschen auf, die unser Herr Jesus auf diesem Berg glückseligpries. Es sind die Barmherzigen, die Sanftmütigen und die Friedfertigen, es sind die nach der Gerechtigkeit Hungernden und Dürstenden, es sind die Armen und die reines Herzens sind, die Leidtragenden und die um des Namens Jesu willen Verfolgten. Eine seltsame Schar von Menschen ist es, die hier seliggepriesen wird. Sind das wirklich Glückselige, die ob ihres Glückes zu preisen sind? Jesus sagte es auf diesem Berg, und so zeigt es uns in Wahrheit das Leben.
Barmherzige Menschen, die vergeben und die Schuld anderer zudecken können, die statt mit richtenden Augen erbarmend den anderen in seiner Sünde ansehen und deren Herz das Elend des Leibes, der Seele und des Geistes von Menschen jammert, – das sind wahrlich glückliche Menschen, denn sie haben ein Herz voller Liebe. Und nichts macht so glücklich wie Lieben und Liebe ausströmen zu dürfen, während nichts so unglücklich macht wie ein hartes, bitteres und unversöhnliches Herz.
Hier auf dem Berg der Seligkeiten zeigt uns Jesus, welche Menschen wirklich glücklich sind. Da stehen weiter vor uns die Friedfertigen und die Sanftmütigen, die nicht streiten und zornig werden, nicht überall Unfrieden hintragen oder sich mit in Unfrieden hineinziehen lassen. Wahrlich, sie sind glücklich zu preisen, während umgekehrt die unglücklich zu nennen sind, die

im Unfrieden mit Menschen leben, im Streiten, Neiden und Hassen, und davon zermürbt werden. Doch in demütiger Liebe Frieden stiften, das läßt ein Stück Himmelreich in unserem Leben aufstrahlen.
Und weiter ziehen in diesem Zug der von Jesus seliggepriesenen und wahrhaft glücklichen Menschen Arme und nach Gerechtigkeit Hungernde und Dürstende an unseren Augen vorüber – alles Menschen, über denen die Sonne der Gnade aufgeht. Sie sind reich Begnadete, weil sie voll Hunger und Durst sind, denn solche beschenkt die ewige Liebe. Sie hängen sich mit ihren Gebeten an Gott – sie sind gleich armen, kleinen Kindern abhängig von ihrem Vater. Wie sollte Er ihnen nicht alles schenken – alles, wessen sie bedürfen an Leib und Seele? Der Vater erbarmt sich der Armen und Elenden, und denen, die hungern nach Gott, die Seinem Willen und Seinen Geboten gehorsam sein wollen, schenkt Er göttliches Leben. Das aber macht glückselig, wie es Gott schon im Alten Testament offenbart: Wer nach Seinen Geboten tut, der wird göttliches Leben haben und damit glücklich, voll des Segens Gottes sein (5. Mose 5,26).
So offenbart Er auch denen, die reines Herzens sind, weil ihr Herz auf nichts sonst als auf Gott allein gerichtet ist, sich selber in Seiner Liebe.
Doch die Leidtragenden und Verfolgten – gehören diese auch noch zu dem Zug der von Jesus Seliggepriesenen? Ja, sie haben etwas Besonderes

zu rühmen, sie haben Trost von dem lebendigen Gott erfahren, die Gnade, vom Vater umliebt zu werden, was nur solche, die im Leiden stehen, erfahren können. Die um Seines Namens willen Verfolgten jauchzen sogar und springen, denn der Geist Gottes, der ein Geist der Herrlichkeit ist, ruht auf ihnen (1. Petr. 4,14). Und es erwartet sie ein großer Lohn im Himmel.

Könnte Jesus uns auf diesem Berg der Seligpreisungen noch eindringlicher vor Augen gemalt haben, wer glücklich ist? Ach, es ist wie ein Rufen und Locken aus Seinem Munde: Geht den Weg der Bergpredigt, diesen Weg der Liebe, der allein glückselig macht, den Weg, auf dem die Friedfertigen, die Erbarmenden, die Sanftmütigen, die Armen und die reines Herzens sind, die Verfolgten und Leidtragenden wandeln. Geht diesen Weg, über dem die Sonne der Gnade steht, dann ist euer Herz voller Friede und Liebe, voll des Trostes in jeder Lage und in jedem Leid, dann breitet sich die Herrlichkeit Gottes über euch aus.

Und einst wird dieser Zug der Menschen, die Jesus auf dem Berg der Seligkeiten seligpries, hinauf zur ewigen Herrlichkeit in das himmlische Reich ziehen! Da werden sie dann die Fülle dessen, was sie hier schon unter Kampf und Leiden glücklich gemacht hat, schmecken und erleben dürfen von Ewigkeit zu Ewigkeit. Wer wollte darum diesen Weg nicht wählen? Jesus, der Seligmacher, bietet ihn an.

SELIGPREISUNGS-BITTEN

Herr Jesus,

mache mich willig, arm zu sein an Gütern und Gaben des Geistes, der Seele und der irdischen Dinge um Deinetwillen. Laß mich so in Wahrheit hier schon reich werden an den glückseligmachenden Gaben und Gütern für Leib, Seele und Geist, die Du den Armen aus Deinen Händen schenkst. Ich danke Dir, daß ich damit schon hier auf Erden ein Stück Himmel habe.

Herr Jesus,

mache mich willig, mein Kreuz zu tragen und bei allem Schweren zu sagen: „Leg auf, ich will's gern tragen." Laß es mich tun in der Gewißheit: Du kommst als der Liebende zu denen, die in Kreuz und Leiden sind, und bringst ihnen mit Deiner Liebe und Gegenwart solch himmlische Tröstungen und Erquickungen, die selbst ein Stück Hölle des Leides in ein Stück Himmel verwandeln können.

Herr Jesus,

schenke mir den Mut und die ganze
Bereitschaft, Deinen Weg zu wählen,
der Du sanftmütig und demütig warst.

Ich will da, wo ich zu Unrecht beschuldigt werde, stillschweigen im Glauben, daß Du mein Recht und meine Sache führst. Hilf Du mir nun, wenn ich gescholten werde und man mir droht, in Deinen Fußtapfen zu gehen und nicht in Heftigkeit und Zorn widerzuschelten, sondern in Liebe zu dulden.

Herr Jesus,
erlöse mich von aller Selbstzufriedenheit und Sattheit in meinem geistlichen Leben, die den Tod in sich tragen und über die Du Dein Gericht ausgesprochen hast.

Mache mich hungrig nach
Deiner Gerechtigkeit,

Dein Bild zu tragen als ein wahrhaft Erlöster. Gib mir Deines Geistes Kraft im Kampf gegen meine Sünde und Schwächen. Ich will täglich darüber Deinen Sieg ausrufen in der Gewißheit: Wen da hungert und dürstet nach der Gerechtigkeit, der soll satt werden.

Herr Jesus,
Du kennst mein hartes und unbarmherzig richtendes Herz, besonders gegen die Menschen, die mir nicht liegen oder die mir etwas angetan haben. Ich bitte Dich, erlöse mich von der Härte und

gib mir ein erbarmendes Herz,

das, statt zu richten, Sünde zudeckt und selbst meinen Feinden Barmherzigkeit erweist. Laß Deine Gütigkeit und Dein Vergeben, die Du mir Tag für Tag erweist, mir verpflichtend sein, auch zu vergeben. Ich glaube Dir, daß Du mich zur erbarmenden Liebe erlöst hast.

Herr Jesus,

gib mir ein reines, ein lauteres Herz, dessen eine große Liebe Du allein bist und das Dich über alle Menschen und Dinge liebt. Entzünde mein Herz zu der Liebe, die Dir verschwenderisch schenkt und opfert, Dir wohltut, Dich erfreut – die viel an Dich denkt, im Gebet zu Dir kommt und ganz für Dich da ist. Herr, hilf mir zu diesem Größten, Köstlichsten, Dich hier auf Erden so zu lieben, daß ich einst Dein Angesicht schauen darf.

Herr Jesus,

mache mich zu einem Friedensbringer, indem ich da, wo Streit aufbricht, mit Abraham spreche: „Willst du zur Rechten, so gehe ich zur Linken", und so um des Friedens willen bereit bin, mein Recht aufzugeben. Gib, daß ich Dir zur Freude viel Frieden bringen darf und daß ich es mich gern etwas kosten lasse im Dank zu Dir, dem Friedefürsten, der Du uns den Frieden auf dem Weg der völligen Entäußerung Deines Rechts gebracht hast.

Herr Jesus,

binde mich so fest an Dich, daß mein Leben kompromißlos in Deiner Nachfolge steht, auch wenn es dann wie Dein Leben Haß, Schmähung und Verfolgung herausfordert.

Gib mir den Mut, aus Liebe zu Dir
den Schmachweg mit Dir zu gehen,

auf den Du so große, gewaltige Verheißungen gelegt hast. Und hilf mir, wenn ich um der Gerechtigkeit und um Deines Namens willen verleumdet, geschmäht und verfolgt werde, fröhlich zu sein in Dir ob dieser Deiner großen Verheißung.

✝

Keiner macht so glücklich wie Jesus. Doch nur der wird solches Glück erfahren, der es bei Ihm sucht und den Weg geht, auf dem wir glücklich werden und andere glücklich machen, den Weg der Bergpredigt.

Jesus, Du Quell der ewigen Freud!
Jesus, Du machst glückselige Leut,
Jesus, Du ewige Freude!

Freudenquell Jesus, springst in mein Herz,
Jesus, zur Freude wird jeder Schmerz,
Jesus, Du ewige Freude!

Jesus, ein Seligmacher bist Du,
machst Sünder selig, deckst Sünden zu,
Jesus, Du ewige Freude!

Du bringst den Himmel nieder schon heut,
wo Sünder leiden, Sünd wird bereut;
Jesus, Du ewige Freude!

Jesus, im Himmel strahlst wie die Sonn,
hast uns bereitet Lust, Freud und Wonn,
Jesus, Du ewige Freude!

Jesus, Du Freude, tief und so weit,
alle Glückseligkeit ist bereit
für uns auf Erd wie im Himmel.

Berg der Seligpreisungen 26. 11. 1959

Auch nach Melodie EKG 82: Wir wollen alle fröhlich sein

+

GLÜCKSELIGKEITSREGEL

Willst du glückselig sein,
geh in die Liebe ein;
wer liebt, der ist stets glückselig.

Willst du glückselig sein,
erwähle, arm zu sein,
und Gott dich am reichsten beschenkt.

BERG DER SELIGPREISUNGEN

Willst du glückselig sein,
bück unterm Kreuz dich fein,
und du wirst schmecken den Himmel.

Willst du glückselig sein,
laß los, was bringt dir Pein,
das Streiten, Zürnen und Zanken.

Willst du glückselig sein,
meide der Sattheit Schein,
die Hungrigen Glaubenskampf führen.

Willst du glückselig sein,
laß in dein Herze ein
Erbarmen, auch zu den Feinden.

Willst du glückselig sein,
liebe nur Gott allein,
so wirst du Ihn droben schauen.

Willst du glückselig sein,
laß alles Rechten sein,
dann kannst du stets Frieden bringen.

Willst du glückselig sein,
geh auf dem Schmachweg Sein,
Herrlichkeit liegt auf Geschmähten.

TABGHA

GESCHICHTLICHES

Der Name Tabgha ist vom griechischen Wort Heptapegon – Siebenquell abgeleitet. Und das Gebiet von Tabgha war von alters her durch seine warmen Quellen berühmt. In dieser an biblischer Tradition reichen Ebene am Ufer des Sees Genezareth, zu der auch die Bucht Petri Schiffstelle gehört, liegt die Gedenkstätte der Brotvermehrung, der Speisung der Fünftausend und der Viertausend.
Dieser Wunderzeichen Jesu wird hier schon seit langer Zeit gedacht. Nach den Berichten der Evangelien wäre aber eigentlich anzunehmen, daß sie am Nordostufer des Sees geschahen, denn es heißt: »Jesus fuhr auf das jenseitige Ufer« (Joh. 6, 1). Und nach der Speisung der Fünftausend gerieten die Jünger bei der Rückfahrt ans Westufer in Seenot (Mark. 6, 53). Bei der zweiten Speisung heißt es auch unmittelbar vorher, daß Jesus zum Galiläischen Meer »in das Gebiet der Zehn Städte« kam, das ja östlich des Sees lag (Mark. 7, 31).
Der genaue Ort des Wunders ist jedoch nicht zu klä-

ren. Nach den biblischen Angaben war es ein Berggelände in der Nähe des Ufers nicht allzuweit von Kapernaum, von wo die Scharen herbeiströmten. So mag es eine Bergwiese gewesen sein, wo sich die Menschen in einer Mulde sammeln konnten, während Jesus vorher höher am Berg war und dann das Volk kommen sah (Joh. 6, 3 u. 5). Aber es gibt keinerlei Überlieferung für einen solchen Ort am Nordostufer, das sehr abgelegen war.
Doch schon früh gab es eine Gedenkstätte am Westufer in der Gegend des Siebenquells, die, an einem alten Verkehrsweg liegend, von den Pilgern leichter zu erreichen war. Denn deren Weg führte ohnehin zu den biblischen Orten dieser Gegend: Magdala, Ort der Bergpredigt, Petri Schiffsstelle, Kapernaum.
So berichtet die Pilgerin Aetheria schon um 385, daß sie eine Kirche der Brotvermehrung in der Nähe des Siebenquells fand. Sie erzählte von einem heiligen Stein dort, auf den Jesus die Brote und Fische gelegt haben sollte. Ausgrabungen 1932 und 1936 zeigten, daß eine kleinere Kirche hier wohl schon um 350 entstand, der eine prächtige Basilika im 5. Jahrhundert folgte. Bodenmosaiken aus dieser Zeit, die einen Brotkorb und Fische und andere Symbole darstellen, sind noch gut erhalten. Diese Basilika wurde wahrscheinlich schon Anfang des 7. Jahrhunderts zerstört, vermutlich 614 durch die Perser; denn Pilgerberichte aus jener Zeit erwähnen wohl den Ort der Brotvermehrung am Siebenquell, aber keine Kirche mehr. Später scheint sie teilweise wieder aufgebaut worden zu sein im Zusammenhang mit einem Kloster, das 808 namentlich am Siebenquell als die Stätte der Speisung der Fünftausend genannt wird.
Über den kostbaren Funden der Mosaiken und den

ausgegrabenen byzantinischen Mauern wurde 1936 eine einfache Hallenkirche errichtet, 1956 dann daneben das Kloster der Benediktiner. Nach dem Abreißen dieser Hallenkirche entstand von 1980 bis 1982 die neue, schon erwähnte Kirche an dieser Stelle als Rekonstruktion der früheren Basilika.

✝

Jesus als die verkörperte Liebe muß helfen, wo Er bei Seinen Menschenkindern Not und Mangel sieht.
Doch wartet Er auf leere, zu Ihm ausgestreckte Hände, in die Er Seine Gaben hineinlegen kann.

TABGHA

AUS DER HEILIGEN SCHRIFT

SPEISUNG DER FÜNFTAUSEND

Hierauf begab sich Jesus auf die andere Seite des Galiläischen Sees von Tiberias; es zog ihm dorthin eine große Volksmenge nach. Jesus stieg aber auf den Berg hinauf und ließ sich dort mit seinen Jüngern nieder.
Als er nun die große Volksmenge zu sich kommen sah, sagte er zu Philippus: Woher sollen wir Brote kaufen, damit diese zu essen haben? So fragte er ihn aber, um ihn auf die Probe zu stellen; denn er selbst wußte wohl, was er tun wollte. Philippus antwortete ihm: Für zweihundert Denare Brot reicht für sie nicht hin, damit jeder auch nur ein kleines Stück erhält. Da sagte Andreas: Es ist ein Knabe hier, der fünf Gerstenbrote und zwei Fische hat, doch was ist das für so viele!
Jesus aber sagte: Laßt die Leute sich lagern! Es war nämlich dichter Rasen an dem Ort. So lagerten sich denn die Männer, etwa fünftausend an der Zahl. Jesus aber nahm die Brote, sprach den Lobpreis und ließ sie unter die Leute austeilen, – ebenso auch von den Fischen, soviel jeder begehrte. Als sie dann satt geworden waren, sagte er zu seinen Jüngern: Sammelt die übriggebliebenen Brocken, damit nichts umkomme. Da sammelten sie und füllten von den fünf Broten zwölf Körbe mit Brocken. Aus Johannes 6, 1-13

SPEISUNG DER VIERTAUSEND

Jesus kam an den Galiläischen See, und als er den Berg hinangestiegen war, setzte er sich dort nieder. Da kamen große Scharen Volks zu ihm; sie brachten Lahme, Blinde, Krüppel, Stumme und viele andere Kranke mit sich, die sie ihm vor die Füße legten; und er heilte sie.
Jesus aber rief seine Jünger zu sich und sagte: Mich jammert des Volks, denn sie halten nun schon drei Tage bei mir aus, ohne daß sie etwas zu essen haben, und ich mag sie nicht von mir lassen, ehe sie gegessen haben, sie würden sonst unterwegs verschmachten. Da erwiderten ihm die Jünger: Woher sollen wir hier in der Einöde so viele Brote nehmen, daß wir eine solche Volksmenge sättigen könnten? Doch Jesus fragte sie: Wieviel Brote habt ihr hier? Sie antworteten: Sieben und ein paar kleine Fische.
Da gebot er dem Volke, sich auf dem Erdboden zu lagern; dann nahm er die sieben Brote und die Fische, sprach den Lobpreis, brach die Brote und gab sie seinen Jüngern. Die Jünger aber teilten sie an die Volksmenge aus. Und sie aßen alle und wurden satt und hoben auf, was übrigblieb von Brocken, sieben Körbe voll. Die Zahl derer, die gegessen hatten, aber betrug etwa viertausend Mann, ausgenommen Frauen und Kinder.

Aus Matthäus 15, 29 - 38

TABGHA, STÄTTE DER BROTVERMEHRUNG – EIN RUF AN UNS

Bei den Speisungen der Fünftausend und der Viertausend erwies sich Jesus Christus als der allmächtige Herr, als der Gottessohn, der da Wunder tut. Er nahm einige Brote in Seine Hände und sprach ein Gebet zum Vater, und siehe da, die fünf Brote mehrten sich, so daß Tausende davon satt werden konnten. Und ebenso nahm Er die wenigen Fische, segnete sie und sprach ein Dankgebet zum Vater, und siehe – sie mehrten sich, so daß jeder vom Volk davon bekam und satt wurde.
Hatte der Herr die große Volksmenge zusammengerufen, um hier ein Wunder oder Zeichen Seiner Allmacht zu tun? Nein, die Geschichte zeigt uns, daß Er sie zusammenrief, um das Evangelium zu verkündigen. Nur deswegen tat Er dann dies Wunder, weil plötzlich Sein Herz von Regungen großen Mitleids mit der hungernden Menge bewegt war. Darum rief Er Seine Jünger zu sich und sprach zu ihnen: „Es jammert mich des Volkes – denn sie beharren nun wohl drei Tage bei mir und haben nichts zu essen, und ich will sie nicht ungegessen von mir lassen, auf daß sie nicht verschmachten auf dem Wege."
So redet Er in göttlichem Erbarmen mit Seinen Menschenkindern: Er will sie nicht ungegessen von sich lassen, das bringt Er nicht übers Herz,

denn sie könnten verschmachten. Jesus sagt dies in der großen Liebe des Guten Hirten, der für Seine Schafe sorgt. Denn wenn Schafe krank und elend sind, hungrig und keine Weide haben, dann sorgt ein guter Hirte für sie.

So zeigt uns die Brotvermehrung Jesu, daß solche Menschen die Macht Jesu und die Wunder Gottes erleben werden, die am Verschmachten sind, denn diese jammert das Herz Gottes. Weil Er die Liebe ist, kann Er dann nicht anders, als ihnen irgendwie zu helfen. „Die Armen" – das wäre die Überschrift über diese Geschichte – „sind die von Ihm reich Beschenkten." Und die Liebe beschenkt so reich, daß noch Überfluß da ist: zwölf Körbe voll Brocken. Das wäre nicht geschehen, wenn Seine Jünger eingekauft hätten. So hatte Gott dem armen, verschmachteten Volk, der großen Masse der Unmündigen, die nicht viel von Ihm wußten, Sein erbarmendes Herz offenbart.

Von Seinen Jüngern hingegen verlangt Er anderes in solch einer Lage. Denn Er rief Philippus zu sich, um ihn zu prüfen, ob er Glauben habe: „Wo kaufen wir Brote, so daß sie alle zu essen haben?" Doch Philippus versagte in der Probe wie alle andern Jünger auch. Jünger Jesu sollten wissen, zu wem sie in solch einer Notlage zu kommen haben. Jesus wartete nicht darauf, daß sie Ihm sagten: „Wohin sollen wir gehen und kaufen, wohin uns wenden, wo sind menschlich-irdische Möglichkeiten?" – sondern daß sie das

Wenige, an dem sie Mangel hatten, zu Ihm brachten, in Seine Hand legten. Da sie es nicht selber taten, mußte Er ihnen zurufen: „Bringt sie mir her!" – die fünf Brote und die zwei Fische. So ruft Er uns nun auch zu, das Wenige Ihm zu bringen, weil das Geringste, das in Seine Hand gegeben ist, sich dort vermehrt. Dann empfangen wir so viel aus Seiner Hand, innerlich und äußerlich, für die nächsten Stunden, für den nächsten Tag, daß wir leben können. Doch losgelöst von Ihm, sind wir jeglicher Not, dem Hunger und Mangel, preisgegeben. Denn menschliches Rechnen, menschliche Versuche und Anstrengungen, die Not abzuwenden, helfen oft nicht. Er aber hilft immer so, wie Er es nach Seiner Weisheit für gut hält.

Wenn Jesus so im Blick auf unsere irdischen Nöte als der Wartende und Bittende dasteht und zu uns spricht: „Bringt Mir eure Nöte doch her – legt sie vertrauensvoll in Meine Hände, Ich werde sie lösen", dann hat Er aber noch eine andere und größere Bitte, die Er uns im Anschluß an die Brotvermehrung sagt. Johannes schreibt in Kapitel 6,22 ff, daß das Volk nach der Brotvermehrung sich aufmachte, Jesus zu suchen; denn dieser war gewichen, weil Er merkte, daß man Ihn zum König machen wollte, und war über den See gefahren. Doch als Ihm viele nach Kapernaum nachfuhren, sagte Er traurig zu ihnen: „Ihr sucht mich nicht, weil ihr die Wunderzeichen gesehen habt, sondern nur, weil ihr von den

Broten gegessen habt und satt geworden seid. Bemüht euch doch nicht so sehr um die vergängliche Nahrung, sondern um die Nahrung, die bis ins ewige Leben hinein bleibt und die euch des Menschen Sohn geben möchte, denn diesen hat Gott beglaubigt." So schließt die Geschichte der Brotvermehrung mit einer herzlichen Bitte Jesu, das irdische tägliche Brot nicht so wichtig zu nehmen, sondern Ihn – das ewige Leben – als das Wichtigste zu suchen.

Und auch uns ruft Jesus dies zu, die wir vielleicht in mancherlei äußeren Nöten unseres Lebens Wunder wie die Brotvermehrung erlebt haben: „Nun sucht Mich doch selbst, um das größere Wunder zu erkennen, nämlich daß Ich euch unvergängliche Nahrung gebe, Mein eigen Fleisch – das Brot, das für euch gebrochen, Mein Blut, das für euch vergossen. Ja, nehmt Mich selbst auf im Heiligen Mahl, und ihr werdet keinen Mangel mehr haben. Denn wer den Leib und das Blut des Sohnes gläubig in sich aufnimmt, der hat das göttliche Leben" – der hat das Leben von Gott selber in sich, und das heißt Friede, Liebe und Freude, heißt Vereinigung mit Ihm.

Das will Jesus uns schenken, wenn wir zu Ihm kommen und unser Herz Ihm weit auftun, besonders aber in Seinem Wort und Mahl Ihn suchen. Ach, sollte Jesus, wenn wir nicht nur äußeren Mangel haben, sondern so armselig in unseren Sünden oder Anfechtungen und inneren Nöten vor Ihm liegen, nicht erst recht sagen:

„Mich jammert deine Seele! Ich kann dich doch nicht so von mir gehen lassen, auf daß du nicht verschmachtest!" Er wird austeilen aus Seinem Gottesreichtum, so daß auch wir von dannen gehen und Ihn preisen, weil Er, der sich selbst für uns gegeben hat, wahrlich mit sich uns alles geschenkt hat.

Doch wer kommt, wenn uns Jesus ruft und anbietet, das Brot des Lebens zu geben? Als Er damals davon sprach, ging selbst ein Teil Seiner Jünger von Ihm, die vorher begeisterte Anhänger waren, als sie Seine Wunder und Zeichen wie die Brotvermehrung sahen (Joh. 6,66). Jesu Liebe wartet auf solche Menschen, die nicht fortgehen, wenn Er sich selbst schenken will, sondern die nach Ihm und darum nach Seinem Mahl Verlangen haben.

So ruft uns Tabgha wohl einerseits auf: Kommt mit euren Nöten und Mängeln zu Ihm und erwartet Seine wunderbare Hilfe! Aber über dem steht der andere Ruf: Sucht dabei Jesus selbst, Ihn allein, der euch ja dabei begegnen und dessen Herz sich euch offenbaren will! Nur in Ihm selbst wird all euer Mangel gestillt. Sonst aber, wo ihr nur Seine Gabe, Hilfe und Wunder sucht, könnte es sein, daß ihr Ihn selbst eines Tages ganz verliert wie viele Seiner Jünger damals.

GEBET IN DER KIRCHE DER BROTVERMEHRUNG

Lieber Herr Jesus,
habe Dank, daß sich Dein liebendes Herz derer erbarmt, die Mangel haben, und daß Dich des hungernden Volkes jammerte. Habe Dank, daß Du bewiesen hast: Du bist der Schöpfer und Erhalter von Seele und Leib und sorgst darum für beides in der göttlichen Macht, die Wunder tut und auch Weniges so vielfach vermehren kann, daß alle satt werden.
Doch ich danke Dir am meisten dafür, daß Du heute derselbe bist und auch mir, wo ich in Not bin und zu wenig habe, zurufst: „Bring es Mir her", um das Wenige in Deine Hand zu nehmen oder über dem, was fehlt, Dein gewaltiges „Es werde!" zu sprechen.
Herr Jesus, stärke nun meinen Glauben, daß ich in jeglicher Not Großes an Hilfe von Dir erwarte. Ich will hinfort nicht bei Menschen und irdischen Möglichkeiten Hilfe suchen, sondern bei Dir, der Du wartest, daß ich zu Dir komme, der immer Ausweg und Rat hat. Ja, Dich selber will ich im Gebet in meiner Not suchen und nicht nur Hilfe und Gaben, weil die Gemeinschaft mit Dir kostbarste Gabe und süßester Trost ist. Jesus, der Du auf mich wartest – zu Dir will ich kommen und mich mit Dir in Deinem Mahl vereinen lassen im Dank, daß Du mir das Brot des Lebens bist. Amen.

Der Glaube greift in Gottes Reich, / beweget Jesu
Hän-de, / die Not vor Seiner Allmacht weicht, / Er
ma-chet ihr ein En — de. / Wo vorher feh-let
Geld und Gut, / der Glaube ruft mit frohem Mut: /

Es ist dem Herren alles gleich, / ob viel, ob wenig fehlet; / der Helfer Jesus ist gar reich, / für uns das Beste wählet. / Nach Seiner Liebe Er uns gibt / alls, was uns mangelte, betrübt, / es kann an gar nichts fehlen.

O wunderbare Gnadengab, / zu glauben solchem Herren! / An Seiner Macht mein Herz sich lab, / was will mich noch beschweren? / Den bittren Mangel sieht Er an – / all Hunger Er selbst stillen kann / in Seiner starken Liebe.

O wunderbares Gotteswort, / Verheißung meines Herren, / du bist ein Fels und sichrer Hort, / auf dem ich fest kann stehen! / Denn was Er sagt, es wird geschehn, / ja, eher wird die Welt vergehn, / als Er mich je kann täuschen!

Sein Name leuchtend steht und fest, / der Ja und Amen heißet, / der alles stets geschehen läßt, / was Er uns je verheißen. / Sein Name Treu und Wunderbar, / er werd gerühmt von Seiner Schar, / groß werde Seine Ehre!

Auch nach Melodie EKG 233: Sei Lob und Ehr dem höchsten Gut

Jesus rufet: Komm zu Mir,
wo dir's fehlt – Ich helfe dir.
Komm, vertrau der Schöpferkraft,
die aus Wengem Vieles schafft!

Jesus ruft: Vertraue Mir,
was du glaubst, geschiehet dir.
Helfer ist in jeder Not
dir dein Heiland und dein Gott.

Jesus ruft: All das, was Mein,
geb Ich dir – es sei auch dein!
Ja, Ich schenk Mich selber dir
als dein höchster Schatz und Zier.

Jesus ruft: Komm, denn bereit
ist das Mahl der Seligkeit,
da all Hunger ist gestillt,
du von Mir wirst selbst erfüllt:
Ich bin das Brot des Lebens!

+

Alles Wenige, das im Glauben an Jesu Allmacht zu Ihm gebracht wird, vermehrt sich in Seiner Hand.

+

Wer Mangel leidet und dem Worte Jesu:
„Bring es mir her!"
gehorcht, wird Hilfe und Vermehrung des Wenigen erleben – heute wie einst.
Denn Jesus ist heute wie einst derselbe in Seiner Liebe und in Seinem allmächtigen Tun.

PETRI SCHIFFSTELLE

GESCHICHTLICHES

In den Evangelien heißt der See Genezareth auch noch Galiläisches Meer oder See Tiberias. An diesem See mit seinen damals reichbevölkerten Ufern begann Jesus Seine Predigt vom Reich Gottes. Warum wohl gerade hier und nicht in Jerusalem, nicht in Nazareth, nicht am Jordan? Jesus zog sich hierhin zurück, nachdem Johannes der Täufer im Gefängnis verstummt war (Matth. 4, 12, Mark. 1, 14), denn im Jordantal war nach dessen Verhaftung nun keine fruchtbare Wirksamkeit mehr für Jesus zu erwarten, vielmehr wäre auch Er bedroht gewesen. Und in Nazareth, Seiner Vaterstadt, wurde Er ja als Prophet nicht aufgenommen, wie sich bald herausstellte. Der Bezirk am See Genezareth war außerdem verhältnismäßig geschützt vor Herodes und den Eiferern des Hohen Rates. Sicher

geschah Jesu Wirksamkeit hier auch als Erfüllung der Verheißungen von Jesaja 8, 23 und Jesaja 9, 1, auf die Jesus in Matthäus 4, 13–16 selbst hinwies.
So wurde das Gebiet am Nordwestende des Sees zunächst der Mittelpunkt des Wirkens Jesu. Und diese Ufer bergen die kostbarsten Erinnerungen aus jener Wirkungszeit. Hier berief Jesus Seine Jünger und begann unter Seiner Verkündigung ihre Bereitung für ihre große Sendung (Matth. 4, 18–22; 9, 9). Hier geschahen viele Seiner Wunder. Die Wellen des Sees legten sich auf Jesu Wort hin (Mark. 4, 39). Jesus wandelte über sie hinweg (Joh. 6, 19), und Petrus sank in ihnen, als er auf den starken Wind schaute (Matth. 14, 30). Ihm zu Diensten waren auch die Fische des Sees, und einer hatte die Steuer für den Herrn in seinem Maul (Matth. 17, 27). So künden der See selbst und seine Ufer – wo einst Kapernaum, Bethsaida, Chorazin und Magdala lagen – von Jesus.
Doch ein Ort am Ufer ist es besonders, der mit dem Leben und Wirken Jesu verknüpft war – Petri Schiffstelle, jene kleine, geschützte Bucht beim Siebenquell unterhalb des Berges der Seligpreisungen. Um den felsigen Vorsprung, der hier in den See ragt, ergossen sich früher zahlreiche Quellen in die Bucht. Da es warme Quellen waren, zogen sie bei ihrer Einmündung in den See die Fische an. So war dies von alters her der reichste Fischplatz am Westufer des Sees. Heute wird das Wasser dieser Quellen – wie schon erwähnt – wegen seines hohen Mineralgehalts in den Jordan abgeleitet.
Früher lockte aber der Fischreichtum die Fischer besonders hierher, und es ist anzunehmen, daß Petrus, Andreas, Johannes und Jakobus von hier aus ihrem Handwerk nachgingen. Hier werden ihre Boote gelegen haben, hier werden sie viel mit Jesus zusammen-

gewesen sein. Hier wird Er oft dem Volk unter den schattigen Bäumen, die man in der Sonnenhitze aufsuchte, gepredigt haben. Hier hat wohl einst das Volk gestanden, als Jesus sich mit dem Boot ein Stück aufs Meer hatte rudern lassen, um der Volksmenge zu predigen. Und hier sprach Petrus das Wort aus: »Gehe von mir hinweg, ich bin ein sündiger Mensch!« Weil dies also ein vertrauter Platz für Jesus und seine Jünger war, werden sie sich nach Jesu Tod wieder hier aufgehalten haben. Hier wird darum der Auferstandene zu ihnen getreten sein mit dem Wort: »Kinder, habt ihr nichts zu essen?« Hier wird Er an Petrus die Frage gerichtet haben: »Hast du mich lieb?« Und an diesem Ufer wird Er dann das Mahl der Liebe mit den Jüngern gehalten haben. So ist echter biblischer Boden an der Bucht Petri Schiffstelle.

Die Kapelle der Franziskaner hier hat auch eine alte Überlieferung. Schon die Pilgerin Aetheria berichtet um 385 von einer Felsentreppe, die damals wie heute dort an den See hinunterführte und auf der der auferstandene Herr nach Johannes 21, 4 gestanden haben soll. Von einer Kirche schreibt Aetheria noch nicht. Doch wird in byzantinischer Zeit, etwa im 5. Jahrhundert, eine Kirche dort bezeugt. In der Kreuzfahrerzeit wurde sie zweimal zerstört und wieder aufgebaut. Nach ihrer Vernichtung 1263 erstand dann erst 1933 die heutige Kapelle durch die Franziskaner, die sie Anfang der achtziger Jahre renovierten und umbauten.

Eine Rufertafel ist beim Eingang zu Petri Schiffstelle rechts am Felsen.

AUS DER HEILIGEN SCHRIFT

Es begab sich aber, als das Volk ihn umdrängte, zu hören das Wort Gottes, daß Jesus stand am See Genezareth und sah zwei Boote am Ufer liegen; die Fischer aber wuschen ihre Netze. Da trat er in eins der Boote, das Simon gehörte, und bat ihn, ein wenig vom Lande abzustoßen. Und er setzte sich nieder und lehrte das Volk vom Boote aus.
Und als er hatte aufgehört zu reden, sprach er zu Simon: Fahret auf die Höhe und werft eure Netze aus, daß ihr einen Zug tut. Da antwortete Simon: Meister, wir haben die ganze Nacht gearbeitet und nichts gefangen; aber auf dein Wort hin will ich das Netz auswerfen. Und da sie das taten, fingen sie eine so große Menge Fische, daß ihre Netze zerreißen wollten.
Als Simon Petrus das sah, warf er sich vor Jesus auf die Knie nieder und rief aus: Herr, gehe von mir hinaus, ich bin ein sündiger Mensch!

Aus Lukas 5,1-11

Darnach offenbarte sich Jesus abermals den Jüngern am See Tiberias. Als es bereits gegen Morgen war, stand Jesus am Ufer und spricht zu ihnen: Kinder, habt ihr nichts zu essen? Werfet das Netz zur Rechten des Schiffs, so werdet ihr finden. Da warfen sie und konnten's nicht mehr ziehen vor der Menge der Fische.
Da spricht der Jünger, welchen Jesus liebhatte:

Es ist der Herr! Als Simon Petrus das hörte, gürtete er das Hemd um sich und warf sich in den See.
Als sie dann ans Land ausgestiegen waren, sahen sie ein Kohlenfeuer hergerichtet und Fische darauf gelegt und Brot.
Als sie nun das Frühmahl gehalten hatten, sagte Jesus zu Simon Petrus: Simon, Sohn des Johannes, liebst du mich mehr als diese? Er antwortete ihm: Ja, Herr, du weißt, daß ich dich liebhabe. Spricht er zu ihm: Weide meine Lämmer!

Aus Johannes 21,1-17

PETRI SCHIFFSTELLE – EIN RUF AN UNS

Petri Schiffstelle, wer sollte diesen besonders lieblichen Ort, der so viel von Jesus aussagt, nicht lieben? Ist er doch eine Gedenkstätte wie wenige, nicht überbaut, sondern mit den Quellen und den Felsen noch etwa so vor unseren Augen, wie Jesu Fuß den Platz betrat. Dasselbe Landschaftsbild wie einst liegt noch vor uns: der See mit seinen Wellen, die uns heute zurauschen, wie sie es damals taten.

Hier kommt einem das Leben Jesu, Sein Wirken und Reden so nah wie sonst selten. Wenn man heute an dieser Stelle den Fischern beim Fischen ganz nahe am Ufer zuschaut, so sieht man im Geist Petrus, Johannes und Jakobus vor sich. Rauhe Leute sind diese Fischer und waren es wohl auch damals. Und unter ihnen lebte Jesus, nicht nur ein Rabbiner und Lehrer, sondern der Messias und Gottessohn. Er schämte sich nicht, diese rauhen, ungebildeten Männer in Seine innigste Gemeinschaft zu nehmen. Ja, Er kam zu solchen, die hochfahrend wie ein Petrus waren und doch so armselig, daß sie Ihn dann verleugneten. Solche setzte Er zu Aposteln ein, die einst die Welt mit Seinem Namen erfüllen sollten. So demütig war Jesus, daß Er sich zu diesen Fischern gesellte. Seine große Liebe trieb Ihn zu den Ärmsten, die vor der Welt nichts galten. Bei ihnen war Er zu Hause, ihnen predigte Er an erster Stelle, ihnen öffnete Er Sein Herz. Von diesem demütigen und liebenden Jesus raunt und singt der Wellenschlag noch heute, wenn er an die Felsenstufen schlägt.

Und auf einmal raunen und schlagen die Wellen lauter, wenn sie anfangen wollen, von den gewaltigen Taten dieses demütigen Jesus von Nazareth zu sagen. Auf Sein Wort kamen die Fische zu solchen Scharen zusammen, daß schier das Netz zerriß. Ja, ob heute nicht noch der See staunt über dem Großen, das er einst erleben durfte, wie hier Einer stand, auf dessen Wort nicht nur die Kreatur gehorchte, sondern auch der See selber mit seinen Wellen sich legen mußte? Und nicht nur die stumme Kreatur war Ihm untertan, sondern ein hochfahrender Petrus mußte vor der Gewalt Seiner Heiligkeit niederfallen und bekennen: „Gehe von mir hinaus, ich bin ein sündiger Mensch."

So predigt Petri Schiffstelle von der Herrlichkeit und Größe Jesu. Und sie sagt davon, daß der sie erlebt, der Jesu Wort glaubt und gehorsam ist, denn das tat Petrus hier an dieser Stelle. Auf ein unverständliches Wort und Gebot Jesu fuhr er am hellen Tag auf die Höhe des Sees, um zu fischen – dorthin, wo sich die Fische gerade nicht aufhielten. Dieser Befehl ging gegen jeden Fischerverstand. Doch im Gehorsam antwortete Petrus: „Auf dein Wort hin will ich's tun!", weil er Jesus Großes zutraute, weil er glaubte, daß Jesus Unmögliches möglich macht, Wunder geschehen läßt auf Sein Wort hin.

Ob hier an Petri Schiffstelle der Jünger Petrus heute Nachfolger findet, die es wagen, im Gehorsam nach Worten und selbst unbegreiflichen Befehlen Jesu zu handeln? Sie werden es dann ebenso erfahren wie Petrus, wer Jesus ist – der allmächtige Herr, dem Wind und Wellen und alle Kreatur, ja alle Mächte im Himmel und auf Erden untertan sein müssen. Ob hier an Petri Schiffstelle Petrus heute Nachfolger findet, die, gleich ihm überwältigt von der Größe und Herrlichkeit Jesu, sich Ihm im Geist zu Füßen werfen

und sprechen: „Geh von mir hinaus, ich bin ein sündiger Mensch"?
Ob Petrus heute Nachfolger findet, denen Jesus auf solch demütiges Bekenntnis hin einen großen Auftrag geben kann für Sein Reich? Ja, sollte Jesus hier an Petri Schiffstelle nicht vielen als der Auferstandene begegnen wollen und ihnen wie dem Petrus die eine wichtigste Frage stellen: „Hast du mich lieb?" Wer wird Ihm hier darauf antworten?
Jesus lebte nicht nur gestern, sondern Er ist der „Jesus heute". Darum wartet Er als der Lebendige an dieser Stätte heute auf Menschen, die Ihm so im völligen Glauben, in der Bereitschaft zum scheinbar sinnlosen Gehorsam, im demütigen Bekenntnis ihres Sünderseins und mit der Antwort der Liebe begegnen. Der Apostel Petrus ging uns darin voran. Nun gilt uns der Ruf des Schriftwortes: „Folget ihrem Glauben – dem Glauben eurer Lehrer – nach!" (Hebr. 13,7).

GEBET AN PETRI SCHIFFSTELLE

Unser lieber Herr Jesus,
wir danken Dir, daß Du, der Du vom Himmel kamst und Herr aller Herren, König aller Könige bist, Dir armselige Fischer zu Deinen Jüngern

wähltest. Wir danken Dir, mit welch demütiger Liebe Du Dich um sie gekümmert hast, ehe Du sie aussandtest. Du lehrtest sie, auf Dein Wort zu vertrauen und im Gehorsam Sinnloses zu tun, wie Petrus hier am Tag mitten auf dem See das Netz auswarf und dann Deine Macht und Herrlichkeit erleben durfte.

Lieber Herr Jesus, ich möchte auch etwas von Deiner Macht und Herrlichkeit in meinem Leben erfahren. So gebe ich mich Dir an diesem Ort mit dem Wort hin, das Dein Jünger Petrus einst hier sprach: Auf Dein Wort hin will ich das tun, was Du mir sagst, und wenn es mir auch eigentlich zu schwer und unmöglich dünkt. Ich vertraue Dir und danke Dir jetzt schon dafür, daß Du solchen Glauben auch heute beantwortest mit der Offenbarung Deiner Macht und Herrlichkeit, mit Deiner Hilfe und Deinen Wundern.

Erhöre aber auch meine weitere Bitte, der Du Dich freust, wenn wir viel von Dir erbitten, und laß mich dann im Erleben Deiner Größe und Herrlichkeit wie einst Petrus erkennen, wer ich vor Dir bin: ein Abgrund voller Sünde. Gib, daß aus solcher Reue die große, innige Liebe zu Dir erwachse. So erwarte ich hier als Geschenk Deiner Gnade von dem, was Du Petrus gabst, meinen Teil an Glauben, Gehorsam, Buße und Liebe.

Amen.

Es staunen die Ufer,
wenn Er sie betritt,
der See wird zum Festland
bei Seinem Schritt.

Es kommen die Fische
in Scharen zuhauf,
aufs Wort ihres Herren
ins Netz geht ihr Lauf.

Und Tausende eilen,
zu hören Sein Wort
am Ufer des Sees, –
gehn Tage nicht fort.

Drum bist du mir heilig,
Genezarethsee,
die Herrlichkeit Jesu
im Geist ich hier seh.

O Jesus, mein Heiland,
ich bete Dich an,
kann nie genug rühmen,
was Du hier getan.

Und heut Du mir nahest,
des Wunder ich schau,
wenn ich Dir gehorche
und Deinem Wort trau.

+

Die Taten und Wunder Jesu von einst wollen nichts Einmaliges sein.
Jesus wartet heute auf Menschen, die wieder auf Sein Wort hin etwas wagen, weil sie Seiner Macht alles zutrauen.

+

Mit Petrus wollen wir uns hier dem Herrn auf Sein Wort hin stellen und Ihm sagen:

Ich tu's so gern für Dich,
was Du mich heißest tun,
und was Du auch verlangst,
ich will nicht eher ruhn,
Dein Auftrag sei erfüllet.

Ich tu's so gern für Dich,
herzliebster Jesu mein,
was würd ich lieber tun,
als auf Dein Wort mich weihn
Dir, dem ich alles danke!

Ich tu's so gern für Dich,
ist's doch zu Deiner Ehr,
was Du mich heißest tun,
daß Deinen Ruhm ich mehr,
dafür ich einzig lebe.

Ich tu's so gern für Dich,
und sollt's mich kosten viel,
Du bist ja alles wert, –
Dir geb ich Herz und Will
und was macht aus mein Leben.

KAPERNAUM

GESCHICHTLICHES

Kapernaum (hebr. Kfar Nahum) war eine der Hauptwirkungsstätten Jesu, »Seine Stadt«. Nach dem Evangelium lag sie »am Meer, im Lande Sebulon und Naphtali« (Matth. 4, 13). Die Prophezeiung Jesu über die Zerstörung dieser Stadt (Matth. 11, 23) hat sich anscheinend in solchem Ausmaß erfüllt, daß man sich lange über ihre Lage nicht klar war. Doch heute haben Ausgrabungen und Zeugnisse alter Quellen eindeutig das Ruinengelände dafür bestätigt, das 2 km nordöstlich vom Siebenquell am Seeufer liegt und von den Arabern Telhum genannt wurde.
Nach jüdischen Quellen hat der Ort Kapernaum noch im 2. Jahrhundert an dieser Stelle bestanden, und auch später muß noch ein größeres jüdisches Gemeinwesen dort gewesen sein, wie Ausgrabungsfunde zeigten. Die

christlichen Zeugnisse aus der Frühzeit bestätigen Kapernaum ebenfalls einmütig an diesem Platz. Der Geschichtsschreiber Eusebius schreibt am Anfang des 4. Jahrhunderts: »Kapernaum, am Gestade des Sees Genesar, ist noch heute ein Dorf in Galiläa, im Gebiet von Sebulon und Naphtali.« Die Pilgerin Aetheria schildert in ihrem Bericht (385) den Besuch der Synagoge, »in welcher der Herr den Besessenen heilte. Zu ihr steigt man auf vielen Stufen empor«. So fand sie Kapernaum an der Stelle des heutigen Kfar Nahum, und dies zu einer Zeit, als die jüdische und christliche Überlieferung noch frisch war.
Ausgrabungen bei den vorgefundenen Resten der Synagoge in den letzten Jahrzehnten bis 1974 erwiesen nun zwar, daß diese Synagoge erst Ende des 4. bis Anfang des 5. Jahrhunderts erbaut wurde. Aber wahrscheinlich hatte nicht weit davon die Synagoge aus Jesu Zeiten gestanden, die einst der gläubige Hauptmann hier den Juden als Schule erbaute (Luk. 7, 5). Spätere Pilgerberichte sagen nichts mehr von der Synagoge, und man weiß nicht, wann sie zerstört wurde.
Zur Zeit der Pilgerin Aetheria war aber auch schon ein christliches Heiligtum in Kapernaum an der Stelle, wo einst das Haus des Petrus stand. Sie berichtet: »Aus dem Haus des Fürsten der Apostel wurde eine Kirche gemacht, und seine Wände stehen bis heute noch so, wie sie einst waren. Hier heilte der Herr den Gelähmten.« Die frühe Überlieferung wird nach den Hinweisen der Evangelien wohl mit Recht annehmen, daß Jesus in diesem Haus des Petrus wohnte, wo außerdem noch dessen Schwiegermutter und sein Bruder Andreas lebten (Mark. 1, 29). Dieses Haus, das so viele Wunder erlebte, wurde also in eine Kirche umgewandelt. Ausgrabungen der letzten Jahrzehnte bestätigten das. Es

wurden die Grundmauern einer großen achteckigen Kirche aus dem 5. Jahrhundert mit guterhaltenem Mosaikfußboden gefunden. Als man diesen Mosaikboden abtrug, entdeckte man darunter die Mauerreste eines Hauses mit mehreren es umgebenden Räumen aus dem 4. Jahrhundert, und darunter nochmals den Grundriß eines kleineren Privathauses aus der Zeit zwischen 100 v. Chr. bis 400 n. Chr. Dabei fiel auf, daß das Haus innen gepflastert und verputzt war, während die Häuserruinen ringsum nur rohe, unverputzte Steinwände aufwiesen. Und in den Putzstücken waren viele christliche Zeichen, Zeichnungen und Inschriften eingeritzt in verschiedenen Sprachen, z.B. mehrmals »Jesus«, »Christus«, »der Herr« und mindestens zweimal »Petrus«. Dies stimmt überein mit dem schon erwähnten Bericht der Aetheria Ende des 4. Jahrhunderts.

So muß dies Haus schon vom ersten Jahrhundert an als heilige Stätte angesehen worden sein und – durch angebaute Räume ringsum vergrößert – einer judenchristlichen Gemeinde als Hauskirche gedient haben, bis dann dort von Heidenchristen die byzantinische Basilika erbaut wurde. Daß an der Stelle des Petrushauses im 6. Jahrhundert noch eine Basilika war, beschreibt der Pilger Anonymus von Piacenza: »Wir kamen nach Kapernaum zum Haus des heiligen Petrus, welches jetzt eine Basilika ist.«

Spätere Pilgerberichte, die weiterhin das heutige Kfar Nahum als Kapernaum bestätigen, zeigen aber, daß es mehr und mehr ein verödeter Ort wurde. Selbst die Kreuzfahrer, die fast überall an den heiligen Stätten Heiligtümer errichteten, taten das in Kapernaum nicht. Im 13. Jahrhundert wird berichtet, daß nur noch sieben arme Fischerhäuser dastünden und die Gegend

ganz verrufen sei, und im 15. Jahrhundert, daß die Stadt ganz zerstört und unbewohnt sei »wegen der schlechten Leute dieses Landes«.
Heute zählt Kapernaum zwar auch nur zwei Gebäude, das Franziskanerkloster und eine griechisch-orthodoxe Kirche östlich davon. Doch unter den Palmen und Eukalyptusbäumen am Ufer des Sees wird es mehr und mehr lebendig. Nachdem 1894 die Franziskaner die Ruinen erwarben, wurde 1905 mit den Ausgrabungen begonnen, die in Abständen bis heute weitergehen. Besonders seit 1968 wurden viele Entdeckungen beim Petrushaus gemacht, zu deren Abschluß im Januar 1982 der Grundstein für eine Gedenkstätte dort gelegt wurde. Diese soll sowohl die wertvollen Ausgrabungen schützend umschließen als auch ein Gottesdienstraum sein.

AUS DER HEILIGEN SCHRIFT

Da Jesus nun hörte, daß Johannes gefangen war, zog er sich nach Galiläa zurück. Er verließ jedoch Nazareth und verlegte seinen Wohnsitz nach Kapernaum, das am See Genezareth liegt.

Matthäus 4,12 u. 13 a

Er kam nach Kapernaum hinab und lehrte sie dort am Sabbat in der Schule. Und sie entsetzten sich über seine Lehre; denn er lehrte gewaltig und nicht wie die Schriftgelehrten.
Sobald sie dann die Synagoge verlassen hatten, begaben sie sich in das Haus des Simon. Und die Schwiegermutter Simons lag und hatte das Fieber. Jesus trat zu ihr und richtete sie auf.
Am Abend aber, da die Sonne untergegangen war, brachte man alle Kranken und Besessenen zu ihm, und die ganze Stadt war an der Tür versammelt. Und er heilte viele, die mit mancherlei Seuchen beladen waren, und trieb viele Teufel aus.

Aus Markus 1,21,22,29-34

Nachdem Jesus vor dem Volk ausgeredet hatte, ging er nach Kapernaum hinein. Und eines Hauptmanns Knecht lag todkrank, den er wert hielt. Da er aber von Jesus hörte, sandte er die Ältesten der Juden zu ihm und bat ihn, daß er käme und seinen Knecht gesundmachte. Als diese zu Jesus kamen, baten sie ihn inständig mit den Worten: Er verdient es, daß du ihm diese Bitte erfüllst, denn er hat unser Volk lieb, und er ist es, der uns unsre Synagoge gebaut hat.

Da machte sich Jesus mit ihnen auf den Weg. Als er aber nicht mehr weit von dem Hause entfernt war, sandte der Hauptmann Freunde zu ihm und ließ ihm sagen: Ach Herr, bemühe dich nicht; ich bin nicht wert, daß du unter mein Dach trittst. Darum habe ich mich auch nicht für würdig gehalten, selbst zu dir zu kommen; sprich vielmehr nur ein Wort, so wird mein Knecht gesund.
Als Jesus das hörte, verwunderte er sich über ihn, wandte sich um und sprach zu dem Volk: Ich sage euch: Solchen Glauben habe ich in Israel nicht gefunden! Aus Lukas 7,1-10

Und Jesus fuhr wieder über den See zurück und kam in seine Stadt (Kapernaum). Da brachten sie zu ihm einen Gichtbrüchigen. Weil nun Jesus ihren Glauben sah, sprach er zu dem Gichtbrüchigen: Sei getrost, mein Sohn; deine Sünden sind dir vergeben. Da dachten einige der Schriftgelehrten bei sich: Dieser lästert Gott!
Weil nun Jesus ihre Gedanken durchschaute, sagte er: Damit ihr wißt, daß des Menschen Sohn die Vollmacht besitzt, Sünden auf Erden zu vergeben – sprach er zu dem Gichtbrüchigen: Stehe auf, nimm dein Bett und gehe heim. Da stand der Mann auf und ging heim in sein Haus.

Aus Matthäus 9,1-3

Und du, Kapernaum, die du bist erhoben bis an den Himmel, du wirst bis in die Hölle hinuntergestoßen werden. Denn so zu Sodom die Taten geschehen wären, die bei dir geschehen sind, so stände es noch heutigen Tages. Doch ich sage euch: Dem Lande Sodom wird es am Tage des Gerichts erträglicher ergehen als dir.

Matthäus 11,23 u. 24

KAPERNAUM – EIN RUF AN UNS

Kapernaum ist die Stadt, von der Jesus sagte, daß sie bis in den Himmel hinein erhöht sei, war sie doch „Seine Stadt", die der Sohn Gottes als Wohnsitz erwählte, als Er Seine Wirksamkeit auf Erden begann. Warum fiel Seine Wahl auf diese Stadt? Hier in Kapernaum erreichte Er viele Menschen. Einmal war es die Grenzstadt zwischen Galiläa und dem Land jenseits des Jordan mit einer Zollstation, bei der sich wohl die Berufung des Zöllners Matthäus zutrug. Außerdem war es eine bedeutende und reiche Handelsstadt an der Karawanenstraße von Damaskus zum Mittelländischen Meer. Und zugleich zog die Lage am See die Fischer in die Stadt. So war sie dichtbevölkert, und Menschen aus den verschiedensten Volksschichten kamen an diesem Ort zusammen.

Darum weilte Jesus hier so gern. Denn in Kapernaum konnte Er Hunderte und Tausende um sich versammeln, um ihnen Seine Botschaft zu bringen, die Er gewaltig und nicht wie die Schriftgelehrten verkündigte (Matth. 7,29). Hier heilte Er große Scharen von Kranken. Und die Menschen drängten sich so um Jesus, daß keine Möglichkeit mehr für Ihn war, aus Seinem Haus zu treten. Ja, Er kam manchmal nicht zum Essen (Mark. 3,20), weil Er von unzähligen Hilfesuchenden den ganzen Tag über bis in die Nacht hinein umlagert war (Mark. 1,32 u. 33). Hier öffnete Er Blinden die

Augen. Hier machte Er Besessene frei, indem Er finstere Geister austrieb. Hier spielte sich die dramatische Heilung des Gichtbrüchigen ab, und der Knecht des Hauptmanns wurde auf dessen Glauben hin gesund. Hier wurde die Schwiegermutter des Petrus vom Fieber befreit. So hat Kapernaum all diese Heilungen gesehen, es hat sogar eine Totenauferweckung, die des Töchterleins des Jairus, erlebt (Mark. 5,22-43). Wer kann genug rühmen, welch große Dinge in dieser Stadt geschehen sind und wie gewaltig sich der Herr und Heiland Jesus Christus hier Seinem Volke geoffenbart hat?

Kapernaum predigt uns von Gottes Liebe, die sich zu Menschenkindern herniederließ, so daß der Sohn Gottes Mensch wurde und unter uns Wohnung machte – hier in Kapernaum wohnte. Es predigt von der Liebe Jesu, die sich derer erbarmt, unter denen Er wohnt, die Kranke heilt, Besessene frei macht und Tausenden das Heil verkündet. Kapernaum predigt: Jesus ist der Gute Hirte, der für Seine Schafe sorgt, sie auf beste Weide führt.

Aber in Kapernaum ist auch das Wort Jesu wahr geworden: „Und du Kapernaum, die du bist erhoben bis in den Himmel, du wirst bis in die Hölle hinuntergestoßen werden. Denn so zu Sodom die Taten geschehen wären, die bei dir geschehen sind, es stünde noch heutigen Tages" (Matth. 11,23). So ist Kapernaum ein aufgerichtetes Zeichen, daß sich nicht nur Gericht in Gnade verwandelt, wenn Menschen Buße tun und umkehren, sondern daß sich ebenso Gnade in Gericht verwandeln kann, wo man nicht auf Gottes Wort und Tat eingeht. Davon sagen uns die Ruinen des heutigen Kapernaum – das, was aus jener blühenden Stadt geworden ist, die so viele Wunder Gottes sah. Damals sprach Kapernaum mit seinen vielen Geheilten und von Besessenheit Freigewordenen eine gewaltige Sprache und kündete, wer dieser Jesus sei, der solches in seinen Gassen getan hatte. Heute kündet Kapernaum wieder gewaltig, ohne Worte, durch seine Ruinen davon, wer Jesus Christus ist: nämlich der Herr, der Ja und Amen ist und dessen Wort gilt, sei es das Wort Seines Segens oder das Wort Seines Fluches.

Ja, es gilt Sein Wort: Wem viel gegeben ist, von dem verlangt Gott auch viel. Und in dem Maße, wie wir erhöht werden – der Ort Kapernaum war durch Gottes Wundertaten „bis in den Himmel" erhöht –, haben wir uns zu demütigen und uns Jesus zu Füßen zu legen, wie ein Petrus es tat, als ihm die Wundertat Gottes beim Fischzug widerfuhr. Da hatte er nur eine Antwort. Er beugte sich und sprach: „Gehe von mir hinaus, ich bin ein sündiger Mensch!" Doch Kapernaum hatte die großen Taten Gottes erfahren und sich nicht in Demut gebeugt. Kapernaum hatte Jesu Hilfe in Anspruch genommen und sich nur dessen gerühmt, was in seinen Gassen Großes geschehen war. Es war hoch, sicher und stolz

geblieben, war nicht zur Buße gekommen und zerbrochenen Herzens geworden. Und darum traf das Wort Gottes ein: Wer sich selbst erhöht, der soll erniedrigt werden, und wer bis in den Himmel erhoben ist und solche Erhöhung und Güte Gottes nicht mit Dank und Hingabe beantwortet, die zur Umkehr von unserem alten Leben führen, der wird bis in die tiefste Hölle hinabgeschleudert werden. Bis heute sichtbar hat sich dieses Wort Jesu hier erfüllt: Kapernaum, das nach alten jüdischen Berichten noch vollends in Sünden versunken sein soll, ist wie vom Erdboden verschwunden. Man weiß nicht, ob es durch Erdbeben oder durch Krieg geschah.
So predigt Kapernaum nun heute durch seine Ruinen: Adel verpflichtet! Offenbarungen, Begnadigungen Gottes verpflichten uns. Wundertaten Gottes und Hilfen, erlebte Güte Gottes soll uns in den Staub beugen und uns vor Gott demütigen. Ja, Seine Güte verpflichtet uns zu einem Leben des Dankes und der Umkehr von allen Wegen, die Gott betrüben. So will uns Kapernaum die Worte aus dem Magnificat einprägen: „Die Hohen stürzt er vom Thron und erhebt die Niedrigen."
Daß die Säulen der Synagoge noch da sind als Zeichen, sagt uns andrerseits, wie kostbar Jesus ein demütiger Glaube wie der des Hauptmanns von Kapernaum ist – wie hoch Er solchen Glauben wertet und sich an ihm freut. Ja, wie wirklich sowohl Segen als auch Fluch Gottes

sind, will Kapernaum uns heute künden. Kapernaum will jeden, der es betritt, aufrufen, Jesu Worte ganz ernst zu nehmen und zu befolgen, auf daß der Segen Gottes wie ein Strom über unser Leben kommt. Das werden wir erfahren, wenn wir zu denen gehören, die nach Seinem Wort tun und mit Demut und Dank, mit gläubigem Vertrauen auf die Wohltaten Gottes in ihrem Leben antworten.

+

Kapernaum, du Stadt so groß,
auf dich fiel Gottes selges Los,
Gott wohnt in deinen Gassen.
Und doch hast du Ihm nicht geglaubt,
Ihm, dessen Wunder du geschaut,
hört'st nicht auf Jesu Worte.
Drum wartet heute hier der Herr,
daß man durch Glauben Ihm gibt Ehr
und Seinem Worte folget.

GEBET IN KAPERNAUM

Unser Herr Jesus Christus,
wir danken Dir, daß Du hier solch gewaltige Taten und Wunder getan und erwiesen hast, welch ein Herr Du bist. Wir beugen uns aber auch mit den Leuten von Kapernaum, daß wir ebenso sind wie sie einst. Obwohl Du Dich auch in unserem Leben oft mächtig bewiesen hast, danken wir es Dir meist nicht, sondern bleiben ungebrochen, groß und selbstherrlich. So mußt Du Deine Gnade in Gericht verwandeln und uns demütigen, um uns zu zerbrechen, bis auch wir wie Kapernaum im Staub liegen.
Lieber Herr Jesus, heute will ich Dir danken für alles, wo Du Dich in meinem Leben offenbart und mir Gutes getan hast. Bewahre mich davor, daß es mich sicher, satt und hochmütig macht. Hilf mir, mich zu beugen, wenn Du mir Gnade erweist, und Dir die Ehre zu geben. Gib mir dazu einen demütigen Sinn. Ja, laß Deine Güte mich zur ständigen Umkehr bringen und antreiben, in meinem Leben wirklich nach Deinem Wort zu handeln. So sollst Du nicht mehr betrübt, sondern erfreut werden durch ein Leben der Nachfolge und des Glaubens, auf dem Dein Segen und Wohlgefallen ruhen kann. Amen.

Einst Kapernaum durft se-hen / Jesus durch
die Strassen gehen, / der so Wunder-ba-res tat. /
Tausen-de die Stadt be-lebten / und einst hin zu
Je-sus strebten; / viel der Wunder dort geschahn.

Einsam nun das Ufer lieget,
nur der See in Wellen wieget
sich wie einst im gleichen Takt.
Und er kündet Jesu Taten,
all Sein wunderbares Raten,
Heilung, Hilfe, die geschehn,

ruft, daß wir dem Glauben schenken,
uns in Seine Macht versenken,
der sie hier bewiesen hat,
daß wir wie der Hauptmann trauen,
fest auf Seine Liebe bauen,
weil Er heut derselbe ist.

+

Kapernaum ruft uns auf,
kühn zu sein im Glauben,
da Gottes Macht und Seine Bereitschaft, Wunder zu tun, die kühnsten Erwartungen unseres Glaubens noch weit übertreffen.

QUELLENNACHWEIS

Den Angaben der geschichtlichen Hinweise liegt folgende Literatur zu Grunde:

Clemens Kopp, Die heiligen Stätten der Evangelien, Verlag Friedrich Pustet, Regensburg 1959

Stenner/Wilmes, Pilgerführer durchs Heilige Land, Franziskaner-Verlag, Jerusalem 1961

Karl Erich Wilkens, Biblisches Erleben im Heiligen Land, Verlag St. Johannisdruckerei, Lahr-Dinglingen 1956

Franz Weiser, In der Heimat des Herrn, Verlag Joseph Habbel, Regensburg

Franz Kaiser, Hier ist Heiliges Land, Schwabenverlag, Stuttgart

P. S. Meistermann, Durchs Heilige Land, Mosella-Verlag, Trier

Zur Revision wurde herangezogen:

Eugene Hoade o. f. m., Guide to the Holy Land, nineth edition 1978, Franciscan Printing Press, Jerusalem

Herbert Bishko, This is Jerusalem, Heritage Publishing Ltd., Tel Aviv, fifth revised edition 1980/81

Stanislaus Loffreda, Die Heiligtümer von Tabgha – Ein Besuch in Kapernaum, beide Franciscan Printing Press, Jerusalem 1975 und 1978

Die Quellenangaben über die Echtheit der heiligen Stätten stützen sich zumeist auf frühchristliche Schriftsteller und Pilgerberichte. Dabei werden wiederholt einige Namen angegeben, die für die Geschichte der heiligen Stätten bedeutsam sind und deshalb noch einmal aufgeführt werden sollen.

Origenes lebte nach 232 dauernd in Palästina, gründete in Cäsarea eine berühmte Theologenschule.

Eusebius (265–340), »Vater der Kirchengeschichte«, in Palästina geboren, bester Zeuge für das Land zur Zeit Konstantins.

Der Pilger von Bordeaux (333) gab kurzen Bericht über die heiligen Stätten, als älteste Pilgerschrift von größtem Wert.

Epiphanius, geboren um 315 in Judäa, gründete dort ein Kloster, wurde 367 Bischof von Salamis/Cypern.

Aetheria, Nonne aus Nordspanien oder Südfrankreich, pilgerte 385–388 (nach anderen: 390–395) durch die christlichen Stätten des Orients, schrieb sehr klaren Bericht.

Hieronymus lebte 385 bis zu seinem Tode 420 an der Geburtskirche in Bethlehem. Er leitete und beschrieb die Pilgerfahrten der heiligen Paula.

Theodosius (530) gab kurzen und treuen Pilgerbericht über die Wallfahrtsziele des Orients.

Der Anonymus von Piacenza schilderte 570 die Heiligtümer auf dem Höhepunkt ihrer Entwicklung in byzantinischer Zeit.

Arkulf, gallischer Bischof, reiste 670 durch den Orient, gab wertvolle Berichte.

Willibald, Angelsachse, machte 724/726 ausgedehnte Pilgerfahrt, nach seinen Erzählungen schrieb eine verwandte Nonne in Heidenheim den Bericht.

Epiphanius (ca. 750/800), griechischer Mönch und Priester in Jerusalem, stellte aus ältesten Quellen eine Beschreibung Palästinas zusammen.

Saewulf (1102), englischer Mönch, gab erste Beschreibung des Landes nach Eroberung durch die Kreuzfahrer.

Daniel, russischer Abt, der 1106/1107 das Land durchwanderte.

Theoderich (1172), deutscher Pilger, der aus der Zeit der Kreuzfahrer berichtet.

VERZEICHNIS DER LIEDER

VERZEICHNIS DER SKIZZEN

Ergänzend zu den wichtigsten Themen, die dieses Buch aufgreift, sind im gleichen Verlag erschienen von M. Basilea Schlink:

Laß mein Lieben Dich begleiten
Die Passion Jesu – ein Ruf an uns
Für den, der Jesus sucht: Im Betrachten Seines Leidens ist Er zu finden. Hier offenbart sich das Tiefste Seines Wesens – Seine Liebe, die uns zur Liebe erweckt.
20. Tsd. 240 Seiten Kt

Die Ihn lieben
Liebe zu Jesus als lebensgestaltende Macht
»Ich habe mich lange danach gesehnt, Jesus über alles zu lieben, und doch wußte ich nicht wie und konnte nicht herausfinden, was das Hindernis war. Nun danke ich Gott, daß Er meine Augen aufgetan hat durch dieses Buch und mir die Gnade schenkte, Ihn mit ›erster Liebe‹ zu lieben.« Ghana
45. Tsd. 140 Seiten Kt

Maria – der Weg der Mutter des Herrn
Das Zeugnis der Schrift über ihr Leben in der Nachfolge Jesu
»Daß Maria uns hier vor Augen gestellt wird als Beispiel liebenden Durchhaltens im Glauben, auch wo sie Gottes Wege nicht mehr versteht, ist eine große Hilfe. Und wie fein ist herausgearbeitet, daß höchstes Begnadigtsein und schwerstes Leiden unlöslich miteinander verflochten sind.« Westdeutschland
19. Tsd. 160 Seiten Kt

Wie ich Gott erlebte

Sein Weg mit mir durch sieben Jahrzehnte

»Diese Lebensgeschichte ist ein ergreifendes Buch, der Bericht über eine große und innige Liebe zu Gott und über das daraus entstandene Lebenswerk Kanaan, ein Land, wo Gottes Nähe Wirklichkeit ist und wo Seine Wunder geschehen wie im alten Kanaan. Aber es ist gleichzeitig der Bericht über die Voraussetzung, daß Wunder heute geschehen können: Reue heißt der Weg zum Wunder, der Weg, die Liebe Gottes zu erkennen, der Weg zur Freude.« Dänemark

21. Tsd. 648 Seiten 16 Fotoseiten Kt

Sinai heute

Stätten der Gottesoffenbarung zwischen Nil und Moseberg

»Ich habe noch nichts gelesen, was mir das äußere Bild des Sinai und seinen tieferen Sinn so klar vor Augen stellte. – Ein solcher Ruf ist gerade in unserer Zeit, in der Gottes Gebote oft abgeschwächt oder außer Kraft gesetzt werden, von brennender Aktualität.« Westdeutschland

19. Tsd. 160 Seiten 25 Vierfarbfotos Kt

Patmos – da der Himmel offen war

Die Offenbarung des Johannes wird lebendig in den Geschehnissen unserer Zeit

»... Indem Mutter Basileas Buch den Weg des leidenden und triumphierenden Lammes darstellt und derer, die Ihm folgen, gibt es uns eine ganz neue Perspektive der Zeit, in der wir leben, und der Zukunft, die uns erwartet. Es ist ein gewaltiges Buch, das eine ungeheure Freude und Hoffnung hervorruft.« USA

30. Tsd. 136 Seiten Kt